U0858247

中大哲学文库

儒家哲学史讲演录

第四卷

儒家心学及其意识依据

张祥龙 著

图书在版编目（CIP）数据

儒家哲学史讲演录. 第4卷，儒家心学及其意识依据 / 张祥龙著. — 北京：商务印书馆，2019（2022.9重印）
（中大哲学文库）
ISBN 978-7-100-17901-0

Ⅰ. ①儒… Ⅱ. ①张… Ⅲ. ①儒家—哲学思想—研究 Ⅳ. ①B222.05

中国版本图书馆CIP数据核字（2019）第226125号

中大哲学文库
儒家哲学史讲演录
第四卷
儒家心学及其意识依据
张祥龙 著

商 务 印 书 馆 出 版
（北京王府井大街36号 邮政编码 100710）
商 务 印 书 馆 发 行
三河市尚艺印装有限公司印刷
ISBN 978-7-100-17901-0

2019年11月第1版 开本 680×960 1/16
2022年9月第2次印刷 印张 33 1/4

定价：120.00元

总 序

中山大学哲学系创办于1924年，是中山大学创建之初最早培植的学系之一。1952年全国高校院系调整撤销建制，1960年复系，办学至今。先后由黄希声、冯友兰、杨荣国、刘嵘、李锦全、胡景钊、林铭钧、章海山、黎红雷、鞠实儿、张伟教授等担任系主任。

早期的中山大学哲学系名家云集，奠立了极为深厚的学术根基。其中，冯友兰先生的中国哲学研究、吴康先生的西方哲学研究、朱谦之先生的比较哲学研究、李达与何思敬先生的马克思主义哲学研究、陈荣捷先生的朱子学研究、马采先生的美学研究等，均在学界产生了重要影响，也奠定了中大哲学系在全国的领先地位。

复系五十多年来，中大哲学系同仁勠力同心，继往开来，各项事业蓬勃发展，取得了长足的进步。目前，我系是教育部确定的全国哲学研究与人才培养基地之一，具有一级学科博士学位授予权，拥有“国家重点学科”2个、“全国高校人文社会科学重点研究基地”2个。2002年教育部实行学科评估以来，我系稳居全国高校前列。2017年9月，中大哲学学科成功入选国家“双一流”建设名单，我系迎来了难得的发展良机。

近几年来，在中山大学努力建设世界一流大学的号召和指引下，中大哲学学科的人才队伍也不断壮大，而且越来越呈现出年轻化、国际化的特色。哲学系各位同仁研精覃思，深造自得，在各自的研究领域均取得了丰硕的成果，不少著述还产生了国际性的影响，中大哲学系已逐渐发展成为哲学研究的重镇。

“旧学商量加邃密，新知涵养转深沉。”为了向学界集中展示中大哲学学科的学术成果，我们正式推出这套中大哲学文库。中大哲学文库主要收录哲学系现任教师的代表性学术著作，亦适量收录本系退休前辈的学术论著，目的是为了更好地向学界请益，共同推进哲学研究走向深入。

承蒙百年名社商务印书馆的大力支持，中大哲学文库即将由商务印书馆陆续推出。“一元乍转，万汇初新”，我们愿秉承中山先生手订“博学、审问、慎思、明辨、笃行”的校训和哲学系“尊德问学”的系风，与商务印书馆联手打造一批学术精品，展现“中大气象”，并谨以此向 2020 年中大哲学系复办 60 周年献礼，向 2024 年中山大学百年校庆献礼！

中山大学哲学系

2018 年 1 月 6 日

《儒家哲学史讲演录》前言

这一套《儒家哲学史讲演录》由四部讲稿组成，讲课和加工的时间约一纪，即从2007丁亥年至2019己亥年。前三次授课在北大，最后一次在中山大学的珠海校区。前三部曾经出版，而第四部是初次付梓。

“儒家哲学”是一个有些困难的话题，因为“儒家”思想常被视为相当日常化的伦理学，缺少纯思辨素质，而“哲学”，如果以希腊哲学为范本，那么其基底就是形而上学化的思想追求，与“孝悌也者，其为仁之本与”（《论语·学而》）相距很远。所以就有过将儒家哲学化的努力，比如尽量寻找其中的“范畴”和“形而上”的维度，或者通过哲学的分科而看出儒家的“宇宙论”“价值论”之类的特点。我应对这个难题，用了不同的方式。首先，不是将儒家硬拉进西方传统哲学的框架，反而要更加原本地理解她，让她更自由、尽性地回返到自己的时代、文本和意识的“江湖”（《庄子·大宗师》）中去。其次，合理地延展哲学的边界，让它也包括当代哲学的新视野，比如生命哲学、实用主义、过程哲学、某类分析哲学，特别是现象学（胡塞尔、舍勒、海德格尔、梅洛-庞蒂、列维纳斯、德里达等人的哲学）[①]；而且还要包括科学哲学（特别是

① 其实，这种扩展还应包括东方古老的纯思想探索，比如古印度的《吠陀》-《奥义书》传统，尤其是瑜伽术开启的意识探索传统。但由于学界里边西方中心论的影响还很大，所以就暂时限于西方内部的扩容。而且，一旦有了这种扩容，东方的古代智慧就自动进入哲学的殿堂，因为那些逻辑化、形式化和论证化的硬性标准已在此失效了。

库恩的哲学)、认知科学、物理学、人类学和人工智能的新进展和新启发。哲学只意味着对终极问题的边缘探索，以什么方式来做都可以。

在世界的各种哲学和大宗教中，儒家或儒学占有一个极其独特的地位，即：她不只是文明思想的产物，还体现着前文明的人类意识特点。前文明的打猎-采集时代占据整个现代智人历史(三十万年)的绝大部分，正是我们的人性形成期。而那个时代最突出的人文特点，就是家庭是唯一有效的社会结构方式，家族和部落都是其衍生体。所以，那个时代里，家庭关系，特别是亲子关系，是最根本也最普遍有效的人际关系。儒家的全部学说就建立在它之上，“仁者人也，亲亲为大”(《中庸》二十章)，“孝”因而被认为是全部德行的源头(《孝经》)。人类产生过的重大学说中，只有儒家是如此自觉地以“家”为根本的，即便在她的最高追求如“圣人感人心而天下和平”(《周易·咸·彖》)中，家也并不缺席(“取女吉”)。但儒家毕竟出现于农业文明，她以此为立足点而沟通前文明，因而在“修身、齐家、治国、平天下”(《礼记·大学》)的视野中升华了家与孝，使之更加广大精微。如果我们不带有强烈的西方传统哲学、宗教和政治的偏见来阅读华夏古代文献，就会越来越深入地感受到儒家这种深远的思想视域，她突破了仅仅几千年的文明时限而进入智人人性的形成期，因而意蕴极其丰厚持久，“先天而天弗违，后天而奉天时”(《周易·乾·文言》)。此套《讲演录》即志在追随和显示这种人性与天时的哲理江河，观察和玩味它在儒家哲学家们那里浇灌出的思想花朵和果实。

二十世纪是儒家文明的急剧衰落期，但也是西方非形而上学的新哲学的出现期，乃至某种繁荣期。正是这些哲学开辟出的生命化、现象学化和语言转向的哲理视野，以及新科学(量子力学、意识流心理学、人类学、人工智能等)发现的助阵，为我们重新理解儒家哲理打开了一片既是新的又是特别古老的思想天地。其中，“时”“情”“乐”“语言”“文本”“潜意识”“人类婴儿的不成熟”等，是领会儒家思想妙处的一些把柄或入口。二十一世纪的人类思想将会有更戏剧化的演变，甚至突变，但儒家哲理最背运的时候似乎已经过去。尽管现在也有人在预告人类家庭的灭亡，但这个“去家”过程已经不再是按“历史发展规律”发动的理想化巨浪，而是个体主义的经济、科技和社会思潮对家庭的侵蚀；虽然也有高离婚率和机器人（在电影中）生养孩子所引起的一惊一乍，但毕竟还有让人类良知在半夜里复苏的时间或契机。

此套《讲演录》的主要内容跨越两千年，从春秋的孔子到明代的王阳明和罗近溪，涉入的哲学家不是特别多，但重要的发展脉络，尤其是各家的独特思想风格和哲理意趣，都得到了大不同于以往的层层揭示。读者用心读过此书，或许会强烈感到，儒家的哲学生命还远远未到可盖棺论定的时候。

最后要说明的是，此套《讲演录》能够结集出版要感谢中山大学哲学系和商务印书馆的大力支持，尤其要感谢责任编辑李强、魏雪平先生和王璐女士专业、细致、认真、负责的编辑工作。

张祥龙　己亥年春写于畅春园

目　录

开 篇 辞

一

首先说明一下这门课的主要内容。它的一般化题目是“中国哲学前沿问题”，但它的实际内容体现在副标题“儒家心学及其意识依据”上边。我们将以讲解王阳明心学和阳明后学为主，但也不限于此，还要探讨心学成立的依据。一般说来，这类课以介绍王阳明与他的后学的学说为主，当然也会谈及这些哲学家的生平，但是我们这门课是以经验——心学的经验——为主。当然，你们会问：“什么叫‘心学的经验’？”这就跟现象学有一定关系了，但即使你们不懂现象学也没关系，我也不要求你们事先有现象学的训练。心学的源头是人类心灵的原发体验经验，我们今天马上要讲这些背景。这门课有一个重要的维度，就是要关注心学里头讲的“返回本心”“致良知”等比较特别的心灵体验。“本心”与我们平常的俗心或日常之心是不一样的，但是前者又是后者的根本，王阳明经常讲的“致良知”实际上就是从日常之心回到本心的工夫[①]。我们这门课尝试着不但要介绍王阳明怎么说这个致良知的事情——我们要读他的《传习录》、他的其他著作，还有

① “工夫”与“功夫”在古籍中有混用的情况。在本卷中，我们主要采用“工夫”一词；在某些语境下，也用“功夫”。引文中的用词，不做修改。同理，“工夫论”和“功夫论”也是如此。

他之前和之后其他相关哲学家的一些著作——而且更要探讨这些心学经验本身到底是怎么一回事。如果大家不是把心学只当作一门学问来学，而是感到心学还有它能够直接涉及人生的重要东西，你有了它就可能会改变你的人生，或起码出于好奇，你就会关注：这种原发体验是怎么一回事啊？为什么有的人有，有的人没有呢？它是怎么出现的呢？当一个人有这种体验的时候，他心里发生了什么呢？为了深化对这些问题的探讨，我们要借助一些当代的研究，比如心理学和现象学。当然，我不是特别喜欢那些技术化、实证化的心理学研究，虽然也会吸收一些它们的具体成果。我比较欣赏像威廉·詹姆士那样的心理学。他既是心理学大家，又是伟大的哲学家，而且还是有这方面的自身体验并克服了这方面问题的人。他年轻的时候抑郁得恨不得自杀，后来凭借他的某种特别的心学体验治好了自己的病，所以对心理、哲理以及信仰，他都有独到而精彩的解释。我们可以借重他的心理学。当然还有现象学的资源和方法，我们也会利用。大家有什么见地，也可以贡献出来。这是一方面。就是说，我们可以就这种经验本身，结合王阳明等人的经历、学说以及各种相关研究，来理解这种经验。

另一方面，我们也不光限于儒家的心学，因为心学也有她的源头。历史上有一个很悠久的心学传统，她的最大、最久远的源头或渊薮不在我们中国，而是在印度。我们要先把这个源头弄清楚，看它是个什么意思，到了我们中国后产生了什么影响，再看这个影响是不是也波及宋明儒学——我认为是波及了。不把这个源头脉络搞清楚，一上来就宋明心学、阳明心学，好像儒家中就该有这么个心学似的——其实不是这样。这个心学的出现，是有她的来源的，是很不容易的。

这两点，是我们这门课在同类课中比较有特点的地方：一是对这种心学经验本身的可能性，尤其是其意识结构的探讨；二是对她的历史的源头——她的历史的可能性——的探讨。

二

此外，我还要补充一下理解心学的另一个角度，即心学与我们这种人类的智能的关系。心学，在我看来，实际上是我们这种人类的“智能”的一种独特体现和表达，曾经通过一些开创宗教和哲学的伟大心灵、伟大人物，深远地影响了我们人类的历史。我们想想，如果人类历史上没有佛教，没有基督教，没有伊斯兰教，没有儒家或儒教和道教，那会是什么样子？这些宗教开创人一般都有某种特别的心灵体验，包括孔夫子也有，只是表达的方式不一样。这些人把我们人类心智或智能的可能或潜质焕发出来了。最近，人工智能又在兴起[①]，你们将来一定会生活在被人工智能和相关联的技术深深影响的时代氛围之中。未来甚至有可能会出现这样的设置：你想要王阳明的体验吗？想要基督的体验吗？可以定制啊！可以用某种人工智能或人脑联机的方法让你体验到他们的体验，起码是设计者理解的那些体验。其实，通过某种方法或技术手段激发这种体验的做法，在人类历史上从来就有，只不过后来变得更有效，用的方法更有科学技术的依据，尽管真实性是否有保障还有待观察。所以我们这门课还有一个小小的意义，就是试图引起我们对如何应对人工智能的反思。现在有很多人对人工智能的未来持一种欣喜与欢迎的态度，尤其是商业界和技术界，他们向我们保证，从长远看，人工智能只会给我们带来福祉，而不会造成大的问题：技术嘛，总是听人话的。但是一些有哲学头脑的科学家，比如霍金，就觉得问题不这么简单。这种技术并不那么老实！其实以蒸汽机、电器为代表的近现代工业技术已经改变了人生的很多东西，这一点马克思、海德格尔、法兰克福学派都有过批判：这样的技术使人成

① 我对这个问题比较关注，做过一两次讲座，比如在中国社科院，并形成一篇文章，参见张祥龙：《人工智能与广义心学——深度学习和本心的时间含义刍议》，《哲学动态》2018 年第 4 期，第 13—22 页。

了单向度的人，已经把人生在一定程度上压扁了。现在，人工智能要直接跑到我们人的根子——智能——上来，要替我们发挥一些根本的作用，如思考、决策等等。但是到目前为止，对未来如何应对这个问题的设想还远远不够。当然已经开始有一些了，比如去年在美国出版了一本书叫《生命 3.0》，它就设想了未来人工智能会对人类造成什么样的影响，人类可能会具有什么样的前景，其中有不少精彩处，但也很有局限。

顺便说一下，最近这一波人工智能的进展，是由加拿大一位学者十一年前[①]发表的一篇论文提出的深度学习（deep learning）[②]方法引起的。在那之前，人工智能实际上停滞了好多年，原来对人工智能的高期待都落空了。当时最好的人工智能是“深蓝”这样的计算机象棋系统，它靠极高的运算速度和超强的运算能力击败了国际象棋大师。但也只限于此，围棋大师它都不能战胜，更不用说让它像人类智能那样思考了。但是，到 2006 年深度学习方法出现后，一下子发生了一个戏剧性的转折。我是想探讨这个“deep learning”在哲学上到底有什么含义，它为什么一下子就点燃了西方的商业巨头包括中国的商业巨头的狂热，甚至政府都要干预这件事情。长话短说，像《生命 3.0》这样的书在设想未来的 AI（人工智能；Artificial Intelligence）时，主要参照的是 HI（人类的智能；Human Intelligence）。但问题在于，他们所理解的 HI 就是我们平常的心智，顶多是把它科技化、聪明化。我觉得这是很不够的。因为未来最关键的问题涉及 AI 和 HI 的关系：AI 会不会控制 HI 以及怎样控制 HI，或者 AI 会不会听话，等等。这里的问题在于，他们对 HI 没有深入的理解，而是想当然地认为科学家的思维就是我们平常习惯的 Human Intelligence 的最出色表现，如爱因斯坦的大脑多么出色等。

---

① 该课程的讲授时间为 2018 年。

② 本卷**括号中的楷体及黑体字**为说明、注释或串讲性内容，黑体表示强调。所涉及的阿拉伯数字和西文字母仍采用新罗马体。

他们从来就没觉得，要了解 HI 还需要去了解佛陀、孔子、老子、惠能[①]、王阳明等等。这就是问题。这里涉及两方面：一方面，AI 本身的发展已经从 HI 借重了不少东西，比如深度学习就是借助人类大脑的知觉神经网络，慢慢从中发展出深层的学习方法。那么 AI 以后的发展还会从 HI 这边借重些什么呢？它的发展方向会是怎样的？这是一个问题。另一方面，在 HI 和 AI 这两方面的关系中，如何理解这个 HI？这些问题一定会影响到 AI 的发展。而我们这学期的这门课恰恰是要探讨 HI，通过心学来探讨 HI，通过深度的心学经验来理解 HI。

三

最后还有一个背景，我把这门课看成是我以前在北大开设的三门儒家哲学课的继续。那三门课是在 2005 年到 2009 年期间开的，后来都整理成书，在我的著作中形成了一个关于儒家哲学的系列。这门课是我关于儒家哲学的第四门，也是到目前为止的最后一门课，因此和前面三门课有内在的关系。上一门课的讲课稿和录音后来整理成书，它的标题是“拒秦兴汉和应对佛教的儒家哲学：从董仲舒到陆象山”[②]，其中后面一部分，即“应对佛教的儒家哲学”就和我们这门课很有关系，因为我们这门课除去介绍古代印度的正统心学之外，还要介绍一下印度佛教（佛教在印度不算正统，而是异端之一）及其在中土的流传。所以在我们正式讲课之前，我这里就稍微介绍一下《拒秦兴汉和应对佛教的儒家哲学》，让大家对这门课与前面的系列儒家哲学课形成一个通贯。

---

① 惠能，禅宗六祖，古籍中也写作慧能。

② 《拒秦兴汉和应对佛教的儒家哲学：从董仲舒到陆象山》，2012 年由广西师范大学出版社出版。2019 年更名为《儒家哲学史讲演录．第三卷，拒秦兴汉和应对佛教的儒家哲学》，收入中大哲学文库，由商务印书馆出版。以下简称为《拒秦兴汉和应对佛教的儒家哲学》，凡本卷中对此书的引用，均依据商务印书馆 2019 年版本。

《拒秦兴汉和应对佛教的儒家哲学》那本书还是有一些特点的——因为我曾经学习和研究西方哲学，而且从现象学得到不少启发，同时又喜欢中国哲学乃至印度哲学，对中国哲学和佛学也下过功夫，因此就与中国哲学界研究中国哲学的做法不太一样，也与专门做西方哲学的学者不一样，我是“两栖”类型的。那本书包括两大块：一是“拒秦兴汉”。我们以前在理解以董仲舒为代表的汉代儒学的时候，一般关于中国哲学史的书，比如冯友兰先生、任继愈先生的书，基本上是就那个时代来理解那个时代，它们或是从某些理论出发，比如从马克思关于经济基础与上层建筑的理论出发，或者是按照一些政治格局来讲汉代的哲学，通常都是把汉与秦混淆起来，比如认为秦汉都是大一统，汉承秦制，与先秦大不一样了，等等。先秦的政治结构，我把它称为“一文多质（多国）”，秦以后则是一质（一国）。问题是，他们大多没有看到，为什么儒学在汉代一下子就兴旺起来了，并且成为官方意识形态，其后的两千多年一直是主导的意识形态。当然，到清末它一下子垮掉了。而且，佛教也是在汉代传入华夏，扎下根来的，并且产生了长远和深入的影响。

所以那本书的前面一块就是探讨秦朝与汉朝的根本区别在哪儿，然后才能理解汉代的哲学。而要理解秦朝，关键又在于理解法家。那本书的前面两讲就是讲这一块：第一讲是秦朝与法家的盛灭，讨论秦朝与法家怎么一下子兴盛又很快覆灭，以及这一盛灭如何构成了华夏文化与哲理的历史拐点。第二讲是总结秦灭汉兴的哲理效应。这是大致的开篇。接下来三讲是阐述汉初的黄老学和以董仲舒为主的儒家哲学，看它们是如何在秦灭汉兴的大背景下兴起的。我在讨论这一背景也就是秦朝兴灭的时候，曾提出在韩非那里有一种“权力现象学”，也就是说，法家尤其是韩非，开创出了一种对于权力无微不至的深刻分析，比如权力是怎么流失的，权力为什么不是现成的，权力为什么时时刻刻都需要以及如何构建自身——当然这种构建可以是正面的，也

可以是反面的。韩非对权力的这些见地非常了不起，观察独到，分析入木三分，所以秦王嬴政看到韩非的书时，就觉得只要能跟这个人相见并游谈，死都甘心，所以想尽一切办法把韩非弄来。可后来由于韩非师弟李斯心生嫉妒，向秦王进谗言，把韩非害死了。但是这确实反映出法家的一个特点：对权力的敏感和争夺达到了极点。他们这一套办法追求的就是让权力不流失，让权力总能统领在执政者手中，越来越集中，越来越极权，使整个国家、整个体制形成一个正反馈，拼命扩大权力和力量。所以一个国家只要用了法家，就会像打了鸡血一样，一下子亢奋，在短短几十年内就能够强大、崛起，征服别的国家。但问题是，它守不住隔代的权力。它的权力交接为什么一定会出问题？秦朝那么一个强大的、铁板一块的国家，短短十五年就崩溃了，简直是历史奇观。为什么？这说明它内部的思想理路一定出了大问题。我在那里对这些问题进行了一种可以说是权力现象学的分析，分析了权力结构如何才能有效，权力过渡如何实现，为什么法家有一种根本的自杀基因。

秦王朝从极度强大到灰飞烟灭，就在一代人的时间之内。汉代兴起后，记忆犹新，所以一定要总结秦的教训，因为它太生动，太深刻了。汉代的哲学实际上都是要反秦。拒秦兴汉，只有拒秦，才能兴汉。由此，儒家适应时代潮流，调整自己，到董仲舒形成了一个新的形态，一下子切中了帝王乃至帝国的需要，说服汉武帝，武帝最后独尊儒术，罢黜百家（当然，罢黜百家不是说不让它们存在，而只是不让它们进入官方意识形态，它们可以在民间自由存在），从此开创了中国独尊儒术的历史局面。在这样一个背景下理解董仲舒，就激发出不少的新意，和前人表述的董仲舒就不太一样。这是那本书前面一部分的内容。

接下来那本书就进入了佛教这一部分。在我看来，要理解宋明儒学，包括我们即将要讲的心学，不了解佛家的重要贡献，就差了关键性的一环。一般宋明理学研究都忽视佛家这一源头和影响（少数的研究做过一些努力，但也不充分），这是一个重大缺陷。你不理解佛家入华发生了什么变化，你不知道华严宗、天台宗、禅宗是怎么出来的，又发挥了什么作用，怎么理解周敦颐啊？你不理解周敦颐，怎么理解二程啊？你去读《二程集》，它后面有深刻的（虽然例子不算很多）华严宗的影响：没有华严宗讲的事事无碍、理事无碍，哪有什么月映万川，哪有什么理一分殊。周敦颐的《太极图说》也是从道家借来图，从佛家借来一些见地，经过吸收转化，然后才形成自己的开创性学说，然后才有二程，才有后来一波又一波的宋明理学的发展，一直到我们要讲的心学。这是那本书的另一个特点：用了两讲来讲佛教和它在中国的体现。最后三讲是讨论宋代儒学，因为时间有限，着重阐释的是周敦颐和二程。南宋的朱熹和陆象山则讲得比较简单，把两位伟大的思想家放在一起，对比着讲，但也抓住了他们思想中比较要害——在我看来是如此——的东西。

现在这门课就是接着《拒秦兴汉和应对佛教的儒家哲学》往下走。由于那本书在心学方面只涉及陆象山，在佛家中基本上没涉及禅宗，所以我们这门课在介绍心学形成的条件的时候，会介绍禅宗，会把禅宗最有特色的地方呈现给大家。另外，上次讲二程的时候，是把他们放到一起讲，没有分开。但是实际上，大程子里面有心学的东西，所以我还会再讲一点大程子，然后经过二程的弟子杨时（龟山）转入南宋，自然会讲到他的弟子罗从彦（豫章）和再传弟子李侗（延平），而李侗就是朱熹的老师。进入明代，就要先讨论陈白沙（献章），他的思想很有心学含义，但他在心学里只占一边，即以静坐来求本心的端倪。之后，我们终于到达了王阳明，可以正面地观察他的人生，体会和阐发他的心学要义。心学那么丰富，王阳明只是心学家中的一位，但为什么大家会对他那么关注？他在心学里的特点是什么？这是我要呈现的。有了前面所讨论的那么一个大的谱系和背景之后，再探讨他的心学，我们可能就会说出一些新东西。这是我的希望。王阳明之后，当然会讲到阳明后学的一些争论。我个人特别欣赏罗近溪（汝芳），我对他的评价是很高的，可能不同于许多写明代哲学史和心学史的人。以上是我这门课想讲的主要内容。

【课堂问答】

生：我们以前比较缺少心学和现象学方面的背景，希望老师讲的时候能讲得细致一些。

师：没关系的。我受现象学的影响，现象学讲究从头开始，从经验开始，不注重叠床架屋的学说。所以有些背景性的知识你不知道没关系，但讲到关键处，比如心学的经验，或王阳明的学说，如果你不懂，一定要问，比如什么是“致良知”，必须要知道，每个字都要抠清楚，这个不懂就不行。总之，关键是两方面：一是文字上的解释，二是经验上的理解，起码要明白我想传达给你的意思。

第一讲　儒家心学出现的条件（一）：古代印度的正统心学

第一节　概述

儒家心学是宋明道学的一翼，另一翼是理学。心学与程朱理学有共同的动机，即应对佛教的挑战，更透彻地说明儒家学说，更自觉地实践儒家道统——从尧舜到孔孟一系——的高明之境。当然理学、心学这个区分比较粗糙，因为还有气学等其他学派。我们现在关注的就是所谓"心学"。大家一般用"宋明理学"来称呼整个宋明儒家哲学的主流，但是我认为还是叫"宋明道学"比较好，因为宋明儒家哲学除去理学外还有心学等其他形态。它是宋代、明代出现的一种"新儒学"，和先秦儒学以及汉唐儒学都不一样，是儒家的一种新形态。它的一个重要特点是讲"理"（理学和心学都讲"理"，只是方式不一样），而这个"理"的背景是佛教甚至某些道家的东西，比如《太极图》。先秦儒家由孔子创立（当然在孔子之前已经有广义的儒家，比如周公等），孔子创建的儒家的特点是讲"仁"，而他的教育手段是"六艺"：诗、书、礼、易、乐、春秋。他通过"六艺"来造就君子，并希望在君子的基础上再塑造仁人，仁人里面最突出的、有事功的就是圣人。修身齐家治国平天下，这是原本儒家的特点。但到了宋明，由于受佛家和道家影响，他们有了新的信心：比如通过《周易》化的华严宗和《太极图》，居然就能够直接领会世界的原本的意义、道理！既然如此，为什么还要花那么多时间去青春作赋、皓首穷经，去学“六艺”呢？尤其是心学，它要更为直截简易地实现这学说和人生境界，也就是将“格物致知”之“物”首先看作正在格物之人的心及其表现（事），不再兜圈子（通过“六艺”），而是主张只要我能一下子抓住里面的道或理，就能直接地成为君子、成仁，甚至成为圣人——当然这是里面比较激进的说法。而这时候他们的信心之所以会大增，也就是说之所以能引发出宋明道学，很大程度上跟佛教入华及其中华化有关系。

佛教进入中国几百年间，一开始人们通过格义来理解它，但其实没有多少人真懂，只是觉得特别有意思。后来中国知识分子终于领会到了佛家的要害在哪里，比如在僧肇的《肇论》里边，真正佛家的东西开始显现出来了，虽然背后还有一些魏晋玄学的影子。然后到唐代的天台宗，尤其是华严宗，一些既是真正佛教又具有中国特色的意思哗哗地全出来了。到了禅宗更是如此，那真是人类宗教史上的奇观：呵佛骂祖，也是参禅！这样，佛教就给中国知识分子开辟了一条全新的思路，使得他们最终开创了宋明道学。这里出现最早的是理学，其中周敦颐的地位特别重要。但实际上他既是理学的来源，也是心学的来源。他是真正得道之人，二程的父亲在二程年少的时候（十五六岁），就命他们拜周敦颐为师。周敦颐后来就把《太极图》传给了他们，当然主要是为了让他们去想孔颜为什么会那么快乐，所谓“孔颜之乐”究竟乐在何处。（《二程集》，16）[①] 于是这两个人一下子就觉得儒学从好多

---

① 程颢、程颐：《二程集》，王孝鱼点校，北京：中华书局，2004年。

本卷**括号中仿宋字**，为书中引文文献的书名、版本及页码等内容。不过，括号内的阿拉伯数字和西文字母仍采用新罗马体。多次引用的文献，只在其首次出现时，于脚注中给出完整的出版信息，再出现时仅在文中注内标明简要信息；引用次数不多的中国古文献，一般只给出约定俗成的简短信息。

文中注简略信息的标注方式，主要有两种：

第一种是著名古文献，比如《论语》《老子》《孟子》等，标注方式为：**或注明篇章编号，或**

烦琐的束缚中摆脱出来了，她会带来快乐，一种根本上的人生快乐！“人不堪其忧，回也不改其乐。”（《论语》6.11）[①]“好之者不如乐之者。”（《论语》6.20）“曲肱而枕之，乐亦在其中矣。”（《论语》7.16）还有像孔子讲的“吾与点也”：孔子让弟子们各言其志，说说将来都想干什么。别人都说要做官等事功之类的东西。到了曾点，也就是曾参的爹，他很有灵性。孔子在跟别人谈的时候，他还在鼓瑟，孔子问到他的时候，他把瑟一放，很潇洒地说：“我跟他们都不一样。”孔子说：“没关系，各言其志。”他就说：“莫春者，春服既成。冠者五六人，童子六七人，浴乎沂，风乎舞雩，咏而归。”（《论语》11.26）就是说，春天来了，冬天的肃杀之气一扫而光，我要和几个志同道合的儒家朋友，带着几个童子一起去春游，在沂水里洗浴，在求雨台上一起吹风，最后唱着歌一块回来，如此而已。没想到孔子“喟然叹曰：‘吾与点也！’”孔子的意思是，我要是得了志，就做曾点这样的事！这简直不可思议：一般认为孔子是最想入世的，周游列国，想实现自己治国平天下的抱负，不想他居然还有这样一面。其实这里边不止于一般的春游之乐，更有君子仁人与天地合其德所萌发的纯真至乐。所以后来周敦颐一跟二程说这“孔颜之乐”，这两个孩子一下子就被他俘获了，或感化了，儒家在这俩孩子眼里也一下子别开生面起来。然后他们，尤其是大程就“吟风弄月而归”（《二程集》，59）——完全学曾点，与大自然融为一体，

（接上页）**直接注明书名＋篇名，两种方式均不写某个版本的页码**。比如：《论语》以书名＋篇章编号标注为《论语》11.23，《论语》2.15；《老子》标注为《老子》二十一章；《孟子》则以书名＋篇名标注为《孟子·尽心上》。有多个版本的古文献，在首次引用时，在脚注中说明引文依据或主要依据的是哪个版本。

第二种是其他文献，标注方式为**书名＋页码**，比如：《春秋左传注》，15；《春秋繁露义证》，11—12；《中文形音义大字典》，278；等等。

文献详情，请见卷末“主要引用文献”。

① 《论语》引文依据多个注释本，比如何晏本、朱熹本、程树德本、杨伯峻本、金良年本等，以何晏本为主，篇章数字取自杨本。这里只给出何晏本的出版信息，何晏注：《论语注疏》，邢昺疏，北京：北京大学出版社，1999 年。

感受着风，望着月，看着花，把自己的小我忘掉，感到一种根本的快乐。这两个少年的气象一下子就不一样了，然后他们才能开创理学。

但是实际上心学已经在那儿了：周敦颐那里已经有心学的种子了，大程子的思想里面也既有心学又有理学。所以宋明道学家希望能够用自己的新方式（这种新的方式还包括学说上的新发现，比如对《周易》的再解释）来应对佛家，起码与之打个平手，比如认为佛家华严宗的那些思想在《周易》里面也潜伏着。宋明道学的这一点也是对的，他们对于思想有非常敏锐的感受力，能够找到儒家经典中原来阴伏着的那些潜能，比如发现《大学》《中庸》是那么重要——它们原来只是《礼记》中的两篇，还发现了《易经》《易传》的重要性。他们希望能够借此来应对佛教的挑战，因为佛教入华后近千年间，整个中国最优秀知识分子的心都被它吸引了。可是到宋代后，他们觉得自己开始有能力应对佛教了，所以他们希望更透彻、更有根本依据地说明儒家学说，更自觉、更到位地理解和实践儒家道统的高明之境。甚至连儒家道统，他们说也是他们发现的！而这个道统传到孟子就断了，到他们才接上，整个汉唐全都空过去了。当然这就比较专断了。这两派（理学和心学）也不太一样，这一点很多书都讲过，大家可以去看。

心学家有一个特点，即他们对“格物致知”的含义和方式提出了独到的见解。大家知道，由于宋明道学发现了《大学》，所以其中强调的“格物致知”成了整个宋明儒家为学立说的开头处：“格物致知”究竟意味着什么？这在整个宋明道学中都是一个话头，当时几乎所有的哲学家都要对它表态，要解释它，不然就进入不到话语争论的语境之中去。对于心学家来说，回答是简单一句话——当然有点过简了：“格物”之“物”不是外在的物，如山川日月、竹子山花等等，而是和心有直接的关系。或者说得过分些，“格物”就是格心和心的表现，其中一个表现被他们说成“事”，不是对象化的“事物”，而是“事情”。而“事情”是人在里面造就出来的，所以人已经进去了，而人之所以进去主要又是受“心”的影响。所以，“格物”就是“格心”，就是“正心”，等等。这样，他们认为就是抓住了源头。而只要在源头处一变，格物真格对了，那么人的整个品格、思想，对世界的看法，甚至世界本身，都会相应地发生改变，进入一个新的天地。所以儒家传统上要通过如此长久的“六艺”训练等过程才能达到的境界，他们相信可以一下子捷足先登，因为他们认定自己找到了一条捷径。

心学在南宋的代表是陆象山。陆象山名九渊，字子静（1139—1193），是南宋心学的最突出代表。到了明代，约隔了三百年，又出现了王阳明。王阳明是明代心学的最出色代表。王阳明名守仁，字伯安（1472—1529），号阳明子。陆象山之前有北宋道学的准备，王阳明之后则有王阳明后学这一大群组的心学家对王学的延续、发展，一直到明代灭亡。明亡之际，刘宗周为明代或为儒家大义殉身，绝食饿死，真是了不起，把心学的某些方面体现得淋漓尽致。我们这门课的重点是王阳明和罗近溪的心学，但是他们之前和之后的先声与余韵，我们也要聆听。

心学的出现有两个大的条件，一个是古印度从《吠陀》《奥义书》的梵-我智慧为起头的瑜伽修心证悟传统，其中瑜伽修行的功夫占有突出地位，当然还有它在佛教中的衍生。就是说，第一个条件是印度哲学的正宗和它的异端：正宗就是印度教，异端就是佛教。印度教的经典是《吠陀》（《吠陀》除本集之外，还有三部分，即《梵书》《森林书》和《奥义书》）；另外瑜伽术也非常重要，古代印度如果没有瑜伽修行，它的智慧、哲学绝对不是现在这个样子，就像古希腊的哲学如果没有数学，绝对不会是那个样子一样，同样，咱们中国古代哲学如果没有《周易》、“六艺”，也绝对不会是那个样子。印度哲学的另一方面就是佛教，当然佛教既是印度的，也是中国的，因为它后来传到中国形成了中国化的佛教。心学出现的另一个条件是我们华夏的心学传统：一方面，这是指佛教传进来后激发起的心学探索；另一方面，华夏也有自

己的心学传统，比如道家的传统、《周易》的传统（当然《周易》是儒道共尊的经典）。在这两个条件中，从目前的证据来看，古印度的心学渊源实际上是最为古远的，在某种意义上也是最为丰沛的。

下面我们就开始正式进入第一个条件。我们知道，创立古印度文明的主导民族是雅利安人。有一种说法认为雅利安人在耶元前一千五百年（也有人说是耶元前两千年）左右到了印度河谷，从当地一个叫达罗毗荼的民族和古文明那里学到了瑜伽术，把瑜伽术和他们的《吠陀》经典结合了起来。许多印度人（比如我在美国的来自印度的老师）认为这是一次完美的结合，这一结合一方面使得《吠陀》获得了内在的源头，另一方面也使得瑜伽修行术获得了学说上尤其是文化上的光辉灿烂的体现。这就像地质上的印度板块遇上了欧亚板块，它们一挤，造成了巨大的抬升运动，形成了喜马拉雅山脉。由此，《吠陀》《奥义书》传统和瑜伽术的结合就产生了印度心学效应，形成了一个独特的探究终极实在和人生（生命）智慧的精神传统，辐射到南亚其他地区，以及东南亚、中亚、东北亚。它们本来也想向西传播，但传到伊朗后受到当地二元论思想和宗教传统的阻抗——比如当地的拜火教就认为有一个绝对光明的神和一个绝对黑暗的神，二者处于绝对对立之中——就没有完全传过去。奥古斯丁的《忏悔录》可聊作证明，他在书中曾说他年轻时受过二元论（应该就是拜火教）的影响，但未提到古代的印度教和佛教。

印度的这一传统后来经丝绸之路传到了中国，这当中印度教也传入过，只是没有立住脚，比较成功的是佛教。但佛教也只是其中的大乘最为成功，比如般若中观派，它强调以《般若经》为代表的中观智慧。到了中国之后，佛教大乘实际上就是以中观和唯识（及如来藏）两派为最大代表，而后者就是佛教心学在中国的代表。但是，这种心学除了唯识与如来藏两个传统之外，实际上还带来了禅修的功夫，也就是瑜伽术的佛教版本。所以，印度这一伟大的心学传统以各种变化了的方式向亚洲各个方向传播，它深刻地影响了中国佛教，塑造了天台宗、华严宗、禅宗等有强烈中国特色的新流派，并由此促发了宋明道学，当然也包括宋明心学。

在我看来，在全世界的宗教、哲理的灵性追寻中，印度心学占有一个极为独特和重要的地位。为什么这么说呢？这要从我们这种人类的特点说起。考古学和人类学表明，我们这种人自一开始就不仅大脑大，而且脑回沟深，这使得我们有很深远的时间化的能力，由此就有非常强的想象力、虚构力，表现为比较强的记忆力和筹划未来的设计能力。虽然现在的研究表明，黑猩猩也有这方面的能力，但是唯有人不仅能回忆过去，而且还能把过去活灵活现地、如在眼前地放映出来；尤其是人还能如此这般地筹划未来，不仅设想未来要做什么，还能在脑子里设想怎样一步步地去实现这个设想，包括实现的场景。这种能力的一个重要表现就是某些人仿佛具有通灵或预知未来的能力，比如在古代部落里常见的巫师或萨满。以这些萨满、巫师为代表的神异人士，能够见到我们普通人平常见不到的东西。他们通过某些特殊方法，能产生通灵经验。当然，现在的实证科学将之称为幻觉，但是当时的人都相信他们是让神灵附身了。那么他们是通过什么办法进入这种通灵的状态或获得这种能力的呢？有各种各样的办法，比如饮酒、服致幻药、闻某种气味、斋戒、禁食等，又如舞蹈、歌唱等仪式，通过这些方法让人暂时摆脱日常意识、自我意识、主客对立等所谓的“清醒意识”，而进入据说能与不可见的神灵相通的状态，柏拉图称之为迷狂的状态，由此而祈福禳灾，预言未来。人类从来都是好喝酒的，甚至连一些动物如猴子、大象都喜欢喝酒，其原因就在于喝酒能让人进入一种脱离日常意识的飘飘然状态，忘记忧愁，就像古人说的“何以解忧，唯有杜康”[①]。可见，摆脱日常意识进入通灵意识或更深广的泛灵

① 曹操：《短歌行》，载曹操：《曹操集》，中华书局编辑部编，北京：中华书局，2018年，第5页。

意识，是人类极其古老的精神追求，也是一种在人类绝大部分历史中被广泛认可的智慧追求。它相信通过意识自身的转变，对事物、人生和世界的认识会大大加深加宽，由此便可以找到让族群、家庭和个人获得更适宜且更长久生存的解决问题的方式。这是全世界都有的现象，基本上每个部落都有。没有萨满、巫师这类人的部落，它们的生存能力可能都不如有这类人的部落。也许你会说：这是胡来，这是迷信。不！有这类人的部落的信心都不一样，他们会觉得他们和先祖保持着联系，通过先祖又和神灵也保持着联系，所以这些部落的向心力就很强韧，更不用说，这类人给出的建议——比如涉及你该不该砍这片林子啊，你该不该与其他的部落发生战争啊——也往往是很聪明的、很好的建议。

这就是我们这种现代智人（Homo sapiens）的特点，我们的大脑结构和意识能力使得我们有可能进入那种状态。这跟前面讲的我们这种人的时间意识的深远、虚构力和想象力的强大，直接相关。这种意识能力让我们可以进入一种意义机制、意义世界，而一旦这种意义结构丧失了或被严重损坏了，这种意识能力也会让我们陷入危机，比如患上精神病，甚至自杀。这就是我们这种人啊！像北欧那些国家，社会福利那么好，但自杀率却不低。按理说，他们没有什么生活之忧，活得好好的，为什么要自杀啊？就是因为他们这个意义结构出问题了，得不到人生意义了，所以即便外在的生活再好，他们也会觉得活得无聊。只要这个内在的意义结构在，即使外在的生活惨到极点，也没关系。这就是我们这种人的高贵之处，也是他的悲惨之处。所以，伟大的宗教往往都是冲着意义结构这一源头来向我们发言的，由此才能打动我们。

这样，那些萨满或巫师所进入的通灵状态就被认为有祈福禳灾的作用，或者能预言未来、洗净过去。通过这种方式，我们这种人就可以进入一种摆脱日常状态的通灵意识或深广的泛灵意识。这是一种极其古老的精神追求与智慧追求。通过意识自身的这种转化，人的感受能力就可以在某些方面加宽、加深，从而能找到让族群更长远地生存的样式。当然某个具体情况下是不是能找到，那另外再说，但看来并不是完全没效果，否则在人类历史长河中，那些“疯疯癫癫”的现象和角色很早就会被淘汰掉。

但是，那些自然化的、朴素化的意识转化方式的局限性也很大：一是时间短，比如那种迷狂状态持续不了多久。二是对象性太强，一般局限于某个问题的解决。比如德尔菲神庙的祭司就是典型，你问什么问题就给你回答什么问题，而且还经常让你猜谜。比如古希腊作家希罗多德的《历史》第一卷第53节里有这么一个记载：吕底亚的国王克洛伊索斯派人去德尔菲神庙问祭司，他可不可以攻打东方的波斯。祭司回答他说：如果他去攻打波斯，会有一个巨大的帝国被灭掉。克洛伊索斯听了很高兴，认为他肯定能打败波斯。结果他自己被打败了，被波斯王俘虏。于是他就抱怨德尔菲神庙的祭司，说她欺骗了他。但祭司回答他说：我没有欺骗你啊，你的国家就是一个巨大帝国啊！类似故事还有很多。三是这种意识转化所进入的往往是迷狂或癫狂的状态，它无法表达出充满智慧的话语，让我们平常人也能够理解。所以，它基本上限于一种受控的梦游意识（关于这种意识，我们以后还会讲到）。

瑜伽术突破了这些限制，尽管练成它的难度很大。但是一旦进入其中，就可以不失理性地摆脱小我，进入大我或其他特别的意识状态，由此看到我们平常那些由利益驱动的功利意识，那种区分你我、物我、得失的自我意识，实际上是一种执着的病态意识，非常狭隘。所以，这种由瑜伽带来的思想方式的转变，可以是一种长久的、清醒的通灵、泛灵乃至智灵意识。[①] 它塑成的就不止乎巫师，而是生活在另一

---

① 《白骡奥义书》描述了如何通过修行瑜伽来控制身体、思想，以认知梵（终极真实）：“犹如一面镜子沾染尘土，一旦擦拭干净，又光洁明亮，同样，有身者看清自我本质，也就达到目的，摆脱忧愁。”《弥勒奥义书》将瑜伽分为六支：“调息、制感、沉思、专注、思辨和入定。”（6.18）后来《瑜伽经》将瑜伽确定为八支：“禁制、遵行、坐法、调息、制感、专注、沉思和入定。”（2.2.29）。（参见黄宝生：《〈奥义书〉导言》，载《奥义书》，黄宝生译，北京：商务印书馆，2012年，第12页）

种精神境界中的智慧通灵者，古代印度人把他们称为“［上］师”“仙人”“大智者”“寂静者”“瑜伽行者”“觉悟者”等等。释迦牟尼悟道之后就被称为“觉悟者”（佛陀），“释迦牟尼”就是“释迦族的寂静者”的意思。这“觉悟”或“寂静”就近乎打通梦和醒的状态。

一些研究者（以雅斯贝尔斯［K. Jaspers］为代表）认为耶元前八百年（或前六百年）至前二百年（或前三百年）间，在北纬25度至35度之间，出现了一批出色的、重要的文明，对后来两千多年的人类历史发生了重要影响。雅斯贝尔斯等人把这一段时间称为人类文明的轴心时代，而把这一时代之前的先导文化一律称为“巫觋文化”（在我们刚才讲的那个意义上）。这样说当然也可以，比如一些人认为儒家文化就源自巫觋文化，包括陈来先生也这么认为。但是这种观点没有看到瑜伽术和类似于道家坐忘、心斋之术的超巫的通灵术，没有看到这样一种通灵术的出现所带来的思想与哲理效应。这些修炼方式也是早于儒家的，在印度就更早了。所以实际上在巫觋文化和轴心时代出现的这些伟大的精神传统之间应当还有一个阶段，那就是我所说的瑜伽术之类的这样一种不同于巫术的新的通灵形态。西方的特点是从巫觋文化，比如古希腊的奥菲斯教，一下子就直接跳入哲学。所以西方人的观点是：要么是哲学以及由哲学演变出来的讲究实证、自然因果性、数学关系的科学所代表的理性，要么是巫觋文化所代表的互渗律——人和万物的相互渗透，就像法国人类学家列维·布留尔所说的。他们都没有看到和尊重印度的经验和我们中国的经验。尤其是印度的经验，孕育他们哲学的瑜伽术及其通灵术实际上非常重要。

第二节　《吠陀》和《奥义书》中的心学

《吠陀》至少在耶元前一千五百年左右就已经形成，它最早的一些篇章可能在耶元前两千年左右就有了。其中最早的是《梨俱吠陀》

（*Ṛgveda*），它由一千零二十八首神曲或颂神诗组成。但这些神曲不光是宗教性的、文学性的，还有很深的哲理含义和智慧。至于这些哲理是不是已经和瑜伽术结合在一起了，还是一个问题：有的可能已经结合了，有的可能还没有。比如其中的《原人歌》（《梨俱吠陀》10. 90，即第 10 卷第 90 首颂诗），讲述了众神把一个"原人"（Puruṣa）献祭，由此而创造世界万物、四吠陀和四种姓的故事。这个"原人"千头、千眼、千足，被献祭以后，它的头、眼、足以及分解后的身体就变为山川大地、日月星辰。总之，我们生活于其中的整个世界，无论是物质世界、精神世界还是社会结构，都是由这个原人分开以后形成的，包括印度的四个种姓，都是由原人的不同部分形成的。这就暗示我们，整个世界的源头是一个完整的东西，如果能找到什么办法从这个已经分裂的状态逆向而行，最后找到原人源头的完整形态，那么就能进入整个世界的本原，包括心灵的本原。

另外还有一首我在以前的课上经常引用的《无有歌》或者叫《创生歌》（以下所引《无有歌》中译文，选自《印度哲学》，280—281）[①]，也源自古老的《梨俱吠陀》（10. 129）。这首歌更是充满了哲理，我想这首歌的作者可能就是习练瑜伽的。它一开头就对世界、神灵的对象化或名相（nama-rupa）化表示出深刻的怀疑，它讲道："那时（最早），既没有'无'，也没有'有'。"这极深刻呀！西方哲学一直到现在都执着于"有"或"存在"/"是"，能讲"无"的很少，海德格尔等人接触到东方哲学家后才开始慢慢在根本处讲"无"。而《无有歌》开始第一句话不但讲无，而且认为那与"有"相对的"无"也不是最初者。接下来它继续说道："既没有空（气），也没有它外面的天。什么被包含着？……谁确实知道？谁在此表明过？"一种深长的思考，思考世界的本原、人类的本原！它对任何的对象化、观念化或名相化

① 姚卫群编著：《印度哲学》，北京：北京大学出版社，1992 年。

都表示深刻的怀疑，认为这些都是人们后来加上去的，最早的状态既不是“有”，也不是“无”。“这（世界）由何处产生？这创造从哪里（来）？……谁知道（世界）由何处产生？”由此表明作者已不满足于所谓巫师、巫觋的境界——只是神通、祈福、禳灾——了，而是要明了这一切的源头和发生缘由。

它猜想在一切“有”和“无”之前、之后或者之下，有一个原本的“彼一”，它是唯一的，是这原创造的依据。我再念一段：“那时，既没有死，也没有不死。没有夜（与）昼的标记。”你可以对比一下西方人的思路：西方人认为不死就了不起了。基督为什么是神啊？因为他死了又复活，他能不死。所以西方人觉得永恒就不得了。但印度人从一开头就觉得活着或不死没什么了不起：活着有什么意思啊？活着就是受苦啊！所以印度人恰恰是要摆脱有与无的分别。这是完全不同的思路和追求。我继续朝下念：“彼一靠自己的力量无风地呼吸。在此之外，没有其他东西。……彼一通过炽热之力而产生。”这是四千年前歌唱出来的文本！而且，它提到“爱欲”和“心（意）”，“彼一”其实和“爱欲”有关。所以季羡林先生认为人最早期的宗教往往和性有关系，这里有些描写的确容易让人想到雌雄、男女之性，就像中国《周易》中的阴阳也有性的色调一样。的确，在有性繁殖的哺乳类动物中，性是发生的源头，所以性的现象被不少古代哲学和宗教看作源头性的、发生性的结构。这样，与性有关的“爱欲”和“心意”就出现在这首特别古老的《创生歌》或《无有歌》中：“最初，爱欲出现于其（彼一）上，它是心（意）的最初种子。智者以智慧在心中探索，‘有’的联系在‘无’中被发现。”这非常富有哲理含义！真正微妙、本原的东西超出有无，是有无相交、似有非无、乍有还无的状态，所以“‘有’的联系在‘无’中被发现”。它讲到的“爱欲”是“心（意）的最初种子”，并说“智者”在心中探索。所以这首歌已经表明，“心”和世界的原初联系已经萌现了，印度古人对人心和世界的可理解、其源头的可进入，已经有信心了。世界这么广阔，这么多样，我们的心意这么脆弱，这么易变，但是有一种原本的联系把心意与世界联结在一起：它是“彼一”的表现。

接下来是第三首，即《创世主赞》(《梨俱吠陀》10.82。以下所引《创世主赞》中译文，选自《〈梨俱吠陀〉神曲选》，271—272)[①]，它说：“眼睛之父，心意决定”。“眼睛”代表五官、感官，它让我们知觉到世界，但它也会迷惑我们。它的“父亲”或“母亲”代表着更根本的知觉。它的“父亲”是什么呢？它的“父亲”是由“心意”决定的，这样“心”就出来了，而且被看作是所有感知的源头。接下来它说道：“生产原水，创设此二”。我们知道，“水”在很早的时代被认为与生命相关，与万物的源头相关，所以泰勒斯说万物皆生于水。这后面有很多很多文化的、宗教的和时代的背景。“心意”是最原本的，它生产出“原水”，并“创设此二”，这个“二”是天地。所以心又是天地的源头，是万物的源头。“造一切者，心广遍现”，即心创造一切，并把自己普遍地展现出来。所以心又“总持一切，规律制定”，就是说心持有万物，包括各种规律制度。虽然这个地方还没有把“心”说成“阿特曼”，但后来到了《奥义书》时代，就把这个作为源头的心称为“阿特曼”，这个我们后面再讲。

我再念一下它接下来的赞歌，大家感受一下：“彼乃我等，生身父母，/是此世界，创造之主；/我等所在，乃诸有情”。它讲心是我们的父母，是世界的创造主，我们则是有情之物。“有情”是什么？“有情”就是有感受能力，像动物、人都是有情之物，都既能感受快乐，也能感受痛苦，所以后来佛教说“有情者”都是菩萨怜悯的对象。接下来：“彼全知晓，彼乃唯一”，即我们这些有情之物的痛苦、欢乐和虚妄，心都知道。“诸天神祇，由他赐名”，就是说连诸天的大神，实

① 《〈梨俱吠陀〉神曲选》，巫白慧译，北京：商务印书馆，2010年。

际上也都由那根本的、唯一的心赐予名字。这就是印度思想的特点：印度有那么多宗教、那么多派别，但它们从根本上是和平的，虽然也有摩擦，但宗教冲突在印度历史上是很柔和的，不像西方三大宗教碰到一起就会打得死去活来。为什么？为什么佛教入华，也没有发生宗教战争，顶多有一点小摩擦？就是因为它不认为这些神体现了最终极的价值和实在，最终极者恰恰是那种完全超出了任何名相的东西：你叫它“心”也好，“彼一”也好，“梵”也好，而诸神只是这最原本者的不同体现，是桥梁，为了让老百姓通过崇拜、膜拜它们而进入那更原本的东西，因为老百姓没有直接进入原本的终极实在（“彼一”）的能力。再往下念：“在天之外，在地之外，/ 诸天之外，非天之外。”就是说，你能想到的一切，心都在它们之外。“是何胎藏（garbha）”，心是最原本的怀胎生育的东西。后来对中国佛教起了极大作用的“如来藏”，就是从这个“胎藏”中来。“水先承受，/ 复有万神，于中显现？ //……无生脐上，安坐唯一”。这个“胎藏”是“无生脐上”的，就是说，它是绝对的、完全的非对象化，你把它说成任何东西都不对，甚至说成“无”也不对，所以这个“胎藏”是在那个“无生脐上”安坐的那个“唯一”。

这就是印度人的思想特点，极其原本。我们中国新文化运动以来的知识分子由于受西方思想的影响，其主流往往欣赏不了印度智慧最源头的东西，非常可惜。包括季羡林，他介绍的印度思想，总给人一种隔靴搔痒的感觉，没有把印度哲学真正的精髓把握住。印度为什么能产生佛教？佛教只是印度这个文明之根上的一朵花。印度人是宗教的天才，创造了多少宗教！其实历史上，我们中国人是最能欣赏印度宗教的。佛教到了中国，被心领神会，然后得到了新的生命、新的体现、新的形态、新的发展。当年从丝绸之路上来了那么多的宗教、哲理，但最后就是印度的这一块激活了我们的灵感。这是《吠陀》经典的智慧。

《奥义书》中，与世界的这种联系就十分突出了。它是《吠陀》的第四部分。《吠陀》的主体部分就是我们前面讲的那些颂神的诗歌，其中颇有一些哲理诗，已经表现出一种根本的非对象性的哲理。《奥义书》形成于耶元前八九百年到前二三百年，是后来哲人对《吠陀》经典的思想含义的理解和解释。《奥义书》号称是印度哲学的源头，连释迦牟尼也受其影响，当然在佛教产生后，还有新的《奥义书》出现，仍然产生了重要的影响。最早一批的《唱赞奥义书》和《广林奥义书》都很有名，我念其中一段并稍加解释：

凡此，皆大梵也（“凡此”，就是一切存在者，无论有形无形、物质虚空精神，都是“大梵”。所谓“梵”就是“婆罗门”）。人当静定止观（人只有静下来，静观此大梵），此为群有从之而生（所有一切都从它而生），往焉而灭（毁灭以后又回到它），依之而呼吸者（靠着这个大梵而有呼吸，而有生命）。

而人者，心志（kratu；念、思考、意愿、意欲、意志）所成也（我们这种人是由“心志”构成的，人的根本就是“心”，人活就活一个心）。如人在斯世之心志为何，则其蜕此身后为如何（在这个世间活的是哪种心，那么当你死后你剩下的也就是那个心）。故当定其心志焉（你这个心特别重要，所以要通过静定来观此心）。

（而彼者，）

以意（manomaya）而成（“彼者”，可以理解为世界。所以世界和人从根上是以意以心构成的），以生气为身，以光明为形，以真理为念虑，以无极为自我，涵括一切业，一切欲，一切香，一切味，涵括万事万物而无言，静然以定。

斯则吾内心之性灵也（所有这些内外都是吾心之性灵也）。

其小也，小于谷颗，小于麦粒，小于芥子，小于一黍，小于一黍中之实（总之，性灵要比当时人们能想到的一切小的东西都还小）。

是吾内心之性灵也，其大，则大于地，大于空，大于天，大于凡此一切世界。（这个心，小到几微，大到无限，不能用一切对象化的方式来衡量。）

是涵括一切业，一切欲，一切香，一切味，涵括万事万物而无言，静然以定者，是吾内心之性灵者，大梵是也。而吾身蜕之后，将归于彼焉。

诚然，有于此无疑者，将归于彼焉。①

这个心，说到根本处，就是大梵。我们的身死以后，心还回到这个大梵。心与梵从根本上是一致的、同一的，这号称是《奥义书》的顶级智慧，它在这最早的《唱赞奥义书》（耶元前九世纪）中就已经出现了。这个思路是什么？就是梵（Brahman）和神我（阿特曼）的合一：梵是所有世界万物的根底，是那个“彼一”“唯一”；神我则是我所有内心世界、内心体验的根底。这两者好像是不一样的（“数论”就认为这两者根本不同），但按照《奥义书》的正宗传统，神我和梵是内外之根本，已经根本到那样一个超名绝相的程度了，它们还能有内外差别吗？不可能了！所以《奥义书》的智慧顶点就是认为：梵就是你，你就是梵。这里的“你”，是指你的根本，即阿特曼，不是指你普通的心，是指你原本的心。而这个原本的心就通着梵。所以，心有什么变化，世界就有什么变化。你的那个小心的源头通着这个大心；此大心和世界的根本是一样的，无区别的。这就是所谓的“梵我不二论”。这个“我”就是指“神我”。

---

① 《五十奥义书》，徐梵澄译，北京：中国社会科学出版社，1984年，第138—139页。

佛教和《奥义书》传统都讲心。这里既已讲到心，我就先把几个相关术语的意思集中介绍一下，以后讲到这些就容易一些。相关的术语有三个：（1）心：citta，集起；（2）意：manas，思量；（3）识：vijñāna，了别，心的作用。这三个术语，基本上可以互换，后来唯识宗又在它们之间做了些区别。它们都是阿特曼的直接表现，当然大多数都是不纯净的表现——要通过修行才能达到完全纯净。

这就是《奥义书》的传统。在这最早的《奥义书》（在佛陀之前数百年）中，已有我刚才讲的所有《奥义书》的核心思想，即梵（Brahman）为一切存在者之源头和归宿，但它完全不能对象化，任何把捉都只能得其幻象，所以只能以完全非对象化或非名相化的方式来体验它，即通过“静定止观”或调整呼吸来达到那种比较纯净的“心志”或“性灵”，从而通达那一切的源头、归宿。而人心所能达到的那种状态，可能是我们这种人类都有的。为了大家能更深切地理解这一点，即从整个人类、人性来理解这种人心的状态，而不是仅就这个传统来理解它，下面我念一段威廉·詹姆士的《宗教经验之种种——人性之研究》中的文字。这本书里面给了大量的例子，说明人有一种特殊的心理体验，即脱开了日常杂然意识而进入一种比较特别状态的体验。我念一下它里面提到的两个例子，你们感受一下，想想你们是否经历过这样的状况。你们本来可能会觉得《奥义书》讲的这些很神秘，要经过多少艰苦的修炼才能达到，但是你们听了下面这两段文字，可能就会觉得，既然这是人类都可能达到的体验，那么就不应该只是一些特别的伟人才能体验到，平常的人在一些特殊的场合应该也会体验到。

第一段文字是詹姆士记载的一个叫阿迷埃的人在他的《秘密日记》（*Amiel's Journal Intime*）里所写的：

> 我会再有那种往日有时来到我心上的奇异的遐想吗？（也就是“遐想”啊！我刚才说了，我们人类有那种能够跨越千年万年超越时空的想

象力，尤其是你们年轻人，正处在能“遐想”的时候。我现在还记得，我年轻的时候躺在草地上，看到特别灿烂的晚霞，然后天空逐渐变得深蓝，一颗颗星星像从大海里慢慢渗露出来，宝石一样，如此看着星空，慢慢就把自己忘掉了。那时候你的“遐想”就会出现。他写的也不过就是这个。）有一天，在年轻时代，在日出时，坐在浮西倪（Faucigny）堡垒的遗址之中；又有一回，在山中，在正午阳光之下……有三只蝴蝶飞来；又一回，在夜间，在北海的荦确的岸上，我仰卧沙滩上，游目于天河，……神圣的瞬间，出神的时刻；在其时，我们的思想经过一世界一世界地飞翔，透过大谜，以像大海的呼吸一样广大、一样安静、一样深的气息呼吸，同穹苍一样澄清无际；……这是不可拒却的直觉瞬间，在其中，人觉自己同宇宙一样大，同神一样安静。……什么样的时刻，什么样的回忆呀！它们所留下的遗痕够使我们充满着信仰与热情，好像它们是圣神的降临。（《宗教经验之种种——人性之研究》，386—387）[①]

这是基督教传统中的神秘体验，它的描写与印度人的描写虽然不一样，但跟刚才我们说的印度人的那种神秘经验还是有类似的地方。只是，如果通过瑜伽修炼的话，这种经验会比较持久，而在阿迷埃这里，这种经验在他的人生中他只提到了三次。但是这些经验对他最后的信仰有帮助，比如他说的“神圣的瞬间，出神的时刻；在其时，我们的思想经过一世界一世界地飞翔，透过大谜，以像大海的呼吸一样广大、一样安静、一样深的气息呼吸”，实际上这已经是修炼了，只不过这种修炼不是他有意去做的。他那时已经进入了这种状态：“这是不可拒却的直觉瞬间，在其中，人觉自己同宇宙一样大，同神一样安

① 詹姆士：《宗教经验之种种——人性之研究》，唐钺译，北京：商务印书馆，2002 年。以下简称为《宗教经验之种种》。

静。”他已经融化于宇宙，已经与神合一。只不过这种经验比较浅，比较短暂。而那些修炼过奥义的圣者，他们的体验比较长久、深远，能自我控制。所以这种经验是人类都可能有的，你们也可能有。回想一下，有没有一段音乐特别打动你，那时你把自己全都忘了，你觉得你直接体验到了某种真理，但你说不出来——有那个时候吗？

詹姆士记的另外一个例子是一位教士的自述：

> 我记得那一夜里，并且几乎记得刚刚在山顶的那个地点，在那里，我的灵魂好像向着无量界（The Infinite）开起来；两个世界，内部的和外部的（Atman 和 Brahman），相向冲流到一起。这是深空呼喊深空（内在的非对象的深空呼唤外在的非对象的深空）——我自己的奋斗在内心所开发的深空，得到外界不可测的，展到恒星天之外的深的回答。我单独地与创造我的上帝（这是基督教的解释了）以及这世界的一切美、爱、悲哀，乃至诱惑站在一块儿（这时候他有一种感觉，这世界上他体验过的一切，甚至他将要体验的一切，他都能够理解）。我没有追求他，但觉得我的精神与他的精神完全和谐（他怎么就能达到这种信心了？就是因为他进入了这种状态）。通常那种对我四围的东西的感觉消失了（对象化的感觉消失了）。在那顷刻，所剩下的，只是一种不可磨灭的欢乐和得意（这种体验中往往有快乐，就像周敦颐所说的“孔颜之乐”。但是最高手认为你不能执着于这种快乐，不能追求它）。要把这个经验写得完备，是不可能的（这是当然的！所以最能表达这种经验的往往是音乐，当然是那种最深刻的、特别能打动你的音乐。这方面，叔本华、尼采讲得特别多。为什么音乐是物自体的直接的倾诉？意愿［物自体］的直接倾诉就是最深刻的音乐，它把我们打动得无以复加。而且不光是打动，还给我们开启了一个可以理解的新世界）。（《宗教经验之种种》，63—64）

由《吠陀》《奥义书》所代表的这么明确的、正宗的古印度心学，在耶元前九世纪到前八世纪就已经都出现了。然后，各种各样的新的《奥义书》、梵书、佛经等等，不断地像海潮一样地重复、变奏这个思路和实践。这是印度思想发展的一个最重要的动力。所以在印度，真正的大思想家往往都有这种体验。当然也不一定必须如此，有些修炼智瑜伽的，由于在理智上领会得特别深透，也能进入这种状态。

对这一节，大家有没有问题？

【课堂问答】

生：老师刚才讲到的詹姆士的《宗教经验之种种》中描述的那些经验，可不可以用荣格的“共时性”的思想来解释？

师：“共时性”的意思是否是说，过去、未来、现在打通了，都在现在一下子呈现了，是吗？

生：是的。就像平行时空一样，在这同一个时刻能同时体验到很多不同的事情，像巧合一样……

师：对，也可以。过去、未来、现在，如果能同时呈现，那你的体验就丰富多了，因为我们平常的意识体验主要是现在，顶多拉一点过去与未来的彗星的尾巴和头发，像胡塞尔所说的。如果过去、未来都能够同时出现，那你的视域就急剧地扩大和加深。这当然可以算一个合理的解释。但是，我是想强调，这种体验中有一种特别深的感动，也是我们需要注意的。它和人的本性有某种共鸣。可是共时性能在同样意义上打动我们吗？比如把柯洁打败的那个“阿尔法狗”，它能同时记起全部的过去，也能在当下的瞬间就预知全部的未来可能性，所以它才会让柯洁如此地绝望，因为他要下的每一步对方都已想到了！如果是这个意义上的打通过去、现在、未来，它就不一定是我们刚才说的那种最深的心的体验。

生：如果是人工智能的话，虽然它能在当下同时把握到过去与未来，但它是不是没有人的情感体验？

师：对的。不过如何理解情感，也是一个问题……

生：人的话，他/她在回忆过去的时候，也会记得过去的感受……

师：是，是……人的回忆不只是记住过去的事情，还有过去的感受，甚至当时还不明确的感受通过回忆反而出来了。通过你的醒悟、感动，你突然领悟了很多东西……所以共时性呢，如果我们把它理解为超事件的原本的共时性，等于说是现象学讲的过去的视域、未来的视域和现在的视域充分的融合，那也的确能解释那种宗教体验。在这个意义上，这种思路也是可用的。

生：我对"梵我不二论"还有点困惑：如果我心真的和"彼一"贯通不二，那这不是陷入唯心论了吗？

师：那要先看怎么理解"唯心"了。如果是在贬义上，即不顾客观事实的意义上理解唯心，那唯心当然是有问题的。但如果这个"心"真能达到"彼一"，那它恰恰就和客观事实贯通了，而且这种对"客观事实"、对"物"的理解，还恰恰是比那种跟着"物"跑的理解更深的理解。所以，要看是什么意义上的"唯心"：是唯那个局限于主观小我的"心"呢，还是唯那个通达"彼一"、与物已没区别的大我之"心"？这两个"心"是不一样的。当年贺麟先生给我讲哲学的时候就说过：唯心主义走到头，就是唯物主义；唯物主义走到头，就是唯心主义。但是这个意义上的"唯心主义"和"唯物主义"都已经不是一般意义上的唯心主义和唯物主义了。所以他说马克思主义的唯物主义不是那种反映论意义上的唯物主义，而是经过了辩证法的唯物论，它和心、物是打通的。

生：梵语还是属于印欧语系，与西方语言有相似的地方，有词根、词缀、词尾等形式上的变化，形式因素比较突出，和汉语那种通过语句、借助时机化来表意还是不太一样。这一点对古印度人梵我合一的体验的表达有没有什么影响？会不会导致他们考虑一些形式的因素，或者说规避一些由于语言而产生的较为对象化的问题？

师：那当然！它们的确属于印欧语系，所以他们表达的时候还是有些笨拙，语言游戏玩得不是那么高明，不像我们道家讲的“道可道，非常道”那么自然、高妙。他们一方面要把对象化的语言打掉，但他们的方式往往又有对象化的倾向，比如后来龙树说的“涅槃即世间”就是如此。这是没法完全避免的，即使汉语也没办法，比如《周易·系辞上》就记载孔子说“书不尽言，言不尽意”。但是毕竟汉语的语言游戏的空间大一些，可以更灵活。中国后来之所以能产生禅宗，禅宗之所以要参话头，这都跟我们的语言的特色有一定关系。

第三节　《瑜伽经》：修心之法

古印度的《奥义书》心学必有瑜伽术的激发、维持和引领。前面讨论的《唱赞奥义书》所引的段落，已显示出了《吠陀》的智慧和瑜伽体验的结合。它对人的“静定止观”“意”“内心之性灵”有那么大的信心，背后一定有直观明见的经验支持或开示。我这个心的本义，它要向我直接呈现才行。其他《奥义书》或者对瑜伽术有明确记述，如《白骡奥义书》《弥勒奥义书》，它们直接讲到瑜伽术的方法；或有效验显明，记载了修炼瑜伽术的效验，如《唵声奥义书》，它里面讲到了“无梦熟眠境”，即睡得很熟，进入到无梦的境界，那时就没有对象化了——做梦是有对象化的东西在里头的。但是“无梦”又不等于“无意识”。比如说你第二天醒来，你知道你有一个无梦的睡眠，如果你真的没有做梦的话。你知道你睡了一觉，没有做梦。这就说明你睡着的时候还是有意识的，但是这个意识是完全非对象的。《唵声奥义书》就是讲这个无梦的睡眠恰恰是人生的比较根本的状态，表明人类有纯粹的、非对象化的意识，这是人类意识的“第四支”。

我们上次谈到，瑜伽术是源自印度河谷古老的达罗毗荼（Dravidian）文化。达罗毗荼文化非常古老，她的呈露是二十世纪考古的重大发现，把印度的历史又向前大大推进了一步。创造印度《吠陀》经典的雅利安人入侵之后，从达罗毗荼文化那里学到了瑜伽术，并与其《吠陀》传统内在结合，产生了《吠陀》-《奥义书》智慧，启发了后来几乎所有的印度思想和宗教。当然，关于雅利安人是入侵者，还是一开始就与达罗毗荼人混住，这是有争议的。[①] 后来，瑜伽术就成了印度人修行的主要方式，但是瑜伽术的表现是多种多样的，比如后来的《薄伽梵歌》（耶元前五—前二世纪）中就已经说到各种各样的瑜伽，比如：行业瑜伽、数论瑜伽、入定瑜伽、有为（造业）瑜伽、奉献瑜伽、信仰瑜伽，其他还有智瑜伽（通过哲理进入瑜伽状态）、至善瑜伽、音瑜伽（通过念诵修行瑜伽）等等。所以瑜伽可以表现为动态的、静态的等等。后来传到中国，在禅宗那里又有一个更根本的变化。

瑜伽（Yoga）这词的本义为“结合”（conjunction；join；yoke［轭］），衍生出“术”“计”“方法”“道术”等义；另一义为“沉思”（contemplation）。

瑜伽非常古老，在耶元前二十世纪或稍晚就已经被雅利安人掌握。所以他们一直实践瑜伽，跟《吠陀》-《奥义书》智慧结合起来，形成他们的正统。但阐发瑜伽最精当、权威的当属帕坦伽利（Patañjali）的《瑜伽经》（*Yoga Sūtra*）（耶元前三世纪）。《瑜伽经》总结了瑜伽实践的经验，对修行的经验、方法、效果、目标进行了描述。但是里面也融合了哲学学说，尤其是关于瑜伽目标的描述，依据了数论这个哲学学派的学说。

数论这一派出现在耶元前四世纪，其哲理是典型的二元论。它也

---

① 关于这个问题，大家可以参考林太：《〈梨俱吠陀〉精读》，上海：复旦大学出版社，2008年，第一讲第二节。

是正宗，也宗《吠陀》及《奥义书》。《奥义书》传统内涵非常丰富，包括不少表面上不一样的学说，但主要是主张梵一元论或梵我不二论。数论却是彻底的二元论，它认为外在世界、物质世界的根本是“非我”（prakrti，又译作“［自然］本性”“原质”“禀性”），而精神、意识的根本是“神我”（没用 atman，用的是 puruṣa［原人］，又译作“真我”）。这两边的性质是完全不同的。“非我”有三个德（gunas）：萨埵（sattva）、罗阇（rajas）、多磨（tamas）。这三个 gunas 有一个等级，从萨埵到多磨，其品性和价值依次下降。它们一开始是平衡的，相安无事，但只要“非我”与“神我”一结合，这三个因子之间的平衡就被打破，于是开始了演化，我们这个世界也就随之出现。但是，“非我”与“神我”的遭遇是一个错误的结合，就是说把两个本性不一样的东西硬捏在一起，是一个“拉郎配”，它们的“婚姻”不美满。所以在这个世界里，我们感受到的更多是痛苦，这一点数论和佛教是一样的：整个世界、我们的人生，从根本上是出了错的。修行就是从根本上改正这个错误。怎么改正呢？修行的最终目标就是要把这两者再分开，让它们“离婚”，这样就美满了。“神我”完全独存，依靠自己。真正的瑜伽修行的最终目标就是这个。

这三个“德”中，多磨是等级最低的，相当于质料，特点是沉重。一个生命中如果多磨占优势，那么它就不仅会表现得傻乎乎的，而且还充满暴力、残忍。罗阇的特点是行动，它不安于现状，总是给人生带来忧烦。萨埵可以意译为“实在”，它是光明、纯粹，给人带来喜乐。如果一个人身上的萨埵多，他就善良、可爱。但无论萨埵有多少优点，它也不是瑜伽修行追求的真正目标，瑜伽可以以它为冥想、沉思的对象，比如太阳、莲花、星星等，它们都是萨埵一类的存在，但是意识和它还是不一样的。

这就是瑜伽的背景——数论哲学。有了这个背景，现在我们就可以开始直接讲《瑜伽经》了。

《瑜伽经》共分四卷。第一卷叙述了瑜伽修行大致能达到的境界和目标，相当于一个概述。第二卷是对瑜伽修行方法的叙述，非常重要。第三卷叫“三昧”或“三摩地”（samadhi），瑜伽修行就是要达到“三摩地”。这一卷描述了达到“三摩地”之后是什么样的境界，会出现什么样的特异能力。第四卷是“绝对独存”。这是“三摩地”的最高境界，是纯粹的“神我”，跟“非我”真正分离开。这一卷描述的就是这个境界是什么样的。这里的层次非常清楚。

下面我们开始具体讲《瑜伽经》（以下所引《瑜伽经》中译文，选自《古印度六派哲学经典》，189—216）[①]的内容。

首先是第一卷，我们讲其中最为重要的一些条目（阿拉伯数字后是原文的中译，下面紧接着的自然段是我的讲解。不需要解释的我可能就念一下）：

2. 瑜伽是对心的变化的抑制。

我们上面讲过，“梵”本无名相，是非对象的，是心的作用将名相加到本无名相的“梵”上。在这里《瑜伽经》的学说则是：“神我”本身无名无相，但心的作用改变了它，使得它和非我结合起来，这样整个世界一下子就运转起来了，生活里随之就充满了各式各样的欲望、追求。瑜伽就是反其道而行之，对心的这些作用进行抑制。

5.（心的）变化（有）五种，（它们可是）痛苦和非痛苦的。

后世的解释说：痛苦的心的变化使人产生苦恼，非痛苦的心的变

① 姚卫群编译：《古印度六派哲学经典》，北京：商务印书馆，2003 年。亦参见姚卫群编译：《印度哲学》，北京：北京大学出版社，1992 年。

化是对事物进行分别。

6.（五种心的变化是：）正知、不正知、分别知、睡眠和记忆。

印度人很重视睡眠经验，因为它活生生地表现出意识的特征，既微妙，又可造幻。追究起来，记忆也是奇妙的，现在的我为何可以进入过去的、早已不在场的经验中？可见心的变化是多么不可思议。

7. 现量、圣教量（言语的认识）和比量（推理）是正知。

“现量”就是直观和直观达到的认知；“比量”就是依据“现量”，借助言语、推理得到的间接知识；“圣教量”指圣典中的话，可以用，但不能执着。

8. 不正知是（对事物的）虚假的认识，（它）具有不（表明）这（事物特性的）形式。

9. 分别知由言语表达的认识产生，（它）没有实在性。

10. 睡眠是（心的）变化，它依赖于不存在的原因。

12. 这（五种心的变化）通过修习和离欲被抑制。

第 12 条是一个总结：不管是正知还是不正知，心的变化最终都不能作为真正的依据，最终都要通过修习和离欲进行抑制。所以印度的这个传统和西方哲学中的认识论不一样：在西方哲学中，如果心的作用是正知，即能带来对于对象的认识，那它就是认识了真理。可是对于瑜伽来讲不行，有时你认为是真理的东西反而会把你套得更深。

【课堂问答】

生：老师，那记忆能去除吗？

师：他们是这么认为的。他们认为达到最后的境界就没有记忆了，但我只能把它理解为没有对象化的记忆。完全没记忆，我觉得不可设想。我个人认为，如果最后达到了没有形式辨别性的知识就是没有记忆的境界了，但这只是没有平常意义上的记忆，意识的时间化的能力肯定还是有的，否则就不是意识了——意识根本上就是一种非对象化的时间化的能力。当然你们可以有自己的理解，不一定要同意老师的看法。

14. 而且，由于长期不间断地虔诚专心，这（修习）是牢固的。

15. 离欲是摆脱了对可见和超验享乐追求的人的克制意识。

心摆脱了对可见享乐的执着，比如对吃喝、权力的追求，甚至也不去追求超验的享乐，比如去天堂。这种心态就是离欲。按这个标准来看，某些基督徒的欲望就是太大了，因为他们想去天堂，那比对金钱的追求还要执着。

17. 有想三昧伴随着想象、思索、欢喜和自我意识。

“三昧”出现了。“三昧”（samadhi）又译为“三摩地”，佛家也翻译为“定”。这里先出现的是“有想三昧”，它伴随着想象、思索、欢喜和自我意识。虽然你已经进入三昧，但你可以感到一种原发的欢喜。不过你不能沉溺于它，因为还有更高的境界。

18.（以努力）终止（心变化）意念为基础（的三昧）是另外一种（三昧，即无想三昧）。在它之中，仅保存着过去的行力。

什么是“行力”（samskara）？就是你以前的行为在你的意识中造成的涟漪、余音、影响。这个事情早就过去了，它为什么还能影响你？因为你的意识就像水，事情虽然过去了，你对它的直接执着也没有了，但它掀起的余波还在影响你。这就是为什么进入三昧但还没达到神我的原因。后来佛家也讲，有的罗汉还差一口气成佛，就是因为虽然他的新的行为已经不造业了，但是他以前很早的行为还在产生着余波，所以他还要用他的新的智慧行为来把这“行力”消除掉，才能成佛。

19.（对于）无形的（神）和并入自性者（来说，无想三昧是由客观）存在产生的。

因为“三昧”的产生往往要专注于某个对象，让你的意识完全与对象融为一体，摆脱主观。所以这个客观不意味着与主观对立的客观，因为在此专注中，主客已充分地交融为一体。

20.（对于）其他者（来说，无想三昧是）以信、力、念、定、慧为基础的。

这里的“其他者”指瑜伽行者。可见在瑜伽里，信、力等等，都是可以用的。

23. 或者，通过敬自在天（也能达到三昧）。

这就是说，可以先去信仰，通过它来达到智慧，因此不少印度人就信仰得特别虔诚。但是，他们都知道，他们信的神都是方便法门，所以他们早上可以进这个庙拜神，下午又可以进另外的庙拜别的神。

这在西方人看来完全是不可理解、大逆不道的，不可能既信天主教又信新教，这跟他们那种要么 A 要么非 A 的思维方式有关。对印度人来说，神只是达到三昧、达到终极解脱的一个办法、一个方便法门，但他们仍然很虔诚，而不是完全实用主义的。

24. 自在天是（与一般神我）不同的神我，他不为烦恼、业、异熟和意乐所触及。

自在天在古印度教中又叫湿婆，是三大主神（另两个是毗湿奴和梵天）之一，主毁灭和创造。这里讲的“一般神我”是指被名相杂染的神我，而自在天的神我则是纯粹的。

25. 在（自在天）那里，全知的种子是至上的。

27. 神圣的言语（唵）象征着这（自在天）。

“唵”这个声为什么神圣？我也做过一些思索。“唵”（om 或 aum）由三个音组成：a、u、m。a 是开口最大的音，m 是最闭合的音，所以这两个音代表着阳和阴，u 则是这两个音中间的过渡。一个人情感最激烈高昂的时候就会发出 a（啊）的音，所以所有人类孩子叫父母都是 papa、mama，就是因为这两个词或呼叫都是从嘴唇最闭合的状态到开口最大的状态，可以说是从阴到阳，或一阴一阳。所以“唵”（aum）这个音被印度人认为是神圣的声音，充满了原初的含义。这组音在这里甚至象征着自在天。

28.（应）重复这（神圣的言语），并思索它的意义。

印度人相信某种声音，尤其是某种语音，是神圣的、有开启效应的，就鼓励人们去重复地念它，这里是鼓励重复这“唵”声，而佛教的净土宗则鼓励重复“阿弥陀佛”，有的流派则鼓励诵念六字真言——唵嘛呢叭咪吽（ōng-ma-nī-bēi-mēi- hōng），等等。

这种语音的意义无法以观念来思索，而只能以完全非概念、非对象的方式来冥想。

29. 由此，心的主体可被证悟，障碍也不存在了。

这里讲的“心的主体”绝不是西方哲学家们讲的主体（subject），哪怕是先验主体也不行。这主体只能是神我，也就是自在天的神我。可见在瑜伽术的视野中，信仰（信自在天）与智慧（证悟神我）是可打通的，语音的阴阳开合是中介。

30. 痛、昏沉、疑惑、放逸、懈怠、欲念、妄见、不得地、不安定，这些引起精神涣散的（状态）是障碍。

我们平常的生活里经常有这些状态，因为我们心中的神我被名相遮蔽了。

31. 痛苦、忧愁、动摇和（不规则的）呼吸伴随着精神涣散。

这些都是瑜伽要克服的。瑜伽让人精神高度集中。

32. 为了防止（精神涣散，应把）心集中于一个实在。

这“实在”就是萨埵（sattva）。当你要把心集中于一个实在时，不要选那些丑陋的东西作为沉思的对象，要选那些能让你专注、引起你美好感受的东西，比如莲花、太阳、星星，或身体的某个关键部位，如眉心、肚脐。

40. 这（瑜伽行者）的力量（可达到）最小（之物和）最大（之物）。

当然是这样了，要不然怎么达到终极啊！但是这个话，要实现也很不容易呵。真正达到了瑜伽行的境地，这个人的状态就会很不一样，他进到一个我们达不到的世界。我们达到的都是一个不太小也不太大的世界，适合我们平常人的感官和思维的世界。

41. 由于（变得）如同（心）变化停止时的清澈水晶球一样，（心达到）等至（状态，并获得）以任何呈现在它前面的对象的形态出现的力量，（无论这种对象是）认识者，（还是）被认识者，（或是）认识行为。

42. 在（诸等至状态）中，掺杂着言语、意义、概念差别的等至是有寻（等至）。

“等至”（samapatti），英文的翻译是 thought transformation（思想的转型）。它是一种三昧。关于它的境界，上面讲的第 41 条有描述。达到这个状态，心就不再改变真实的状态，所以能够跟着各种状态，包括“对象的形态”走，达到从心所欲不逾矩的境界。思想在这时不执着于自己，能够随着真实的世界而改变自己，但它还有概念差别的掺杂。这是有寻等至。下面是无寻等至。

43. 无寻（等至是这样一种状态）：记忆停止，（心在其中）仅作为客体照耀，就如同（它）没有自己的特性一样。

在这种状态中，心变得完全客观，去掉了小我，固定意义和概念差别都消失，连对象化的记忆也停止了。在印度主流哲理中，“无”一般总比“有”要高明一筹。比如这里的“无寻”就优于“有寻”。以下皆同。

44. 由此，以细微之物为对象的有伺（等至）和无伺（等至）也得到描述。

【在这些（等至）中，进入细微元素的称为有伺（等至）。……无伺等至作用于在各方面都不受限制的细微之物。……无寻等至和有寻等至作用于在时空中发展的事物；有伺等至和无伺等至作用于细微元素。】[①]（《古印度六派哲学经典》，194）

“伺”就意味着进入了细微之物的境界，而细微之物，就是不可见之物，但它是整个外物的根基。当然，无伺等至接触的细微之物更加微妙，也就是摆脱了各方面的限制。

45. 而且，细微之物的领域达到（事物的）实相。

你只有认识到事物的实相，你才能摆脱小我。

46. 这（四等至）仅是有种三昧。

就像金庸小说写的武功高手，前面出场的已经高明得不得了，但后边出场的更加神奇。两种寻等至和两种伺等至如四大高手，已经让

① 本节【 】里的文字为《瑜伽经》中译本原文所附的后人的解释。

我们瞠目结舌，但这里声明了，它们只是“梅庄四友”，地下还藏着或关着任我行（甚至东方不败）一类的厉害角色呢。既然它们“仅是有种三昧”，那么后边一定会出场“无种三昧”。

> 50. 从（较高程度的三昧或等至）那里出现的过去的行力，阻碍其他的行力。

这就是说，等至自己就会产生良性的行力，来对抗以前的行为产生的不好的行力，最后把你的意识清扫干净。

> 51. 在对这种（行力）抑制时，由于抑制了所有的（行力，因而达到）无种三昧（的状态）。

无种三昧自然要比有种三昧更高级。

这就是第一卷。它是概述，描述了瑜伽的基本目标，告诉你要摆脱什么，要达到什么样的意识状态。

下面看第二卷，修行瑜伽的方法：

> 1. 苦行、诵读和敬神是当为瑜伽。

“当为瑜伽”也就是有为瑜伽。有为瑜伽永远不如无为瑜伽。在印度，苦行的地位是非常高的，如果一个人能苦行，会受到很高的尊敬。

> 2.（当为瑜伽的实行）是为了产生三昧和减少烦恼。

当然。

3. 烦恼是无明、我见、贪、瞋和现贪。

这是印度人共通的看法，认为人生的苦难、烦恼的根源在无明，因为你认识错了，而不像基督教认为的那样是在原罪。所以只要你通过智慧的光明驱散了无明，你就会得救。

4. 无明是其他（烦恼）的基础……

所以“无明”是根本性的。

5. 无明是把无常、不净、苦和非我当作常、净、乐和我。

无明就是认知的根本错位。

15. 由于变化、忧虑和习惯的苦，还由于“德”的作用的对立，差别的一切确实是苦的。

“德”表面上有时让你很高兴，但是最终它造成的一切差别其实都是苦的。所以，后来佛祖的一些见地其实在印度的一些传统中都已经埋伏着。佛陀四谛中的第一谛就是苦谛，说人生是苦的。这一点西方人很难理解。叔本华受《奥义书》和佛教影响，认为人生是苦的，一开始在西方很受排斥，认为这是悲观主义。一直要到后来经历了十九世纪四十年代的革命以及二十世纪的两次大战所带来的巨变与痛苦，西方人才开始理解叔本华。

16. 还未到来的苦是可以避免的。

所以，尽管印度人对人生的评价是悲观主义的，但从根本上，从人的潜能上却是乐观主义的，认为苦是可以避免的，关键在于你要认识到苦的因。

17. 能观和所观的结合是可以避免的（苦）的因。

这很重要。能观就是你的意识，所观就是对象。这两方面的结合，我们一再讲，是不幸的，是苦的因。这跟西方正好相反，西方认为能观与所观的［恰当］结合就是 truth，是判断的正确。这里则认为这是根本的扭曲，你觉得你认识了真理，实际上却是扭曲了人生的最根本的关系。

20. 观者不过是观察的能力，尽管是纯粹的，但却是观念的观察。

不是原本的观察。

21. 所观的存在仅是为了那个（能观）。

所以，所观是你的名相作用于终极实在（神我）的产物，是由你的能观必然带有的概念或者思维框架或者感觉习惯所塑造、改变出来的，是经过心的作用向你呈现的，所以它不是原本的，不是真实的。

24. 无明是这（结合）的因。

如果你知道了本来的状况，你就不会让它们结合，或者不受这结合的支配，所以无明是结合的因。

25. 排除是由这（无明）消失（而出现的）结合的消失，那就是观照者的独存。

这就已经把它最后的目标——观照者即神我的独存，神我与非我的完全分离——向大家指出来了，然后它就讲它的方法。

26. 排除的方式（是借助）未受干扰的辨别智。

辨别智（viveka-kyati；discriminative knowledge）很重要，地位非常高。它是能区分开真相和幻象的那种直觉智慧，那个认知能力。

28. 当通过对瑜伽（八）支的持续修习而灭除不净时，智慧之光就进入辨别智。

每个人应该都有辨别智，只是被遮盖了。通过八个阶段（八支）的瑜伽修行，就能让它显露出来。下面第29条起就讲瑜伽修行的八种方法。

29. 禁制、劝制、坐法、调息、制感、执持、静虑、等持是（瑜伽的）八支。

禁制、劝制、坐法、调息、制感是前面的外五支，是准备性的。执持、静虑、等持是内三支。通过前面五支，再继续努力，就能达到后面三支，它们的境界一个比一个高，最高的是等持。

30. 在这之中，禁制是：不杀生、诚实、不偷盗、净行、不贪。

“禁制”就是佛家说的“守戒”，即不做什么。后边四种是道德上的禁制，而印度宗教和哲理的主流还主张不杀生，这个“生”应该是指有感受痛苦能力的生命，也就是佛教所说的“有情者”。但绝不只是佛家讲不杀生、吃素，印度教和其他的不少宗教也讲这个，而且高等种姓往往吃素。

32. 劝制是清净、满足、苦行、学习、敬自在天。

“禁制”是不应该怎么做；“劝制”是讲应该怎么做。

46. 坐法（要保持）安稳自如。

它这里强调坐着行瑜伽，这样安稳，最后你心也安稳。

47. 通过行为动作的放松和（对）无限（观念的）等至（，坐法得到完善）。

这还是在解释“坐法”。“等至”的含义前面已经解释了，基本上是指身心达到平衡，完全的安静、平等，顺物而行。这不是平常讲的身心平衡那么简单，还要达到三昧才能真正实现身心的完全平衡或平静，像水一样平静，停止名相的干扰。

48. 因而，两两相对之物的干扰就停止了。

“两两相对”指主客相对、高下相对、好坏相对、冷热相对等等。我们总是有所偏爱、有所选择，这就是两两相对之物的干扰。当坐法完善后，这种干扰就停止了。

> 49. 调息是这（坐法完成）时，呼吸运动的停顿。

这就跟说没有记忆是一样的，调息（pranayama）并不是说不要呼吸，而是进入一种新的呼吸状态，下面还会讲。

> 50. 表现为外部的、内部的和完全抑制的（调息），通过位置、时间和数量来调节。（它因而是）长（时间）的和细微的。

这个与中国道家讲的调息有相似之处，西方人就没这个。《庄子》里讲的“无听之以耳，而听之以心；无听之以心，而听之以气”（《庄子·人间世》）中的“听之以气”，就是调息；但怎么调，庄子语焉不详。《瑜伽经》这里讲得就非常详细，这是他们的传统，而且是个很宏大的传统，参与塑造了他们整个民族的精神世界。

> 53. 而且，（调息也使）意适合于执持。

“执持”就是“内三支”的第一支，英文的翻译是 concentration，它使你的心集中于沉思的对象上，不散乱，沉得住，思绪不再跳来跳去，这就进入三摩地的第一阶段了。

> 54. 制感可使感官不与它们的对象接触，（产生）与心的本性类似（的状态）。

“制感”（pratyahara；abstraction of the senses）就是把你的感觉控制住。这就厉害了！我的眼睛看一个对象，但又不把它作为对象来看，好像没看它，进入非对象性的状态：感官不与它的对象接触，产生与心的本性类似的状态！心的状态，就是非对象化的。

55. 因而，感官被置于最高控制之下。

这是《瑜伽经》的一个特点，它讲究控制心的作用，让它进入一个跟我们平常心猿意马的意识不一样的状态。平常的意识像条河，被各种对象引发，整个心是散乱的，一会儿想这个，一会儿想那个，只有你看书精神特别集中或听音乐特别入神的时候，那时心才聚拢了。但是做瑜伽可以让你的心针对一个对象集中起来，最后你和对象完全合为一体，那时心就不散了，它就融在对象里头了。

这是第二卷。下面讲第三卷，阐述内三支：

1. 执持是心注一处。

【执持（dharana；concentration）意味着心注一处，如肚脐……头上之光、舌尖等身体部分。】（《古印度六派哲学经典》，202）

如上一卷所言，这“心注一处”就会将心猿意马的意识融入所注者，从而绞干挤净其中的二元分叉，使意识变得纯净、内敛、持久。

2. 静虑是观念在那里的持续。

“静虑”（dhyana）的英文是 meditation，即沉思。后来“禅”宗的“禅”也是这个词。“静虑是观念在那里的持续”，这里的“观念”（pratyaya；mental effort）完全不是平常意义上的观念，而是你的纯意识。你的意识能专注在对象里边，要持续多久就多久，这就是静虑。

3. 三昧可（仅使）其对象发出光辉，（自我认识的）本性似乎不存在。

就是说，在做瑜伽的时候，一旦进入三昧（samadhi；trance，contemplation），就只有意识的对象发出光辉，你自己的认识特性便消失不见了。这不是对象化意识，而是意识与意识对象的完全合一，是一种全新的意识境界。这种意思一再出现。

4. 这三支合在一起是"总制"。

这三支就是执持、静虑、三昧。"总制"（samyama；inner discipline）就意味着瑜伽修行达到了真功夫了，意识不再被意识对象所绑架，而是有了自身的自由和自主。

5. 由于获得了这个（总制，就形成了）认识的广阔境界。

刚开始执持的时候，意识境界好像很狭窄，就专注在一个对象上，但正是通过这个窄门，进入了一个特别广阔的境界，我们平常人见不到、听不到、感不到也想不到的境界，在它里边就有可能产生智慧。首先产生的可能是一些特异功能，正如接下来马上要描述的。

6. 这（总制）被用于（各）处。

因为意识得到了内在的自由，所以它可以表现于各处，首先表现为一些改变对象或转变与对象打交道的方式的能力。

7. 这三支（形成的是）比前（五支）更内在的部分。

8. 甚至这（三支）也是无种（三昧）的外在部分。

18. 通过对行力的直观，（获得）前生的知识。

“行力”是什么？这里是说前生的行为到今生还在你身上、在你意识里的余波，所以只要你对行力进行总制，你就能得到关于前生的知识，知道你前生干了些什么。不少有道行的佛教徒都能知道他 / 她的前生。

19.（通过对）观念的（总制，获得）其他心的知识。

只要得到总制了，特异功能就出来了，就可以有读心术了。

20. 通过对身体形态的总制，感觉力被抑制，因而与（别人）眼光的接触就不存在。这时，（瑜伽行者的身体就）见不到了。

《哈利・波特》里，哈利是靠那个祖传的神奇斗篷隐藏自己，而这里是靠瑜伽修行让你看不到我，因为我把身体非对象化，让你的目光达不到它，于是我就似乎消失了。在印度，人们都信这个。像《中论》的作者龙树，据说就曾拥有这种能力。

25. 通过对太阳的总制，（获得）世界的知识。

太阳是世界的灵魂，意识对太阳获得了认知自由，则能领会整个世界的奥秘。

31.（通过对）头的光辉（的总制，获得）超人的视力。

> 34. 实在和神我是彼此完全不同的，因为（实在）为其他（物而存在），经验（存在于二者）无差别的观念中。通过对自身对象的总制，（获得）神我的知识。

这里讲的“实在”，就是数论讲的“非我”的最高一级，它与可能绝对独存的神我完全不同，因为它们总是要依他者而存在。我们平常的经验，就是混同了实在和神我，使它们无差别了。

> 【神我表现为纯粹的意识，它在特性上亦与变化着的实在（自性）完全不同。】（《古印度六派哲学经典》，205）

什么是“纯粹的意识”呢？就是非对象化的意识，比如“无梦的睡眠”就是一种非对象化的意识活动。这里是说通过瑜伽修行，虽然不在梦里，但也可以自觉地进入这种非对象化的意识。这好像不可思议，但是他们追求的就是这个清醒着的无梦睡眠。印度正宗哲学的要害就在这儿。

> 41. 通过对身体和“空”的关系的总制，以及通过获得轻（如）棉花（的等至状态，瑜伽行者可在）空中行走。

这都是特异功能。你知道了这个，就知道《西游记》孙悟空七十二变的根子在哪儿了：因为他有总制，学了总制，就能把身体随意变形。

> 48. 只有认识了实在与神我差别（的人，才获得对）一切存在和无限知识的支配力。

这个境界就更高了：不是停留在小的神通上，而是获得对一切存在和无限知识的支配力！

49. 当罪恶的种子被甚至对这（差别的认识）的离欲所摧毁时，（就产生了）绝对的独存。

这种实在与神我的差别，不可作为认识的对象，或被人渴念，那样就反而达不到对这种差别的认识。只有不刻意欲求这种认识，才能达到它，由此而摧毁“罪恶的种子”，也就是神我与实在结合的各种方式。

51. 通过对刹那及其连续的总制，（获得）从辨别中产生的知识。

这就涉及时间了，是在哲理上要害的地方。胡塞尔现象学认为我们意识的根本是内时间意识，海德格尔将之深化为生存性的时间。在这个地方，当瑜伽修炼达到产生辨别智（discriminative knowledge）的境界时，它就能对刹那和刹那之间的连续形成总制，也就是看透时间构造意识和整个存在界的把戏。

【那些已过去的刹那和要到来的刹那应被描述为是由于在演进中的普遍变化而存在的。因此，整个世界每一刹那都经历着变化（这是赫拉克利特的观点，也是中国《易经》的观点），所有那些特性都相对建立在时间的一刹那中（这就是胡塞尔的内时间意识现象学的思想：一刹那根本不是一点，而是时间的一个晕圈，里面不只有现在，还有对刚刚过去的滞留和对将来的前摄，它们共同组成时间的晕圈。晕圈套晕圈，最后形成一条意识之流，所以人的意识是一条流。他们修习瑜伽的也能看出这一点）。通过对刹那及其连续的总制，直接的知识从二者中获得，辨别智因而表现出来（所以这里好像也没有把时间全部否认。时间是造幻，造出好

多幻觉和世界。但是时间本身是不是全是幻觉，因而要摆脱呢？这是问题）。】（《古印度六派哲学经典》，208）

53. 所谓辨别智是直觉的，（它）以一切（事物）作为（其作用）范围，以所有状态作为（其作用）范围，（它）没有连续。

这又是一个让人费解的地方：它没有连续！就跟上面说的没有记忆一样，可能关键还在于它没有的究竟是怎样的连续。

54. 当实在的纯净和神我的纯净相等时，（就出现了）绝对的独存。

“纯净”指两边互不掺杂，而“相等”意味着相分离又相对峙。不过只有神我才说得上“绝对的独存”。

这是第三卷。

下面看最后一卷，第四卷：

1.（神通力）通过出生、药草、咒文、苦行、三昧获得。

神通力可以有这么多方式获得，所以有神通也就不稀奇。

7. 瑜伽行者的业是非白非黑的；其他（人的业则有）三种。

“非白非黑”，这是一个“双非”。其他三种是黑的、黑白的、白的。这三种都不够根本，不够纯粹。只有“非白非黑”才是瑜伽行者的业。

【非白非黑（业）存在于这样的人中：这些人放弃一切，他

们的烦恼被摧毁，他们现在的身是最后的身。】（《古印度六派哲学经典》，210）

因为他们的行力逐渐被消灭，他们的灵魂在死后就不再进入身体，所以“他们现在的身是最后的身”。

8. 因而，（从其他三种业中）仅表现出足以产生它们结果的熏习。

瑜伽行者已经不再产生“其他三种业”，或新的引起轮回业报的力量，但过去这三种业曾产生出的业力还有惯性，所以还会有其行力的熏习。

25. 直观了（神我和实在）差别的人就灭除了我执。

那当然了。

26. 然后，心倾向于辨别（智），并受绝对独存的吸引。

辨别智就是能辨别、分离实在和神我的智慧，所以能导向绝对独存。

29. 由于甚至在最高理智中也不残留兴趣，因此，从永久的辨别（智）中（就产生了）“法云三昧”。

这就是说，不可对总制的诸能力保持兴趣，不执着于那些神通，连较低的三昧也不能执着，这样才能不断向上精进，达到瑜伽修行的顶峰。

【通过摧毁行力种子的力量，其他的意识不再产生。这时获得的三昧称为“法云三昧”。】（《古印度六派哲学经典》，215）

你看，这里提到“种子”，后来瑜伽行派也就是唯识宗的“种子说”多半从这里有所借鉴。什么叫“种子”？“种子”就是一种潜伏着的行力，它到一定时期就发芽生长，就显露出来了，你平常意识不到的。所以以前的那些行为的行力，你不要小看，你不把它铲除，就可能功亏一篑。虽然你可能已达到了很高的三昧状态，但只要行力还在，你就有可能一念之间又返回到原来很低的状态。所以要把它全部摧毁，才能进入法云三昧。

30. 这样，业与烦恼就被消除。

31. 由于消除了一切混杂的不净，认识变得无限，因此认识的（对象就变）小了。

因为你的认识变得大了，对象就变小了。

32. 由于德达到了目的，（德的）变化的连续就结束了。

德的演变达到了目的，意味着众德各归各位，不再与神我结合。

34.（当）没有神我的对象的德变成潜伏（状态时），或（当）意识的力量建立在自己的特性之中（时），绝对独存（就达到了）。

这就是瑜伽追求的目的：神我与对象之德的彻底分离，达到意识的绝对独存。

好了，这就是《瑜伽经》。我只能给你们大致讲一下，让你们有点感觉，在下面讲心学的时候，你们有这些背景，理解起来就会不一样。

最后，我对这一讲的内容做一点评论。

虽然《瑜伽经》是指导修行的，而我们没有修行的实践，只能在外面看，但是在外面看也有意义。它给我们很重要的一个印象是：做瑜伽能扩展意识的广度和深度。这是要害之处。要不然两千多年来它怎么能在印度人中尤其是那些知识分子中风行呢。但我们自己的意识状态，也是可以跟它所说的意识状态相类比的。虽然我们平常都是对象化的意识，既平淡又纠结，但是难道没有在一些特殊的情况下出现非对象化的意识状态吗？在我们特别动情或决绝的时候，或被艺术作品特别感动的时候，我们是否也有这种意识体验，或者说意识广度和深度的扩展？

关键不是有没有这种被扩展的意识状态——这种状态肯定是有的，关键是怎么理解它。

人类一直骄傲于我们相对于其他动物的意识能力，比如记忆（短期记忆不如黑猩猩）、策划、虚构、感情深度、理智或理解能力等等，但是人类又在神包括泛神化了的动物的意识能力面前感到自卑，比如说出超强预言，进行遥视或读心，获得宁静，行大慈悲，创造日常人眼中的奇迹，体验终极真理……这些能力都令我们惊异、赞叹。

大家可能知道，赫拉利在《未来简史》中认为二十一世纪将是一个新的时代：科技人文主义代替自由人文主义的时代。相比较而言，二十世纪是自由人文主义的时代，自由主义在世界尤其是西方占主流地位，大家都认为个人自由是无比珍贵的。但是赫拉利认为，到了二十一世纪，这种自由主义维持不下去了，科技人文主义会取而代之。高科技将大大扩展并同时解构和控制人类意识，那些不能升级为新人类或超级人类的人，将沦为低一级的意识生物。所以，智人的意识频谱其实只是很狭窄的一段，我们的意识能力——在没达到三摩地的情况下——意识不到许多东西，比如蝙蝠的回声意识世界、鲸鱼的歌唱体验、尼安德特人更大的却似乎更“笨”的头脑所体验到的东西，更不用说已逝亡灵、山川神怪“精灵”（如《魔戒》中的多种精灵）和“高等”神灵所体验到的意识世界了。它们的意识世界和我们不一样，但也有相通的地方，比如《魔戒》中霍比特人的意识世界，它们竟然能不受魔戒的控制。又比如《哈利·波特》中的魔幻世界，它们既不同于我们的意识，但又充满了人间的真情。而当代及未来的科技就将改变我们人类意识的这一状况，突破人类意识的“居中”地位，让它升级为超人版。这就是所谓的科技人文主义。

现在已有这方面的端倪，如“专注头盔”让一个采访美军科研机构的记者一下子就大大提升了射击的能力，这实际上就是让本来散乱的意识一下子集中起来。现在这种技术已经运用于军事了，你可以想象，未来肯定会运用在医疗等其他方面，如果再跟人工智能结合起来，我们不可预料会产生什么样的状况。所以这些高科技会把我们的意识视域急剧扩大、深化。实际上，一个高科技的魔法世界正在向我们走来，《哈利·波特》中的迷情剂、幸运水、[意识]变形汤，乃至伏地魔的“魂器”（借助科技，人能活到五百岁，甚至永生，这不就是伏地魔的魂器吗？），诸如此类的东西都已露出苗头了。

另外一个问题就是：这种由科技造成的意识和生命能力的扩张是合理的，对人类有利的、造福的，还是有害的、悖理失道而造孽惹祸的？这本身就是问题，我们学哲学就要面对和思考这些问题。

我觉得，很可能是造孽更多。魔法世界里有所谓“白巫师”“黑巫师”，科学家很可能会成为“黑巫师”。当然他们也可能用科技干好事，这中间的界限很难划清楚。关键在于，你是用科技为完全对象性的目的服务并因此受到野心家和强力的操纵呢，还是真正用来使人类解放，使人摆脱那些使人类社会痛苦的意识？这是不一样的：一个是追求更高的力量，但可能反而使我们更痛苦、更危险；一个是使意识从对对象化力量的追求中解放出来，让我们活得更自由、更美好。这是哲学家责无旁贷要思考的问题。

这一讲就到这里结束了。

第二讲　儒家心学出现的条件（二）：印度佛教心学

佛教对儒家心学影响非常大。但是如果不讲印度的正宗，也没法真正地理解佛教。以下我们先讲印度佛教，再讲中国佛教。

第一节　释迦牟尼的唯心证悟

本节标题中，“释迦牟尼”这个名字的意思就是释迦族的圣人，“唯心”是指他的学说的要害集中在心上，他在别的地方解决不了自己的问题。

虽然在印度的传统中佛教是异端，但实际上佛教承接了印度婆罗门教（古代印度教）《吠陀》–《奥义书》的传统，受到其正宗心学传统的影响也很大。这一点首先表现在它继承了瑜伽术。在印度所有的主要流派中，几乎没有不用瑜伽辅助学说修行的，佛教也不例外，它也特别看重真理的证悟。不是光立说就行了，一定要有自己意识上的体验、开悟，也就是证悟到真理，证悟到 samādhi（入定）的状态。佛家的瑜伽称为禅那（dhyāna），这是一个音译，也就是禅定，它的原意是静虑、思维修。《清净道论》曰：“专注所缘故，或烧毁敌对法，故为禅那。”就是说专注集中，然后能烧毁敌对法，即烧毁那些使你得不到佛家智慧的东西，这就是禅那。所谓“敌对法”，一般叫作“五盖”。

所谓“盖”，就是覆盖心识、使你看不到正道的东西，把它们都去掉，就是禅那。禅那通常分为四种，从初禅到四禅共四个境界，内含喜、乐、舍和心一（即“定”）境性（一心）。（《佛教大辞典》，415—416）[1] 你坐禅的时候会产生四个境界，刚开始是欢喜，然后是快乐，然后是“舍”（把小我、自己的执着都舍掉），最后达到“心一”（就是刚才讲的samādhi的境界）。再加上四种定，共有“八定”，这就是所谓的“四禅八定”。佛家一样要讲这些东西，《瑜伽经》上讲的八支，佛教从根本上一样都不少。

所以佛家讲持戒入定，讲戒律，还专门有律宗，这就是上面讲的《瑜伽经》中“外五支”的开头。因此佛教有一个所谓“戒定慧”的修行次第：首先告诉你不能干什么，然后通过禅修达到定，在定中发慧，即所谓“定慧双修”。这跟《瑜伽经》中的精神完全符合，虽然具体学说不一样，但你必须由戒进到禅里，不能胡来，这是一致的。这就是所谓“戒定慧”的佛修法门，我总结它的精神就是“心注一境，正审思虑”[2]。“心注一境”，就是关注、集中在一个东西、一个“境”上。通过这个意识状态，你就能够正审——正思维，从而看出世界和生存的真相，也就是释迦牟尼初转法轮时讲的四谛：苦、集、灭、道。世界人生从根本上是苦的，是有错位的，它的根在于集——缘起。你认为是实体的东西，实际只是个集合。所谓“集合”，就是关系。你对这关系看得不对，把它看成真实的，就是无明；把无明灭掉，你才能达到悟道解脱。这就是“四谛”——四个真理，是佛祖开悟成佛以后初转法轮时所讲的，我觉得它基本上代表了佛家的精神。这里的关键是：怎么达到这个道，怎么去“灭”？佛教认为就是要通过证悟。佛祖讲有“八正道”（这是小乘佛教或原始佛教讲的，最接近佛祖所讲。我们中国传的是

---

① 任继愈主编：《佛教大辞典》，南京：江苏古籍出版社，2002年。

② 《瑜伽师地论》卷三三：“言静虑（dhyāna）者，于一所缘，系念寂静，正审思虑。”（《佛教大辞典》，第1224页）

大乘，是已经比较靠后的，有它新的创造发挥，虽然我觉得它也符合佛祖精神，但我们还是先来说最早的、离佛近的），分别是正见、正志、正语、正业、正命、正方便、正念、正定。“正念”就是正思维，你的念头要正，最后是要“正定”，即入定，这就是通过禅那的方式达到的。佛教“三法印”也是这个意思：“一切行无常”，就是“集”的意思，一切世界万物的集就是无常。无常的根在哪儿？在变化。变化的根在哪儿？在缘起。因为它是缘起，所以就没有一个什么实体，甚至不能够是印度婆罗门教讲的“梵”和“我”，虽然它们已经不是西方意义上的实体，但佛教认为那还不够原本。佛教要讲无我，这是一个开创性的学说：你不是讲大我，讲 Atman 吗？佛教讲 Anatman，即无我，所以无我很重要，这是第二法印。“一切法无我”，即一切存在，不管是物质性存在、精神性存在，甚至规律，它们都“无我”。最后达到的境界，是“涅槃寂静”，可以对应我们刚才讲的所谓绝对独存。当然佛教的解释更有特点，尤其是这个无我最有特点，涅槃寂静里头没有一个神我。当然，你可以问这跟那个神我矛盾吗？也不矛盾，它们都是要彻底否认平常我们各自执着的那个表面上让我们高兴、实际上又带来痛苦的小我。但是毕竟不一样。

释迦牟尼本人就是戒定慧的典范，他二十九岁出家，三十五岁觉悟成佛。大家都知道他们家是王族，他看到人的生老病死，感到了人生无常：当王子又怎么样，最要害的地方还是得输。所以他要追求最根本的真理。他一开始四处求道，又在苦行林里静坐、修禅、苦行。苦行对他们这类人是很重要的，刚才一再讲要离欲，怎么离欲？苦行就是一个很重要的方法：少吃东西，穿破衣服，不睡舒服的床……去印度旅游，你会在恒河边看到很多苦行者，有人抬着一条腿，一待待十年（当然他们也要吃饭、上厕所），或者举着胳膊十几年不放下来，奇奇怪怪，什么样的都有，这样做就是要让你把欲望去掉，或者起码表现不出来。悉达多（释迦牟尼，他的名字叫悉达多）一开始也是这么做的，他请教了很多位仙人、苦行大师，甚至还有数论派的先驱，从中也得到了禅定，但是进得不深，感到从这里得到的成就不足以让他超生死，只能得到一些特异的能力。可是他出家是为了解决生死问题，寻问人生和世界的根本意义，不可能满足于做一个苦行师，或者一般意义上能获得很大能力的瑜伽行者。他不在乎那些东西，就转向自修，到了摩揭陀国的迦阇山苦行林，在尼连禅河畔静坐参禅。那时候他还在自己修苦行，每天就吃一麻一米，或七日才吃一麻一米，苦修六年，身体就状若枯木，差点死掉。最后他认为不行，光苦修达不到最终的开悟，就起身沐浴，饿得几乎瘫在水里。这时候来了一位牧羊女（佛教史上这个牧羊女名垂青史），给了悉达多一碗乳糜粥，他吃了以后气力大增，走到岸上，找了一个好地方，也就是一棵大菩提树下，把吉祥草铺好，坐安稳了（刚才讲到的外五支，就包括教你如何坐安稳），发誓不得觉悟就不起来，就身死在这里了。他的几个同伴看他放弃修苦行了，觉得这个人意志不坚定，便离他而去。悉达多在树下七天七夜（一说四十九天），最终开悟，天雨曼陀罗花，整个世界都在欢唱，庆贺真正的大智慧者诞生。

从这个经历我们能看到，他靠别的都不行。悉达多身上具备了很多人类的优点，有智慧，又有劲儿（能跟大象搏斗，开弓射箭谁也比不了他），长得还特别英俊，家世也好，什么都好。他一出生，预言师（印度绝不乏这些有特异能力的人）就来预言他将来要么做全印度的王，要么就做转法轮王。他父亲当然愿意他做全印度的王，因为这位父亲就是那么一个小国的国王，净受别人欺负。他觉得他儿子要是当上全印度的王，他们释迦族该多么风光。但是悉达多看到生命无常，一切世间的荣耀从根本处是空虚的，所以要出家修行，而他要求的那个东西，试过其他方法都不行，最后只能回到心，要开这个心，让平常的心进入最原本的状态，才能解决他的问题。你说他最后达到的那个境界比《吠陀》经典（尤其《奥义书》）说的那些开悟者所达到的 Atman 和

Brahman完全合一的境界更深、更根本吗？我们没资格去评论，反正按照佛教的说法，他是进到了最深的意识状态，跟世界完全沟通。所以在他真正开悟那一刻，整个大地震动，他一下子能看到无穷的过去和未来（反正记载上是这么说的，我们对此不做评论），以及生命和世界的真谛。总之他是靠修心，开启了心，才悟道成佛，所以我们说他是唯心证悟——别的办法都不行！但是怎么修这个心呢？当然也有一套办法，你说这套办法跟刚才我们讲的《瑜伽经》的办法有什么区别呢？好像也没有什么太大的区别。你仔细想想，《佛本生经》里讲他前生累世修行，积德行善，但关键还是最后这一下。积累了多少善行，也不行，不够！必须有最后这一悟。

所以大家可以体会：基督教是靠基督的复活而立教，这是它真正的活眼、源头，没有基督死了以后的复活，一切都是枉然。所以他们最坚持的就是这个：他被钉死在十字架上，三天后又复活了，证明他是神的儿子。而佛教最源头的地方是佛祖在菩提树下心的开悟，这就和西方三大宗教——犹太教、基督教、伊斯兰教——非常不一样。西方三大宗教所宗的都是犹太教或《旧约》里的上帝耶和华，在穆罕默德创立的伊斯兰教中，他的代名为安拉，只不过穆罕默德说他是最后一个先知，他的解释才是最权威的。耶和华的特点是他是一个独一的人格神，你要想进到他的宗教里就只能信他。他是创造世界的。你去看《创世记》，他靠他的意志（其实他的意志也是他的心，但《旧约》不突出这个）和话语创造世界：要有天地，要有光，要有动物植物，最后按照神的形象创造人（当然创造人时他动了手，吹了气）。首先创造出来的是男人，上帝觉得男人挺孤独，就分出他的一根肋骨创造出女人，给他做个伴（女权主义肯定不喜欢这个说法）。女人还老犯错误，先被魔鬼诱惑，然后再诱惑男人犯错误，最后两人双双被从伊甸园里赶出去。咱们人类所有的原罪都是从这儿来的，这是这个宗教的特点。

你要怎么回到源头去呢？基督教、犹太教、伊斯兰教各有一套说法。基督教的说法是，神没有忘记我们这些人——被他赶出乐园的亚当、夏娃的后裔，只能到尘世里苦巴巴地生孩子、干活谋生的人——的苦难，派自己的儿子下来为人赎罪，并且让他死在十字架上。这是基督教特别感人的一幕（起码对教徒而言）：神拿他自己唯一的儿子为我们人赎罪，而且死得那么惨，被钉死在十字架上（你看这亲子关系何等重要，到最关键的时刻都脱不开它）。佛教则不是这样的，得救不是靠信基督是神的儿子，不是靠完全听基督的话，而是靠你的心。当然了，信基督的时候，心应该也有改变。你真信了基督是神的儿子，信了他说的话，做了他让你做的事，心也会改变。但这跟佛教的心的改变是不一样的：佛教是让你自修，释迦牟尼告诉你的是戒定慧，你得走释迦牟尼求解脱的道路，最后必须入定，由定发慧，你不会因为信了释迦牟尼是救主就开悟。这是佛教的特点，跟西方宗教不一样，佛教从根本处是一个和平宗教的原因就在这儿。它不是光靠学说、光靠信一个伟大的神来使人得救，不是靠教会来解释神的旨意，让信众都听它的。否则，一个大神碰上另外一个神（穆罕默德讲的安拉跟基督教说的耶和华当然不一样了，相当于另外一个神），能不打吗？我们这儿有一个“总司令”，你们那儿也有一个“总司令”，但是跟我们的不一样，具体说法也不一样，那么你们那个当然就是“邪魔”了，我们这个才是真正的神。所以两边遇到一块儿就斗得死去活来，一直打到现在还在打。我们东方的宗教碰到一块儿就没这么打，为什么？根子就在这儿。它最后悟的是智慧，不是神的名号，开悟就是要摆脱这些执着，所以有什么一定要打的？当然涉及现世利益和文化差异，佛教到中国来以后和儒家、道家都有摩擦，这是难免的，但是它不会煽动宗教狂热，不会以神的名义发动圣战。这跟它以心立教，而不是以信仰、教会、学说立教有关。佛教当然也有自己的学说，可是这学说的源头是本心，是个非现成的东西。

这里，我想说的最后一点是“无我说”。缘起说和无我说是佛教最有特色的地方，和我们前面讲的印度正宗都有区别，尤其是无我说。那么你要问，当我们最后进入“定”和“慧”，进入那让我们开悟的意识（我们可以把它叫作“悟识”）时，不是得有一种“我”吗？如果完全没有“我”，那么那是一种什么状态呢？所以佛教后来产生了好多流派，争论非常热烈，但也没有争出谁一定就对。到现在还是，东南亚佛教（小乘；Hinayana）就和东北亚佛教（大乘；Mahayana）很不一样。大乘里头又分很多流派，这都跟这个问题的张力很有关系，这一点我们以后会看到。但是佛教又不能放弃这个问题，所以经常弄着弄着就创出来一派，把悟识看作原本的我（或原本的心、本识）——好像“神我”（Atman）的味道又出来了，于是另外一些流派（尤其是小乘）就立马出来反对，认为坚持“无我”的“我”就包括神我，所以“神我”也不能有。大乘在这个问题上要含糊一些，认为这个开悟意识既不是神我，又不是非神我——大乘用“双非”的理解来解决问题。即是说，无我之心（觉悟之心），既非梵我之我，亦非非梵我之我。所以大乘里头的中观派、唯识派各持一端，各有趋向。唯识派很有点回复到《奥义书》传统的嫌疑，把本识（或阿赖耶识）看作一种新的大我。但是又不一样，我们下面会介绍。最后，这个争论延伸到咱们宋明心学内部，尤其是王阳明后学，大家争得一塌糊涂：到底心之体是至善无恶，还是无善无恶？等等。这些议题都跟这里的问题有遥远但是内在的联系。

由于我在上一门课（已经是九年前了）中讲了不少佛家的东西，特别是《大乘起信论》的如来藏心学，所以我们这里尽量避开它，实在避不开，就提一两句，做一下对比。下面就集中在以前没讲的内容上。

第二节 唯识学的基本主张和来源

一、唯识学简介

就印度佛学而言，我觉得最避不开的（而且以前也没讲的）就是广义的唯识宗——唯识学，这是心学的一个大派。当然与它相关的背景我们也得讲到。唯识学传到中国，就叫唯识宗，由玄奘和他的弟子窥基创立，基本上接续了印度的唯识学，但是也有稍许的改变。没关系，我们就把它们当作统一的来介绍，唯识学里包括唯识宗。

我们在宋明心学里面也能读到他们提及唯识宗，不光我们上门课讲的华严宗对宋明道学有影响，唯识宗也有一些影响，尤其是阿赖耶识的观点。印度的唯识学叫瑜伽行派（Yogācāra），属于“大乘有宗”。大家知道大乘有“空宗”，代表是龙树。什么叫“空”？就是缘起性空，用来解释佛家的要害——“集”或“缘起”。缘起性空是说，万物都是缘起的，或凭纯关系、假设而生成，没有真实的实体和自性。把缘起者看作是无自性的，就是认其本性为“空”。上门课讲过，它的特点就是双非（真正的缘起，无自性）——它既不是有，也不是无；既不是一，也不是多。就是说，你想用任何概念去抓“缘起”或佛家认为最真实的东西，都不行。一切概念化、对象化的表达，无论是正面的还是反面的，都要被非掉：既非 A，也非非 A。但是，你说在逻辑上非非 A（¬¬A）就等于 A 啊！不，人家不是这么说的。一般的概念逻辑认为，不是 A 就是非 A，西方的逻辑都是这样。“今天要下雨”是 A，“今天不下雨”是非 A，跑得出 A 和非 A 之外去吗？我说“今天要么下雨，要么不下雨”，逻辑上绝对是个真命题，你跑不出去。但是对佛家来讲，这只是不错，根本不是真。真正的真，既不是 A，也不是非 A。但是对两边都说“不是”，都“非”，中间空出来的这一块到底是什么呢？是无自性。无自性就是空，空就是缘起。那么你说，我要追求开悟，你光叫我非（确实也有启发，这是一种智瑜伽，但这启发好像并不像《瑜伽经》讲的，把心一步一步地引到 samādhi），怎么能得到最后的理解、佛陀的本心？所以瑜伽派或唯识学就说不能光谈空，他们认为中观派是“恶取（趋向）空”，把这个空谈滥了：你没给我们一个真实的、能够让我们去修行开悟的阶梯或道路，所以要继承瑜伽的传统（但经过了佛家“无我”的洗刷，去掉了“我”）。用简单一句话来概括瑜伽行派：通过瑜伽达到禅定（佛家的瑜伽术就是禅修术），通过禅定观察到人的纯意识状态或世界的本相。在瑜伽达到的开悟中来领会人生、生命和世界的根底，这就是瑜伽行派的特点。玄奘将这一派系统地传到中国后，依其中护法一派的学说，衍生为“法相宗”，亦称“唯识宗”或“慈恩宗”（玄奘、窥基常住大慈恩寺）。

唯识学派于耶元四到五世纪在印度出现，由一对兄弟创立，老大叫无著（Asaṅga），老二叫世亲（Vasubandhu）。老大特别重要，按照印顺法师（刚去世不久，台湾的一位高僧，是从大陆出去的。他写了很多书，我个人看他的书还是蛮受启发的。这人学识广博，而且自己就是僧人，大陆出了他的全集，你们可以参考）所说，无著在修瑜伽的时候进入禅定状态，觉得自己上了天，到了兜率宫见到弥勒菩萨，弥勒菩萨给他传法。他每天夜里修行到兜率宫，回来再把弥勒所传写下来，这样写成的巨著就是《瑜伽师地论》。[①]（后来所谓的“地论派”，宗的就是这个经典。）弟弟世亲一开始喜欢小乘，后来跟着他哥哥，给他哥哥的一些著作（不是这本）做注，其中《摄大乘论》（含无著的本论和世亲的释论）影响特别大。另外一本重要的书是中国的唯识宗经典《成唯识论》。这本书是玄奘法师所写，但不是他自己著的，是他和窥基把他在印度学到的唯识学学说，尤其是他老师陈那、护法那一派的学说集中起来，重新加以表述形成的，是咱们中国唯识宗的经典。无著和世亲的代表作有：《二十唯识》、《三十唯识》、《摄大乘论》（我很看重它）、《大乘阿毗达磨集论》、《辨中边论》、《缘起论》、《大乘庄严经论》、《成业论》等八部。[②]

① 印顺在《印度佛教思想史》（贵阳：贵州大学出版社，2013年）第七章“瑜伽大乘——‘虚妄唯识论’”中认为，无著夜上兜率天从弥勒受学《瑜伽师地论》，象征他修持入定达到的精神境界：“这些是修验的现象，是没有什么可疑的。”（《印度佛教思想史》，204）“唯心（识）的思想，是从瑜伽者（Yogaka）——定慧的修持经验而来的。”（《印度佛教思想史》，208）

② 印顺的相关说法有些差异。（参见《印度佛教思想史》，208—210）

这一派的主要观点是“万法唯识”（“唯识”宗）。“法”（Dharma）就是一切存在者和一切存在者所依据的真道理、规则，所以法是一个特别概括性的说法。而万法的根底不是别的，只是意识，所以唯识宗如何理解这个“识”是特别重要的，“万法唯识”“三界唯心”等等，都是它的口号。

我们将介绍唯识学的基本要义，最重要的是“八识说”和“种子现行说”，其他还有好多学说，我们没有时间详细讲解了。唯识学传过来以后，曾经在唐代盛行过一阵，唐武宗灭佛（“小摩擦”）之后，这种精微烦琐的学说就不容易再兴旺了，其后是简洁的禅宗大行。但是到了现代，唯识宗一下子又冒出来了，很得知识分子的喜欢，他们觉得唯识学对于意识的结构讲得清楚：有多少识，它们相互是什么关系，如何潜藏，如何变现，后来又怎么样，如何转识成智，等等。所以，了解唯识学，不但对了解儒家哲学在宋明的发展有帮助，而且对了解当代中国哲学（不单是佛学）也有帮助。

唯识宗跟心学很有关系。唯识宗是心学中最细致、最烦琐的。它之所以对现代中国哲学也颇有吸引力，一个重要原因就是它显得比较可把捉，同时它的根底又仍然是佛教。它吸引了现当代，尤其是民国时期一部分知识分子，比如：南京支那内学院的欧阳竟无弘扬唯识宗；熊十力也是在跟唯识宗的交往中成立了他自己的学说，所以他的学说能够一层一层地讲出很多有根的东西。现在在南京还有这个学派的余脉（起码在佛教界），倪梁康先生就被聘为他们的研究员。

这一派最著名的口号是“万法唯识”“唯识无境”，即一切存在的根子只是意识。“境”是指外境，咱们觉得很客观地存在的那些东西，从根本上是可以被还原为意识的构造的。我们在西方似乎也能看到一些这样的学派，典型的有英国经验论。不过洛克还不是，他还要区分第一性质和第二性质，对他而言好像外物还存在，能使得第一性质和第二性质区别开。到了贝克莱、休谟，就完全没有这个区别了，外物是什么，我们也不知道，也没法关心。你认识外在东西的时候，得到的都是感觉观念，都是"识"（观念当然也是一种识了）。这是西方典型的唯心论，也就是我们这儿讲的唯识论。但西方的这个"唯识论"不讲最后的开悟，而且识本身的内在结构，它只承认八识中的前五识——感官，认为它们提供了一切认知的材料，一切认知都从它们开始。所谓的第六识，经验论也有，但这个第六识不是一个认识器官，而只是一个联想功能。后面的"识"，尤其是阿赖耶识，经验论是不会讲的。这就涉及下面马上会讲的，唯识跟中观、跟缘起说是什么关系。

佛教的特点是讲缘起、无我。印度正宗的《吠陀》-《奥义书》经典和吠檀多学派（后来出现的，但继承了正宗的学派）讲"我"——Atman（大我、神我、根本性的我、超出小我的我），而佛家讲缘起，从根本上讲万法皆缘，不只外在世界是缘起的，我们自己也是缘起的，"一切行无常，一切法无我，涅槃寂静"，三法印讲的大概都是"无我"的意思。现在唯识学讲"唯识"，那么这个"识"还是不是"我"？这是一个挺要害的问题。

唯识学起于中观派后几百年，它的出现与中观派的缘起说很有关系。中观派的代表人物是龙树，他最为著名的是对"缘起"的分析，认为"缘起"不是一般的集合。我们说"苦、集、灭、道"，缘起一般被看作集合，小乘佛教就是这么理解的。他们认为"我"是没有的，"我"只是各种因素（身体、感知、观念……）的集合，它是没有自性的、缘起的，但外在的东西分析到最后，还是有最终的法，不完全是缘起的。这是小乘。因为他们觉得要是所有的东西都是缘起，那么世界的客观性就一点也找不到了，涅槃寂静总得有个支点。所以小乘认为"法"是有的，"我"确实是没有的（法有我无，人空法有），法的最终实在的东西是"极微"小颗粒（有点像西方人讲的原子，现在讲的量子之类），它不再是由关系构成的，本身有自性，它们的集合构成了我们看到的现象（也包括我）。这是小乘一切有论的观点，它主张有个实根，曾经非常有影响。龙树就是批评这个观点，认为没有实根，法仍然是缘起，法和我都是空的，所以叫“缘起性空”。龙树最著名的《中论》的大部分就是在批对缘起的各种理解（或者是缘起的对立面，或者是小乘对缘起的理解，或者是某些大乘的观点），非常清澈犀利的批判，最后呈现的就是彻底缘起、完全缘起。缘起号称是“关系”，就是说存在者由关系构成，没有自己的实体。龙树论证了，这个关系不是两个什么东西的“关系”，不是两个人或三个人形成的“关系”，那是我们现在一般理解的relation。在龙树的理解中，根本就没有什么东西形成在关系之前，关系是最根本的，一切都是关系。并不是先有两三个个体，再由它们去建立关系；是先有关系，你从这关系里头把它把捉成某个东西，它才出现。这就是龙树所谓的“中”：最原本的既不是有，也不是无。这个道理和我们提到过的《吠陀》中“一开始既不是有也不是无”的见地是相近的，唯识学也觉得这个道理讲得非常出色。这在当时非常流行，传到中国，起到了重大的开启效应，中国人从中开始真正理解到佛教的精妙之义，而不只是格义（格义就是用道家甚至《易经》去理解佛家，就像以前咱们对西方理解得不多，用中国的东西去理解它）。具体说来，在魏晋时期，鸠摩罗什在中国僧人的协助下翻译出《中论》及其他一些中观派的著作，中国有几个特别聪明的弟子开始真正理解这里边的奥义，觉得真有意思，真讲透了。僧肇是其中之一，写了《肇论》，在我看到的材料里，这是咱们中国佛学界明了佛理的开始。

可是这个空讲得多了，就引起了反感。在印度，唯识学的开创者无著、世亲就批评中观派为“恶取空”，总是讲空，什么都空。长话短说，其实他们批判的“恶取空”并不是龙树的观点，而是后人讲滥了的、把空也讲成一个什么样的状态的那种情况。不管怎么样，反正唯识学家们觉得光讲空是不够的，佛家最终是要开悟的，你光讲空，最后我们靠什么去修行开悟呢？还得有个可依持的东西，于是他们诉诸“识”。

他们面临的挑战在于，缘起是佛家的正宗，无我也是佛家的正宗，这两样不能丢了；而他们这一派叫“有宗”，又回过来讲有了。小乘讲有，他们这个大乘流派也讲有，这个“有”就是识、意识。可这个“意识”要怎么讲才能不违背缘起、不违背无我呢？不能把识讲成又一个“大我”，像印度正宗那样。印度传统中这方面的思想资源太丰富了，他们必须在夹缝中寻找自己的生长点。于是我们看到，在唯识宗内部已经有很多争论，更不用说各派之间了。所以，佛教史整个儿是一部“吹毛求疵”的思想发展史，有大量非常细致的论证、论辩。佛藏浩如烟海，我推荐的比较简洁的方法是看印顺法师的著作，比较可信。[①]

现在我们来讲大乘有宗或唯识学的特点。这个特点，简而言之，就是“万法唯识”。这一派讲的“识”大致有六个特点。第一个是“八识”，这是最重要的。接下来三个（种子、现行、四分说）也是比较重要的，后两个（五法三自性、转识成智）我们只大概讲一讲。但是后面这两个也有用，如果不了解它们，读唯识学的文献也会比较困难。

1. 八识说

我们先来分析“八识”。早期佛教讲的或者是五识（五蕴、五入），或者是六识（比如《阿含经》）。在这种“识”的视野里，缘起是怎么回事？回答是：所有我们认为真的、实在的东西，都是眼耳鼻舌身（或者加上“意”）造成的，是它们把色声香味触（或加上“法”）这些观念及其集合给予我们，而我们则认为这些裹到一起的东西是客观的东西。下面我们要做一个分析，说明为什么后来佛教思想的发展一定要突破六识。突破六识的关键是阿赖耶识，末那识是随之带出来的，它只是对阿赖耶识的把捉，把它把捉成“我”——有一个“我”，这就是所谓的“末那识”。阿赖耶识是唯识学的要害，之前也不是没有大乘学派讲它，

① 印顺法师聪明又用功，一生的心思专一于佛理，对这些东西都有梳理，我借用一下他的说法，也比较安全。大陆佛教界也有人批评他太学术化，没有佛教自己的立场，但我自己从年轻的时候就比较喜欢他，在美国留学时，我的台湾同学向我推荐他，后来就看了他的书，觉得真是不错。

但毕竟唯识学讲得最突出。阿赖耶识本身一定要满足缘起的条件，下面我介绍它的特点时，你们可以关注它有没有满足缘起，有没有自性。总之，阿赖耶识是最根本的识。它的另外一个特点是特别能藏，有"三藏"之说，什么都能保留。而且它是染净同体，既是虚幻的意识的来源，又是最后得到智慧的根据。要是一上来就是阿特曼，阿特曼本身又绝对纯净，那它倒是可以成为解脱的绝对根据，但它和污染的世界是什么关系？要靠从外边加上名相。而阿赖耶识却是整个世界和意识、杂染及清净的总根源！唯识学的细致烦琐也就在于此：最终极的东西都不是清清爽爽的，没有一个干干净净的东西可以让你说"这就是本识、本心"。阿赖耶识从头就是被污染了的，但是它里面也有清净的可能性，这是一个重要特点。

但有的人不甘心，还要讲第九识，把阿赖耶识"染净"里面"净"的那一部分拎出来，称之为"阿摩罗识"。把阿摩罗识介绍进来的真谛（499—569）是南朝时期来华的印度僧人，他是中国翻译佛经的四大翻译家之一，对翻译出的佛经也做一些解释。他认为有第九识阿摩罗，这样马上就有一个向阿特曼的倾斜。很有趣，一会儿向这边倾斜，一会儿向那边倾斜，最后怎么维持中间？很难的。印顺法师的《唯识学探源》就讲到，在唯识学的形成中，出现了很多这样左一下右一下的摇摆。总是不甘心都是空的，"空所显性"中一定有"自性"（svabhāva）（参见《印度佛教思想史》，213—214），唯识学的前身甚至认为，在"清净无我"的意义上还有一个"第一我""大我"（参见《印度佛教思想史》，216—217），但是这个"大我"怎么跟正统派区别开来呢？方法是在它前面加上"清净空无"四个字，说这个"大我"是"清净空无我"，这就是交缠。

《瑜伽经》里面的"心"跟神我有没有内在的联系？还是说这个"心"只属于三德（三个 gunas）？到最后达到绝对独存时，心要不要被抛弃？《瑜伽经》一开篇就说，瑜伽就是要把心的作用抑制掉。这个心怎么理解？根据我读到的译本，头一卷的“心”倾向于污染的心，但它和神我也不是完全没关系，因为只有神我和原质（非我、实在）结合，三德的平衡才会被打破，才开始进化，这时候心就出现了，所以没有神我的参与，心不会出现。宋明理学讲的心统性情，跟这儿说的也差不多。但讲到第三卷末尾和第四卷时，心和神我的联系就出来了。那里讲到，心如果被洗干净了，跟神我也就没什么区别了，所以心的根和神我还是有关系，它干净的那一边就是神我的表现。这是个开放的问题，答案也是开放的，你们自己去读，根据不同译本可能会得出不同的结论。实际上这个“心”有很多种含义，“我”“识”也是，一会儿在这个意义上用，一会儿在那个意义上用，一会儿合起来用。所谓“杂”“染”，就是指它被它的对象纠缠在一起而无法看到自己本来样子的那种状态。

以上大致讲了阿赖耶识的意思：在六识之外，一定还得有一个更根本的识。其中包含的道理，我们下面再讨论，这涉及这门课中一个很重要的思路。

2. 种子与现行

阿赖耶识又叫种子识。就其特点而言，种子是什么？就是潜藏状态。一棵大树结出子，种子遇见合适的机会，再发芽生长成大树。所以种子本身首先是隐，然后受到外在环境的熏习以及意识本身内在条件的影响，从隐藏的状态达到显现的状态，这就是所谓“现行”。所以种子意味着时间，这是我个人特别强调的，它实际上是最源头的时间的发生，由此才有“种子”可言，这本身就是一个时间的表达。

3. 四分说

四分说也挺重要，但学究气特别浓，争了一千多年，直到今天，熊十力还在这个问题上有所争辩。这些术语都有用，你们将来想表达自己的哲学也可以拿来用。所谓“四分”，实际上是“一、二、三、四分”。唯识宗中有人主张一分，有人主张二分，有人主张三分，有人主张四分。玄奘传的就是四分说，四分说在中国特别有影响，所以他的翻译完全盖过了真谛的。他当时为什么一定要到印度去求法？因为他年轻的时候特别追求真理，而真谛的翻译把很多观念裹在一起，这就使得很多问题难以理清，比如我们刚才讨论到的，识是不是大我等。他找不到合适的经典确证哪种说法对，所以就发愿一定要到印度求真经真法，冒万死而不辞。而他在印度拜的老师恰恰是唯识学中的一派（不是唯一的一派）。近年学术界有一些论文、著作，说他表述的只是唯识学的一派，并不能代表唯识学全体。在几分说上，就有多个不同的观点，所谓“安难陈护（“安难陈护”，是四个唯识学家），一二三四”。

“安”指安慧。他主张一分说，但也讲有见分、相分之分。相分就是外物的现象，比如我见到一张桌子，这是桌子之“相”。见分是我去看那张桌子、使得桌子对我显现的我的意识。在这个例子里就是视觉，也就是眼识。眼识的活动是见分，被看到的桌子就是相分。安慧认为它们都没有自体，它们的根都是意识，所以只有识之自体才存在。在这个意义上，我们说他主张一分。（以前有人说他主张只有见分，不准确，他的实际主张是，见分相分的根据是识自体。）但相分见分的结构已经出来了，他们的讨论需要这种结构。

“难”指难陀。他主张二分说，也就是说，见分相分都不完全是虚妄的。

“陈”是陈那。他主张三分说（从这儿开始就是玄奘传的主张了，陈那是护法的师父，护法几传而至玄奘在印度的老师），认为相分有真实性，见分是见对相的反映（就像唯物论认为客观的东西真实存在，我们的意识对它有反映），在这个意义上见分也有真实性，但它们两者真正的根据还在于自证分。（毕竟是唯识学，不是唯物主义。）自证分怎么理解？见分像一把尺子，相分像一块布，你用一把尺子去量一块布，量出来是多少尺，你就认识到这块布的尺寸了。自证分就是对量出来的结果进行确证，认为量得对。这是陈那的“量果”学说。三分说蛮有趣，还不是一个叠床架屋的东西，尤其是到了胡塞尔的现象学出来后，我们看到它还是很有意义的。胡塞尔把自证分叫作自身意识。比如我拿一个杯子喝水，我有见分、相分，但同时我有一个对我的这个活动的非对象化的意识，叫当下自身意识。怎么证明有当下自身意识？喝水这件事过去以后，有人问我刚才干什么了，我会回答刚才拿杯子喝水了。情境过了以后我还能回忆，就说明当时我没有完全投入对它的认识。如果我只有对它的认识这个见分，那么一旦这个情境过去了，我就会再有新的见分相分，这样刚才这个东西在我意识里就没有了。它是怎么保存在我的意识里呢？一定是我在做的时候，我还有一个意识把它存了起来。但这又不是一个对象化意识，并不是说我在喝水的时候还在把“我在喝水”当作一个对象来认识，这就不真诚了，还会陷入无穷后退。人从根本上是诚的，你干什么都是不假思索的，虽然这“不假思索”里面已经有“思索”了，但不是对象化的。这是胡塞尔讲的，非常出色。后来萨特的《存在与虚无》就是从这儿出发的——人在根儿上对世界的认识恰恰是非对象化的。长话短说，以后你们去读《存在与虚无》时，会在“序言”和后面对自我的分析中看到跟自身意识的关系，而自身意识跟这里的自证分就很有一些相似处。所以倪梁康教授曾连连感慨：现象学真是很了不起！胡塞尔没做过瑜伽，他发现的意识结构怎么跟唯识学通过做瑜伽看到的、由真正自证发现的结构就那么吻合？！好，以上是说自证分，在陈那看来，自证分是更原本的，但见分相分也有真实性。

最后是护法的四分说，咱们的唯识宗讲得最多的就是护法的四分说。他认为光自证分还不够，还得有一个证自证分（这个也挺有意思的，是不是不必要再叠一层“证自证分”？我觉得不一定。这个问题太艰深，我们不在这里讨论了）。因为如果没有另外一个证明，那么这个自证分到底对不对，就说不上了。你问，量果是五尺才对，四尺不对，有什么根据？所以要有一个证自证分来确证它。问题是，证自证分的确证是不是还要有一个证证自证分呢？他们早就想到了这个问题，护法说它们俩实际上是相互确证的，所以到此为止，意识不可能再分出结构。再有结构就有点像伏地魔的灵魂一下分成七片了，那哪儿行啊，到此为止。所以一共四分，见分和相分叫外两分，自证分和证自证分叫内两分。

4. 五法、三自性和转识成智说

五法又称五位法，是指四种有为法——心法、心所有法、色法、心不相应法——和无为法。心法就是八识（眼、耳、鼻、舌、身、意、末那、阿赖耶），每个都有自体（即有自身的独特功能或自相，而不是有自性）。心所有法是从心法中衍生出来的意识状态。心法是它们的统帅，又叫心王。心所有法是指，在心王指导下与之同生的心理活动能力及其活动的状态，比如思虑、焦虑、高兴、思量、了别、认识、积累、保有经验等，它们都是从心法中衍生出来的。心法是“王”，心所有法是“臣民”。色法是由心法和心所有法合成变现的物质现象，心不相应法是心法与色法之外的有为法。最后，无为法是导致开悟或涅槃的双非正法。

三自性：遍计所执自性、依他起自性、圆成实自性。遍计所执性把你意识产生的东西当作真实的，执着于它。这是我们意识的天性，但是它让人认识不到根本的东西，将来得智慧的时候一定要摆脱掉它。依他起性，用它来讲缘起正合适，关键是怎么理解它；正确理解了依他起性，你开悟以后也不用放弃它。圆成实性是依他起的根本体性，它当然好了。

大概提一下转识成智说：因为最根本的识也是杂染和清净共存的，因此要把这染净共存的意识转化，把里边的杂染去掉，最后达到纯粹智慧。

二、八识说的佛教来源

1. 缘起论的导引

释迦牟尼在树下沉思入禅定而成佛，因为他悟通了“甚深微妙法”，也就是不偏于任何一边（现成者）的纯发生的中行道路，即缘起的道理和它指出的心行之路。

《奥义书》智慧认为，最原本的真实是梵，世界（轮回）是由名相（广义的观念、概念和形式）加诸其上幻化而成；梵在我们心中的体现是阿特曼或大我、神我，但它总被名相纠缠而沦为我们日常的主体心灵或以小我为主的杂染意识。要达到终极真理，就要去除名相，但因名相之根不在外物而在意识，于是就有无数的苦行求真者。苦行的目的是去除产生名相的身心根源，即感官和心识的“正常”但“无明”的运作，也就是认意识到的东西或对象（色声香味触法）为客观真实的，看不到它们其实源自大我或纯意识的造作。于是苦行者们便主动去受苦，将苦谛反用，尽量压制、减少乃至消除感官和心意对意识本身的干扰。我们讲到过，释迦也做过这样的卓绝努力，以至于生命垂危。埃斯库罗斯在《阿伽门农》中讲“智慧生于苦难”，孟子也讲“苦其心志，劳其筋骨”对人的重造，由此可见，苦行会产生许多种超常的能力、悟解甚至智慧，所以它一直受到印度人的尊重，甚至崇敬。通过苦行产生的异能者、仙人乃至奥义开悟者，深刻影响了印度社会各个层次的生活，并且进入了文学、宗教和政治领域。

但苦行没有造就佛陀，因为它没有为释迦解开生老病死之谜。就像我们经历的人生苦难（被关押、得重病、经历亲人之死，甚至主动受苦如斋戒、守戒）虽带来了某种领悟，为人生注入了深层动力，比如更专一强烈的事业追求、更加珍视和平的生活，但它们一般并不会带来解脱生死之忧、挣开名缰利索的大智慧。尽管可能会有几次觉悟的闪现。于是佛陀放弃了苦行，不管同伴们多么失望，甚至谴责。在喝了乳糜粥，恢复了气力，安顿好身体后，佛陀就完全专注于意识自身的终极解答。

我们无法直接体验到他在那些日夜里的意识经历，但我们看到其结果：他于悟后“初转法轮”，讲出了“苦、集、灭、道”四谛以及后来的“一切行无常，一切法无我，涅槃寂静”三法印（《杂阿含经》第十卷），它们与《吠陀》-《奥义书》传统已经很不同了。

人乃至一切有情（含识生命）者（三恶道：地狱、饿鬼、畜生。三善道：修罗、人类、天），不论遭遇如何，都是苦痛的！这要有多么深透的直观，看出生命意识的真相，才能真正达到这个见地。而这苦的原因，不能简单地归为没有返回阿特曼或梵（虽然这么讲也不错），而是因为没有看到"集"的本性，即缘起。"缘起"（pratītyasamtpāda；relational [dependent] origination）是说一切存在和存在者都不是靠自身而存在，也就是说，缘起否认有西方哲学中讲的凭借自身而存在的实体（ousia；substance），认为万物万相只能凭与其他万相的关联而出现和存在。龙树（Nāgārjuna）说，这个意思如果彻底化——不是存在者使关联可能，而是关联使一切存在者可能，就是空（sunya）。"空"或"零"不是完全的虚无，而是指"没有自性"，没有靠自身就可存在的本性（因而必须相互关联到至极，以至充满而溢）。所以龙树的《中论》一开头的"八不偈"讲："不生亦不灭，不常亦不断，不一亦不异，不来亦不出。"即是说，要"非甲并且非非甲"（¬A ∧ ¬¬A）。它否定掉一切有自身肯定（否定是一种反肯定）或自性的状态、思想，由此将缘起的纯"中道"含义反逼对开出来，这正是释迦开悟和四谛、三法印的真血脉。于是有这样一段著名的偈语：

> 众因缘生法，我说即是空。
> 亦为是假名，亦是中道义。
>
> （《中论·观四谛品》24:18）

正因为是完全通透的缘起，所以其本性空；但也正是由于是无"颗粒"的通透缘起，这空必有"假名"之相，必不会一切虚无（有人就这么理解"涅槃"——死透灭绝["灭绝师太"]）、一切皆无意义，或没有终极解脱的可能。这就是"中道义"，或者说是"空-假-中"的"缘生法"之义。后来的中国佛学在创立自己的派别——天台宗、华严宗、禅宗——时，没有不从此“空、假、中、缘”得到重大启发的。印度那么辉煌的《吠陀》-《奥义书》-瑜伽行的传统，和小乘佛学（比如一切有部）的传统，都不能直接打动华夏人的哲理和求终极领悟之心，只有转借这种“空假中”的通透缘起胜义，才终于为中国人佛学灵感的激发准备下火种。这时，干草、干苔藓，甚至钻火木、打火石都已有了，只待将它们集会在一起，在摩擦和击打中赢得那第一颗火星了。这最后的一击，就是佛家心学提供的。

2. 如来藏心学与唯识心学

现在我们来讲唯识和如来藏的关系。我在上门课里专门讲了如来藏（参见《拒秦兴汉和应对佛教的儒家哲学》第七讲第1节，235—257），因为要理解宋明理学就要理解中国佛教，而中国佛教里面真正有创意的几大派都受到如来藏思想的影响。在中国，最有名的表达如来藏思想的书是《大乘起信论》。上门课先讲了僧肇，又讲了《大乘起信论》。这样一边是中观，一边是心学（如来藏心学），两个翅膀都有了，中国的佛教才能起飞，才出现了天台宗、华严宗、禅宗。

如来藏心跟唯识讲的阿赖耶识是什么关系呢？因为如来藏心也分两类（“一心开二门”）：心真如和心生灭。生灭心也就是有杂染的意识，但《大乘起信论》有时候也把真如心挑出来讲。当然了，心真如离不开心生灭，心生灭离不开心真如。这一点它讲得特别好，中国人就喜欢这样的，而不是特别喜欢孤零零地拿出一个大我来，可能觉得这样太简单了，尤其是中国知识分子，更是对它缺乏强烈的兴趣。所以，虽然印度正宗哲学也曾经传入中国，但不是很成功。中观一度很成功，唯识宗因为玄奘崇高的威望在唐代短暂流行过一阵，但后来也不行，因为太烦琐精细。真正得势的是如来藏，尽管《大乘起信论》也不那么好读，但中国人读起来依然津津有味。这两者的关系，我们下面简单地介绍一下。

我们可以这么讲，如果没有广义的唯识思想（不限于陈那、护法一派，还包括安慧等派。理解一个广义的唯识学，对理解如来藏和唯识的关系很重要）的孕育、共生、带动、争论，如来藏心学在印度根本就不会出现；或者即便出现，也就像“梵我”学说一样，不会在佛教中有什么大影响。

我们知道，如来藏说认为，世界最根本的是如来藏，实际上它的要害就在于“能藏”（我们讲到过《吠陀》经典中的“胎藏”）。印度人往往认为，最根本的东西是藏在现象里的，“母识”（母）也好，“胎藏”（子）也好，都是最根本的，它们被外在的表象裹藏，所以导致论及如来藏的佛教经典，往往将它们比作“蜂群绕蜜”（如来藏里面真正有蜜的是真如心）、“贫女怀轮王”（轮王比的是真如心，贫女比的是生灭心）、“铸模内金像”、“弊物裹金像”等等。（《印度佛教思想史》，140）《大般涅槃经》还说，如来藏（尤其是其中的真如心）就是“我”：“我，是过去佛所说的，由于传统久远，神教说得似是而非了，为了遮止外道的误传，所以才说无我；现在才阐明我的真相，成立如来藏与我。”（《印度佛教思想史》，142）意思是说，佛教讲“无我”，是个方便法门，不是究竟法门；其实佛教也讲“大我”，只不过“大我”让婆罗门教或印度教讲歪了，所以释迦牟尼为了对治它们而讲“无我”。

现在已经有学者讨论如来藏心和唯识的关系，比如学者周贵华在2006年出版了《唯识、心性与如来藏》一书，主张如来藏心学就是一种唯识学。这样就好办了，中国佛教界特别需要这样的说法。因为大部分学者认为《大乘起信论》是伪书，是南北朝时期的中国僧人伪托马鸣、真谛的作品；而中国佛教界坚持说不是，认为它的确就是大乘高僧马鸣所作、真谛所译。这个问题到现在都没有完全弄清楚，成为中国佛教界一块心病：影响这么大的书竟然是伪作！也有很严肃的学者认为，中国人写不出这本著作。要是按周贵华这种说法，不管是谁写的，这本书都是有内在根基的，它在义理上是广义唯识学的产物，而广义唯识学甚至在无著、世亲之前就已经在某种意义上存在了。周先生认为，如来藏心学是“无为依唯识学”，与之相对的是后来陈那-

护法-玄奘一系的“有为依唯识学”。所谓“无为依唯识学”，即四分（一、二、三、四分）说中的前两种——安慧、难陀认为相分不真，故被称为“无相说”；所谓“有为依唯识学”，是指四分说中的后两种——陈那、护法认为相分有真实性，故被称为“有相说”。周先生在“绪论”中力主玄奘传回的只是护法一派的有为依唯识学，而无为依唯识学在这之前已经在印度出现。印顺也是这么主张的，他早就指出，玄奘一系不代表唯识学的全部，而且唯识学和如来藏互有交织。比如他在《印度佛教思想史》中指出，《瑜伽师地论》表明早期瑜伽学或唯识学对如来藏说有影响。早期唯识学参与塑造了如来藏学说，这就使如来藏学有了印度佛教的根基。印顺讲：“佛法本是依缘起以成立一切的，《瑜伽［师地］论》也还是依缘起的。彰显众生本有如来功德的如来藏说，迟一些传出的《胜鬘经》等，也说依住。”（《印度佛教思想史》，139—140）依什么呢？就是依阿赖耶识。早期有的经说依如来藏，所以两者是贯通的，如来藏某种意义上就是阿赖耶识。再念一段印顺的话：“如来藏者以空性智融摄‘空’义，以如来藏心融摄‘唯识’义”，以如来藏的生灭心、真如心来融唯识，就是融阿赖耶识——杂染清净共存，这是对得上的。“印度的大乘论义，中观与唯识，被融摄在如来藏说中，为印度大乘学的又一大系统。如来藏说比附于中观、瑜伽而发展，一般还以为大乘只有中观、瑜伽二家，那是受到专重论议的影响了！”（《印度佛教思想史》，170—171）这个话力度很大。中国佛教界讲印度大乘佛学传到中国就是般若学，而整个《般若经》是一大块，在中国真正成功的是大乘般若学派。按以前的讲法，般若派里分中观和唯识，中观讲“中”或“空”，唯识讲“有”。现在按印顺的看法，中间又出来一个如来藏，它把两边的思路接收融贯，这样就多了一派，成了三元体。这个思路我到目前为止比较同情，但没有资格说多少，因为没看过什么原始材料，研究不多。但看《大乘起信论》等文献，感觉和唯识学有内在关系，只不过唯识学更细致而它更简洁，两者在根基处没有什么大的区别。我现在能看到的区别是，唯识学更细密地坚持了缘起说，特别是中观，从哲理上深化了的缘起性空说，所以它在反驳“恶取空”而提出实有的同时，尽量把阿赖耶识缘起化——我不轻易许给你一个你能找到的真如心。这在《大乘起信论》中体现得很清楚，整本书的各层结构都分两块：先讲生灭，再讲真如。的确，唯识学的《摄大乘论》里也要讲开悟那一面，但最后很难说阿赖耶识里哪一块是所谓的“阿摩罗”。玄奘这一派根本不承认有一个独立的阿摩罗存在，认为一切都藏在阿赖耶识里——染净是紧密难分地交织在一起的。

所以对唯识学来说，转识成智怎么讲得透，是一个挑战。《成唯识论》的最后一卷就是讲开悟，你读到最后发现开悟竟然也可能了，读前面的部分会觉得开悟很难，因为阿赖耶识最根本的地方都有杂染。这就是这一派的特点，你说它故弄玄虚也行，说它有更深的体会，感受到开悟不容易也行，总之它就不让你轻易地（哪怕从理智上）抓住真如心这么一个清净、开悟的依据。可是又不能不讲，如果总是清净和杂染搅在一起，那佛是怎么回事？开悟成了菩萨，那种意识状态到底是什么样的？所以它一定要讲转识成智，但得“转”（翻译者用的这个“转”字很传神），不是说把脏东西丢掉就能达到干净了。《奥义书》就比较简单，它给你信心：你的根本就是阿特曼，只要把虚幻的东西去掉，你就成了世界之心，跟世界一样了。这就乐观得多，也简洁得多。但是唯识宗在这方面要比印度正宗和如来藏说讲得更细密、交织、深藏不露，总是要把最根本的清净之心藏得严严实实，你可不能那么容易发现它。这是它给人的一个直观感受，所以它最后让普通人讨厌，中国人就不是特别喜欢它：你老藏着干吗，其实最终不还是要开悟吗？这一派在中国不兴盛也有这个原因。不过我觉得它也很有道理，有的学派认为自己最终得了开悟，其实是伪开悟——开悟哪有那么容易！

3.“六识”为何不够？

唯识宗主张有“八识”（Aṣṭavijñāna）——眼识、耳识、鼻识、舌识、身识、意识，然后是末那识（又称“阿陀那识”；末那识实际是被阿赖耶识带出来的）、阿赖耶识（ālaya-vijñāna）。《楞伽经》曰：“一者眼识，……七者阿陀那识，八阿梨耶识。”前六识“随根受名；后之二种，就体立称”（《佛教大辞典》，63）。第七“阿陀那识”，“体是无明痴闇心”，是一切染污的本源。第八阿梨耶识，即“如来藏”，是一切清净的本源。这大体代表了地论师的意见。为什么唯识学会主张有“八识”呢？我们先简单地回顾一下，为什么佛教要有“唯识”或“唯心”的倾向。

这在讲释迦牟尼开悟时已经有所涉及，他当时认识到光是苦行不够，最后要靠心和识的转化才能开悟，才能战胜无明（avidyā）。什么是无明？就是把意识造作出来的东西当作它自身就是实在的。这就是释迦牟尼讲的“此有故彼有，此生故彼生，谓缘无明有行，乃至生老病死忧悲恼苦集”（《杂阿含经》十卷）。“此有故彼有”，其中“此”就是心和意识，当然这里更指杂染意识；这种执着名相的意识有了，你就会觉得世界（“彼”）也有［其自性］了，现象（“彼”）也有［其真性］了。“此生故彼生”，即是说心生了，那些就生了。所以后来惠能说出“仁者心动”（有的人说“风吹幡动”，有的人说“风幡自动”），大家都特别服气。这个思路跟释迦牟尼确实相关。与此相关又相对的是，要达到最后的解脱，就要“此无故彼无，此灭故彼灭，谓无明灭则行灭，乃至生老病死忧悲恼苦灭”（《杂阿含经》十卷）。关键就是“此灭”——心的幻作被灭掉，造业的活动没有了，那些现象的实体性就开始消融，虽然不是完全没有，但它的自性没有了，然后你人生的忧悲恼苦就都没有了。释迦牟尼讲缘起，一开始就是这么讲的，可见缘起的根在心，缘起与心在源头处是相关的。只是后来中观讲缘起讲得特别透彻，讲着讲着倒好像跟心没有直接关系了，因而还要唯识学再把心讲出来。所以，佛教从根本上跟心和识是相关的。从释迦牟尼本人的实践就可以看出，一切苦难来自无明，无明就是你对缘起看不透，在根底处看不出缘起；而要变得有明，就是要转变心识。这是两者即缘起和心识的关系。

早期佛教典籍，包括《阿含经》，并没有把心和识突出出来。它们一切都以四谛为指导，以三宝（佛、法、僧）为支持，寻求一个集体的心灵的开悟或涅槃，所以才会导致小乘一切有论的观点，认为心和色有着根本的差别，色是“有”，心或心代表的人（“我”）是“无”。按照这种观点，“色等好像是材料，心好像是工人。……并不唯是一心”（《印顺法师佛学著作全集》第四卷，23—24）[①]。整个人和世界（或人认识到的世界）就不是一心的，“[认识的]种子虽在内心，境界还是在心外的”（《印顺法师佛学著作全集》第四卷，24）。这比较合乎常识，但跟释迦牟尼的学说不完全吻合。“说一切有部”的拉丁化梵文是 Sarvāstivāda，你们将来如果看英文文献，这个是常出现的，因为现在日本学者对说一切有部的研究非常细致。它是耶元前二世纪出现的，主张“法体恒有”，法又分有为法与无为法，有为法又有生、住、异、灭四相。有为法计四种：色法（物质现象，源自“极微”，造成质碍）、心法（六识）、心所有法（各种心理作用）、心不相应法（心色之外有生灭的现象，如生、老、住、无常、流转、时、方、数、和合等）。

这是一种心色（心物）二元论，我觉得这个心物二元论和佛教早期的六识说很有关系（不知道佛教界是不是有人这么主张）。为什么心色二元论说到底跟释迦牟尼的学说不完全合拍，却在佛教里头还能持续那么久？就是因为六识说。六识说的前五识是感觉及其对象，第六识是思虑、意识，它让人了别（理解，把握）前五识生的五境（五种外境），同时产生认识、价值等等。但这六识都是依境而起，境消识也就消了。所以六识从根本上来说只是依存于所谓“现象”，也就是时间的“现在”这一维度，因而是有断裂的。这六识说明的是我们的显意识，它跟潜意识（或在时间中能不断持续的意识）不同，所以它需要外境的存在来保持认识的秩序和连续性（因为这个意识本身是不连续的）。贝克莱就面临这个

① 释印顺：《印顺法师佛学著作全集》第四卷，北京：中华书局，2009 年。

问题，他讲“存在就是被感知”，但是你不感知的时候怎么办？我不在时，这张桌子还在不在？贝克莱最后没办法，只好说：我们都不在这儿时，上帝帮我们感知。所以这六识面对的问题就是，谁帮你保证整个世界的秩序？它说还有“色”，色是法体恒有。

我觉得是六识说本身的缺陷，使它需要这么一个法体、客观世界的存在来保证它的合理性，这就是“人空法有”或“法有我无”的小乘缘起观的依据。而且它主张“三世实有”：在时间（过去、现在、未来）上都是存在的（这个会马上讲到），它需要这些东西都是实在的，以便使它觉得它认识的东西都是有法体支撑的。

问题是，小乘这么主张会危害佛教的证悟境界，将成佛只限于主观意识的改变，而没有多少客观的意义。对小乘而言，成佛是什么境界呢？就是我的心灵透彻意识到了缘起，意识到了“我”的虚幻，于是为了自己脱离痛苦，就在我的心这边下功夫，对于开悟以后和世界那边是什么关系，用不着考虑。这样就使得涅槃变成了一种心灵寂灭，“灰身泯智”，这种寂灭对世界和他人就没有根本的影响了，所以大乘讥讽他们是“自了汉”。缺少与客观世界的内在关联，这是小乘的一个重要缺陷。另外还有一些不能自圆其说的地方，最后导致了六识之外还要有其他识的出现。当然小乘这样主张也不是完全没有理由，理由是：为了消除六识说可能导致的意识断裂，即境消识灭，所以小乘要以恒法保证六识对象乃至六识本身一直存在。但它的法有和我无之间，又有断裂，其实是违背了彻底缘起。所以需要有新的方法，在避免法有我无的同时，保证六识的连续性、世界的客观性。

我觉得这个心物二元论还有一个更重要的缺陷，就是它丢掉了生命时间，生命时间在我看来可以理解为记忆（这是最根本的，跟意识实在太相关了）和“轮回”。有业报才有轮回，你这一生跟你的前一生有关系，前一生的行为能影响你这一生，肯定是有某种联系在里头，所以你干了好事坏事才能各得其业报。记忆是此生的、个体的，轮回是跨今生来世的、超个体的；如果只有六识，那么时过境迁，六识造出来的业怎么能够在将来再现，尤其是如何跨代去影响来世，心物二元论根本就说明不了这问题，这是很要命的地方。

当然也有人说（你们是不是也都想过？）：如果只有六识，相当于我就只关注现在，这样是不是倒能摆脱痛苦、能开悟啦？就像老子说的，真正能认识道的是婴儿，而婴孩好像就只是活在“现在”（咱们觉得是这样，其实不一定），疼了就哭，饿了就闹，吃饱了就呵呵笑。也许真正有道性的人就活在现在。一切痛苦都是因为有记忆、有期待造成的，如果我只活在现在，那么在某种意义上我的心恰恰是最干净的，是开悟的。我觉得这个说法是不成立的。

是的，我们很多的执着、痛苦都跟记忆、筹划有关，但一个没有记忆能力的赤子之心，就不是人类之心，因为丧失了在“不在场”和“在场”之间转移的能力，也就无所谓开悟不开悟，得道不得道，而是一个完全被束缚在当场的呆板的意识了。我在一篇文章（《家与孝：从中西间视野看》第五章）[①]里分析过一个有关记忆的案例：有一个加拿大的年轻人骑摩托车出了事故，脑部受伤，导致他的长期记忆没有了，可是短期记忆还有，而且他对事件的记忆也有，但情境记忆（episodic memory）没有了。所以你看他平时挺正常的，而且还能记得一些事件性的东西，比如他出生的日期、地方，甚至你把他带到他以前住过的房子，他还能知道自己以前在这儿住过，但让他回想在这个房子里经历过什么事，他一件也想不起来，可他在这里过了十几年，他的童年、少年都在这里度过呀。所以按照那一章的分析，虽然他还有 semantic memory，就是说能够记住好多事实，但由于没有 episodic memory，记不住情境，所以他实际上是个残缺的人。他的家人根本不敢让他出

① 参见张祥龙：《家与孝：从中西间视野看》，北京：生活·读书·新知三联书店，2017年，第五章“想象力与历时记忆——内时间的分层”。

去，因为怕他由于没有情境记忆遇到深层的困难。如果我们只有像他这样的事实记忆，没有那种让人能够痛苦的记忆（比如你以前受过的心灵创伤——它确实对人有影响，所以需要心理治疗，要想办法消解），好像我们是解脱了，但我们开悟了吗？这是一个问题，你们可以自己想。老子讲的所谓“婴孩”，王阳明和罗近溪讲的“赤子之心”，是不是没有记忆？还是说，没有不干净的记忆，记忆变干净了，才是真正的赤子之心？这是一个重大的问题，我个人认为记忆在任何情况下都是少不了的。有一个电影叫《银翼杀手2049》，“记忆”在里面就特别重要，主角Joe想弄明白他关于玩具小马的记忆是真是假，这与他的身世密切相关，这记忆“是否真实”是决定他的身份和剧情主线的关键。他最后找女博士Ana，Ana告诉他，他的记忆是真的，但他理解错了，他以为自己是被复制人生出来的那个婴孩，但其实他不是，而按电影给出的暗示，那个婴孩恰恰是告诉他他的记忆真假的那个人，所以里边的情节很纠缠。那些复制人要“比人更人化”（more humane than human），就一定要有真实的而不全是虚假的（被植入的）记忆。

人有精神病，人被记忆弄得充满苦恼，这些恰恰是人的高贵性的一种体现。如来藏心、阿赖耶识的妙处就在这儿：没有生灭心，真如心根本就无从谈起。记忆表面上属于生灭心，但没有这个，你哪儿有真正的真如心呢？中观其实也有这个见地，所谓“世间就是涅槃，涅槃就是世间”，它的根据跟这个问题很有关系。所以能不能解释记忆，对佛教来说是重大的挑战。正常人是有记忆的，但你说佛祖开悟以后就成了那么一个傻乎乎的“赤子”了？不是啊！完全相反，佛祖开悟以后他完全知道他的前生来世，他的记忆不得了。只是他不被这个记忆困扰而已。

除了这种显性记忆，还有隐性记忆，它对佛教更重要。这种隐性记忆，表现为业力（karma；羯磨、造作）——身、语、意三业，以意业、思业为根——也就是可在生命时间中甚至跨今生来世地传递的因果报应能力。所谓“业力不失”(《成唯识论》卷一),“虽远必相举,果报成熟时,求避终难脱”(《有部毗奈耶》卷四六),讲的就是这个意思。没有这种业力报应或隐性记忆,佛家的缘起、四谛的根基就要动摇,起码会被极大地贫乏化、浅薄化。“丢失时间”不但无法解释记忆现象,而且还会造成业力悖论。这个更厉害,印度几乎所有的学派都承认有轮回、业力,佛教要是没有了业力和轮回,光有六识,那怎么行!

但是在释迦牟尼活着的时候和涅槃后不久,这还不是一个大问题,因为释迦牟尼就是通过六识讲缘起;没关系,因为有释迦牟尼佛祖的加持,所以他们那个团体不觉得这是个问题。但是释迦牟尼走了十年、二十年、一百年、两百年以后,就不行了,真正的理论的困难就突出出来了,后来的学派就一定要弥补上这个缺失。我们现在就来讲第四个问题。

4. 第八识的前导——补特伽罗、细心、根本识

阿赖耶识绝不是突然冒出来的,这些佛教思想者们终生都在琢磨这些问题,一代又一代,能想到几乎所有的可能性。离开了佛陀的在场,当对理论的需要逐渐追上对实践的需要时,就一定要从佛法的教理上找回这被暂时忽略的或遗失了的时间。无论是小乘还是大乘,都面临这个问题。找回时间的首要方式,就是在六识之外,找到一种让记忆和业力可能的识或心。

首先是犊子部(属于说一切有部)提出“补特伽罗”作为超六识的意识、记忆的载体。《俱舍论·破我品》卷三十记述:“若定无有补特伽罗,为说阿谁流转生死?”(如果没有补特伽罗,那么谁来承载我们的流转生死?)“若一切类我体都无,刹那灭心于曾所受久相似境,何能忆知?”(如果都像刚才讲的六识那样,那么忆知就没法解释。)“若实无我,业已灭坏,云何复能生未来果?”(如果完全无我,就只有当场的意识,那么当下造的业怎么能生出未来的果?)(《印顺法师佛学著作全集》第四卷,36)就是说,如果没有补特伽罗的话,这些都说明不了。所以补特伽罗就被犊子部看成

是轮回的主体，是“能忆者”（能回忆者），是“六识生起的所依”，是“使眼等诸根增长”的依据。（《印顺法师佛学著作全集》第四卷，36—38）这个补特伽罗就可以看作阿赖耶识（第八识）的先导之一。但是怎么区分补特伽罗跟神我（Atman）呢？一切有部用补特伽罗的某些特点来区别，比如补特伽罗是“不可被说”（《印顺法师佛学著作全集》第四卷，39）的“胜义”和“即蕴［缘］离蕴”（《印顺法师佛学著作全集》第四卷，41），等等。不过，我觉得并没讲透，大家可以自己去参照。

经部（源于说一切有部）譬喻论者（讲佛理擅用譬喻）提出“细心”。我们平常的显意识都是“粗心”，是对象化的。细心是非对象化的意识，不是显意识，而是潜意识，在我们根本没意识的时候它还在进行，比如无梦的睡眠甚至昏迷的时候也有细心。“谓譬喻者分别论师，执灭尽定细心不灭。”（《大毗婆沙论》卷一五二，转引自印顺：《印顺法师佛学著作全集》第四卷，51）就是说，灭尽杂染入定的时候，或者你开悟后把所有的杂染、对象化意识全都清除的时候，你的意识中还有心，那就是“细心”。最后的入定解脱中也有细心。

上座部认为细心是没有“心所”的第六意识，但跟普通的第六识不一样。普通第六识是“心王”，它本身是一个识，它有“心所”，这个意识能够引起很多的心识活动乃至意识对象。上座部认为，细心没有心所，它是纯粹的第六意识。后来唯识宗不同意这个看法，他们认为没有心所，意识也就不成立。总之，有了细心，就有了连续性，就可以解释我们刚才说的记忆、业力、轮回等与时间相关的东西。

关于这“补特伽罗”、“细心”、“一心”、“根本识”（大众部）、“细意识”（大众部末宗异义）是不是等同于“外道”的“神我”，佛教内部有不少争论；但总的来说，需要一种比六识更原本、连续或深长的意识或心识，却是各派共同认可的。唯识学的八识说（或阿赖耶识说），只是对此共识的进一步精密化。

第三节　阿赖耶识的原时间性和转识成智

我们说过阿赖耶识又名“一切种子识”，这说明两者是有内在关联的。关于种子识是不是等于阿赖耶识的问题，唯识学中有不同的看法，无著、世亲主张两者“非一非异”，侧重两方一致，如波与水；而后起者如无性、护法则认为种子不是本识，能持这一切种子的才是本识。我们已经讲过，“种子”代表意识的生命现象的延续，它一会儿隐，变成种子；一会儿显，种子现行。它的现行又会造新的业，造成影响，然后又成了种子，潜伏下来…… 所以阿赖耶识最重要的特点就是能藏，“三藏”首先就是“能藏”，它能把一切你的心识造作的活动和后果都保存起来（我们刚才说的补特伽罗、细心等，就是起这个作用），你有过的意识、干过的事，不会完全消失，统统都要留下痕迹，被意识存起来。意识的要害不是自我意识，而是时间意识或能藏意识。这样，你这个意识才能够是万法的根源，要不然就会像小乘一样，最后被逼得没办法，只得承认色的自性。所以阿赖耶识首先是能藏：无论什么东西，它一律毫无区别地全给你保存起来。这一点六识是做不到的。“所藏”就是“能藏”藏起来的那个东西。所藏是狭义的种子，种子就是说先藏起来，遇到合适的条件再萌发。能藏、所藏就叫“摄藏”，即都能收进来，藏起来，暗中趋向未来。摄藏又译作“依住”，“就是依止与住处。一切法（现象、存在）依这藏识生起，依这藏识存在，所以名为摄藏”（《摄大乘论讲记》，25）[①]。最后还有一个“执藏”。执藏就是让你执。阿赖耶识使得你有一个倾向，属于杂染意识，把你所藏的东西认为是有真实性的，“执”就是执着。这是“三藏”——能藏、所藏（统称“摄藏”）和持藏，不同于作为佛经总称的“三藏”，即律藏、经藏和论藏。

---

① 释印顺：《摄大乘论讲记》，北京：中华书局，2011 年。

种子是由于阿赖耶识才可能的，或者阿赖耶识本身就表现为广义的种子的潜伏状态和由熏习造成的现行的状态，即花果状态；它一会儿是种子，一会儿开花结果。隐和显两种状态不断地变化，由于阿赖耶识的保持能力，使得种子一会儿隐在意识流里头，一会儿又显出来成为意识对象。比如现在，这个桌子成了我的意识对象，显出来了；可是等我回到住的地方，我根本就意识不到它了，其实它（这个意识）没丢，只是作为种子被储藏下来了。下周再来，我见到它也并不觉得奇怪，这缘分在前面都已经有了，一切一切都是种子的隐和显。我们可以看出，阿赖耶识首先是时间性的，没时间性怎么可能有种子！所以它一定会是一种超出六识的"根本识""母识"或者"细心"，如果没有这个，种子以及种子的熏习、变现，都不可能。因此，无著、世亲在四五世纪开创的唯识学，一定要突出地提出阿赖耶识。虽然前面的学派也讲到了，但他们觉得不够，一定要讲得更透、更细致。

阿赖耶识又被音译为"阿梨耶识""阿剌耶识""赖耶识"，意译为"无没识""藏识"，也叫作"阿陀那识"、"本识"、"种子识"、"异熟识"（也就是说种子熟了就显出来）等。在部派佛教中或称作"根本识""果报识""有分识"等。《摄大乘论》说："由摄藏诸法，一切种子识，故名阿赖耶，胜者［向］我开示。"一定要标出阿赖耶识的特点——摄藏，这是根本，所以阿赖耶识跟带有时间性的种子识内在相关。印顺这么解释："一切种子识就是阿赖耶识，它在相续的识流（即从不间断的意识流）中，具有能生（能发生，但不是无中生有，而是种子通过从隐到显，再从显到隐，以及从非对象态到对象态等方式进行的发生）的功能，像种子一样，所以称为种子识。"（《摄大乘论讲记》，24）

如上所述，关于种子的识流和阿赖耶识的识流（或时流）的关系，唯识学中有不同看法，有的说两者完全相等，有的说不相等，阿赖耶识更根本，争论很多。不管怎么样，因为阿赖耶识的这个特点，它又被说成是"依住"——依它才有。所以，摄藏的本意是：使得相互关联的连续发生可能的那样一种原本的能力。所以它能保存——“能藏”，而且它保存的不只是并且主要不是对象、规则，而是习气、种子。种子是潜伏的，就像刚才讲的现象学的自身意识：你做一件事的时候总有一个比做这件事情多一点的伴随意识、边缘意识，它把你做的事儿自动地保存起来。这件事不是被对象化地保存，但可以变现，你回忆的时候它可以作为对象出现。在这个意义上，它又是“所藏”。自身意识对它进行了某种编码，让它进入了隐性记忆。按照当代的认知科学，我们的记忆分为短期记忆和长期记忆，长期记忆又分为显性记忆和隐形记忆，隐性记忆也分四种。[①] 阿赖耶识是隐性的、非对象的——已经记住了，但是你不知道你已经记住了。你整天背单词，问题是都记住了吗？隔了多少年还能不能再记起来？我儿子小的时候，我逼他背《三字经》《论语》，过很多年再问他，他就不能全记住了，但有些东西还能记住。这是怎么回事？为什么有的东西能记住，有的东西不一定能记住？有的东西你逼迫自己记住，却往往不行，但是有的东西从很小的时候自然就记住了。阿赖耶识使得所有隐性记忆和显性记忆（尤其是隐性记忆，非对象化记忆）可能。

总之，这阿赖耶识的摄藏是藏中有生，生而必藏。它藏下来的种子，将来有可能变现，也可能不变现，终生隐藏，比如我们经历过的无数事，很多都想不起来，但也可能在隐蔽中影响我们。在讲宋明理学之前，我们还要讨论威廉·詹姆士的学说，由此来说明为什么会有开悟的体验，它跟隐性记忆颇有关系，没有这个能藏的东西，没法解释为什么有开悟、解脱。所以阿赖耶识一定是内在的、相勾连的意识

① 长期记忆分为显性记忆（explicit memory）和隐性记忆（implicit memory）。显性记忆分为情境的（episodic）和语义的（semantic）；隐性记忆分为程序的（procedure）、铺垫的（priming）、分类和运作的条件的（classic and operant conditioning）和非联想学习式的（nonassociative learning）。（参见 Robert L. Solso, Otto H. Maclin, M. Kimberly, *Cognitive Psychology*, Pearson Educaton Inc., 2008, p. 204。引自该书机械工业出版社 2010 年版复印版。中文术语出自张祥龙）

之流，在里边显隐交替，染净并存。唯识学讲的阿赖耶识和中观派讲的缘起性空，从基本的思想方式上看，其实挺像的，下面我们再分析。

所以《成唯识论》讲："初能变识，大小乘教名阿赖耶。此识具有能藏、所藏、执藏义故。"（《成唯识论校释》，101）① 最开始的能够变化的那个识，叫阿赖耶。所谓"初"，就是源初、根本的意思；所谓"能变"，就是指这个原本的第八识让所有的发生和变化可能。而这种识之所以能够做到这些，就是因为有能、所、执三藏。"能藏"是所有意识的"种子因"，可以看作是阿赖耶识的"因相"；"所藏"可以看作是被能藏孕育并被机缘熏熟而变现出的现象，即它的"果相"；能藏所藏合在一起，就显示出阿赖耶识作为"发生本源"的"本相"，这是阿赖耶识的"（初）能变三相"。

正是由于阿赖耶识"初能变"之性，它作为种子识是"恒转如暴（瀑）流"（《成唯识论校释》，101）的。这是一句比较重要的话。它这么能藏，为什么？因为它像一条瀑布的奔流。所谓"瀑流"，意思就是"刹那生灭"，没有任何一瞬是没有变化的。"此识性无始时来，刹那刹那果生因灭。果生故非断，因灭故非常"（《成唯识论校释》，171）。就是说，每一刹那，它的因都要灭，你所藏的东西都要消灭，这样才能为那变化腾出地方来。但是在刹那之间（还不能说是完全"同时"），因灭果又生了。这个因怎么导致这个果？既不是因与果的同一，又不是相异。龙树的《中论》对因果关系做了批判，因为"缘起"学说经常被说成是因果关系，龙树说不行，你用平常的因果关系根本就说不通。这个批判很有趣。因和果到底一样不一样？只有两种可能：或者一样，或者不一样。龙树对两边都做了反驳：因和果要是一样，那么就不用分成因果；如果不一样，那么这因怎么能是这果的因，而不是别的东西的因？等等。

我认为，这个地方是唯识学在有意识地回应中观派的缘起性空说：

① 《成唯识论校释》，玄奘译，韩廷杰校释，北京：中华书局，1998年，第101页。

我们讲的阿赖耶识也能够满足你的要求。“因”刹那灭，但同时这个因在刹那中又导致了“果”的生，所以这里边既有断裂性，又有连续性，而且**刹那的**断连使中观的反驳插不进来，因为这里没有观念，包括寻常的因果观念的容身余地。刹那的断裂让改变可能，但刹那的连续性又让这改变的两端并非不相干。比如奶牛吃了草能产牛奶，但是它产不了水果，所以这个因和这个果之间总得有连续性；不过，牛奶毕竟不是草，所以又有断裂性。而且它们是完全时间化的刹那连续性和断裂性，这样才能够说明因缘。有极微断裂说明它能变化，因果不一样，以此来回应中观所说，因果如果相等，则无所谓因果。同时还要回答中观所说，因果如果不同，因就能变成各种各样的果，不一定只变成这种果，那它们之间就没有什么干系了。唯识学回答说：不！因为因刹那就生出果来了，所以有极微的连续性：奶牛吃了草，生出来的只能是牛奶，而不可能是水果。这是一个表面上很浅的论证，但里面有很深的“刹那”意思，只有结合中观派才能理解。唯识是对中观的某种回应，既然它说中观只讲“中”“空”是不够的，那么就还要讲“有”，但这个“有”不能等同于说一切有部的那个“有”，它一定要讲得更精微。它的极微不是颗粒状的，而是动态的、时几化的。

我把这段念完：“果生故非断，因灭故非常，非断非常，是缘起理，故说此识恒转如流。”（《成唯识论校释》，171）因为有因的消灭，所以它不是“常道”，“常道”没有因果可言。因为果生了，所以中间不完全是断裂。“非断”“非常”，正好与《中论》一开始的“八不”相呼应，这就能够说明“缘起”了。我很看重这一段，可以看作唯识正式地回应中观。

概括一下：阿赖耶识（或种子识）如果不是刹那灭，就不能为新熏、改变腾出地方，也就不是“初能变”了。这个种子总是能够被熏出一个新的型态，怎么可能呢？一定是有“断”的维度（尽管不是观念之断），这样才能“初能变”。而它如果不是刹那又生，就没有一类相续、自类相生（唯识学的行话）的连续性。一类生的东西里头有连续性，这样才有因果可言，就像刚才说的，奶牛只能产牛奶而不能产小果，是火而不是水才能使人温暖，这里头不是乱生灭的。这种关系就要求因果之间既有区别，又有联系和自类相关。这一段正对上龙树对用因果解释缘起的批判，能够回应他，所以这里已经不是小乘的讲法，而是一种原本的时间化的发生，也就是“刹那生灭”。阿赖耶识就是一种刹那生灭的时间瀑布之流，到处都是断灭的裂隙，但又总有瞬间的连续和再接续。它不是实体化的，因为那个实体刹那灭了，但是它又能凭借刹那生而接续下来，所以记忆、业力都能（非实体地、纯缘起地）传递下去。这个要体会得透，就能品尝到佛家真正的味道。真领会得透底了，你即便不去行那种“坐瑜伽”，也是在做“智瑜伽”，你的智力起码会有一点开悟。我觉得我当年读中观的时候就真是有一点开悟，读龙树的那些反驳，原来觉得只能这么讲，或者A或者非A（$A \vee \neg A$），这两种可能性龙树都加以反驳，A并且非A（$A \wedge \neg A$）也不行，真是把现成的看法全部给你劈尽斩绝，告诉你这里边没有真实的东西，由此打开了一个新的思想境界。

阿赖耶识是“初能变识”，这个说法也挺耐琢磨。人们给阿赖耶识好多说法，“初能变”就是能把人们经历过的一切现象都变为种子保存下来。所谓“三藏”，头一个就是能藏，能藏当然得能变，要是不能变，怎么把一切都藏着？它不是像藏一个什么东西一样，把它藏在一个固定不变的地方，比如仓库里；相反，它自己也要跟着藏的东西变，这样它才能把一切都藏起来，并且能够保持自身的存在。原初并且原本的能变化，能够随着现象的变化而变化，并且使得现象的变化可能，这就是最能变了。但“能变”不是说变得使现象走了样，这“能变”里边还包括“能持”，这才是“初能变”，这就是它“能变”的机理。我们上次也讲了，此识“无始时来”——不是说你打出生后才有阿赖耶识。他们也信轮回，但这个意思可以更哲学化：就是没有头。

你说你现在的意识源头在哪儿？找不到。不知道从多少年前开始，这个识一直在变化，所以“无始时来”。“刹那刹那果生因灭”，原来保持的种子要在刹那灭掉，以便为变化腾出可能性，但“灭”如果只是“灭”，那就乱套了，接下来再出现什么就不知道了。在“因”“刹那刹那灭”的同时，“果”又生了。我说的这个“同时”不是物理意义上的同时，用现象学术语就好讲一点：因灭果生，发生在同一个**时间晕圈**里。从意识的角度，感受不到先有一个因灭，后有一个果生，而好像是同时的。这个含义就很深了，特别耐琢磨，也是理解缘起的要害。

“恒转如流”是不是可以理解为最根本的时间？我写过一篇文章来对比唯识学与现象学的时间观，而我写那篇文章的动机，是为了回应耿宁（Iso Kern）先生《心的现象——耿宁心性现象学研究文集》里的一篇文章。他在文章里批判性地审察了唯识宗的时间观，我的文章是要跟他有一个讨论。他认为唯识宗的有些讲法恰恰是一种常见，在时间观上没有完全坚持这种［非常非断，恒转如流的］看法。我们都知道，唯识宗并没说阿赖耶识是一种时间，他们恰恰认为时间是一个幻化的东西，印度人一般也都这么看。可是呢，它这个讲法，让我们能够联想到现象学讲的最根本的时间，不是外在的、康德讲的作为感性形式的时间，而是康德在《纯粹理性批判》第一版里讲的那种由先验想象力产生的，甚至先于统觉的那种时间，他把这种时间叫作“纯象”。关于这种“纯象”这里就不多讲了，我在讲现象学的时候特别爱讲这个东西。耿宁认为，唯识宗在看待时间时没坚持这个思想，而是认为时间是限于六识的（时间发生在我们的第六识——眼识等五个识之后的“意识”，但这个“意识”不是阿赖耶识，而是阿赖耶识的一种当场表现）。按照这个看法，当你只用六识来讲时间（我们一再讲过，只有六识是不够的），就会认为人的时间体验是“无质独影境”。“无质”，就是指没有根本的差别，也就是说，我们人通过意识看待过去和未来的时候，过去的意识和未来的意识只是我现在意识的一种变现。人有能力记住过去的事，但记住的那个过去的事情都已经被现在化了。这个挺好理解的，我现在想到的事情实际上都是对我呈现的，也就是当下化了的。过去和现在没有质的差别，这就叫“无质”。过去没有自己的质性，所以是“独影”，它没有自己的真实性，是现在向过去的投射。[①] 耿宁先生认为这就是唯识学的看法。

我写的文章《唯识宗的记忆观与时间观——耿宁先生文章引出的进一步现象学探讨》[②] 就是探讨这个问题。如果像耿宁这么看，那么唯识宗的问题就很大了：它也把时间丢了。我们前面一再分析，如果把时间丢了，这个意识分析是有重大缺陷的。你从根本上无法理解真实的记忆现象何以可能。如果都是“无质独影境”，那么我“记错了”也没法纠正，因为一切都靠我现在的意识来构造。更不用说轮回——隔着世代的作用，业力的传递也就更不可能，那么这就是一种常见。耿宁先生也批评它，通过讨论三分说来补充它（前面提到过，耿宁认为第四分没有什么意义，讨论就限于三分）。他认为唯识宗在分析这个问题时，只讲了见分、相分，没有特别考虑到自证分在里头起的作用。

长话短说，我觉得如果把第八识考虑进来——依据第八识也可能转识成智，进入到开悟的状态，这个问题就可以看得很清楚，它不是常见。唯识宗没有犯这么一个低级错误，因为他们当年提出第八识，就是为了要把本识中的时间本性重新迎回来，怎么会一下又完全丢掉呢？这是我的看法。

另外，小乘主张“三世实有”，也就是现在-过去-未来三个时相都真实地有它的质，但它又没有真正解释清楚这三相之间根本性的联系，所以我们可以认为它是一种断见。也就是说，过去、现在、未来

---

① 参见耿宁：《心的现象——耿宁心性现象学研究文集》，倪梁康编，倪梁康、张庆熊、王庆节等译，北京：商务印书馆，2012 年，第 158 页。

② 张祥龙：《唯识宗的记忆观与时间观——耿宁先生文章引出的进一步现象学探讨》，《现代哲学》2015 年第 2 期，第 55—61 页。

之间缺少合理的联系。而如果阿赖耶识，尤其是阿赖耶识的“境”的表现（我们称为“境现”，也可以说是它的“质现”，它是真正的既非断又非常）被恰当引入对这个问题的理解中，那么，时间就既是真实的，但又不是实体意义上的真实。如果能这么看待它，那么对于这个哲学上最微妙的问题之一，你就能够形成更深的理解。在现象学看来，这是特别根本的问题，也就是所谓“内时间意识”的问题。而且恰是由于对阿赖耶识时间性的偏离（对“恒转如流”的时间性理解得不透，或者偏于常见，或者偏于断见），才产生了“执藏”（三藏里只有执藏是最后要去掉的，否则你升恬不了）：把你的能藏、所藏执着为某种对象，不管是客观对象还是主体对象。在我看来，这恰恰是因为把阿赖耶识把持为了一个现成的自我，以此来统一自我意识，由此造成了“独影”这种时间观，同时造就了第七识末那识——第七识是对阿赖耶识的常观导致的，把阿赖耶识把捉成一个有自性的自我，以致让人生充满了痛苦。比如丢了一千块钱，你觉得“我”受伤了，其实你哪儿受伤了！你看佛家怎么分析：其实你没受伤，受到损害的是你对象性的那部分。而且只关注前六识，也是阿赖耶识不充分的时间表现。偏于它的现在时态，你就会把所藏（或者相分）当作有自身实在性的东西来把捉，认幻为真。但是如果你有真正的“非断非常”的时间观，并充分实现出来，你会看到这个“对象”只是缘起的，缘起性空，就不会执着。

所以根子就在于阿赖耶识本身展现得充分不充分，完整不完整。它是只作为六识展现呢，还是作为第七识展现？作为第七识展现最是痛苦的根源，作为前六识展现也不行。所以最后真正的转识成智，我把它理解为“转依”：“依”就是你的意识依靠的那个东西；你如果依靠的是常有的东西或断见中出现的东西，那是不行的。所以我们可以这么理解“转识成智”：打破二元（能取–心、所取–外境）的区别（根子上是打破过去、现在、未来的截然分离和完全一统，也就是“断质”及“无质”），你的意识所依靠的就不再是脱开恒转之流而自立的自我或外境（内在的实体和外在的实体都不再依靠），而是阿赖耶识本相里的深细、平等、完整和圆通的纯发生机制。阿赖耶识就是这么既非断又非常，但它是一种发生机制。它是平等的，意味着过去、现在、未来各有各的实在性，并不是用现在统握过去和未来。所谓“深细的”，就是指非对象化的，我们以前讲过“细心”，甚至小乘也提出来过。时间流一定要理解得“完整”，同时“圆通”。由此就摆脱了“遍计所执性”而达到“圆成实性”，由此断除烦恼（对内的执着）和所执（对外在对象的执着），造成这些种子的“识”就被转化成了没有执、没有障的“智”，这样唯识宗的最终目的就达到了，而且这种智反倒有了更鲜明的时间性。这个没时间再讨论了。文章中引了《成唯识论》最后一讲，讲的是开悟以后的几个智的境界，《摄大乘论》也讲这个问题，由此来说明你开悟以后反而对时间有更深切的领会。

对唯识学的文献，我的阅读范围很有限，就我所看到的，一般很少有人把阿赖耶识理解为一种原发的时间性。可能是因为一般搞印度哲学研究的学者都没有现象学的训练，不知道除了我们现在通常认为的康德讲的第一种时间（作为感性形式的时间）之外，还有一种更原本的时间。虽然阿赖耶识的恒转如流明显是一个有时间机制的东西，但人们一般不会往这上面想，觉得时间只能是个被否定的东西，否定了时间你才能够转识成智，才能够开悟。我觉得关键就是怎么理解时间。有了这个见地，可能以后才会慢慢有这些想法。

可见，这阿赖耶识本身既非善亦非恶，或者可善可恶，它只是没头没脑地以时间化方式来行它的“三藏”。唯识学称这个特点为“无覆无记”。“无覆”就是不覆盖、不掩饰，而“无记”就是不分善恶。但毕竟因为有了阿赖耶识才有转识成智的可能，而转识成智里面就蕴含着善。因此阿赖耶识虽然不等于善，但是蕴含着善。我们以后会讲到王阳明心学里边的问题：心体到底有善恶可言，还是无善恶可言？王阳明的这个问题就与此有关。玄奘传的护法这一派就是要坚持，到第八识就终止了，不能再讲了，不能再弄出第九个阿摩罗识来画蛇添足，因为他们不愿意把一个善性孤零零地拎出来，认为这反而失去了它的微妙性。

最后做个总结。

我们可以把阿赖耶识或种子熏习的意识过程看作是根本的时间流及其隐藏和突显的运作（隐藏就是作为种子隐藏在这个流里；突显就是它受熏蒸，时机合适，就而突显出来）。这也就说明，古老的心学传统对于我们一再讲到的母识或本识的认识，一定不能只是超世间的。是的，母识肯定跟我们日常的对象化的意识不一样，但它并没有超越到一个高于现象世界的境界中去，而是必须在超出对象化心识功能和时间中的存在形态的同时，进入那个让它得以可能的原时间的发生机制。我们讲到过《梨俱吠陀·创世主赞》里的“胎藏”（《梨俱吠陀神曲选》，272），它实际上就是一种时间的蕴藏能力。“胎藏”在两千多年后，在唯识学阿赖耶识的“三藏”和如来藏心的“藏”中，得到了充满哲理思辨和瑜伽修行体验的表达。具体讲法有不同，但“胎藏”的见地一直存在。

大致就讲到这儿了，最后补充讲一点“源藏”（特别原本的藏）和列维纳斯“他者”的关系。

唯识要将隐显的因果相和本相都说成“藏”，是因为“识”的原根母胎中有绝对不可见光或对象化的“源藏”。列维纳斯那里也有“藏”，表现于他者对于自我目光的躲藏，因为他认为思想和伦理的源头是我与绝对他者的遭遇：绝对他者总在躲避对象化、意义化、存在化的目光，以神秘的女性（“有羞耻心的被隐匿者”）的样态出现。通过友爱和触摸，皆无法达到她，只有爱欲的抚摸，才可通达于这女性。由此导致他者关联的实体转换，产生儿子和父子关系。[①] 列维纳斯的“他

---

① 参见列维纳斯：《总体与无限：论外在性》，朱刚译，北京：北京大学出版社，2016年，第四部分；及列氏新刊早期文献《关于爱欲的哲学笔记》（*Eros, Littérature et Philosophie*），引自汪沛的博士论文《列维纳斯前期哲学中的爱欲与个体化问题研究》，清华大学，2016年4月。

者”就是绝对不能对象化的，他甚至是“负对象化”的！你一见他/她，就会被激出原道德感。这也是很了不起的思想，跟唯识学这里说的“藏”是很有关系的。“藏”就是你见不到它，不能把它对象化，而且不只是一般的不能对象化，甚至也是“负对象化”的。

心学传统中有没有列氏意义上的“他者性”原则呢？似乎没有，因为“他者性”指人面对绝对他者时的被动性或被发生性，特别指道德和神圣［情感及］意识的被发生性，而心学中我们似乎总是看到根本处的主动性或去发生性。但在佛教的“无我”心学中，似乎有某种他者性的可能。中观揭示缘起的绝对隐匿性（空性），而阿赖耶识［和如来藏心］使得它表现于藏识中，并在“菩萨”的慈悲和拯救他人的责任承担中体现。

但关于佛教的这种“无我”心学与列维纳斯的“他者”思想的更深入的比较，我们无法再展开了。希望在将来，东方的思想能够在与当代特别有见地的西方哲学的交流中得到再次激发，把它里边蕴含的东西显示出来，让我们看到。

【课堂问答】

生：自证分和阿赖耶识的关系是什么？

师：对，很有关系。按照提出自证分者的意思，自证分肯定更靠近阿赖耶识，更靠近原本状态。自证分不只是最后的一个见证而已，它也是见分和相分的依据。因为这里把外在的、客观的依据全去掉了，只有它是原初依据，它才能见证。所以相分虽然有真实性，但它的真实性并不是靠了一个外在的客观实体而得到的，不是唯物论式的（但有时候会让你觉得真是有点唯物论的味道），但确是有真实性的。回到你的问题：自证分更根本，更靠近阿赖耶识。但并不是说自证分就能让你开悟了，因为阿赖耶识本来就是染净共存的。如果这个问题考虑到证自证分，证自证分和自证分倒基本是一个水准上的，因为这个学说只是结构上需要一个证自证分来和自证分的互照，唯识学者觉得这样才保险，才能终止无限后退。耿宁在讨论唯识学时，就基本上只用三分，不用第四分，他觉得四分叠床架屋了。可是我对这个问题有过一点不同的思考（不过没仔细想透）：这第四分是不是跟胡塞尔讲的意识流或唯识宗讲的阿赖耶识有什么关系，如果我们认为第三分是自身意识，是意识流（可能对应着第四分）必然要产生的东西的话？对每个东西的经验都必然要产生一种多余的东西，可以叫它冗余意识——必然带有的、非对象的随附意识。可是什么东西让你产生这种冗余意识呢？是那个流本身。它毕竟是有一个意识流的结构，比自身意识还多一层，所以唯识宗要讲第四分，使第三分与阿赖耶识挂钩。但从另一个角度想，阿赖耶识本身就是个流，而第四分又不等于阿赖耶识，那么第四分跟阿赖耶识是什么关系？这就还不清楚。

生：有相派（陈那、护法）认为相分有没有自性？

师：烦琐就在于此。读着好像是有，这一派把相分讲得很客观，但实际从根本上就不可能有。有了就违背缘起说了。最近看了网上一篇文章，讲得很清楚：其实最终不可能有自性，但有的讲法就愿意把相分讲得很真实，这就跟前面的学说，尤其是中观区别开了，而这样一来跟一切有论就相近了；但它同时又有大乘唯识的一面，两面都占，既能把世界的客观性表现出来，也能把唯识的特点透露出来。感受它比较简单而原本的方法就是去读《成唯识论》，并不难读，尤其有了译注本作拐杖。

第三讲　儒家心学出现的条件（三）：禅宗和本心意识的当代理解（威廉·詹姆士）

华夏心学有自己的特色和丰富性。它最早的表现是《易》。易象是一种对天人关系的极其“简易”——阴阳化——的理解方式，由此必会发展出一种“几微”化（可比拟于般若中观的“缘起”理解）的时间观。[①]对这种“《易》时”的深入切当的知觉和领会，就会牵涉到本心意识。“复其见天地之心乎！”（《周易·复·彖》）[②]“是故圣人以［《易》］通天下之志，以定天下之业，以断天下之疑。是故蓍之德圆而神，卦之德方以知，六爻之义易以贡（献、告）。圣人以此先（或作“洗”）心，退藏于密，吉凶与民同患。神以知来，知以藏往（时）。其孰能与于此哉……是故易有太极，是生两仪……”（《周易·系辞上》）这样一种《易》与心的关联，经佛学入华的激发，到宋代经周敦颐的《太极图说》《通书》及“孔颜之乐”的本体提示，被有意识地开发出来；随后在陆象山的“易简工夫终久大，支离事业竟浮沉”（《鹅湖和教授兄韵》，载《陆九渊集》，301）[③]及“全无伎俩”的“宇宙便是吾心”（《杂说》，载《陆九渊集》，273）

---

① 参见张祥龙：《时晕与几微——现象学时间与〈周易〉象数时间的原结构比较》，载《中国现象学与哲学评论》第二十一辑，上海：上海译文出版社，2017年，第3—31页。

② 《周易》引文，主要依据李道平：《周易集解纂疏》，潘雨廷点校，北京：中华书局，1994年。

③ 陆九渊：《陆九渊集》，钟哲点校，北京：中华书局，1980年。

中，得其鲜明突显；而到王阳明于龙场“玩易窝”大悟知行合一之旨，更是达到新的高峰。此外《礼记》中《大学》的“格物致知，诚意正心”（《大学》一章）[①]和《中庸》的“至诚之道，可以前知……至诚如神”（《中庸》二十四章）[②]、“不诚无物”（《中庸》二十五章）、“至诚无息”（《中庸》二十六章），对宋明心学都有重要影响。到了孟子，要“先立乎其大者”（《孟子·告子上》）[③]，此“大”或“大体”，就是“心”。虽然此心与身体、情感（情性）和浩气还没有分离开，但毕竟已经被显著地突出了出来，在儒家传统中开出了新的话语、思想和精神境界。[④]于是孟子讲“尽其心者，知其性也。知其性，则知天矣。存其心，养其性，所以事天也”（《孟子·尽心上》）。此乃儒家“心性论”的正式发端。此“心”当然不是“害人之心”“穿窬之心”（《孟子·尽心下》），而是“本心”“良心”“能思之心”（《孟子·告子上》）或“赤子之心”（《孟子·离娄下》）。（参见《从〈春秋〉到荀子》，286—288）

此“本心”“良心”“赤子之心”之说，深刻塑造了宋明理学的话语。它们的含义及与孟子性善论的关系，我已在《从〈春秋〉到荀子》一书中有较详细的讨论，这里就略过了。其中有一些与宋明心学很相关的思路，在以下讲到这些心学时再涉及。下面主要阐发心学出现的第三个条件，即“佛家禅宗的心学”，随后介绍一下现当代，尤其是威廉·詹姆士对于本心意识的理解，以有助于我们更深切地进入儒家心学。

第一节　禅宗

从这里开始我们就进入了中国自己的传统，虽然还是在佛教里。

---

① 《大学》引文，主要依据朱熹：《四书章句集注》，北京：中华书局，2012年。

② 《中庸》引文，主要依据朱熹：《四书章句集注》，北京：中华书局，2012年。

③ 《孟子》引文，主要依据朱熹：《四书章句集注》，北京：中华书局，2012年。

④ 参见张祥龙：《儒家哲学史讲演录．第二卷，从〈春秋〉到荀子》，北京：商务印书馆，2019年，第七讲。该卷以下简称为《从〈春秋〉到荀子》，凡本卷对此书的引用，均依据商务印书馆2019年版本。

禅宗是最有中国特点的一个佛教派别，尤其是六祖惠能以后，禅宗获得了华夏的风貌，甚至是“变本加厉”。咱们以前的学说没有到这个程度，做语言游戏做到开悟。它是一个特别有革命性、创新性的学派和实践团体，唐代以后对中国的文化哲理产生了极深刻的影响，这种影响一直持续到现在。现代佛学中禅宗衰落了，现在净土宗是大宗，禅宗还有那么一点点，有的寺庙还叫作禅寺，但禅宗真正的原本的特点已经不多了。它还参话头吗？禅师还能当场用机锋对话开示学生吗？我知道台湾地区还有人在做，但不是特别成功。我记得他们的禅师骂学生，说些没头语，净胡闹，禅宗不是这么玩的。下面我们会讲一些例子，其中禅师在弟子真正要开悟的最关键时刻，为难他一下，以便他领会得随机无伪。随便就发作，那还了得，那还不如去坐禅。

上门课没有着重讲禅宗，只是点了一下。（参见《拒秦兴汉和应对佛教的儒家哲学》，255—256）我们讲了中观，尤其是如来藏心学，看它怎么影响了中国佛教的形成，重点讲的是天台宗、华严宗，还有三论宗，比如僧肇代表的中国的中观派。下面我们就来讲禅宗，但也是尽量简短。

禅宗对宋明心学的影响在所有佛教派别中可能是最大的，以至于宋明道学家互相批评时往往都以“禅”为批评对方的标签，看着对方不顺眼就说“你这是禅”。这个“禅”有时候是广义的，代表佛教，而在很多时候就是狭义的，专指禅宗，尤其是在批评心学派时。所以不深入了解禅宗，对于理解宋明心学来说，背景知识的储备就很不够。我们先从六祖惠能和他的师兄神秀各自向五祖呈写的著名偈子说起。

在中国，几乎所有知识分子都知道这个故事。五祖弘忍说：我老了，要传法，你们谁对佛教的根本有领会，就写一个偈（所谓“偈”，是他们表达自己见解的一种方式，一般是四句的小诗，可以说是一种“颂”或“赞”，非常简短浓缩），表达你的见地。我看谁真正开了悟，就把法传给谁。所谓“传法”，就是让他继承禅宗法脉，把衣钵给他，让他主持寺庙的事务，将来在这一派的历史上，他就是第六代传人（六祖），所以传法是一个重大的时刻。寺里的人都说，我们就不用写了，等着看神秀法师的了。神秀来寺早而且悟性高，一直协助老师教诲其他人，因此大家的期待都落在神秀身上。神秀在历史上确实也表现不俗，多次被皇帝召见，是个很有成就的禅宗大师。按照《坛经》的说法（《坛经》是六祖的门人编辑的），神秀写不出来，心里自知没有达到真正开悟的程度，但是又需要写，所以憋了半天，最后写了一个偈，也写得不错（《坛经》有四五个本子，我用的是法海本）：

身是菩提树，
心如明镜台，
时时勤拂拭，
莫使有（或“勿使惹”）尘埃。

（《〈坛经〉对勘》法海本第六节，10）[①]

“身是菩提树”，你的身不是或不只是肉身，它是智慧的源头，实际上这个“身”就是“身心”。这确实是有见地的，把人的身看作是一种意识的表现，而且它的根本是菩提，菩提就意味着智慧，因为释迦牟尼是在菩提树下开悟的。“心如明镜台”，在他们看来，“身”里面最要紧的就是“心”，接下来就讲心。为什么把心比喻成镜子呢？大家知道古代的镜子需要靠磨，照人的那一面要磨得很光滑，才能照得清楚。关键是镜子的特点是平等，你是什么样，它照出来就是什么样，没有自己的主张。这跟佛教主张的缘起性空的无我说是相符合的，它没有任何把持，不歪曲任何现象。所以这个比喻也是不错的。“时时勤拂拭，莫使有尘埃”是讲我们平常的心为什么多数情况下给我们带来的是痛苦。我们前面一再讲，这是因为平常心在把持这些现象时，把

① 郭朋：《〈坛经〉对勘》，济南：齐鲁书社，1981年。

它们当作有自身实在性的东西，所以一旦这些东西丢了就觉得很难受，而一旦得到就高兴得要命，这就是无明。因此，神秀说要把这些见地“拂拭”掉，你的“镜台”才能“明”。其实这个思路和很多心学里的思路是类似的，孟子“求放心”是不是也是这个意思？瑜伽行的前五支所做的也都是这种工作。但是按照惠能的看法，神秀的思路是有问题的。

惠能刚开始根本都没有资格看到神秀的偈。惠能的父亲原来在范阳（现在的北京附近）做官，后来到了南方，很早就死了。惠能孤儿寡母在广州这边以打柴为生，有一天他去店里卖柴，听到一个客人高声朗读《金刚经》，他一听之下马上就有感应，觉得能懂它的妙处，就问客人念的是什么，客答是《金刚经》；他又问怎么能找得到，客答是从黄梅的五祖大师那里得到的。他表示想往黄梅求法，客人是个善心人，愿意资助他去，他又顾及老母没人养，客人就给他凑钱安顿老母，他就这么去了黄梅。一进山门就跟五祖有一番对话，五祖叫他“獦獠”（他从岭南来，那里当时是化外蛮夷之地），他说，人有化内化外之分，佛性哪儿有这种区别啊？五祖觉得这家伙厉害，让他去踏碓。神秀的偈写出来的时候，惠能正在后院厨房踏碓，听到一个小和尚念这个偈，他就向小和尚问这是怎么回事，知道情况后，觉得自己也想写，就让小和尚带他去看看（他要说想写，人家就不带他去看了）。看完以后说自己也要写个偈，但他不识字，只能念出来让别人代他写，就是这一首：

> 菩提本无树，
> 明镜亦非台，
> 佛性常清净，
> 何处有尘埃！
>
> （《〈坛经〉对勘》法海本第八节，10）

我这里用的是法海本，是比较早的版本，其他版本的后两句是

“本来无一物，何处惹尘埃”，那个就更厉害了。

这个偈与神秀的偈有什么区别？关键就是心和尘埃的关系。在神秀那里，“心”和“尘埃”是两回事，而在惠能那里，“心”是没法跟“尘埃”完全分离的。按一般的想法，修行当然是要把心变干净，这么想是很合理的，但惠能就是悟性高，一听《金刚经》就能有那种感觉！他觉得不应该是这样，如果你的心和尘埃是不一样的，你什么时候才能拂拭完？没完没了，哪儿有什么真正开悟的时候！

五祖来看了以后，为了保护惠能，抹掉了墙上的偈，说“也没什么了不起”，后来用暗语（次日来到惠能踏碓的碓房，用手杖打了石碓三下）告诉他半夜三更去找他。惠能三更去找五祖，五祖当场传法后，把衣钵交付给他，告诉他：历来传法都是很危险的，你年轻又没资格，赶快跑。五祖送他连夜逃跑，后面就有人追。所以他隐藏了很多年后才出来传法。

这里面的要害就是明镜和尘埃的关系，如果明镜不是一个有自身的“台”，相对应地，心也不是一个有自身特点或存在方式的“心”，那它和尘埃就没有一个根本性的或本体论意义上的分离了。因此，我们的心、身本来是具有佛性的，是清净的，而且这个清净恰恰体现在它不以尘埃为尘埃，不以化尘埃为清净，就像《庄子》讲的“化腐朽为神奇”，这明显受到儒家和老庄的影响。“何处有尘埃！”一句，神秀肯定不会同意：你这不是瞪眼说瞎话吗！何处有尘埃？到处都是尘埃！到处都是痛苦！然而并不一定这么看。所以，这个地方你们要吃透了，它跟我们刚才讲的阿赖耶识像瀑流一样非常非断都是相关的。佛教讲到要害处，从来都要把你绕进去，在这里，西方传统的“$A \vee \neg A$”的逻辑一定是站不住的，而且是层层都站不住；只要在某一层你没有抹掉主和客、心和现象（心法和色法）、开悟和不开悟的区别，就都不够。神秀在这里只是一层没站住，其他的区别他都已经尽量抹掉了。但是只要他追求开悟，只要他存了开悟比没开悟要好的心，那他就没有真正的开悟。《金刚经》就讲这个，“即非XX，是名XX”，这是大乘佛教特别要害的“般若智慧”，中观、唯识、禅宗都是这样。这也就是《大乘起信论》讲的，真如心和生灭心两者都是如来藏心，如果说真如心和生灭心从根本上是区分开的，没有交织统合到如来藏心之中，那么这个所谓“真如心”从根本上就是个伪真如。（参见《拒秦兴汉和应对佛教的儒家哲学》，241—249）

所以就有这么一段“传法”的话：

> 五祖夜至三更，……为惠能说《金刚经》。恰至“应无所住，而生其心”，言下便悟：一切万法，不离自性。惠能启言：“和尚！何期自性本自清净，何期自性本不生灭，何期自性本自具足，何期自性本无动摇，能生万法！”五祖知悟本性，乃报惠能言：不识本心，学法无益，若言下识自本心，见自本性，即名丈夫，天人师佛！（《〈坛经〉对勘》惠昕本第九节，20）

“应无所住，而生其心”是《金刚经》里的一句话，“住”在这儿就是“停住”“把持住”，指你把“法”作为一个有自己特点的东西区别出来。这句话是说，要在没有“住”的地方生你的“心”。惠能听到五祖讲念这句话的时候又一次开悟：“一切万法，不离自性。”明明是“无所住”，他这儿偏来个“自性”，后来他在讲自己学说的时候也经常用到这个“自性”。表面上看，这完全是反佛教的，但是你要知道，这个所谓“自性”恰恰是“无所住”的自性。契嵩本上讲：“自性本无一法可得”（《〈坛经〉对勘》契嵩本“悟法传衣第一”，39），意思是说，如果你把“自性”当成一个有自己特点的形态去把持的话，是把持不住的，所以这里的“自性”恰恰等于空性。

惠能开悟，呼叫道：“和尚！何期自性本自清净，何期自性本不生灭，何期自性本自具足，何期自性本无动摇，能生万法！”“何期”就是没想到。惠能这一段话，我把它叫作“四何期”。这“四何期”中有四个“自性”，每个“自性”后都应该加上“在污染绝望中”六个字，这样就可以念成：“何期自性在污染绝望中本自清净，何期自性在污染绝望中本不生灭，何期自性在污染绝望中本自具足，何期自性在污染绝望中本无动摇”！如此，“自性”才能创造一切万事万象，成为拯救的依据。无论人生多么悲惨、多么虚幻，但总有得救的可能，而这得救的可能不是来自耶稣基督，不是来自任何意义上可以被区别地说出的救世主，即便叫它“阿特曼”“梵”也不行。所以佛教既讲“无我”，又讲“自性”和“解脱”，必须讲到这个程度才能够尽兴。

五祖知道他悟了本性，告诉惠能说：你不认识你的本心，学法没有什么好处，如果你说的话都从你的本心里出来，又见到自己的本性，你就是好样的，说你是佛也行，说你是天也行。这就是他传法的经过。

这里讲的“本心”“自性”“本性”和我们前面讲的“母识”“阿赖耶识”“如来藏心”，都是一脉相通的。只是它更鲜明地不避杂染和变幻，所以要“应无所住，而生其心”，就是说要不避杂染、尘埃，而生其心。《金刚经》中的话与惠能讲的完全一致，所以《金刚经》对禅宗影响特别大。（一开始影响大的是《楞伽经》，五祖以后《金刚经》影响极大，禅宗的历史没有时间讲了，大家有兴趣自己去读。）所以，所谓无住而生心，就是指不是依据某个可区别或可指称的心性（可“住”处）来生其心、净其心，而是在现象（包括杂染现象）的流动生灭中来生心、净心。所以这个“自性”恰恰是“没自己的特性”，反而是要在彻底缘起、“华严无尽缘起”、阿赖耶识刹那生灭中无覆无记地摄藏，才能够成为本心、本识。所以，这个“自”要理解为“自发的缘起”，“自性”就是“每人都具有的那无自己特性的自发缘起性”，即真如（Tathata）本性。

因此惠能总结要旨：

> 我此法门，从上已来，顿渐（惠能是顿悟派，这一派主张开悟的时

候只能当下忽然开悟；渐悟是说，通过坐禅、参话头等训练逐渐明白而开悟。后来宋明道学里，这两派的分野很明显，朱熹是渐悟派，陆王是顿悟派）皆立无念为宗，无相为体，无住为本（这是它的三个要害）。何名无相？（“相”就是现象，主要是指外在的现象）无相者，于相而离相（这是要害。它不是说不要相，而是要“于相”，就是说要真正进到那个“相”里，但是又不执着于它，这就是“离相”）；无念者，于念而不念（这是真无念，你离开了念，就不是真无念）；无住者，为人本性，念念不住（无住更是要害，这是方法论的。人的本性就是无住，它不断，但是又不住，这跟我们讲的阿赖耶识“既不是断又不是常”很有关系）。前念、今念、后念（这是一个时间性的说法），念念相续（就是阿赖耶识），无有断绝。若一念断绝，法身即是色身（也就是说，你把它把持住，执着于某个“念”，把它从“流”里提出来，当作特别有意义的东西来把持，这就叫“一念断绝”，这样就“念念断绝”，你就脱开了无住无念。“法身”的意思是原本的现象，法身成了色身，用我的话讲就是成了对象化的现象。空性的、缘起的“法身”成了有自性的、对象化的“色身”）。念念时中（时间进来了。你可以把它理解为“在念念连续不断的时刻里，如何如何”，但我愿意把这一句念得更有意思：“在念念不断中得时中”。很微妙，没法再解释了，跟儒家中庸的思想也有相关的地方），于一切法上无住。一念若住，念念即住（也就是刚才说的“一念断绝，念念断绝”，一念把住了，念念就都打住了），名系缚（被对象捆起来了）。（《〈坛经〉对勘》法海本第十七节，35—36）

这段话很能表达禅宗法门的要害。所以我理解禅宗的时候，一直以这段话为最能提纲挈领、最有哲理性的表达。他说的是一种原本的（我们不能光说“动态的”，“动态/静态”那种层面还不够）、既不是断见又不是常见的状态，一种纯缘起的、“无住”的状态。只有在这种状态下，你才能得“时中”，才能够得到佛教“缘起性空”的真谛，你才把这个世界看透，你才得到了法身，你才摆脱了系缚。这段讲得特别好，非常微妙，不过《坛经》里头像这样的话还有，所以这本书真是了不起。这些思想跟我们上面讲的阿赖耶识的思想都有关系。

所以修行的关键，就是下文所说："于一切上念念不住，即无缚也。"就是说，在一切现象上都不要"住"，这样就没有系缚了。这个境界，也就是跟住意识流、心识流本身，勿忘勿助[①]，进入"边缘意识"，并因此而打通显意识与潜意识。什么叫"勿忘勿助"？以后我们看宋明心学，特别是明代心学的时候，会看到他们常讲这个话，这是从《孟子》里来的，讲的是"揠苗助长"那个事儿。孟子说"我善养吾浩然之气"。怎么养？"集义而生"，行义举，浩然之气就越来越多；干了坏事，气就馁了。但是有什么修行方法让浩然之气越来越多吗？孟子说，你想用人为的方法培养浩然之气是不行的，"必有事焉而勿正"，就是说一定要碰上事情的机缘，而不要去刻意追求浩然之气的增长。这个"正"字有各种解释，焦循解释为"止"[②]，所以"勿正"就是说：你就努力培养心性，不要终止。朱子的解释是："预期"（《四书章句集注》，233）[③]，这样"勿正"就是：你不要去设定目标，去"拔"你的心性。我觉得朱子这个理解比较好。我个人倾向于就解释成"正"，正心的"正"；"勿正"就是：不碰到事情的机缘，你不要去正你的心，不要凭空觉得你的心不正；没有机缘，"时时勤拂拭"，老去拂拭，反而是把心弄得僵死了。无所谓，你们怎么读都行，关键是后面："心勿忘，勿助长也。"不要去揠苗助长，但是同时又不要忘。"助长"，你觉得用人力能促进你心的清净，这就是把心当作对象了，这是"常见"；但是你也不能忘，完全混世，跟普通人一样。宋明道学特别要讲这些东西，"喜怒哀乐之未发，谓之中"，要在喜怒哀乐未发的时候不忘持

---

① 《孟子·公孙丑上》："是集义所生者，非义袭而取之也。行有不慊于心，则馁矣。我故曰，告子未尝知义，以其外之也。必有事焉而勿正，心勿忘，勿助长也。无若宋人然……"

② 参见焦循：《孟子正义》，沈文倬点校，北京：中华书局，1987年，第203页。

③ 朱熹：《四书章句集注》，北京：中华书局，2012年。

敬，不忘致良知，让你的心性得到纯净。这跟禅宗的影响有关。

我在《拒秦兴汉和应对佛教的儒家哲学》那本书中略微提到了这一点："'念'一住，出现的就完全是你正在做的对象，或者在反思里的以前的对象。这样，边缘的东西就被遮蔽了，而你的觉态恰恰要依靠边缘意识。'念念不住'，那使得保留可能的边缘者总在流动，也总在保留自身，因而是连续的，是一道流。"（《拒秦兴汉和应对佛教的儒家哲学》，256）下面我们还会一再涉及这个"流"的问题。我特别看重"边缘意识"，其实孟子讲的恰恰就是这样，你不能够正面地去提高你的浩然之气，但也不能完全不管它，把它扔了。那怎么办呢？勿忘勿助。这就是一种边缘意识。这里之所以看重"边缘意识"，原因在于是它们使"念念不住""念念相续"可能。而讲"边缘"讲得特别启发人、特别动人的，是威廉·詹姆士和胡塞尔的意识流理论，其实胡塞尔讲的意识流是从威廉·詹姆士那儿得到的。

意识流理论的关键是每一个确定意向都不是孤立的，都带有边缘，而且这些边缘都是交织在一起的，所以我们的意识的根本是一道流，是 stream，不是 chain（链子）。詹姆士的意识流思想影响巨大，在西方的文学界引发了意识流革命，在心理学界影响也非常大。这一思想曾经有一段时间被实验心理学排斥，但随着心理学这些年的新进展，威廉·詹姆士的心理学重新受到重视。这个意识之流确实是存在的。我相信人工智能和认知科学的发展都会向我们展示，经验主义者讲的那种"链式"（感觉材料加上联想）意识绝对是不够的。

所以我们就能理解，"尘埃"杂染意识和本心意识之所以根本不能完全分离，原因就在于我们的意识总是带有边缘的。詹姆士用了很多词来说明这一点，最常见的是 fringe、edge（edging）、horizon（后来胡塞尔用它用得最多，可译为"视域""界域""境域"），它们都是说，我们所有的意识（包括内意识）都是带有毛边的。它们首先不是一个一个的点。之所以会出现"一点"，是因为我们把视域收拢在那一点上，只关注那个地方。但是在我们关注这一点的时候，我们必然以边缘的方式同时感知到它的背景，它们都是一个视域。这是空间域，时间更是如此：你在听一段旋律的时候，之所以能把它听成旋律，就在于在你听到它的任何时刻，它都绝对不会只是一个个纯单个的声音材料。一个音一定带着向前的投射，还有对刚过去的音的保持，像彗星一样，它的前后音是交融在一起的。说到底，旋律就是由这些交融构造出的，所以你听到的才不是割裂的杂音串，而是一段旋律。无论空间现象还是时间现象，都是带有边缘域的。我们来看这一段：

> 我们一定要承认传统心理学（包括英国的、德国的心理学，联想主义心理学、实验心理学）所说的确定意象（就是能够对象化的观念）在我们实际心理生活中只是个极小的部分（它们只是被我们注意到的、暂时静止的部分）。传统心理学［及哲学］的看法，好像说河流只是一盆一盆的，一瓢一瓢的，一壶一壶的，一桶一桶的（我们刚才说的“链”的模型），以及其他方式的水合成的。事实上就是这些盆壶等项都真放在河流中，也还有自由的水不断从它们的空隙中流动（不是靠事后的联想把它们连到一起，而是它们一出现就带有“自由之水”——所谓“自由之水”恰恰就是意识流、边缘——“从它们的空隙中流动”。詹姆士写东西非常地生动、清晰）。心理学家硬要忽视的，正是这种自由的意识流（free water of consciousness）。心上的确定意向，个个都是在这种在它四周流动的自由水（free water）里浸渍着，濡染着。我们对于这个意象的近的远的关系，关于这意象来处的**余觉**（*dying echo*）①，关于它的去处的初感（dawning sense），都与这个自由的水连带着。这个意向的意义和价值整个都在环绕护卫它的圆光或淡影（halo or penumbra。后来胡塞尔叫它“时间晕”。基督头上就戴着“圆光”，实际上任何

① 本卷引文中的黑体均为引者所加。

一个存在对象都是带圆光的）里头——或许应该说，那光影与这意象融合为一而变成它的精髓。[①]

这些所谓“周围的圆光”“淡影”“泛音”等，恰恰是构成“确定意向”的背景、材料、时机，而且是它的精髓，这是詹姆士从心理学角度做的特别精彩的论证。你们可以去看，他举了很多例证来证明这种东西的存在。比如我们想一个词或一个人的名字想不起来，这时候它作为一个对象还没有出现，但是你对它毫无所知吗？完全不是，你对它已经有非对象化的边缘认识了。如果有人错误地提示你说，这是张三或者李四，你会知道“不对”；但是如果提到王五，你就会意识到“就是他！”你怎么知道就是他？因为你已经知道了，他已经在那“圆光”“淡影”和背后的“意识流”里了，但是他还没有进入你的显意识。我们人类的意识就是这样，你确实知道你觉得自己还不知道的东西，你知道好多好多极深刻的但又自认为不知道的东西。这就是佛教所谓“觉悟”的前提，觉悟只不过是把你知道的东西呈现出来，所以你觉得那是染污意识，其实染污意识里就是潜在的清净意识。通过意识流的思想，这种非常贴切的边缘化哲理，也就是我们刚才讲的那些道理，就好理解多了，要不然前人讲了两千年，虽然有体验的人是真有体验，但是其中的道理，要真把它讲清楚了，让现代人能够很贴切地理解，也极不容易。

所谓“自由的水”，是说意识流过程不被我们的显意识所把握，完全超出我们的掌控，所以是自由的。但是这“自由的水”不属于你的意识吗？当然属于你的意识，只是不受你的显意识控制，所以你想揠苗助长，长不了，要靠机缘让它呈现。它里面的绝大部分实际上是躲避着我们的意识目光的，即胡塞尔所谓“匿名的”。匿名很厉害，孕育

① 詹姆士：《心理学原理（选译）》，唐钺译，北京：商务印书馆，1963 年，第 102—103 页。

力很大。它们只在我们意识的边缘处，通过我们对“念念时中”的非执着的、非对象的感受向我们透露出来。对这个“念念时中”，惠能深有体会。你要想知道佛教的要害，领会禅宗的“无念”“无相”，你就要“无住”，在“念念时中”中跟它际会。“本识”根本离不开时间，在什么意义上它都离不开。这是禅宗最了不起的地方，它不但把“本识”（在惠能叫“自性”“本心”“本性”等）的时间性显示出来，而且把本识的时机化直接体现在它的修行功夫里，因此禅宗对“禅定”（dhyāna and samādhi；meditation and trance。此为《瑜伽经》讲的内三支的第二支）的看法也是无住的，这就是禅宗最大的特点。它认为禅定也一定不要拘泥于任何一种形式，因此，禅宗的独家特色不是对禅定的强调，这是任何佛学乃至任何印度教派都要强调的，而是对禅定本性和达到途径的边缘视域化的、不经意的、动态化的乃至生活化的主张。禅宗的禅定一定要“念念不住”化，一定要时机化，它没有定相，不可能像《瑜伽经》讲的“外五支”，光那个是不行的。所以惠能说：

> 一行三昧者，于一切时中（时机中），行、住、坐、卧，常行直心是［也］（你就行你的直心，不要让它受观念化的歪曲、把持）……迷人著法相，执一行三昧，直言坐不动（这个“迷人”指的太多了。“迷人”讲“一行三昧”要坐着不动。是啊，《瑜伽经》就这么讲啊：坐着“调息”“坐禅”。惠能就是要在这儿革命，反坐禅唯一论；他不是要反坐禅本身，而是表明坐禅只是一种），除妄不起心，即是一行三昧（迷人认为通过坐着不动入定、不起心，这就是一行三昧了）。若如是，此法同无情（是让人变成一个没有感受的木石），却是障道因缘（这恰恰会阻碍道的流通，让人反而得不到真正的开悟）。道须通流（你看用了中国的“道”字，道一定要在流通中开显它的道性），何以却滞？……又见有人教人坐，看心看净，不动不起，从此置功，迷人不悟，便执成颠，即有数百般以如此教道者，故知大错。（《〈坛经〉对勘》法海本第十四节，32）

这个讲法是古印度没有的，禅宗之前也没有，甚至是惠能之前都没有。你看禅宗祖师达摩，面壁十年，也讲坐功。到了惠能这儿，大字不识，没那个成见，不知道什么达摩不达摩的，他就觉得不应该那样。禅宗之前，讲“定慧双修”，中国佛教学的是印度，也跟它一样，要由定开慧。“定”就是要坐禅，禅院里头一人一个蒲团，你不做功夫哪儿行？除了坐禅，当然也要念经，念经也是让你集中心思的一种方式。“老僧入定”，由定入慧，定慧双修，又要读经又要打坐，和尚就应该做这个。好，惠能一来就不得了了，弄得禅宗里头真是“乌烟瘴气”，可是也真了不起，带来了革命性的变化，虽然后来也出现一些弊端，但是维持了数百年的兴旺发达，影响了整个东亚文化。他居然突破《瑜伽经》八支修行次第，既不必讲禁制、坐法，也不必讲调息、制感，而是就在日常的行住坐卧等不经意行为中（注意，念念不住，就是要不经意，也就是孟子讲的“勿忘勿助”），跃入“后三支”（执持、静虑、等持）或“三昧”。如果没有我们之前的引导和阐释，这种入一行三昧的说法简直让人觉得荒唐无稽，但是有了我们前面一再讲的清净尘染都需要的说法，你就能知道它的深意在哪儿。其实，在龙树中观的“涅槃与世间，无毫厘差别”和《大乘起信论》的“一心二门”，甚至唯识学染净一身的阿赖耶识中，都已经可见这种见地和方法的端倪，但毕竟要到惠能这位砍柴人的净染不二的本心/佛性观里边，才明确破除掉了“坐禅入定”的特权地位。所以坐禅入定在禅宗中恰恰没有特权地位，它只是修行方法之一。有的禅宗寺庙也很强调坐禅，但只要它是真禅宗，就不会只有这么一条道。所以，它是为一切自发行为，特别是习惯而不反思（不经意）的行为打开了禅机之门。行住坐卧、洒扫应对，都可用，像惠能踏碓八个月，那就是修炼。因为它是不经意，你整天就是坐禅，一心想着我要得救，想着我的境界到第几层了，不一定比他搬柴担水有多少优越的地方，尤其是到最后那一口气的时候。刚开始练习收心，可能坐禅有用，但是到了最后真要进到“染净不二”

的境界或者“涅槃即是世间”的境界的时候，也就是到了真正要开悟的时候，不经意的时机反而更有帮助。你去看《五灯会元》《禅宗无门关》[①]记载的那些禅宗公案，居然呵佛骂祖，那种灵巧的时机化的表现展现得淋漓尽致，真了不得，可说是持利刃在手，逢佛杀佛、逢祖杀祖，宗教居然还能这么干！由此我觉得很多介绍禅宗的文字，包括日本人写的，在这一要害处还是缺少贴切的真知，他们只看到其中的反理性和向深渊的纵身一跃，却看不到其中的时机化、边缘意识化的微妙义理。真正的禅宗恰恰是没有定禅，“不住”也要运用于禅定本身。所以惠能讲：“何名禅定？外离相曰禅（我们一再讲这个意思，外离相不是不要相，而是“于相而离相”），内不乱曰定。外若著相，内心即乱；外若离相，内性不乱。本性自净自定，只缘触境，触即乱，离相不乱即定。外离相即禅，内不乱即定，外禅、内定，故曰禅定。《维摩经》云：‘即时豁然，还得本心。’”（《〈坛经〉对勘》法海本第十九节，41）不管你干什么，越是不经意越好，豁然进到那么一个真正中观的、唯识的、开悟的境界，这时候本心就被开启。这对后来的心学影响极大，中国人最喜欢这个：我平常搬柴担水都能悟到本心，都能成佛成菩萨。所以后来王阳明说“满街都是圣人”，这并非虚言，禅宗给了他们信心。当然也有很多不是真开悟的，但是，这不在讨论之列了，我们要说的是，人家起码开出这个可能性。好了，我来举两个例子。

第一个在法海本四十节：

志诚（神秀派往惠能处的盗法者）闻法，言下便悟，即契本心。起立即礼拜，白言：和尚！弟子从玉泉寺（神秀所在处）来，秀师处，不得契悟，闻和尚说，便契本心，和尚慈悲，愿当教示。惠能大师曰：汝从彼来，应是细作。志诚曰：未说时即是，说了即

① 以下简称为《无门关》。

不是。六祖言：烦恼即是菩提，亦复如是。（《〈坛经〉对勘》法海本第四十节，98—99）

接着志诚的告白（“……愿当教示”），惠能不会说“很不错，接着努力”，那就没有机锋了，惠能下面的话（“汝从彼来，应是细作”）就是要创造时机或话头，促他开悟。这个时机是一分一秒都不能错过的，眨眼就没了。烦恼里面就是智慧，尘埃和清净不分，“亦复如是”，即是说“烦恼即是菩提”，就跟你刚刚讲那个话（“未说时即是，说了即不是”）一样，你把它当个学说说出来，就不是它的真意了；它还没被说出，还闷在那儿的时候就是。如此等等，这个意思很丰富。

六祖惠能在《坛经》里已经有了参话头的苗子，后来它大行于世。这就是所谓的“染净不二”，即就你的话头来开启你，你的话头和想法是“染”的角度，比如志诚觉得很委屈，是非（“即是”或“不是”）区别得很清楚，马上惠能就借他的杂染语势——“未说时即是，说了即不是”——还他一个清净心。不用离开这个对话本身，让对话本身生出开悟，这就是坐禅没有定相的直接体现，语言在他这儿获得了又是功夫论又是本体论的身份。禅宗自己标榜“不立文字”，但他不立的是观念化、概念化的文字，相反它用语言用到了极致，完全语境化、机锋化、时机化。所以后来禅宗真正的特点就是用语言来开悟，即话头禅。为什么会是这样？因为本心是有时间性的，所以对本心的参悟就躲不开时机化。本心如果没时间性，何必非要用这些时机化的方法？那样坐禅抓住本心的可能性会更大。

另外一个例子：

僧问赵州（778—897；唐僧，法号从谂，得法于南泉普愿禅师，为惠能后第四代传人；从857年起，在赵州——现河北省石家庄东南——观音院传禅四十年。他本人也被称作“赵州”）：“如何是赵州？”州云：“东门、西

门、南门、北门。”(《禅宗名著选编》，83)[①]

“赵州”是双关语，既是僧人对他的称谓又是地名，这问话里头就带着禅机；而赵州的回答就让它更加模糊纠缠，好像说的是赵州这个地方，但又好像不是，而是仿佛跟他自己有关——光赵州有东西南北门吗？一个人的心也是四通八达的。这里头你怎么解释都不够。这个公案出自《佛果圆悟禅师碧岩录》[②]，它记载了一些禅宗的公案，并且在公案后面有一些评论。赵州和尚就是要破“赵州”名相的内涵对象，利用语言的非概念化的开启能力，当场启发开悟，领会的要害还是在于我们一再讲的“染净不二”，这是开悟的中枢。

这就与我们前面强调的边缘意识有关：因为惠能讲的念念不住，要“常行直心”，就是让你的意念不能定在对象上，而要进入以无念为本、无住为宗的非对象性意识，也就是边缘意识。一念若住，法身就成了色身，法身是原本的纯象，色身是对象。原本的时间是一种纯象，它无形有象。这是次要的，关键是心学的要害，六祖点出来的：怎么理解念念不住？可以把它理解为意识流。我们的显意识往往是不流的，被我们的目标、愿望限制住了，但是它底下有意识流。这是詹姆士的思想。惠能的路子是：你的显意识里头也要让意识流在某种程度上被意识到，而你平常丢掉的就是意识流过渡的那部分。我们的意识有停止的部分和飞翔的部分，停止的部分我们一般都能意识到，飞翔的部分我们一般意识不到，但那恰恰是“流”的表现。边缘意识就是能够让“流”也就是那飞翔的部分以某种方式呈现出来，但不是以对象的方式；一旦以对象的方式呈现，它就不是过渡了。所以你得有个办法意识到那个过渡的部分，这时候你的边缘意识就很重要了。禅宗的参

① 《佛果圆悟禅师碧岩录》卷一，引自净慧编：《禅宗名著选编》，北京：书目文献出版社，1994年。

② 以下简称为《碧岩录》。

话头某种意义上也就是让你从对象意识过渡到边缘意识、晕流意识。让我们再回到刚才讲的《碧岩录》。

对于上面引述的公案，《碧岩录》中有雪窦的颂赞："句里呈机劈面来，烁迦罗眼（cakra，意译为金刚、轮、精进）绝纤埃（因果化的意识）；东西南北门相对，无限轮锤击不开。"（《禅宗名著选编》，83）"句里呈机劈面来"，"机"极其重要。我们后面会讲到《周易》，你要想知道过去未来，你就要知"几"，这个"几"后来发展成时"机"，但是它也是处在有无之间（几），也就是我们刚才讲的边缘。它让你没法把它对象化，可是它又有个意思，不是什么都没有。僧问的这句话是有机的，但赵州的回答更有机，这样才能震动他，让他开悟。这个地方有点斗口了，但毕竟能让你了解禅宗机锋对话的特点。他问你一句，你马上迎答，把话锋越磨越锐，这里面最要害的就是你不能坠到对象化的层面，你得将它维持在既有含义又非对象化的那个当下起意的层面，因为这个层面才是更接近法身的，更能呈现边缘意识、过渡意识。

东西南北门是互相对着的，这是一个无厘头，无法用线性理性来理解，又不是完全不相关。对象化的门用轮锤总是击得开的，但这东西南北门对着，你说东我就是西，你说南我就是北，所以相当于本身在构造一种非对象化的情境，平常的对象化的思维方式在它面前要被消解。

后面是圆悟的评唱：

> 赵州临机，一似金刚王宝剑，拟议即截却尔头，往往更当面换却尔眼睛，这僧也敢捋虎须致个问头！大似无事生事。争奈句中有机。他既呈机来，赵州也不辜负他问头，所以亦呈机答。不是他特地如此，盖为透底人（入未发之中）自然合辙（发而中节），一似安排来相似。不见有一外道，手握雀儿，来问世尊云："且道某甲手中雀儿，是死耶，是活耶？"世尊遂骑门阃云："尔道我出

耶入耶？”外道无语，遂礼拜。此话便似这公案，古人自是血脉不断。所以道，问在答处，答在问处。雪窦如此见得透，便道这“句里呈机劈面来”。句里有机，如带两意，又似问人，又似问境相似。赵州不移易一丝毫（不从非对象化的通贯机会后退一步），便向他道：“东门西门南门北门”，“烁迦罗眼绝纤埃”。此颂赵州人境俱夺，向句里呈机与他答。此谓之有机有境，才转便照破他心胆。若不如此难塞他问头。（《禅宗名著选编》，83—84）

“拟议即截却尔头”，这也是禅宗公案的一大特色，你刚想做平常意义的说法，禅师就把它砍掉。无论你是问问题还是回答问题，他都要把你的问题或回答里“拟议”的东西砍下去，让你悟出赤裸裸的、纯语境的、纯边缘的、纯流动的、纯过渡的意识，这才能够把你引向开悟的境界。这方面，铃木大拙在向西方介绍禅宗时就没说出来，他只说这是反理性的一跃。我觉得禅宗不是反理性的，它反的只是概念化理性或对象化理性，最后进到开悟，是个更深的理性。开悟的人并没有癫狂，并没有混沌，并没有迷狂，开悟里头可能是有暂时的、表面上的迷狂，但它引出的是更大的清醒。所以禅宗并不是反理性的，它反的只是某种理性而已。

“不是他特地如此，盖为透底人自然合辙”。你真明白人是怎么回事儿、世界是怎么回事儿，就只能这么回答。当然了，回答可以不是“东门西门南门北门”，但精神和风格只能是这样，他不可能跟你分析作为地方的赵州是怎么回事，我作为人的赵州是怎么回事。我把这个“透底人”——悟透了时几底细的人——理解为后来儒家都嚼烂的“未发之中”，把“自然合辙”理解为“发而中节”，这个我们以后会专门讲。

“问在答处，答在问处”，你的问里边已经有答，问答互套，这是有深意的。海德格尔在《存在与时间》一开始就说，我们对存在发问的时候，实际上我这个发问里头已经有存在了。What is Being？或者

Was ist Sein? 你问的时候已经有系词了，系词在西方语言里就是“存在”的意思，“是”就是“在”，所以“答在问处”，你的问题中已经有“存在”或“是”的边缘应答了。你想把这个“存在”变成某种存在者吗？按照传统西方哲学，存在就是某种实体、理念，但这在海德格尔看来就都失“机”了。其实“什么是存在？”这个问话本身是含机的，你回答只能也含机，一定不能坠下去。这一点可以用量子力学来做个比喻，量子力学这几十年来的新进展可以证明（爱因斯坦对玻尔的挑战是失败的）：量子原本的状态，也就是你还没通过观察干扰它的状态，是“交叠态”，要是两个量子就是“纠缠态”，根本就没有对象化的“一个量子”。按照我们平常的思维，说它是“一个”就意味着它在一个地方。非也！一个量子，在你去观察它、使它塌缩之前，它是叠加态的，也就是既在这个地方，又在另一个地方。就像“薛定谔的猫”一样，它是死是活？在你没观察它之前，既是死的又是活的，就像刚才圆悟评唱里说的那只鸟。但人类一旦去观察，它马上塌缩，塌缩成A或非A，因果、逻辑都起作用了，这猫就或是死的，或是活的了。以上只是做一个对比，完全没有套用量子力学去解释的意思，我不愿意这么做。但是毕竟，这个世界的根本处是有这种叠加、交缠的逻辑的，这个东西绝不玄虚。你要是觉得牛顿说的才是世界的最根本状态，那量子力学揭示的这种状态就只是人的某种特殊精神状态造就的东西而已，甚至可能被解释为迷幻。可是现在科学确实向我们显明，整个世界的根底处恰恰就是这样的。

“此颂赵州人境俱夺”，两者俱夺，但两个又都在，这是真妙处。中国古代经典最妙的地方都是这种状态，《周易》《孙子兵法》《老子》《论语》等都是如此。学中国哲学，你要是进不到这个境界里头，那就只是做点学术工作而已，根本就不能领会神髓。所以禅宗在中国出现，确实是有根源的，在印度就只是一点萌芽而已，传到这儿还有达摩面壁十年呢，跟咱们这儿的惠能太不一样了，惠能根本就不认为坐禅是悟道的唯一方式。

《无门关》《碧岩录》这种书记录了很多禅宗公案。《无门关》里面有一些公案我讲课时也引过，你们自己去看。《无门关》很短，但意味深浓。“无门关”，跟“东门西门南门北门”很相似，禅宗里到处都是这样的词；“关”总是有门的，但它就叫“无门关”。此书序言相当精彩，收录的一些公案也相当有名，例如“俱胝竖指”“香严上树”“平常是道”“云门屎橛”“洞山三斤”“竿头进步”等等。比如“俱胝竖指”就特别酷：一个老和尚平时讲法讲到高兴处总是竖起一根指头，寺里有个小和尚调皮，老是跟着他学，其他和尚看着又想笑又不敢笑（这很有意思，本身就有点禅的味道，已经有“机”了）。老和尚也知道，有一次他想点悟小和尚，小和尚正在做这个动作，他一把揪过小和尚，拿起刀一下子就把小和尚的手指切下来了。小和尚疼得不得了，撒腿就跑，老和尚唤他“站住”，在小和尚回头的刹那，老和尚对他再举了一下手指，小和尚大悟。他可能也想再举，一看指头没了，但它在某种意义上还在那儿。这就是电闪火石之间，打掉你所有的对象化思维习惯，让你呈现你原本的意识流动、构造的能力或那心识的本体。

第二节　什么是本心？如何识本心？——詹姆士的解说：显潜意识的边缘交汇

我们前面讲了这么多，从印度到中国，都是讲要返回一个原本的意识（母识、阿赖耶识、阿摩罗识），要认识本心（真如心、良心、赤子之心），只有这样才能够摆脱名相、欲念的污染，进入意识的本源，拔除使得人生痛苦的根源。

但关键是，这个本心到底是什么呢？我们前面已经有很多讨论，表面上看，答案是各种各样的，它是“唯一”“彼一”，是“阿特曼”（神我）、“如来藏”、“阿赖耶识”（当然阿赖耶识是染净皆有的）、“阿摩罗识”，是“自性”“本性”“本心”“道心”“赤子之心”“天地之心”“直心”“圣灵”，等等。但从哲理的角度，该怎么理解它呢？我们上面也做过一些论述。这种原意识或本心是一种原本的时间化意识，这在我们讨论阿赖耶识的时候特别说到过，而且刚才讲到边缘意识的时候又说到它是一种意识流，这样它当然是一种时间化的意识。惠能讲的“无住为本”“念念相续”也是一种时间化意识。更不用说“机”了，它是“过时不候”的时机，你想事后再来补，根本就没用。所以禅宗大师测你开没开悟，就是在你不经意的时候让你当场显露出来。这个“不经意”特别重要，所谓“边缘意识”的一个特点就是不经意。禅宗之所以看重日常意识，认为搬柴担水里头都有禅机，就是要让你先把平常的想法放下。你整天想着要悟道、要禅定，反而是“障道因缘”。所以惠能一到寺院，弘忍就让他去干活，惠能在寺里八个月，没干别的，就是干活，没人理他，那就是要让他放下平常的那些想法。劳作、日常生活中体会到的东西，恰恰是更深的、更接近法相的。所以这个“不经意”跟时机-时间特别相关。我们这里说的时间，绝对不是物理时间，而是现象学里讲的内时间，或作为中国古代哲理要害的“时”（下面讲《周易》的时候会提到）。

怎么具体地来理解本心或原意识是一种原本的时间化意识？对此詹姆士讲的“意识流”当然是一个伟大的突破，后来胡塞尔从中受到重大启发，完全接受了它。但是具体到我们这里要讲的开悟经验，这个时间化意识是怎么体现出来的呢？尤其是如何取得某种更具实证性但又不是那种完全对象化的实证的根据呢？我们这儿不是要主张实证主义，这儿的“实证”是说科学研究可以给我们开启一种真正非对象化的思想境界，比如量子力学就给了我们这样的开启。我看了一些研究者写的科普书，看到现在量子力学已经进到一个哲学和科学打通的状态，它本身就是哲理，是你根本想不到的非常边缘化的一些思路。所以我觉得科学要看你怎么用，不是所有的科学都是对象化的。有些科学，它的脚手架是对象化的（它当然要对象化，它要做实验的），但是它最后得出的结论、开启的境界也可能告诉我们一些真正非对象化甚至时机化的道理，认知科学、量子力学、人工智能，都在向我们显示这一点。人工智能就很明显，可以充分对象化的程序和算法就是笨伯，不会自己学习，顶多达到“深蓝”（击败了国际象棋世界冠军的计算机）的程度。想赢柯洁吗？光靠记的案例多、算得快是不够的，围棋太复杂，人家变个招儿就把你人工智能给涮了。但是，为什么它发展到后来让柯洁也完全绝望？因为它具备了一种含有那么一点儿非对象化思维能力的东西——深度学习。这下子就不得了了，虽然这个新进展才出现十几年。什么叫“非对象化”？就是一开始并不告诉它具体怎么去做，只给它必要的程序前提（学习能力），然后让它自己去学怎么做。不是把棋谱、案例都告诉它，它记住了，每一步都对比着这个来，靠算得快把现在的棋局跟以前的某个东西对上——这不行！虽然在某个层次上这也很厉害，但是一旦真的处在时机化的情境中，这就不够了。只有它自己学的东西，里边才有点“机”或“几”。

所以我们在这儿要借用一下詹姆士的心理学和宗教学，当然这种心理学和宗教学本来就带有浓厚的哲学味道，因为詹姆士本身也是哲学家，所以这是一个完美的匹配。具体说来，我们要诉诸他 1902 年出版的《宗教经验之种种》这本书。这本书是詹姆士后期的著作（他 1910 年去世），他的其他思想在那时都已经形成了。他在这本书中，提供了大量涉及宗教经验的心理和精神性方面的案例，做了很多精彩的分析。他主要生活在十九世纪后期的美国，所以这本书给出的例子很多都带有基督教背景，这是由他接触经验材料的范围决定的。但詹姆士希望自己的研究能够涵盖其他人类精神传统，所以，一方面，他尽量搜集非基督教的例子（这在该书中也有体现，涉及了伊斯兰教、佛教、印度教的例子。不过很可惜，他当时没接触到儒家和道家），另一方面，他从颇有现象学味道的心理学角度来寻找、理解这些案例的最终机制到底是什么。他的一个重要发现是：这些宗教经验不是胡来的，不是什么都混沌一片；也不是像神学家讲的，是因为有圣灵的实体在，这个实体由于皈依者的诚心祈祷而显灵，突然转到他的脑子里。詹姆士说这个圣灵也许是存在的，但不是神学家们说的那个意思。他的研究表明，这种经验一定涉及人类的下意识或潜意识，这是他学说的一个要害。所有这些宗教皈依（乃至我们讲到的心学中认识到本心的那一刹那）中发生了什么？他说这跟潜意识（subconsciousness，或译为“下意识”）内在相关。这个发现后来在宗教研究、神秘主义研究、心理学研究，甚至是整个人文领域都产生了重要影响。我们下面来介绍这个学说。

有这样一个发现（1886年），詹姆士将之视为最重要的突破，我来念它的原文：

> 不特有对于通常场野（具有它的通常中心与边缘的）（这就是我们的显意识，我们平常熟悉的意识。“场野”［field］，也可以翻译成“场”“意识场”）之意识，而且还有一组在边缘外的记忆、思想和情感……它使我们知道人性的构造内有个完全猜不到的特点。（《宗教经验之种种》，234）

他在后边引用了大量心理实验室或治疗过程中的实验材料，尤其是协识脱离症的病例。有些病人患了协识脱离症，意识不能协调起来，睡不着觉，神经衰弱，一会儿这儿疼一会儿那儿疼，感到人生极其痛苦（要按佛家的说法，其实我们患这个病很正常，因为人生从根本上就是苦的、错位的），有的人就自杀了。人们发现这些病人的意识往往是分裂的，比如有这样一个案例：你跟一个患协识脱离症的女孩子对话，另外一个实验员引诱她的手回答另外的问题，结果她就能一边跟你对话，一边用手回答问题，两边不一样，而且不通气儿。这只是其中一个小例子。

为什么说潜意识是存在的呢？证据之一是所谓“自动作用”

（automatism。唐钺先生译为“自动作用”，我觉得“自发作用”更好一点），即下意识的能力上冲到普通意识内来的现象。“自动作用”或“自发作用”是怎么一种作用呢？给大家举一个例子就清楚了。它的最简单的表现是“继续暗示”（post-hypnotic suggestion），就是“催眠后还起作用的暗示”（大家知道催眠吧，用某种方式能够把人催眠，催眠后被催眠者就脱开了平常的显意识，但是他还能跟医生有交流，医生问他问题，他还能回答。这个技术特别重要，弗洛伊德之所以能发现他那一套东西，刚开始都是靠这个。当然，后来精神分析学家往往是在人清醒的时候跟人对话以让他做自由联想，但在精神分析初创时，催眠是特别重要的）。精神分析家们发现大量这样的例子：对一个对催眠比较敏感的人发出一道命令，让他在催眠状态醒来之后做出一种行为，比如在某个时刻喝一杯葡萄酒，或者去做一个平常从来不做的动作，例如醒了以后几点几分到客厅墙角去拿个大顶（倒立），结果“时间到了之时，他会准时地做这件事；——可是，他这样做之时并不记得你的暗示；并且假如动作是奇怪的，他总会临时为他们行动捏造一种理由”（《宗教经验之种种》，235）。

这确实是一个令人震惊的发现，说明我们的显意识实际上是可以通过潜意识操纵的，而且被操纵的人自己还意识不到这一点，还觉得这个活动是自主做出的，甚至给它虚构一个看似合理的解释。这就说明阈下意识可以以某种方式——催眠只是其中一种——准备好、收拾定显意识的思想和行为。所以真正为我们的行为意愿和决定负责的，是更深的下意识或潜意识，或更严格地说，是潜意识与显意识的共谋（用唯识学的话来讲，即阿赖耶识与其他七识的合谋）。

这个现象被詹姆士视为特别富有启发性。我也是这样认为的。年轻的时候读到他的书，最吸引我的就是这些例子（《心理学原理》里头有很多这类例子，《宗教经验之种种》当时我还看不到），那时候我二十来岁，也看不懂这些理论，但通过这些病例，觉得人这么复杂，这么有意思，人生真是不像表面上讲的那么干巴巴的。

关键是我们要确认潜意识确实是存在的。詹姆士的这个发现虽然在心理学史上是重大的发现，但是由于他本人的性格（他好多年精神有问题，后来自己把自己治愈了），以及他对宗教经验科学化的研究和同情，所以有的唯科学主义的心理学史对他有歧视（就像哲学史对待叔本华一样），因此对他极尽攻击之能事。我有一次在开会的时候跟叶峰教授有争论，举出詹姆士意识流的例子，他就说詹姆士并不可靠——叶峰教授是强物理主义者，当然绝不接受意识流的存在——因为意识流不能完全还原为神经作用，如果接受了意识流学说，物理主义就要垮台。但二十世纪的研究以及最近的一些新研究，一再证明潜意识毫无疑问是存在的。比如二十世纪六十年代汉斯·赫尔穆特·科恩休伯和品德尔·德克（德国科学家）发现了"准备电位"（readiness potential，缩写为 RP），这就意味着大脑会先于我们的显意识进入一种特殊状态（脑电图上的负电势势移）。他们发现了一种初步测量脑电波的方法，测出在受试者做出一个行为之前，大脑的电位就会升高。因而他们得出这样的结论：潜意识决定了受试人（自以为是）自发地移动手指的行为。[①]

这么一个反传统的实验，要是没有累积的证据，很难在科学界受到高度重视，所以后来科学家们用越来越先进的仪器反复做这个实验。到了二十世纪八十年代，美国心理学家本杰明·里贝特（Benjamin Libet，1916—2007）做的实验巩固了前两人的工作成果。[②] 他也用"动手指"方法测试，发现人脑的准备电位比人的相应意识要快 0.35 秒。于是里贝特得出人类没有自由意志的结论。这个有点过分了，实际上他得出的结论是人类没有主动的自由意志。你觉得你是靠自己的意志，决定按这个按钮或不按这个按钮，但是他的实验告诉你，你"决定"按这个按钮之前，你的脑子已经有变化了，这并不是由你的显意识决定的，

---

① George Dvorsky：《或许，我们真的没有自由意志？》，Keep_Beating、朱鹮译，http://www.360doc.com/content/18/0221/23/52824582_731324055.shtml。

② 维基百科"B. Libet"词条。

而由身体决定的（他理解为身体，我们在某种意义上将它理解为潜意识。当然，身体跟潜意识是息息相关的）。但是他没有否认意识的否决权，也就是说，在他看来，所谓“自由意志”，只是一种“否决权”，即在行为实施之前可以否定或中止它。

后来更先进的检测手段——功能核磁共振（fMRI）和植入式电极——更准确地、更突出地证明了这一现象。德国心理学家约翰-迪恩·海恩斯（John-Dylan Haynes）于2008年带头进行了类似的实验。他让受试者进入核磁共振扫描仪之后，在自感随意时（自己感到随意，不受任何控制的时候），用左手或右手食指按下各自的按钮，同时记住按钮后屏幕上显示的一个数字，以确定他“做决定”的时间。这个实验更精确，结果也就更加惊人，准备电位比受试者的自觉意识（conscious awareness）快了一秒钟，有时甚至快了十秒钟，以至于刚开始海恩斯根本就不相信这个结果，觉得不可能快这么多。准备电位都出现那么长的时间，你才觉得你“自由”地按下了按钮。后来他反复核对，多次试验，确认无误才发表了实验结果，引起了很大的震动。“他说，所谓的‘认知延迟’，可能是由大脑中一个更加高级的控制区网络造成的，它在做决定和判断进入自觉意识之前就已经提前做好了准备。……一旦某种特定组合的情况或条件出现，并满足大脑中的一种‘备案’，就会传达给意识，然后行为被实施。”（《或许，我们真的没有自由意志？》）这就是说，你的大脑网络实际上是处在一个准备好的阶段，一旦合适的机缘出现，就把它刺激或实现成你所谓的“自由意志”，可是在准备阶段，决定和判断已经都在那儿了。

【课堂问答】

生：现在北师大在做一个“模态电位”的实验，就是找一批人做同一个动作，测定出他们脑区域的电位状态。然后实验者就模拟那个状态，刺激受试者的脑区域，受试者就能做出这个动作。这个实验是否能说明人的意识或行为其实是可控制的，甚至没有自由意志？

师：关键是看怎么解释了，我们下面会讨论。他们往往解释得过猛，说人没有自由意志，因而持决定论立场。这就等于说是大脑神经的状态完全决定了我们的意识内容，甚至在你觉得自己是自由时，其实也是被神经网络的状态决定的，所以我们没有真正的选择。这是一个常见的结论。我觉得，结合詹姆士的研究，首先我们可以肯定地说：显意识不是一切，这种实验证明了这一点，显意识中你觉得你是自由地干这个，其实背后有一堆更重要的东西在。因此毫无疑问，潜意识（下意识）对显意识是有重大影响的。但我觉得不一定要从中得出决定论的本质性结论，而是可以通过时间意识来解释：我们证明了我们做决定不是当下做出来的，做这个决定有一个时间的过程，也就是我们一再讲的内时间意识的积累、酝酿、构造。现象学在这儿讲得确实比较清楚，胡塞尔说，由于有了内时间意识，我们的意识就处在一种“权能性”（Vermöglichkeit，倪梁康老师翻译成“权能性”，挺好。“权”就是权变、随便。möglich，意为“可能的”，ver- 是德语前缀，这里的作用是让 möglich 动词化，Vermöglichkeit 就是说我们的意识处在这么一个状态：它还没对象化，但随时可以对象化成这个，也可以对象化成那个，所以它叫权能，实际上也就是我们刚才说的时机。英文的翻译是 facultative possibility，即可选择的可能性）中。海德格尔从他的哲学的角度把它叫作“能存在”（Seinkönnen）：时间性（Zeitlichkeit）使得我们人的更原本的意识不是对象化意识，而是“能存在”。所谓“能”，是一种纯粹的势能，能 A 也能 B，它还没对象化，是“喜怒哀乐之未发”；但是它随时可以发，不管它发成什么，最后都恰到好处，即“发而皆中节”。这也是对上述实验的一种解释：我现在做这些反应，我认为都是我做的，其实事先在潜意识或时间意识中已经有准备。但是那个准备并不是一对一地单向决定显意识，因为潜意识也要受显意识的熏染。换句话说，我也是在这个情境中的一个刺激源，所以我的显意识也参与了对那个在先的潜意识的塑造，就像阿赖耶识的“种子”说，我以前的行为的行力被阿赖耶识保藏起来，成为潜伏待发的种子，遇到合适的机缘，就被熏熟而变现成当下的意识和行为。

电位变化表示我们的意识有时间性，这就相当于他们所谓的准备电位。准备电位只是一个指标，表示里边已经有一个东西在那儿了，而这个东西有好多层次，临机的权能性、总体的权能性……这个可以再研究。我觉得这种情况只是说明，我们的思想、行为，从根本上是有时间含义的，我的行为不只是我当下的自由意愿可完全决定的，而必涉及过去的意识（现在已融入了潜意识），甚至未来意识；而之所以有时间含义，就是因为我们的潜意识是一股冥构意义的时间流。它在不停地构造原初的可能性。这时间流就是阿赖耶识，它在没有被纯净化之前、没有进入大智慧之前，有对象化的倾向，是无明的。但是它又特别重要，是靠它的非对象化的原构造能力来造就它的能藏和所藏，你脱不开它。所以，就其是无明的而言，我们是被操纵和决定的；但就其具有原构成能力也就是最终转识成智的能力而言，我们是可以不被操纵的和自由的。

以上之所以给出这许多新进展的例子，一方面是再次确认詹姆士书中讲到的人类下意识或潜意识的存在，使他后边的推论有一个坚实支点；另一方面，也可以由此表明现象学家——詹姆士、胡塞尔、舍勒、海德格尔、梅洛-庞蒂、列维纳斯、德里达等——的意识观和时间观，是有当代认知依据的。他们讲的意识流、时间流的绝大部分，都不进入显意识，而是在匿名的潜伏态中进行，起到保持已经经历者并为当下的、未来的意识实现准备下可能的作用。比如胡塞尔讲的由内时间潜在构成而造就的“权能性”（Vermöglichkeit；facultative possibility）和海德格尔讲的“能存在”（Seinkönnen），都是这种非对象化的可能性，它们为线性可能性和存在做了铺垫。

以上的新实验并未证明“自由意志”完全不存在，尤其没有证明人类意识的“决定论”（determinism）本质，只是证明这些决定不再是由原子式个人当下做出的，而是具有一个时间化或时机化过程。之所以如此，一个重要理由就是人的隐蔽意识（下意识、潜意识）不仅存在，而且要参与到显意识的形成过程中来。“喜怒哀乐之未发”的状态，正是为“发而中节”进行铺垫、准备可能性的酝酿状态，因而从改变染污意识结构的角度上看，是一个更关键的状态或意识阶段。

我再念一段《宗教经验之种种》中的话：

> 比纳，庄纳，善罗耶，伏楼德（通译为弗洛伊德，1856—1939；1895年提出精神分析），梅孙，蒲林斯（Janet, Breuer, Freud, Mason, Prince）及其他对于患协识脱离症者的阈下意识的那些惊人的探究，使我们看到整队整队的暗地生活——这是由于痛苦的记忆，隐埋在第一种意识野之外，过一种寄生的生活，但会把幻觉、痛觉、抽搐、感觉上或动作上的麻痹，以及整串的协识脱离病的身体的或心的症状冲到那意识野之内。用暗示改变或打消这些潜意识的记忆，患者立刻就好了。（《宗教经验之种种》，235—236）

很多病实际上就是你以前的经历构造的潜意识中的痛苦冲到你的显意识中，但是它又不顺顺当当地进入，而是表现为各种各样的病痛。所以在某些情况下，跟人说说话确实有可能治病。我写过两篇关于王凤仪先生“讲病”的论文。他是一个农民，生活在清末民初的辽宁，自己有开悟经验，并发明了一些方法给人治病。当时农村很多人（尤其妇女）心里不痛快，得了各种各样的怪病。他就去跟人家说话，找到精神上的病根，然后让病人忏悔，只要忏悔得真诚，就能吐出很多东西来，病就好了。他本人就是这么把自己治好的，然后又去给别人治，所以他的学说传播得特别广，曾经在东三省和热河地区开创了一番大事业（他办女学，认为改造世界就要重立人根），挺了不起的。此公大字不识，我称他为当代儒家的惠能。

所谓“用暗示改变或打消这些潜意识的记忆，患者立刻就好了”，说的就是“解铃还须系铃人”的意思：你在什么地方得的病，你还得到那个地方去治，光在显意识层面给他吃止疼药之类都没用，还得到潜意识，通过暗示给他排解。当然，是不是排解得了，那得看机缘，也要看医生的本事。你跟他通过对话或某种治疗方法，让他潜意识里那些痛苦的记忆逐渐被消解，潜显意识正常沟通，他的病症一下子就好了。王凤仪就是这样，他病了很多年，差一点就死了，精神上一醒悟，一夜就好了。疮是生理上的吧？但它一夜就结疤了。弗洛伊德也是这个路子，而且更甚，把病因追到童年，跟性倾向、俄狄浦斯情结关联起来。他也不一定用暗示，而是用对谈等方法进入潜显意识交接的地方，这样才能真正治那个病。

这也说明，詹姆士提到的“继续暗示”中的“自动作用”，其实是一个普遍存在的“正常”心理结构运作的残缺表现。你仔细想想，我们很多的行为和思想，都是浮在水面上的冰山一角，是水面下真正的巨力使得我们这样做、这样想。接受同样教育的人，甚至双胞胎，后来的发展也是不一样的，因为里头的东西不一样。所谓“性格就是命运”，而“性格”不止于你的显意识。所以詹姆士说那些（“继续暗示”中的“自动作用”）是一种残缺表现，也就是被人为操纵的，它之所以可能，就是因为我们人类心识本来就是时间化地或意识流式地运作的。所以我们人从根本上讲，总是做白日梦。德国有个哲学家叫布洛赫，提出“希望原理”，其中白日梦具有重要地位。这有点儿像庄周梦蝶之说，后来佛教的“一切有为法，如梦幻泡影”之说又传进来，最后到了苏轼，就有了“人生如梦，一尊还酹江月”那种丰富的时间化感受。特别敏感的人，才能感觉到这些，真的不是你想怎么样就能怎么样的。所谓“命运”或者其他很多东西，说的都是这个意思。这并不是说你的思想、你的行为对你的命运全无影响，但毕竟命运的力量太巨大了，你想改变这些东西，那你非得有恒心、诚心，并且真诚希望去转化潜意识才行。你看那些求道的人，行多少年瑜伽、念多少年阿弥陀佛，最后他底下的那些东西被慢慢改变了。

有了詹姆士的这种说明，很多人类现象或人生现象都能得到更合理的解释。总的来说，一般的人类心智是杂染的、无明的，因为并不能在显意识中自知自己在做什么。你觉得你是依据一条合理的原则在做某件事，其实后边还有更多的理由，所以佛家把这种心智叫“无明”：并不知道真正的原因。当然，佛家通过轮回、前生来讲这些，说得有点过了。其实有了“潜意识”这些思路，你就会看到，所谓“前生”实际上是潜意识的一种表现。由于无明，人总是可能，在异化社会中甚至总已经被操纵了，比如被欲望、习惯、意识形态等操纵了，但这个无明的时间化的意识，我们又躲不开。而我们希望得到的“明”的意识，是这样一种不被操纵的状态：我们当下做出的决定确实是我们做出来的，或者说这时候我们的潜意识和显意识已经打通了，共同和谐地做出了一个决定，而不是潜意识在决定我们做什么，而我们还不自知。潜显意识打通后，我们在做决定的时候才是自由的，也就是佛家说的“解脱”。我们今天可以这么来理解“开悟”，开悟就是潜意识和显意识的真正充分的打通。人在对自己的人生做出决断，在理解自己的过去和塑造自己的未来的时候不再被操纵，不再有潜意识和显意识的错位，这样就摆脱了“无明”。所以，“无明”的意识是我们唯一可以依赖的“破船”，但是我们把它修好、净化，它就成为一条好船。它是能给我们带来自由的唯一的依靠。佛家是不信上帝、启示的，但它他对人本身充满了自信。我们人生这么可怜，还被潜意识操纵着，可是它里头又潜伏着解放的、自由的种子。这就是所谓的阿赖耶识–种子识。种子不都是坏的啊，也有好的，关键是你得把它熏熟，把那让你不自由的种子去掉，或者把它改变过来。

由此我们也深深感到，一个人要想得道，是真不容易，你面对的情况跟听了基督《登山宝训》，皈依之后就成了基督徒大不一样，那只是形式上的。人真正的转化，东方这几个宗教都看得很清楚，很不容易，一定要把潜意识和显意识贯通，而且要把潜意识中的那些让你贪婪的、执着的东西给化解掉。这好像是一个不可能完成的巨大任务，但是也不一定完不成，真正的圣人，像惠能这样的人，他们就能找到某种方式，比较快捷地摆脱这两种意识的错位。

詹姆士写道："这个关于在意识野（field of consciousness）外的一种意识……的发现（也就是我们刚才说的潜意识的发现），使我们对于宗教传记上的好多现象更能了解。"（《宗教经验之种种》，234）比如对于"突然皈依"现象，就可以这么理解。这种现象非常戏剧化，基督教教堂或读经班往往会鼓励信众，如果谁有这种经验，哪怕只有那么一点，都要起来做见证。其实刚开始的时候这种东西最好不讲，应该闷着。所谓"突然皈依"，就是你忽然体验到神向你直接显现，使得你完全相信这才是最真实的东西，并突然感到生理上、意识上、情绪上剧烈的反应。"忽然的皈依者（顿悟者）与积渐的皈依者（渐悟者）所以不同，不一定在于前者含有神迹，后者只有比较不那么神圣的东西，乃在于一个简单的心理上的特性，就是，在更属顷刻的皈依的人，有个心理作用可以在阈下进行的大区域，由这区域会有经验侵入第一种意识，颠覆它的平衡。"（《宗教经验之种种》，237）另一方面，"假如他的意识野的边缘有个硬壳，使此外的变化无从侵入，那么，倘若他皈依，这皈依过程必定是积渐的，必定像养成习惯的简单作用。所以，有个发展的潜意识的自我（意识流），并有个漏洞的或可透过的（有自动作用的）边缘，是一个人会忽然皈依之必不可少的条件"（《宗教经验之种种》，241）。简单说就是，有的人，他的潜意识和显意识之间是有硬壳的，很难真正通过来；有的人的潜显意识之间则是有孔的，所以特敏感，便于通过祈祷、读经、反省、坐禅等方式使得孔洞越来越大，随着潜意识的势态越来越高，积到一定程度，就像火山爆发一样，一下就穿破孔洞冲入显意识了；如果没孔或者孔不够大，潜意识就只能靠边缘、缝隙慢慢上来，所以这些人就只能是积渐地皈依。但两者实际上没有什么本质区别，这里边也没有什么太神秘的东西。可见，皈依、顿悟、当下见性这些现象，是可以解释的，但要实现却必须靠当事人的至诚追求和幸运机缘。

我们总结一下詹姆士讲的“忽然皈依”的条件，有四个：

（1）内时间流构造的潜意识，这是每个人都有的。

（2）这个潜意识被引导向某个方向“发展”。不同的宗教用它的语境、词汇和学说，把人向特定的精神领域去引导（当然不同宗教间也有潜在共通的地方，这个以后再讲）。要是没有引导，那你就是一个俗人，也根本不去想开不开悟，浑浑噩噩过一生。你觉得希图功利、避苦趋乐是最终的真理，可是人类从远古开始就不是只有这一种存在方式。所以向某个精神方向引导这个特点是很多文化都有的，除非这个文化极其堕落。在罗马帝国晚期，享乐之风盛行（咱们现在也有此相），但同时，基督教就在那里蔓延，最后成了它的国教。在这种情况下，人会受到信仰、精神氛围和周围人行动的影响，或受到自己的思想与行动（读经、行善事……）的后果影响，也就是唯识宗所谓的“熏染”，但这是一种正面的熏染，熏出好的种子来。有了这种发展，就为下一步做了准备。这是第二个条件。

（3）潜意识和显意识之间的意识（边缘意识）上“有漏洞”，使得上下可以隐约相通，这也就意味着，阈下潜意识的改变可以最终侵入显意识。但有的人在这两者之间有硬壳，潜意识冲不上去（甚至显意识的善行也积淀不下去），所以只能慢慢往上渗，这种人就不可能有突发皈依。我们中的大多数人都不会有突发皈依，那种人不是很多（像惠能那样，一闻《金刚经》，心便明悟的，或像保罗那样，一边迫害基督徒，一边却忽然有了皈依体验的，毕竟是极少数），而且还要看你修行得真诚不真诚，但这毕竟是可能的。你觉得你是在宗教上“五音不全”的人，好像不可能产生皈依的经验，但是也不一定——边缘意识完全没有漏洞，绝对没有两层意识互通的，恐怕也是极少数（那种心灵肯定出了大问题）。其实人总还是可塑的，唐宋以后佛教在中国衰落，到了咱们这个时代，就是净土宗最盛行，为什么？因为它最有效。对净土宗的虔诚者来讲，他们天天念的阿弥陀佛，就能逐渐透入潜意识，慢慢发挥作用。他们把这叫“福报”，因为他们底下的潜意识变了，上边的显意识也就会变，命运也就改变了。

（4）受到机缘化的触动，引发了潜意识向显意识的“涌入”。这是无法事先设计和强求的。你追求了半天，它老不“涌入”，你也没办法；有的时候，你根本就不在意，它倒出现了。例如吕斯布鲁克，他在布鲁塞尔繁华市中心的大教堂里，年纪轻轻的就有了开悟的体验，写出了《精神的婚恋》——没那种体验，这本书根本写不出来。所以机缘的触动就像诗的灵感、音乐的灵感一样，你想求它，用对象化的方式求它，它不一定来，或者往往不来；而你处于比较自由的心态，它倒有可能来，但也不一定。这里没有黑格尔说的辩证法的那种必然发展，但是里头也不是混沌一片。你不去追求，一般情况下它是不会来的。哪怕像保罗那样去“反着追求”，他在迫害基督徒的过程中同时也接触到了基督徒，于是受到了感染。所以你总得有点机缘，没有机缘，这个东西出现不了，但是这个机缘不会被任何规则、规律、目标、期待固定住。这是我总结的四个特点，以后我们读心学，这几个特点都会起作用。

詹姆士探讨的宗教皈依的心理机制，经过适当的调整，对于我们领会东方的（佛教的、儒家的）心学的顶级体验，起码是可用的。它给我们提供了一个理解的结构，以后我们会看到，确实很有用。

【课堂讨论】

生： 神秀将心与尘埃区分开，就像很多哲学流派一样。如果区分开染和净，特别排斥染是不是就没有接受一颗完整的心？

师： 对。但神秀会反问，你的心如果总是带着尘埃，那我们是来干吗的呀？我们不就等于俗人了吗？确实是这样，中观就是这么讲的，“世间即涅槃，涅槃即世间”。我的印度老师说，在印度很少有学者能理解这句话，就认为它是虚无主义，没真理了。如果心和尘埃没有一个根本性的区别，这还了得！大乘佛教和小乘佛教的重大区别也在这儿，当然大乘里头也得看是什么派别。大乘佛教在中国真正传开了的是广义的般若派，《金刚经》是般若经典中很著名的一部，它的根本思路就在于：你没法脱开现象去讲空，没法脱开尘埃来讲清净。可是我又要求清净！问题就在这儿，我总不能求尘埃或耽于欲望吧？关键在于，它认为，真清净就不能把自身跟尘埃完全分开，所以它好用莲花做比喻，因为莲花就是从污泥里面出来的。我们前面讲的阿赖耶识也是这个意思，虽然它已经向一切有论靠拢了，但还尽量保持“双非”，而“双非”本身就有点儿“双是”的味道。中观就是这样，“既不是常又不是断”，实际上是常和断没有根本区别，这里边特别困扰人的就是这个东西。我们以上反复探究的也是这个，只有在对阿赖耶识刹那生灭的时间流的对开分析中，才能一瞥真能破除“清净不离尘埃之悖论”的要义。话说回来，“净染二分”和“净染纠缠”这两条求道路子确实不一样。你按惠能的思路修行和按神秀的思路修行，会是相当不同的两种境界。中国人受影响最大的是惠能的思路，可是在佛教里，日常你不按神秀这种思路修行哪行呢？它是最基本的，你刚开始就得这样修行。你一上来就顿悟？得了吧！这个我们下面会再讲。

生：神秀和惠能的差别，是不是像王国维讲的“有我之境”和“无我之境”？

师：对，但是做到了极致。神秀会说我这个境界也“无我”啊，我的心像明镜，不带有“我”的成见啊！但从根上讲，他这个还不是无我，因为他把心和尘埃分得太清楚。在这个层次上，他是“有我之境”，而空宗确实是“无我”无得很彻底，六祖禅宗更是大机大用。这是咱们中国思想的影响。比如儒家，就讲究在这个世间，通过亲情孝悌最后得仁义。所以中国人习惯于不离开这个世界来得到最终的真理，从而孕育了惠能这么一个有奇异智慧的砍柴人。他没受过教育，但毕竟处在中国的土地上、文化里，他祖上还是做过官的，我估计他母亲也能给他言传身教一些中国文化的东西，而且他的根器又属上等，所以能一下子切中这要害的地方。

也是基于同样的原因，当他请人把他的偈子写出来的时候，周围的人没觉得是什么邪说，这要是在印度，就很不得了，更何况在西方？如果你说耶稣跟魔鬼没有什么根本区别，或者说没有魔鬼这么回事，所有现象都是神的表现，只要你把这种泛神论写出来，周围的人肯定觉得你是邪恶的异端。但当时惠能身边的人却是赞叹“这个獦獠不得了！”他们还不是特别懂得其中道理，但是都觉得很了不起。

生：意识是流，这是不是因为我们的生理能力？

师：对，跟我们的生理肯定有关系。詹姆士提出意识流是在他的《心理学原理》中，在我看来，那是一本伟大的心理学著作和哲学著作，其中讲意识流思想，是通过生理来讲的。我们的神经反应不是脉冲式的，我们任何一点的神经的反应都是一个波，而且这些波是交织在一起的，这样就形成一个意识的流。所以，按我们的生理特点，我们就不可能是一下子只关注一点，你没这个能力集中成那样。可能有的人做瑜伽做得特别棒，但毕竟再细致，你在那一点上也是流。无论当代认知科学还是量子力学的发展都给我们这方面的启发，整个世界从根本上可以是波（波粒二象性）。你说的是对的，我们的生理就是这样，但是能不能把我们的意识流的现象完全还原为生理？难说。在我看来不可能，但这是另外一个问题了。总之，意识流跟我们的生理结构有关，但又不只是限于生理结构，而且也不限于脑神经结构（还原论者就爱说脑神经网络，但是现在也有人说我们的意识不只是脑，而是腹部神经网络和脑一起形成我们的意识，所以你特别害怕时就会肚子疼）。而且也只有在我们人类这里，意识流的现象才特别明显。其实高等猿类已经有意识流了，但估计没有我们人类的这么深长，这里边多半也有神经结构不同所造成的差异。以后这方面的研究会越来越多，也会越来越具有应用性，这不得了，对人类是重大机会但也是重大威胁！如果人工智能将来也有意识流了，这可怎么办呢？我们人类相对于它的优势就没有了。这是另外的一个问题。

生："边缘"是不是类似"共感灵觉"？比如望梅止渴，眼睛看见，味觉也随之变化。

师：可能有关，但那是另外一个层次。詹姆士的意思是说，你就讲一个感官，分析到底，它也是有边缘的。那一章特别精彩，讲的是我们平常不注意的所谓过渡的部分。我们平常关注的只是对象化的现象，就如同只关注鸟从这棵树飞到了那棵树，而过渡部分即中间的飞翔却被忽略了，所以看不到"流"，顶多能看出"串"。如果我们认识到意识从根本上是流，边缘在某种意义上比焦点（focus）还重要（因为是背景使得焦点可能），那么就很有助于我们理解刚才讲的：为什么清净心和尘埃心是不能完全割裂开的？因为心是一个流，只不过由于你习惯性地把持住了其中的突出部分，只认为这些东西是真实的，于是你把它的过渡部分漏掉了或遮蔽住了，这就是尘埃心。你不可能说清净心是脱开这个流的另外一个纯净的东西，这样你整个意识就不可能了，你并没有一个超出杂染意识的纯净意识流，但是你通过修行可以越来越敏感地意识到过渡部分。

生：基督教皈依，在瞬间会感受到神的存在，那么佛教会感受到神的存在吗？

师：有的佛教也会感受到某些神，但那不是最正宗的，最正宗的就是说你应该感受到佛陀讲的道理的真实性或切己性。你不单是相信它，而且领会它，未来你的思想行为都会因它被深度改变，这在他们，叫“开悟”“解脱”。但开悟往往不止一次。你去读佛教传记，《五灯会元》《坛经》，都讲一生中可能有好几次开悟体验。如果真是一悟就成佛，那真是天才，他的那个“孔”应该特别大，而且刚开始堵得挺厉害，后来“砰”一下子打开，贯通得特别透彻，这样的人应该也有。用这个机制理解释迦牟尼开悟也是合适的，他要解决的问题就是生老病死、人生无常，最后他的开悟实际上就是彻底明了人生到底怎么一回事，它的意义的源头在哪儿，人怎么活才是最智慧的。我们用今天提到的这个机制来讲会比较清楚：实际上原来我们的显意识和潜意识是错位的，我们是被操纵而又不自知的，净干一些傻事；而真正所谓“开悟”，就是这两个意识因为充分打通而协调起来了，我们显意识做的决定也能够符合潜意识，潜意识也能够到显意识中来说话，它们形成了孔子说的“从心所欲而不逾矩”的状态，形成了音乐的和声，人生的意义被更加丰富、更加饱满和协调地不断构成。这种情况是我们可以想象的。虽然我自己还没有开悟，但是不能说我这一生没有开悟体验（当然跟他们那个彻底的开悟是没法比的），对我来讲比如说艺术体验，或者是人生体验，甚至短暂的宗教体验，也不是没有的。我想你们也有，听一个音乐，或者看一个艺术作品特别感动的时候，你觉得对人生你一下就理解透了，觉得人生就是这么回事，但是你说不出来。这事儿过了，时间长了你就忘了，又成了个俗人，可是在那一瞬间，你确实是有领会的。那个领会如果能被持久、再生地保持，就应该是他们——佛教徒也好，印度教徒也好，或者基督教徒也好——的体验。

生：是不是我们找不到原因的意识，比方说情感，都可以用潜意识来解释？

师：对，尤其是找不到原因的，比如我怎么一见这个人就觉得容易跟他/她成为好朋友；我见那个人，理性上觉得他/她跟我们家这么有缘，但最后总是格格不入。有人说这是前生有缘，这样讲有点过了。我们不知道也不敢说没前生，但是我们不用前生也能解释，用我们说的潜意识也能解释。你以前的人生积淀、周围环境的影响，甚至父母的遗传，都会影响你的潜意识，它是不断地再构成的。因为它像一个流，所以你新的行为也会影响它，但是你新的行为要影响这么一个深广的流，是多么不容易！但毕竟又是可以影响的，所以你只要持之以恒，或者找到一个特别适当的机缘，能够牵一发动全身，来深度改造它，这是完全可能的。所以你说的那种没来由的情绪，确实可以通过潜意识来解释。有的情绪是可以找到理由解释的，比如范进中举，他为什么高兴就能解释；你为什么今天特别失落，你也可以找到某个理由，起码表面上很充分。但实际上要按弗洛伊德的分析，后面还有好多东西呢。所以去读弗洛伊德，会对理解我们今天讲的内容很有启发。《精神分析引论》《梦的释义》，我年轻时候第一次读，那几天就觉得人真的像是在梦中一样：怎么会这样？一层套一层？一些例子和说法简直骇人听闻，比如俄狄浦斯情结。后来发现，在这种具体要点上确实不一定像他讲的那样，但他通过潜意识来理解完整的人生的方法和角度，是开创性的和很有见地的。所以弗洛伊德确实是了不起，评二十世纪最伟大思想家，就得有弗洛伊德。没办法，躲不开，虽然那些搞实证主义、科学主义的人可能觉得他的学说不科学，可是人家就有用啊！您那个科学，顶多来点解剖的方法，治疗效果可能反而不如精神分析。精神分析好像完全是一套哲学理论，不是一个机械的方法。精神分析师之间的水平差距相当大，就跟中医师似的，好的中医真是用兵如神——用药如用兵。它就不像西医，比较对象化，但这也是西医的好处，一个平常的医生就能治好多病，他靠检查给你定位，有一套程式。当然也有高手低手之分，但毕竟不像精神分析和中医这样的艺术化、技艺化、时机化。

第四讲　华夏心学：《周易》和道家心学

宋明道学分成理学和心学，它受到印度佛学和中国本土佛学的影响，另外还受到我们华夏自身的广义心学的、古代心学的传统的塑造。其中，《周易》和道家的影响特别显著。这一点我在上一门课已经讲到，你们从《拒秦兴汉和应对佛教的儒家哲学》那本书也能看出来。宋明道学的开创者之一周敦颐的《太极图说》和《通书》（即《易通》），它们的话语构架都是从《周易》（含《易传》）来的，其《太极图》又是从道士陈抟那儿得来的，周敦颐对它进行了改造。另外，它跟佛教也有关系，具体地说，和华严宗第五祖宗密（他本人跟禅宗也有关系）作的《阿黎耶识图》有关系。（《拒秦兴汉和应对佛教的儒家哲学》第八讲第3节，314—326）宗密的这张图又受到了《周易》的影响，他在表现阿赖耶识的时候用了白圈、黑圈，黑圈代表阴，白圈代表阳；就其佛教含义而言，白圈代表净，黑圈代表染。从这里面也可以看到，儒释道三家的交流和互渗在唐代、宋代已经很普遍了。周敦颐的学说就是这种相互渗透、互相借鉴的体现和升华。

第一节《周易》提供的心学土壤

《周易》之所以可以为华严宗和周敦颐所用，是因为其中隐藏着做“理学”和“心学”解释的可能。但就与广义心学的联系而言，《周易》更接近儒家心学的路子，不同于印度的“瑜伽行”。《周易》靠它极度的“简易”性，使其能够得“理”而入“心”。换句话说，这种极度的“易简”或者“简易”，能够体现出天地万物的道理，甚至可以入“心”，入到人的本心中去，所以后来的人都能用它：理学能用它，心学更是要用它。《周易·系辞上》写道“《易》与天地准”，“准”相当于“等同”——“虞翻曰：‘准，同也。’京氏［房］云：‘准，等也。’”（《周易集解纂疏》，553）[①]《周易》居然被认为可以和天地的丰富性和源发性相等同——“《易》与天地准，故能弥纶天地之道”（《周易集解纂疏》，553）[②]。“弥纶”被解释为“包络”，也就是“包含”。为什么《周易》能这么神奇？因为按照《易传》的解释，它的根本就是阴阳、乾坤之道，而这阴阳乾坤造成的差别，最简单、最容易。我们再看一句：“乾知大始，坤化（有的本子为“作”）成物。”（《周易·系辞上》）意思是，乾坤这个结构使它能领会原始，发作推衍为万物的情态。“乾”和“坤”是《周易》的两扇门，《系辞》中有一句很关键的话，即“乾以易知，坤以简能”，它说的就是这个“大始”和“成物”的原因。就因为这个，《易》才能“弥纶天地之道”。

那么，该怎么理解呢？我们来看《周易正义》和《周易集解纂疏》的解释。《周易正义》体现的是王弼和孔颖达这一路的解释，《周易集解纂疏》是汉代易学或者说东汉、三国易学的表现。后者讲易象，前者是扫象，但也不是完全不讲象。

先看《周易正义》的解释。它对“乾知大始，坤作成物”的解释是：“初始无形，未有营作，故但云知也。已成之物，事可营为，故云作也。”对“乾以易知，坤以简能”的解释是：“‘乾以易知’者，易谓易略，无所造为，以此为知，故曰‘乾以易知’也。‘坤以简能’

① 李道平：《周易集解纂疏》，潘雨廷点校，北京：中华书局，1994年。

② “弥纶天地之道”在《周易集解纂疏》中为“弥纶天下之道”。

者，简谓简省凝静，不须繁劳，以此为能，故曰‘坤以简能’也。若于物艰难，则不可以知，故以易而得知也。若于事繁劳，则不可能也。必简省而后可能也。”①

《周易正义》说“易”是“易略”，也就是说，它特别地省略，用我们前面的话说就是，它是一种特别的、非对象化的构造方式，但是它又要去构造，也即构造出一个结构来理解整个天地万物，所以就必须是完全非对象化的构造方式。任何对象化构造都会让我们局限在某个方面，不可能去包络天地之道，所以说“易略”。这种解释明显受了老庄的影响，或者说，王弼受了《老子》的影响，以《老子》来理解《周易》。在这一点上，他有他的道理。“易”是“易略”，所以“乾”就是能够“知”，能够通晓根本性的道理，所以它就像刚才我们说的，能够打通潜意识和显意识。“坤以简能”，他把“简”理解为“简省”“凝静”，也就是“简省”到不能再简，不必要的东西都不要，只留下对于源发生最必要的那个结构，所以它是简省到“凝静”，好像什么都没有了，于是就静了。因此，乾坤是《周易》的门，这两者就是这样的非对象化的构造结构，于是能够“与天地准”。我觉得《周易正义》在这里写得不错。

然后再看《周易集解》，其实我更欣赏汉代易学。《周易集解》是唐代的李鼎祚所撰。到唐代的时候，汉易已经衰败得不得了，李鼎祚把当时残存的汉代易学的东西纂起来，编撰成《周易集解》。我们用的《周易集解纂疏》这本书是清代李道平对《周易集解》的再解释。该书引虞翻的话：“阳见称‘易’，阴藏为‘简’（注意“易”“简”两字中的“日”或“阳”的位置）。‘简’，阅也。乾息昭物，天下文明，故‘以易知’，坤阅藏物，故‘以简能’矣。”（《周易集解纂疏》，545）

---

① 王弼注：《周易正义》，孔颖达疏，李申、卢光明整理，吕绍纲审定，北京：北京大学出版社，2000年，第304页。

这里把“阳”解释为“显”（即“见”），因为“乾”显在外面，特别光明，像太阳；把“阴”解释为“藏”，所以是“隐”。“显”“隐”结合，构造力很强，这样一个象数结构才可能体现万物的生存样式。最后李道平还引了《老子》来疏解（在要害的地方，他都要引一下《老子》）：“《老子》曰：‘天得一以清’，故‘乾以易知’；‘地得一以宁’，故‘坤以简能’。”（《周易集解纂疏》，545）“一”一般说是“道”，乾和坤是“二”，阴阳是两个，但这里的要害在于用“二”来说“一”，又用“[illegible]”来开显一个非对象化的“二”，所以这里的处理方式和毕达哥拉斯的不同。在毕达哥拉斯那里，“一”是主导的、唯一的，“二”是不定的，代表现象；“一”和“二”之间是分裂的，“一”统治着“二”，不同于《老子》《周易》的“一”与“二”的相互作成。所以，天与地、乾与坤并不是两个东西。“天得一以清”是用“一”来说“二”，天或乾极其简易以至于成为“一”的一侧替身；地也是如此，成为那个“原一”的另一侧替身。所以“二”不是代表两个元素。如果说阴阳是世界的两个基本元素，阴阳相交形成元气，那就没搔到痒处，就已经不“简易”了。最简易的是“一”，它怎么“二”起来了？问题在于，“二”就是说：要想用“一”来理解世界、人生或意识，它就不能老是“一”，就得分蘖出一个结构来。“一”必须通过最原本的、互相需要的那个“二”（我叫它互补对生的“二”或“一对儿”）来展现自己。我们刚才说的“显意识”、“隐意识”（潜意识），与这里讲的“一”中之“二”，有一个遥远的呼应。所以这个源发的结构就既是“理”又是“心”。

其实我觉得这个地方光用《老子》还是不够的。《老子》给了我们很大启发，但是象数很重要，不能放弃，所有《周易》卦象都从一对爻象出来。称它为“一对儿”是有含义的：它是两个，但它不是真正的“两个”，它是“一对儿”。它是“一”，只不过为了让“一”呈现于这个世界或呈现为这个世界，它就要“对”起来。“二”是从“一”那里出来的，它要说的是“一”，可是“一”又只有通过“对立互补之二”才能被说明。所以“二”有一个“一”的特点，那就是互相需要:“阴”离了“阳”根本不是“阴”,“阳”离了“阴”也根本不是“阳”。这叫互补，又是相对相反；相对相反而又互补的“二”碰到一块儿就要产生新东西，这样一个源发的结构，我叫它“互补对生”，叫“一对儿”，它是世界上最简单的造就差异的发生结构。

当代法国哲学深受现象学和结构主义影响。结构主义的一个很重要的特点就是要揭示意义发生的结构。当然他们没有《周易》的结构。雅各布森的结构主义语音学的基本思路就是：人类的语言发音是别的动物所没有的，语音的根基不是音素，而是“区别性特征”。“区别性特征”的特点就是都是一对儿一对儿的，爆破还是不爆破，送气还是不送气，摩擦还是不摩擦，十几个区别性对子就能造成所有的人类语音了。你要是追究音素，那就多了。所以结构对结构主义启发性很大：你如果不简易，连话都说不了。《系辞》讲：“易简而天下之理得矣；天下之理得，而易成位乎其中矣。”有的解释把“其”理解为“世界”，也就是获得在世界中的结构、位置。这是一个很肤浅的解释，我更欣赏后来《周易集解纂疏》的解释。《周易集解纂疏》把“成位乎其中”的“中”理解为卦象“二”“五”这个上下卦的居中位置，这尤其体现在既济这一卦中。既济（䷾）这一卦的特点是它的六个爻都合其位，单数的是阳位，恰好都是阳爻；双数的是阴位，恰好都是阴爻。六十四卦里面就这一个卦的卦爻的阴阳性完全符合它的位置。“二”（下中）和“五”（上中）合在一起就是原本阴阳的、所谓真正“中”的体现，而这个“中”恰恰是源发的“中”，而且它被说成是“天地之心”，这样“心”也进来了。既济卦，下离上坎。离卦和坎卦中的两个“中”代表的“坎离”或“水火”（《周易集解纂疏》，547），最充分、细致和居中地体现了《易》理“互补对生”的结构，所以在卦象中占有一个突出的中心地位，后来被周敦颐的《太极图》用来显示太极结构。周敦颐的《太极图》从上看的第一个圆圈代表“无极”，第二个圆圈代表“太极”，而这“太极”实际上就是一个《坎离图》。在《太极图》中，两个“中”合在一起成为一个大“中”了，阴阳相对、互补对生的特点显示得特别明显。宋明理学中影响特别大的“道心说”，跟这个是有潜在联系的。“道心”来自于《尚书·大禹谟》“人心惟危，道心惟微，惟精惟一，允执厥中”[①]。“道心”后来成了他们的一个思想口号，与李道平讲的“坎离，天地之心，二五，天地之中”（《周易集解纂疏》，547）有理路上的相关性。这位于“天地之中”的“天地之心”，就是“惟精惟一，允执厥中”的道心。

“易简”是理解《周易》的一个要害。我们已经分别从义理和象数的角度讨论了“易简”或者“简易”。那为什么《周易》能“与天地准”呢？因为它有建立在简易上的信-心。它认为它的卦象也好，道理也好，简易（而不是普遍化）到了极致，所以能够从结构上追随万物发生和发展的道理。这是很有趣的。《周易》能“穷理尽性以至于命”（《周易·说卦》），就是缘于此，所以“简易”极其重要。易象我也点一下。我有一篇比较《周易》和毕达哥拉斯象数的文章[②]，涉及中西哲学的起源所依据的广义“象数”，它们对中西方民族或文明的思维方式都有塑造的作用。毕达哥拉斯的象数不如《周易》简易，后来莱布尼兹发现了“二进制”，其实《周易》比他发明的“二进制”还简单、还简易。“二进制”毕竟还有“0”和“1”的异质问题。上面讲到，阴阳的要害在于它们是“一对儿”，而阴爻和阳爻的爻象（-- / —）也是一对儿，极有夫妻相，不像0/1那样毫无相似处；所以它极简极易，不能再简易了。这个“一”，《老子》理解为“无”，周敦颐理解为“无

---

① 孔安国传：《尚书正义》，孔颖达疏，廖名春、陈明整理，吕绍纲审定，北京：北京大学出版社，2000年，第112页。

② 张祥龙：《象、数与文字——〈周易·经〉、毕达哥拉斯学派及莱布尼兹对中西哲理思维方式的影响》，《哲学门》第三卷（2002）第一期，2003年，第1—27页。该文收入张祥龙：《思想避难：全球化中的中国古代哲理》，北京：北京大学出版社，2007年。

极”。“无极而太极”，“无极”就意味着它没有自体，它必须表现为阴阳，阴阳也没有自体，它表现的就是“太极”，就是“一「对儿」”。

这个结构对我启发很大。我从西方的结构主义那里也能隐隐约约看到这种思维方式的影子，也就是意义的发生处是“差异”，而最原本的差异是对立，而且必须是极度简易的对立。索绪尔和雅各布森都大致认为，意义发生、语音发生的最原本处不是一个一个的元素。原来的语音学就认为语音的最根基处是像国际音标那样表现的音素，后来雅各布森和布拉格学派的一个最重要贡献就是发现了最基本的语音不是音素，而是一对一对的区别性特征。爆破还是不爆破，送气还是不送气，都是纯物理或生理的，在发音时根本意识不到，都是发生在潜意识中的，因此每次我们说话，都是潜意识与显意识的一次对交。“易简”为什么能够使“天下之理得”？这意思很深，但和当代的一些新的进展还是有可沟通之处的。而“成位乎其中”的“中”，如上所述，被荀爽等汉代易学家解释为既济卦上、下卦各自居中的那一爻。“易简而天下之理得”这个“理”一定表现为“成位乎中”，但它是静态的，还不够。我们知道，所谓的“卦象”，全都在变化之中，无论什么卦都必须从动态的、发生的角度来看，任何一卦都是从其他的卦生出来的，这就是有名的卦变说。最重要的卦变就是以乾坤两卦为构造其他卦象的门户，它们的开合交生产生了后面的六十二卦。所以乾为父，坤为母，乾坤相交、父母婚配先生出六个子女，然后生出其他的卦。而且你得到了卦以后，根本不是靠对位式的查字典来看它的吉和凶。朱熹的《周易本义》刚开始也列了一个表，告诉你怎么用五十根蓍草去得这个卦，得出来以后按照什么原则去找你问题的答案，但那只是一个大概的东西，里面其实含有很多很多的卦变。你要算得准，就一定要动起来，这是一门艺术。它的时间性、当场的构造性是躲不开的，要不然你怎么能“与天地准”呢？这个“理”不是现成的、静态的“理”，要不然整个世界这么复杂，怎么只靠六十四个卦就能够穷尽呢？所以要从动态上看，《易》的简易就是为了跟得上原发生的动态过程，卦变的根子就在阴阳及其爻卦象，乾卦坤卦交生出其他卦，其实就是阴阳爻的简易发生本性的一种表现。而从动态的、时间的角度出发，汉代易学也提出了如何看待“天地之心”的象数及《易》理依据。从静态上看，“天地之心”被视为离卦和坎卦的结合，其核心处于李道平所说的“天地之中”。就像他在“疏”中所说：“坎离，天地之心，二五，天地之中，坎五离二，成位于上下之中，天下之理，不外一中，故‘易成位乎其中矣’。”（《周易集解纂疏》，547）

而《易传》本身就已经提出了动态的“天地之心”，这就是复卦。这一卦也非常特殊，我们从时间化的角度看才看得出来。复卦（䷗）是上坤下震，只有最下面的这一爻是阳爻，其他都是阴爻。“复”就是回复、复现。《复·彖》说：“复其见天地之心乎！”汉代易学对这一卦倾注了极大的热情，甚至认为乾坤的要害就在这一卦，《周易》所有的要害也在这一卦，尤其是这一卦的最下面这一爻（初九爻）。荀爽曰：“《复》者，冬至之卦，阳起初九，为‘天地心’，万物所始，吉凶之先，故曰‘见天地之心’矣。”（《周易集解纂疏》，263）这里讲到“冬至”“阳起”“万物所始”，就涉及卦气或汉人推崇的《卦气图》。所谓“卦气”，就是我们所讲的时气、物候或者节气，或者阴阳之气的消长。它的本质是人的生存时间，在这里表现为十二个月，但绝不只是十二个月，跟东西南北等方位也相关。按《卦气图》比如《十二辟卦方位图》（见图1）或时气之说，复卦是冬至之时，属北方。

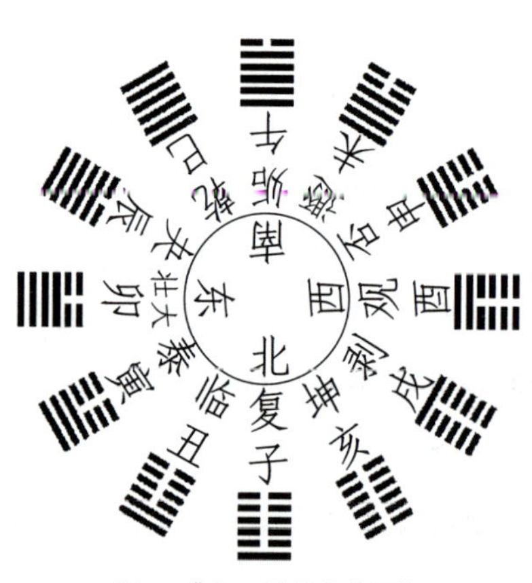

图1　《十二辟卦方位图》

为什么说复卦是“阳起初九”呢？因为在《卦气图》上，

从复卦开始，临、泰、大壮、夬，阳气越来越多，阳气从下面一直往上涨（息），最后涨满，涨成了乾卦，这样就到了阴历的四月。然后，从姤卦开始，阴气出现，在最下面出现一阴爻，然后就是遯、否、观、剥、坤，阴气越来越涨（[阳气]消），最后涨满，此所谓“剥尽而复”。剥卦就是一层一层往下剥，就剩一点阳气（最上面一根阳爻）了，到了坤卦的时候，阳气好像是全没有了（实际上是全部隐藏了），然后出现一个回转，从纯阴、全阴到阳气的回转，这就是剥极而复，贞下起元（“元亨利贞”走到尽头“贞”，再返回到“元”）。所以说“天地心”是一个时间化的、动态的、根本转折性的“心”，这才叫“天地心”。不是说有那么一个“天地之心”的实体，或者说一个至高的神，像基督教的耶和华，他有自己的意志，而这神的意志就是他们构架中的“天地之心”。中国这边的“天地之心”，如上所述，是万物所始，这一阳爻维系着整个天地万物的命运。如果你读《周易集解》或者《周易集解纂疏》评复、乾、坤等卦的文字，可以发现它们都对这个“始”，也就是“阳起初九”给予了各个角度的、精妙的、最高级的分析和赞颂。它们并未把“万物所始”说成是乾卦、坤卦。照理说，乾卦、坤卦作为《周易》门户应该是万物所始，它们的卦辞都包含“元亨利贞”，“元”就是“始”的意思。但关键在于，乾卦、坤卦的“元”就是从复卦的初阳爻来的。这是汉代易学的特点，这个动态的、时间化的思路非常清楚。后来王弼讲的也有精妙的地方，但他没有把这个动态讲得很出色、很清楚。所以荀爽要说复卦是“万物所始，吉凶之先”，整个《周易》就是能够走在吉凶之先，能“与天地准”，它不只是宇宙论意义上的，而是能够进入人生、世态，它要能算命，于现在能知道未来。这个“先”就是事情还没有对象化，没有呈现，但是它已经有征兆了。为什么能这样呢？因为它是“天地之心”，它有这个转折，你看《易经》所有吉的地方或者凶的地方，从正反面看都有这个转折，所以说“故曰‘见天地之心’矣”。在事情没到的时候，你已经看见了。据说汉代易学用《卦气图》用得特别多，用来解卦。《周易集解纂疏》中，这个图的运用很多，当然还有其他的图和易例，这本书的前面列出了经常涉及的一些卦象讲究。

据一些专家的研究，《卦气图》来源甚古，不只是来自汉代，中国人和整个中国文明的很多特点都跟它相关。我以前写过一篇关于中国传统节日的文章，对节日进行现象学的分析。[①] 你看中国的传统节日和西方的节日、印度的节日差别有多大！中国的传统节日中，没有一个像他们那样以伟人的生日为节日的，或者以重大事件的时间为节日的，现在学西方，也开始这样了。中国古代的节日百分之九十都是节气，就是阴阳变化的“竹节”、节奏。时间的节奏才是节日，而且这个节奏从数字上都有讲究：一月一号、二月二号、三月三号，四月五号（原来是四月四号）、五月五号、一月十五号、八月十五号、七月七号等等，它们都有这种数字的回旋。所以这个《卦气图》里反映的时间绝不只是物候和历法，它是全方位的。这个《十二辟卦方位图》还算小的，还有更大的，人生各方面都关联着，时间、空间、人生、政治、经济、味道、医学都联系着，都是这样一个结构的层层展现。开国皇帝的生日甚至孔夫子的生日，都没有被立为节日。我们现在还在呼吁把孔子的生日立为教师节，这当然学的是西方的路数；现在西方话语占据霸权地位，也只好这样中体西用、以度时艰了。

这就是“天地之心”。在后来的心学里面，这个“天地之心”并不只是人的血肉之躯的那个心，但它毕竟认为人的心识要达到本识、母识的境地，进入“天地之心”是其中的道路之一，所以这个“心”也不是白说的。虽然它好像是个比喻，所谓“心”，就是“始”“元”的

① 张祥龙：《“节日”现象学刍议》，载《现象学在中国——胡塞尔〈逻辑研究〉发表一百周年国际会议》，上海：上海译文出版社，2003 年，第 12—28 页。该文收入张祥龙：《思想避难：全球化中的中国古代哲理》。

意思，指刚开始发起，一切东西从这儿发起。在这里也有“转折”的意思，还有时间的回转，这个回转的意思最耐琢磨。我们说我们的心、我们的意识有一个重大特点，就是它有自身意识（不同于自我意识），这个回转本身就隐含着它的自身意识。胡塞尔直观到，人的任何意识行为，都带有一个非反思的自身意识（Selbstbewuβtsein），也就是说，在看一朵花的同时（意识 1），以边缘的方式意识到自身的正在看花（意识 2）。所谓“非反思的”或“边缘的”，是指这自身意识——对意识行为的当下意识——不是更高阶的反观，也就是说，它并不站在正在进行的意识行为之外，或者说是站在更高级的“岸上”将正在进行的意识行为当作一个对象来打量，而就是那使这个意识行为可能的结构本身（即内时间意识流及其造就的权能性）同时造就的对自身行为的随附意识。所以意识 2 与意识 1 并非一高一低的两个意识，而是源自同一个意识发生机制的显隐侧面：意识 1 为显，意识 2 为隐；意识 1 为外向，意识 2 为内向。可见，人的意识或“心”本身就带有“转折”，即显隐、内外的相互转折。没有此阴阳互补的“一元来复”或“贞下起元”，就没有活的意识的可能。从这个角度来看，就能明白为什么周敦颐从一开始就那么看重《周易》。整个宋明道学都是如此，它们脱不开，因为都是从周敦颐而来。我们接下来马上讲，大程子更有心学的倾向，小程子则是理学的开创者，他们都与《周易》有内在关联，而《周易》这本书，尤其是《易传》，确实是可以胜任这个要求的。有了天台宗、华严宗的“一念三千”“六相圆融”“理事无碍”这样的思路，通过它们再去看《周易》，突然一下子能看出很多新名堂，这样周敦颐就写出了《太极图说》和《通书》，小程也写出了《周易程氏传》。我把《通书》称作是“华严易学”，易学是儒家的，但它吸收了佛家的思想，创立了新的东西。

在这里，“心”与“元”“始”“几”“微”“先”都打通了，“吉凶之先”跟“几”“微”是极其相关的。后来心学家常常引“《易》无思也，无为也，寂然不动，感而遂通天下之故。非天下之至神，其孰能与于此”（《周易·系辞上》）这段话。作为天地之“心”，它不思想，也不去作为，但是它并不是真的没有作为，而是如《老子》讲的“为而不恃”，并不把“为”出来的东西当作对象来把捉，就像前面讲的禅宗惠能的意思。“寂然不动”并非真的在那里不动，而是永远准备发动的状态，一旦有触感，一旦时机到了，它就能发作，而且能感通，达到天下所有事物都恰到好处的几微。所以你能够通过《周易》来理解整个天下的事情，因为你是通过“心”“元”“始”“几”等来领会的，而不是追着那些外在的因果、利害关系，那样的话，你是不会达到“始”和“先”的。《易传》讲“阴阳不测之谓神”，周敦颐认为：神就是在最动（感通）的时候还是静（寂然不动）的，在最静（寂然不动）的时候又是最动（感通）的，这就叫神。不是“至神”怎么能达到这个境界呢？

中国人对“神”的理解，最根本的特点就是：时间性、有无之间性、含势待发性。心也有这个特点。“夫易，圣人之所以极深而研几也。唯深也，故能通天下之志；唯几也，故能成天下之务；唯神也，故不疾而速，不行而至。”（《周易·系辞上》）因为它深到了非对象化的、时机化的层次，所以它就能够和天下所有的意义打通：不用快，但永远走得比谁都快；不用走，但永远已经走到了你需要到达的地方。周敦颐解释的依据都在《易传》里。这一段充满了心学的含义，它提到了“几”，而“几”就是变动之“微”。“几”“微”都是在有无之间，在过去和未来之间，你要能进到“几”“微”的意识状态，你就能进入未来和过去。你去算卦、学习《周易》，你到最后就应该学出点儿“几”“微”来。真正的道理恰恰是潜涵在动态的过程之中的，就像詹姆士讲的“飞翔”着的“过渡部分”。

朱熹在《周易本义》里面讲复卦：“积阴之下，一阳复生，天地生物之心几于灭息。而至此乃复可见，在人则为静极而动，恶极而善，本心几息而复见之端也。”[①] 为什么讲“静极而动”？静到极点，自然发动，因为你的心、万事万物从根本上都是跟《易》相通的，而不是像西方的热力学第二定律所说的，整个世界都归于静寂。那是一个死寂，无可逆转，没有转折。从物理学来说，这个道理你是没法反驳的，可是《周易》、古代中国人，不是这么想，中国人的思维不仅是所谓“循环的”，而且真正的要害处就在这里。什么是“恶极而善”？一个人恶到极点他就会变善吗？我觉得朱熹在这里说得挺不错的，他用了“本心”。

另外清代有个易学家胡煦，我也很喜欢他的东西，他的四册《周易函书》在哲理上很有深度。他说：“天地之心即未发之大中。”[②]“未发之中”是理学、心学里的一个要害，它们的工夫论就是要进入这个“未发之中”，就像我们上次讲的潜意识，它们也都意识到这一点。你要想让心学对你真正有切身的意义，你就要进入本心，把它洗干净，这样你才真正有儒者气象，才能遇事应对自如，要不然都是口头工夫。所以怎么进入“未发之中”，就是一个要害。“未发之中”实际上是潜意识和显意识的一个交接，或者说，就是一个待发的潜意识，自觉地体验这“未发之中”，意味着要改造潜意识，进入其中去做工夫。当然，关于怎么去做工夫，程朱和王阳明的讲法是不一样的，但由此可明见《周易》与《中庸》及宋明道学的内在联系。

最后做一个总结。《周易·说卦》讲：“昔者圣人之作《易》也……观变于阴阳而立卦，发挥于刚柔而生爻，和顺于道德而理于义，穷理尽性以至于命。”这最后一句是宋明理学和心学都时常征引和发挥的，此“理”、此“性”、此“命”从某个角度看，都与“天地之心”或“本心”有内在关联。所以往往把宋明道学称为“性理之学”“性命之学”。

---

① 朱熹：《周易本义》，廖名春点校，北京：中华书局，2009 年，第 110 页。

② 胡煦：《周易函书》第二册卷六，程林点校，北京：中华书局，2013 年，第 588 页。

第二节　老庄心学

关于老庄心学，我要交代一下。宋明理学、心学都要排释老二氏。我们上面已经涉及了《老子》的心学含义，比如《老子》讲的“一”，还有“无”。《老子》通过“一”和“无”来消去对象化的支离。后来心学家攻击理学家或心学家间相互攻击，都用到这个“支离”。什么叫“支离”？就是你把它对象化了，把它变成“多”了，不能收回到那个“一”。所以陆象山攻击朱子的诗里面就讲“易简工夫终久大，支离事业竟浮沉”（《鹅湖和教授兄韵》，载《陆九渊集》，301）。据说朱熹一听，脸色大变，很不高兴，然后就开始展开辩论，这都跟《老子》很有关系。《老子》也是尽量追求达到简易或易简的极处。老子肯定是读过《易经》的，但他在《老子》一书中没有提到它，而且隐含着对《易》象的批评，讲“大象无形”。《老子》里面讲“象”的地方不少，提到了大量的“象”，包括隐喻、比喻。有些道理从逻辑上没法再往下讲了，就要诉诸某种意象。《老子》里面用了婴儿、山谷、玄牝、水、气等意象，还讲朴、虚、希、微。《易传》讲的是“简易”，当然在老子那个时候，《易传》还没有出来，他跟孔子几乎同时，孔子还去拜访过他。我觉得《易传》里面“简易”这个说法来自孔子。孔子讲给学生听，后来孔子的学生再把它演绎成“十翼”。但在《老子》那里也有跟这个相对的，那就是“素朴”：没有染过色的丝，没有雕琢过的木头、玉石。《老子》认为，一个人的心只有到了朴素的境地，比如像婴孩那样天真自发，才能无为而无不为。这是《老子》跟《易经》的关系。

《易经》的卦象先于《老子》，《易传》的形成则后于《老子》。后来王弼对《老子》的解释就是反对支离，一味追求朴素，最后直追到“以无为本”，好像“道”就是“无”。这就过了：“无”倒成了一个根本的观念了，一旦“无”成为观念——“以无为本”，以它为原则，成了一个根本的原则，它就恰恰不够简易了。你说它是终极的、根本的，使它失去阴阳互补对生的结构，把“二”变成“一”，它就简易了吗？它反而支离起来了，因为它成了一个观念，就不能是一个源头发生的结构了。它就能被别人把弄，就和观念者形成了“对子”。这个“对子”和阴阳这个“一对儿”没法比，因为它是一种人为的、造作的东西。因此我觉得王弼虽有他的功绩，但是他的“扫象”却导致《周易》哲理的衰败。后来佛教进来，魏晋玄学反而比不过佛教，被佛教抢了几百年的风头，到宋明理学才开始往回扳，就是因为脱开源发生机制来说义理，儒家、道家都讲不过佛家。所以那个过于追求简易、朴素的策略是不行的，我不赞成用王弼的方式解释《老子》、用郭象的方式解释《庄子》。魏晋玄学的路子都是想取巧，从表面上看，好像是推到了极端，王弼讲“无”，郭象讲“有”，其实最后失去了老庄原汁原味的东西。

现行《老子》本中有这样两种表达“道”的策略，一个是“无本”，或者“一本”，跟王弼讲的有点相似，但并不等同；第二个策略是“对本”或“交本”。这两种策略，我们在《老子》里面都能找到很多的证据。关于第一种策略，即“无本”或“一本”，比如：“有物混成，先天地生”（《老子》二十五章）[①]，好像有个“道”，成了一个物，但它是混成的，对象化的东西都还没有分裂出来，它在天地之前、阴阳之前就存在了。“独立［而］不改，周行而不殆，可以为天下母”（《老子》二十五章），这个“母”跟我们讲过的“母识”有关系，但还未成为“识”，只差一口气。《老子》从来不强调“父”，儒家强调父性的这一边，道家强调母性的这一边，但两边都承认阴阳，所以跟西方还是不一样的。西方要么就是母权制，要么就是父权制，这是他们人类学家、

① 《老子》引文，主要依据王弼注：《老子道德经注校释》，楼宇烈校释，北京：中华书局，2008年。

社会学家构造出来的说法。“吾不知其名，字之曰道，强为之名曰大。大曰逝，逝曰远，远曰返。故道大，天大，地大，王亦大，域中有四大，而王居其一焉。人法地，地法天，天法道，道法自然。”（《老子》二十五章）虽然《老子》讲的“自然”是一个包含“远曰返”的回旋终极，但是毕竟从“人法地，地法天，天法道，道法自然”来看的，这是一个线路，可归为“一本”策略。

再看《老子》四十章：“反者，道之动；弱者，道之用。天下万物生于有，有生于无。”最后一句，王弼拿来作为支持他的说法的证据。但是如果“有生于无”而“无”却不生于“有”的话，那么“反”（返）到哪儿去呢？因为“反者道之动”，还要往回再“反”（返）过来。所以除了“有生于无”，应该“无”也再生于“有”才行，因此《老子》二章讲“有无相生”。我们在郭店楚简里发现了一个很完满的解答。我曾在《中国哲学史》杂志上发表过相关的文章，辨析这个新发现的深远意义。现行本中写作“天下万物生于有，有生于无”的地方，郭店本《老子》写作“天下万物生于有，生于无”。要知道，郭店本《老子》成于战国中期，甚至更早，是现存最早的《老子》本子，而我们现在流行的本子差不多定于汉代。但必须认识到，早的本子不一定是现行本的母本，可能在战国中期时，《老子》已经有好几个版本了，历史上重要文本的流行路线往往是很复杂的。但是，不管怎么说它毕竟比我们现行的本子早。郭店本“天下万物生于有，生于无”的表达，就是我讲的第二种策略了，因为有无是相对相生的。所以我的文章认为，汉代的本子可能受黄老学影响，“以无为本”的这个思路，比王弼还早。这是法家揣摩出来的一套运用权力的策略，跟黄老学很有关系。《老子》同一章的不同版本，两个策略各有体现，所以《老子》是一个奇观，蕴涵极深。迄今为止，《老子》是被翻译成外文最多的中华古文献，光是英文本就有一百多种。毫无疑问，它是中国在各个国家、各个语种中流传最广的经典，而且征服了世界上很多知识分子，他们读到以后都能够心领神会。我在国外教学的时候，我教过的外国学生们——美国的、欧洲国家的，还有厄瓜多尔的——跟我讲，读《老子》《庄子》《列子》都能有会于心，但读《论语》就不行，读起来觉得只是中国人的东西，就像你不是基督徒而去读《圣经》，读起来就觉得是西方人的东西一样。《老子》特别简洁，他们一读，从道理本身上就觉得很妙，尤其是赶上现在生态关怀是全世界的浪潮，他们一读老庄就能读出好多这方面的意思。《老子》也是各家经典中迄今所发现的版本最多的，郭店本有三种，还有马王堆本，说不定以后还会发现其他的版本。所以，《老子》从战国起就非常吸引人，其实咱们中国文化里面从来就不只是儒家，儒家和道家从根上就是相互学习、相互借鉴的。我觉得司马迁把孔子向老子问礼或问道这件事写进《孔子世家》是对的，但后来有些儒家学者不承认，因为要排二氏，就认为此事不可能。实际上太有可能了。

关于第二种表达策略，比如《老子》二章："故有无相生，难易相成，长短相较，高下相倾，音声相和，前后相随。是以圣人处无为之事，行不言之教，万物作焉而不为始。生而不有，为而不恃，功成而弗居。夫唯弗居，是以不去。"① "处无为之事"，要"无为"，但又处在事里面，又有为，这就是"有无相生"，妙的地方恰恰在这里，"无为"而又"无不为"，"有为"中已有"无为"。不是说光守着一个"无"。后来心学两派争论：是该先静坐，养出个端倪，再进入社会里，还是不能耽于静坐，要把静坐和日常生活打通？我们讲禅宗的时候也一再讲，惠能之所以影响这么大，就是因为他要打通它们。"万物作焉而不为始"，并不把"始"当作现成的起点，而是完全动态化、过渡化的。"生而不有，为而不恃，功成而弗居。夫唯弗居，是以不去。"既

① "万物作焉而不为始"一句，在《老子道德经注校释》第 6 页中写作"万物作焉而不辞"。朱谦之在《老子校释》（北京：中华书局，1984 年）第 10 和第 11 页中认为，此处当为"万物作焉而不为始"，今从朱本。

然“道”能让一个存在者尽它的天命、天性，它就能够不把这个存在者对象化，所以“生而不有”的这个“有”是“小有”，脱开了无之“有”，所以要“弗居”，也就是“不定居于一处”，不管这个处是功是过。《老子》二章是一个典型，其实《老子》一章也是如此。我当年的硕士、博士论文都跟道家相关，我对《老子》的解读就跟当时英语学界的主流解读不一样。王弼影响太大，他们都向王弼“以无为本”靠拢，其实这从根本上就站不住。《老子》开篇讲：“无名天地之始，有名万物之母……此两者同出而异名，同谓之玄，玄之又玄，众妙之门。”（《老子》一章）“玄”就是有无相生、显隐交缠、互夺互涨的原生状态。这个后来对宋明道学也有影响，周敦颐的《太极图说》就反映了这种影响，《老子》第二种策略表达的思想也渗透进去。另外，《老子》二十一章“道之为物，惟恍惟惚”也是如此，“恍惚”就是“玄”。《老子》四十二章“道生一，一生二，二生三，三生万物”就是第一种策略，可是马上又讲“万物负阴而抱阳，冲气以为和”，又回到第二种策略了。所以，读《老子》的时候不能只往一边读，其实两边都有。《老子》用“一”使我们对“道”的理解极其简易，用“交”或者“二”“阴阳”来使得简易是一个真实的简易，是一个发生的结构，所以最后要讲“万物负阴而抱阳”，阴阳交叠到一块儿，“冲气以为和”，非常生动。

粗略地看，似乎第一种策略更合乎心学，因为心学要达到本识，就好像孟子说的那样，要达到无思无虑，即通过静坐、持敬等方式把心中概念化、对象化的思维统统去掉，然后进到本识中。第二种策略为理学所用者多，因为“理”毕竟是无形之有，如朱熹所讲的“无极而太极”就属于第二种策略。当然，心学也用第二种，因为陆象山、王阳明都讲“心即理”，本心之“无”呈现出的是理之“有”，所以也有“有无相生”的一面，但作为切实的工夫，心学要以“无”破“有”来显露真心。

最后总结一下《老子》。心学常用的有第四、六、八、十、十四、十六、二十、三十七、四十八、七十章。第四章讲“道”“冲”[①]，心学讲“冲”“虚”，本心一定是“虚”，“虚”就是非对象化，待时而发。第六章讲“玄牝”[②]，“牝”就是母性、阴性，这是更根本的。第八章讲“心善渊”[③]，心要追求渊深，也就是冲虚。第十章讲“载营（魂、精神）魄（身体）抱一”“专气致柔”“涤除玄览”[④]，这都是心学的工夫论。“专气致柔”，就是说循着气走，达到身心合一的最柔状态——小草、树苗、婴儿都是特别柔软的，柔软才可变，才是“元”，才是“始”，才是出生者。海德格尔读《老子》时充满了这种感受，他觉得老子是“诗性思想者”[⑤]。《老子》也是押韵的，既是深刻的哲理，又是很美的诗句。按照海德格尔的说法，真正讲到最深处，就应该是“思”和“诗”合为一体。换句话说，思想讲到最深处、最简易处一定是押韵的，所谓“韵”就是韵母重复。重复是免不了的，但这重复不是重言式，不是无意义的形式重复。思想到最深处的地方，讲不出对象化的东西，但必须讲出个结构，这个结构必须是和谐、押韵的。我读海德格尔的书，发现他最赞赏的、一直推崇而没有批评的哲学家，只有老子和荷尔德林，两者都是诗性的思想家，或思想深邃的诗人。《老子》十六章讲“致虚极，守静笃，万物并作，吾以观复”。此为中国思想中的“静坐”。这里说的“观复”，与心学讲的“回复本心”，很有关系。二十章讲“我独泊兮其未兆，如婴儿之未孩……我愚人之心也哉！沌沌兮！……俗人察察，我独闷闷。澹兮其若海，飂兮若无止……我独异于人，而贵食母”。该章末讲的“食母”的“食”有“食于”和“使

---

① 第四章：“道冲而用之或不盈，渊兮似万物之宗。”

② 第六章：“谷神不死，是谓玄牝，玄牝之门，是谓天地根。”

③ 第八章：“居善地，心善渊，与善仁，言善信，正善治，事善能，动善时。”

④ 第十章：“载营魄抱一，能无离乎？专气致柔，能婴儿乎？涤除玄览，能无疵乎？”

⑤ 参见张祥龙：《海德格尔传》，北京：商务印书馆，2007 年，第 317—324 页。

食”两解，“母”则如二十五章所讲之“母”，与我们以前讲的“母识”或有关联。这么牵连的一个理由是二十章一直在讲“我”的心态，及与俗人心态的对比。“愚人之心”差不多就可以理解为“得道者之心”或“道心”。三十七章曰：“道常无为而无不为。侯王若能守之，万物将自化……镇之以无名之朴。无名之朴，夫亦将无欲。不欲以静，天下将自定。”在无欲、无为、无名的守静中，万物将自化，心灵就会入道，天下也才会自定。四十八章讲“为道日损”，可比于陆象山说的“只是与他减担，只此便是格物”（《陆九渊集》，441），“减担”与“日损”，是一个路子。七十章讲“吾言甚易知，甚易行。天下莫能知，莫能行”。这种感叹，讲“致良知”的王阳明也常有。总之，这些章节皆有心学潜质，常为后世心学所用。

下面讲《庄子》。《逍遥游》写鲲化成鹏之后“抟扶摇而上者九万里”[①]。为什么这大鹏能飞六个月都不停呢？因为它不凭自己的力气去飞，它凭的是风，这“风”就是道（或天地之心）。得道的状态就是你不靠自己，靠的是天地自然的势态。所以庄子最后总结出真正的得道是“乘天地之正，而御六气之辩，以游无穷者”（《庄子·逍遥游》），即所谓“无待”之游。没有风的时候，还有阴阳相交发生的气，就跟着气走。《庄子》直接讲修心的工夫，对心学影响非常大。另外，《庄子》也有对于原本意识的展现，比如《逍遥游》是一种展现。“庄周梦蝶”（《庄子·齐物论》）说明我们的显意识不是唯一的意识，而是相对化的。它吸引了后世无数的文人，心学家也受到了启发。至于讲到具体修心的方式，有《人间世》讲的“心斋”，《大宗师》讲的“真人”“朝彻”“坐忘”，这已经转到具体的修心方式了。

我把《庄子》讲修心的这几个方法解释一下。比如“心斋”，《人间世》写道：

---

① 《庄子》引文，依据郭庆藩：《庄子集释》，王孝鱼点校，北京：中华书局，2013年。

回曰："敢问心斋。"仲尼曰："一若志，无听之以耳而听之以心，无听之以心而听之以气！听止于耳，心止于符。气也者，虚而待物者也。唯道集虚。虚者，心斋也。"

"一若志"就是把你的心智唯一化，我们在《瑜伽经》或其他很多地方都看到，你首先要让心静下来，要把志向"一"化。"听之以心"的"心"，就是一般意义上的显意识，还不是本识。"无听之以心而听之以气"，这是要害。"心斋"是修心的方式，但不要跟着你平常意义上的心，而是要跟着气。气是完全非对象化的、非观念化的，但是它又含有原初的意识。"心止于符"的"心"还是一种主客相对的心，简单来说，还是一种心识与外界事态的符合论。"气"为什么高明呢？正如《老子》讲的"冲虚"，"气"自己并不主张什么，它不是一个主体，它和物没有根本的分别。成玄英这样疏解"气也者，虚而待物者也"："如气柔弱虚空，其心寂泊忘怀，方能应物。"（《庄子集释》，137）把欲望、观念、俗虑都扫掉，"应物"就是时机化的，在物作为对象还没出现之前，你就已经与它呼应、感应了，所以实际上是你能够先于物。

《大宗师》有一段关于"真人"的描写，对后来道家的修行有重大影响，对儒家心学也有影响。《大宗师》写道："古之真人，其寝不梦，其觉无忧，其食不甘，其息深深。真人之息以踵，众人之息以喉。"道家也像古印度人那样，知道睡觉不做梦是一种非对象化的意识，是我们意识根基处的非对象性的一个证明。一夜下来，意识还是连续的，说明意识无需借助对象而有自身意识，这跟胡塞尔前期所讲的"所有的意识都是对某物的意识"是不一样的。

关于《大宗师》中的"朝彻"（刚才课间有同学向我讲到孟子的"夜气"，还有你每天早上起来，你的心保持的那种很清明的状态，都跟"朝彻"是相关的），《大宗师》说："吾犹守而告之，参日而后能外天下；已外天下矣，吾又守之，七日而后能外物；已外物矣，吾又守之，九日而后能外生；

已外生矣，而后能朝彻。”对“朝彻”有不同的理解，一般将“朝”解释为早晨，“旦也”，“彻”就是光明的意思，成玄英疏：“死生一观，物我兼忘，惠照豁然，如朝阳初启，故谓之朝彻。”（《庄子集释》，232）人摆脱了生死的忧虑，人本心得到光明，甚至带有某种喜悦，人和物的界限打通，心境就像朝阳刚刚升起，光明温暖，一阳来复。王阳明去世前说的就是这句话。

《大宗师》最后讲道：“仲尼蹴然曰：‘何谓坐忘？’颜回曰：‘堕肢体，黜聪明，离形去知，同于大通，此谓坐忘。’”把肢体忘掉，把平常的聪明罢黜掉，离开身体这些外在的东西，因为你“虚”，跟着气走，你才能“同于大通”。“大通”就是和万物相通。我们马上会看到，程颢《识仁篇》讲的“仁人”就是能跟万物打通。所谓“坐忘”，也是坐着练的，把平常烦扰你的那些东西全部忘掉。“鱼相忘乎江湖，人相忘乎道术”，所以在道家里面，“忘”很重要，什么都记住反而进不到天道的境界。

好，关于道家，我们就讲完了。

第五讲　北宋心学

第一节　周敦颐

周敦颐（1017—1073），字茂叔，号濂溪，湖南道县人，是宋明道学的开创者之一。可以说，是二程（程颢和程颐）和周敦颐共同开创了宋明道学。他曾让青少年时代的二程“寻颜子、仲尼乐处，所乐何事”（《二程集》，16）：他们快乐在何处？为什么孔子会说“乐以忘忧”（《论语》7.19）？为什么颜子“一箪食，一瓢饮”（《论语》6.11），仍不改其乐？这个其实就跟“心”有关系。先秦儒学以及后来的汉代、唐代儒学都没有突出这个问题，也从来没有这样的发问，这是周敦颐了不起的地方。也恰恰是这个问题开启了宋明道学的精神新境界。

周敦颐在《太极图说》中讲：“惟人也，得其（即太极）秀而最灵。形既生矣，神发知矣，五性感动，而善恶分，万事出矣。”（《周敦颐集》，5）[①] 这儿的“其”就可以看成是指代太极。最灵秀、最美好、最精微的东西为人所得，所以人才可称为“天地万物之灵”，所谓“人为天地万物之心”也是这个意思。“形既生矣，神发知矣”，意思是既然人有了这个生理的“形”，就会有智慧和神妙的地方，“神”就是“未发之中”，此神发出来就是“中节之知”了。

---

① 周敦颐：《周敦颐集》，陈克明点校，北京：中华书局，1990 年。

可是，人既然秉“灵秀”之气，为什么会做坏事呢？为什么会有恶的地方呢？周敦颐认为这与“五性”有关。“五性感动，而善恶分，万事出矣。”所以他的《太极图》（见图2）是这样的：“无极而太极”，然后下面就是“五行”，其中也体现了阴阳相交相对，然后是乾坤男女和万物化生，也就是说从五行开始就有善恶之分了，这一点与后来理学的说法（到阴阳气化就分善恶）不同。理学会认为图最上面那个空白圆圈才是纯理，下面就与气也就是阴阳相混合了，阴阳衍生为五行，构成男女夫妇，同时万物也才能化生。

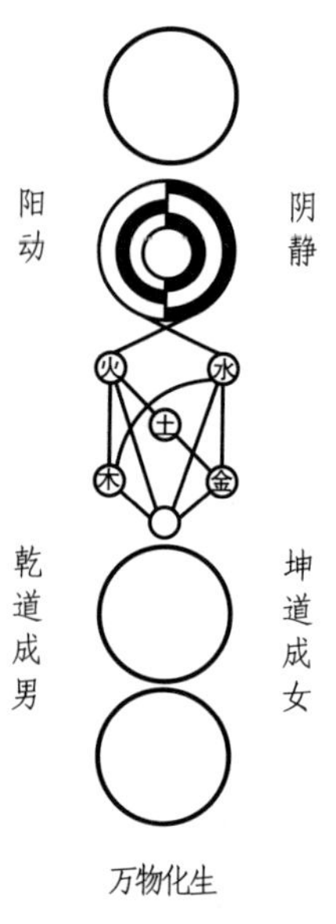

图2　周敦颐之《太极图》

这个让人能够“神发知”的“最灵秀”处，与本心应该有关。当然关于这句话，我在《拒秦兴汉和应对佛教的儒家哲学》中写道：“人的灵通神，所以人最能体现无极而太极。而把太极当作如来藏心，很有助于我们的理解。这种人一旦被感动，‘神发知矣’，他就与世界有一种很根本的联系。问题是他只知道善的、好的事情吗？不是。所以说‘善恶分，万事出矣’……如果大家的根都是太极，又这么灵秀，这么神异，为什么还会去作恶？但如果用心真如、心生灭来理解阴阳五行，生灭变化，不忘以前我们讲《起信论》时讲到的这二者的关系，那就能帮助我们领会。”（《拒秦兴汉和应对佛教的儒家哲学》，337—338）关于人为何会作恶，人的本性是善的还是无善无恶的，等等，宋明理学和心学皆有不少讨论，甚至是激烈争论。

而周敦颐的《通书》也继续解释这个意思。《通书·诚几德》曰：“诚，无为；几，善恶。”（《周敦颐集》，15）“诚”是从《中庸》来的，用它来形容“圣人”。诚乃无为而无不为，这里讲“无为”就有老子话语的意味。《中庸》里面讲诚就有“不诚无物”（《中庸》二十五章）之语。“诚”是最根本的，人达到“诚”的境界，就可以完全“无为”而“与天地相参”，跟天地一气相通，这时候人才会成为“大人”，所做的事情才都是正确的。所以，“诚”就是“未发之中”，最原本的“中”。没有诚就没有“物”，任何事情也都做不成。至于到底是“不诚无物”还是“无物不诚”，贺麟先生与胡绳先生还有过争论。贺先生的《近代唯心论简释》第一篇就是讲“不诚无物”[①]，它打通了西方正宗唯心论（不是经验论的唯心论）和宋明理学之间的联系。后来胡绳提出批评，说这是典型的唯心论，按照唯物论应该讲“无物不诚”，每天饭都吃不饱怎么还能讲“诚”呢？所以先得有物，仓廪实才能知礼节。[②]周敦颐讲的“诚”是天良发动，是“无为而无不为”，不去想自己能有什么作为，但是做出来的事情又恰恰是最好的。就像见到一个孩子要掉到井里去了，恻隐之心发动，这时候能做的最好的事就是去救孩子。所以他讲的“无为”也就是“发而皆中节”的“为”。

“几，善恶”中的“几”来源于《周易·系辞下》：“几者，动之

---

① 贺麟：《近代唯心论简释》，上海：上海人民出版社，2009 年，第 3—8 页。

② 胡绳：《理性与自由》，上海：上海书店，1989 年，第 137—141 页。

微，吉之先见者也。”“几”即在有无、过去未来之间，所以有善恶之分。为什么要把“几”“微”合在一起讲呢？因为“几”者特别“微”。“微”就是“动”，已经开始“动”了，但是我们根本看不见它在动，它表面上还是“静”的状态——“几”的原意就是“动之微”。实际上，坤卦里面就有“动之微”了（这个先不展开）。所以“几”中已经有动，但还没显示出来，是“兆动于静”。“吉”在这里可以理解为征兆，人要到“几微”里面发现“吉”。真正把《周易》“玩儿通”了，就能够领会“吉”。领会了“吉”，就能够达到对人生、对事情的非对象化理解，也就是进到可对象化和可实证化的状态之前，这才是“圣人”！起码可以说是“真人”了，别人不知道的事情，他可以感知到。但是不可以用它去买股票、赚钱，因为那样就是对象化了，又“不灵”了。只有“诚”才可以进入发现“几微”的状态。“几微”虽然还未发，但已经是可善可恶了，只是这时候善恶还未彰显出来，但是善恶的种子已经有了。这正是修身正心的要害之时，所以要讲“未发之中”，因为处于这个状态的时候，一切还未发，但已有几微，一切修身方法都要用在这个时候才有效。等到都“已发”了再去修行，就与“心”没有关系了，就好像为了避免外在惩罚而遵守规则与“心”无关一样。所以宋儒之后的评论者说，“北宋五子中，惟周子著书最少，而诸儒辩论，则惟周子之书最多”[①]。可见周子影响最大。周子就只有《太极图说》与《通书》，但是对宋明道学却有开创之功。

《通书》里面还有一段话讲“圣人”：“寂然不动者，诚也；感而遂通者，神也；动而未形、有无之间者，几也……诚、神、几，曰圣人。”（《周敦颐集》，16—17）在这我们可以注意到，周敦颐的《太极图说》与《通书》都大量引用《周易》里的原话。“寂然不动者”指的是

① 永瑢等：《四库全书总目提要》十八《子部·儒家类三·宋四子抄释》，万有文库版，上海：商务印书馆，1933年，第59页。

“诚”，这样就把《周易》与《中庸》也打通了。这就是周敦颐的厉害之处，就像他的《爱莲说》把莲花这个佛家的意象说成了儒家的君子一样。到了“诚”的状态，“诚、神、几”三者都有，才是圣人。这也对后来的心学产生了重要影响。

【课堂问答】

生：老师，您能对“寂然不动者，诚也；感而遂通者，神也”再做进一步的解释吗?

师：“寂然不动”是从《易传》来的。我们刚才说了，如果达到了“诚”的境界，就不需要用自己的意志做什么事情了。做的事情也看起来是“无为”的，这也就是老子讲的“为而不恃”，这行为者从根本上来说是“无为”的。所以，按照一般的说法，“无为”就是“静”的状态。看得出来，周敦颐用了很多别人的东西，不仅仅有儒家的东西，他其实把很多东西结合到了一起，包括《周易》甚至佛家的一些内容，而且他把这些东西结合得特别合适。在这里，他就把“诚”“无为无不为”的状态跟《易传》“寂然不动”结合在了一起。《易传》的“寂然不动”也是动静打通的状态。“寂然不动”后面接着就是“感而遂通”。所以“寂然不动”就是个适中的状态。如果不是从“寂然不动”的“不动”出发，一般说来都是“盲动”。所以真正的动应该是从“寂然不动”的状态出发，然后才能“感而遂通”。“感而遂通”就是接通到了合适的时机。“感而遂通者，神也。”什么叫“神”?“神”其实就是动静打通的状态。通常按照对象化的解释，动就是动，静就是静。而《易传》讲“阴阳不测之谓神”。所谓“阴阳不测”，就是说你在静里就感受到了动，在动里就感受到了静。这样的状态就是“神”。这样我们就可以看到周敦颐的创新之处，他说“感而遂通”就是“神”。这个“通”不是我的意志使之通，而是“无为而通”。用量子力学的话说，这里面的动静是个“交叠态”。从哲理上讲，“动静交叠”实际上是过去未来交叠，是现象学说的“时间晕”或者詹姆士说的“意识流”。这就是所谓的“神”，他并不是实体神，而是我们的原意识状态。他不是A，不是B，而是可A可B，又A又B。时机一触动，它就正合适。“发而皆中节谓之和”，这是《中庸》说的。“动而未形，有无之间者，几也”也是这个意思。有无之间也是动静之间。

生：您说的“无为”状态是不是潜意识和显意识打通的状态？那这种打通的状态存不存在谁向谁妥协的问题？

师：所谓“打通”，也包括倾向的调整。像我们之前的例子讲过的，一个人的潜意识中有很多不愉快的经历，打通也包括把它们更深彻地非对象化。不是说把记忆抹掉，让这些经历完全没有了，而是说把那种让人痛苦的东西去掉了，也可以说把它们转化了。打通就有转化和升华的意思。“无为”就是一种非对象化和更充分地几微化，所以“无为”就是对潜意识和显意识的再造。

生：所以这是不是潜意识与显意识互相交融的状态？

师：对。就是我刚才说的升华。升华在华严宗中一般叫“互夺”。我们老说阴阳是互生的，或者说“互对生”，这是从正面讲，指阴阳碰到一起会生出新的东西。所谓“互夺”是从反面讲。潜意识与显意识中有让它们分裂的东西，互夺就是把潜意识与显意识放到一起，然后把让它们分裂的东西、让人执着和痛苦的东西消灭掉。华严宗就常讨论成对的范畴，这些成对的范畴就是互夺的，同样的还有老子说的“高下相倾”“难易相成”“有无相生”。当有无碰到一起就互夺，那种状态就是“玄”。“有”可以对象化，“无”也可以对象化，就像王弼说的，“以无为本”。让“有”的对象化的一面和“无”的对象化的一面“互夺”，或者说让它们的内涵或者说被定义的部分“互夺”，由此把矛盾着的错位消除掉，这样就是“静”了。你说的潜意识与显意识相互打通就会有这样的效应。这也就是为什么在精神治疗的时候，要把潜意识引到显意识里来。有人会怀疑：把潜意识换到显意识里来，会不会更令人痛苦？但是换出来本身就有治疗效果。从哲理上解释就是把潜在的换成显在的以后，就有互夺效应。潜在的时候发挥效应的那些对象一旦见到阳光说不定就会消融，而显意识进入到潜意识中倒会更加微妙了。所以这就是“几微”的状态，道教称之为“以坎填离”或“水火相济”。

生：您刚才说“太极”“无极”是理，那么后来的气是从哪儿来的？

师：这个是有争论的。“理”“气”关系是宋明道学一直在争论的问题，到了明代又开始说“情”。“理”是纯善无恶的，所以才说“存天理灭人欲”。“情”就被对象化为“人欲”。“情”或者“气”总是可善可恶的，而“理”是纯善无恶的，这也就是争论的地方。张载认为理气是不可分的；气就含理。朱熹却说理能生气，有理的地方就有气，可以先认识理，再认识气，理是最根本的。老子说“万物负阴而抱阳，冲气以为和”。所以老子讲的“道”本身有没有“气”呢？这就可以辨析乃至争论了。但他讲的“气”肯定是非对象化的或冲虚的。“有物混成”，混成之物就是气，这是根本的命题。老子说的“气”与宋儒讲的“气”不一定是一样的，但是老子讲的“冲虚之气”与张载讲的“太虚之气”也很有相通的地方。还有汉代儒学与易学也讲气。尤其读《纬书》，会发现其中“气”讲得也很精妙。气学、理学本身就是大的分支，但是在宋明道学中，张载之说还是被认为仅仅是一个分支而不是主茎。气论主张“气”就是“理”或者“道”，起码与理或者道不可分，甚至气在先，理是从气来的。但是理学认为气是从理生出来的，理在气先。

第二节　程颢

我们讨论明代心学的前身——宋代心学——就不得不提程颢（大程子）。二程中的程颐（小程子）偏向理学，后来朱子主要承袭了程颐的思想。程颢虽然也参与了理学的创立，但其思想和气质偏向心学，所以弄明白程颢的心学思想，对体会明代心学会很有帮助。

程颢（1032—1085），字伯淳，后人称“明道先生”，其父为程晌。《阳明先生年谱》“十有四年辛酉，先生三十岁”这一条中记道：王阳明游九华山，访一“异人”，与之“论最上乘”，那人说：“周濂溪、程明道是儒家两个好秀才。”（《王阳明全集》，1231）[①] 王阳明一直身体不太好，对道家比较感兴趣，其中一个原因就是习道可以修身治病，所以后来他去九华山的时候，拜访了山间一位异人，这个人就讲了《阳明先生年谱》中记载的这句话。这说明王阳明也是很认同这一观点的，不然也不会与弟子们提起。

其实整个北宋心学的主要代表就是周濂溪与程明道，这两个人气象也比较相近。《宋元学案》讲周敦颐“光风霁月”，已经是一派得道的气象；而大程子程颢也是如此。二程少年时候受教于周敦颐。程颐的《明道先生行状》被收录于《宋元学案》中，这是小程在程颢去世时为他哥哥写的，记载了程颢生平一些重要事迹。其中有一段这样写道：“自十五六时，与弟正叔（程颐，号伊川先生）闻汝南周茂叔（周敦颐字茂叔）论学，遂厌科举之习，慨然有求道之志（宋明道学气象）。泛滥于诸家，出入于老、释者几十年（宋明大道学家几乎皆如此），返求诸六经而

① 王阳明：《王阳明全集》（新编本），吴光、钱明、董平、姚延福编校，杭州：浙江古籍出版社，2010年。

后得之。秦汉而下，未有臻斯理也。”（《黄宗羲全集》第三册，656）[①]

这里主要讲他们学术的来源：“泛滥于诸家，出入于老、释者几十年。”宋明儒学的开创者几乎都是如此。在那个时代，如果不与佛家等思想打交道，只是坚守儒家的东西，是不可能站到前沿的。像韩愈那样，即便尽力“排佛”，也挡不住那种精妙思想对士子们的吸引力。所以宋明道学家就出入佛老，讲出了能够与佛老抗衡的东西。后人如王阳明都是如此，先钻研佛家和道家，再“返求诸六经而后得之”，就是强调要有一个外出和返回，才能得到儒家的“道”，得到真理。“秦汉而下，未有臻斯理也”，言下之意是，宋明理学家皆认为他们承接的是孔孟之道，这个道从秦汉开始就中断不传了，需要由他们将道统接续

---

① 黄宗羲：《黄宗羲全集》，沈善洪主编，吴光执行主编，吴光点校，杭州：浙江古籍出版社，2012年。

“案”就是公案、案卷，有记录也有争论的意思。所谓“学案”，就是把学术上重要学派的源流、主张和评价记述下来。《明儒学案》是黄宗羲力作，书中他把自己老师刘宗周对多人的评论（《师说》）放在最前面，而以介绍刘宗周的《蕺山学案》来结尾，表明了他的学术立场。里边对每一派甚至每个人物都做了详简不一的介绍，保存了大量材料，而且一般都有评论。而《宋元学案》是打算把宋代元代儒家的“学案”记录下来，但是他只整理了部分材料就去世了。后人陆续补修，经一百多年才真正完成。里面有黄百家（黄宗羲的第三子）完成的一些评案，也有其他人参与，最重要的参与者是全祖望。中华书局出的这套书有四册，写明全祖望补修，但是其实全祖望修完时，这本书也只是有了一个大致的样子；到了清代，王梓材、冯云濠等人再做修补，才最后成书。所以这部书可以说是鸿篇巨制了。梁启超就评论“《明儒学案》《宋元学案》是中国学术思想史的开端著作”。《明儒学案》的开篇提到，其实明代之前就有类似的著书，但是记述疏漏，而这部《明儒学案》则规模宏大，不限于一派或几派。一个学案里面往往既有开创者也有继承者，不同的学案有不同人数。一共涉及近二十个学派两百多位学者。对思想家的介绍包括生平、思想和学术地位，还收录了开创者的语录和原始资料，可谓弥足珍贵。

黄宗羲（1610—1695），字太冲，别号梨洲，是很受人尊重的一位思想家，人格挺立。他父亲是东林党人，被权宦害死。后来黄宗羲为父申冤复仇，当堂锥击仇人，被皇上称赞为“孝子”。他生活在明末这个山河破碎的时代，积极参与了抗清，失败后就著书立说，写成了《明夷待访录》，希望返回尧舜之道，强调“公天下”而不是“家天下”，权力不能被一家垄断，很有见地。清王朝几次邀他做官，都被他拒绝。他不出仕，得以终老牖下。

黄宗羲的学术思想总的来说倾向于王阳明。但是在王阳明学派里面，他对某些流派如王龙溪领头的一派就更多地持批评态度，而对另一些派别如邹东廓、罗念庵领头的那一派则比较褒扬。他最认同的就是他的老师刘宗周。刘宗周作为明末遗臣，为明朝的灭亡绝食而死，很有气节。他们都认为王阳明很了不起，但是阳明后学却良莠不齐。虽然《明儒学案》尽量客观，但也做不到尽善尽美，它对某些思想的猛烈批评，或对各派地位的评价，还是有商量余地的。

下去，开启出新的东西来。

《宋元学案》还记载了一段："顾二程子虽同受学于濂溪，而大程德性宽宏，规模阔广，以光风霁月为怀；二程气质刚方，文理密察，以峭壁孤峰为体。其道虽同，而造德自各有殊也。"（《黄宗羲全集》第三册，656）由此可见，大程的特点就是开阔生动，继承了周敦颐的特点。"光风霁月"是形容雨住天晴之后美好的景象，这里用来形容大程又开阔、又美好、又自然的气象，让人可以一见为之倾倒。相对来说，小程比较严格："文理密察"说明他写作和说话很讲究，滴水不漏，可以用"峭壁孤峰"来形容。他讲"存天理，灭人欲"就是很好的例子。他认为，天理如同峭壁一样，人欲别想往上依附。所以，兄弟两人虽然阐发的都是道学思想，所阐发的"道"和"理"的大端也是相同的，但是他们呈现出的"德"与"气象"却有所不同。

程颢治学像孟子一样，"先立乎其大者"，强调做人做学问的关键就在于"立大"。立大就会成为孟子说的那种"大人"；而人的天性中也有占有欲望，这是"小"的方面，追求它就是"小人"。程颢的《识仁篇》云：

> 学者须先识仁。仁者，浑然与物同体。义、礼、智、信，皆仁也。识得此理，以诚敬存之而已，不须防检，不须穷索。若心懈，则有防；心苟不懈，何防之有？（《黄宗羲全集》第三册，656）

在程颢看来，立大就是要"识仁"。"仁"就是人的本性中最大、最重要、最原本的东西，所以《中庸》讲"仁者，人也"。那怎么识仁呢？为什么有的人可以识仁，有的人识不出仁？程颢后面做了解释：仁，就是与万物同体。我们的本性就是仁，你如果认识了它，皈依了它，使之在你的身上呈现出来，就可以与物同体，这似乎有一些佛家、道家的味道了，或者说三家在这一点上有共识。"义、礼、智、信，皆仁也”，就是说这五种德性，从根本上说都是“仁”，识仁透彻的话，其他的德性也多半会被带出来。

后面再讲就是工夫论了。虽然仁是我们的本性，但是常人可能把它忘了，把它遮盖住了，就像孟子说的“放心”了，把本心放逐了，丢掉了，所以做儒家的学问就是要把这心找回来。程颢也是这个意思，识得了“此理”，即仁是人及其所有德性的根本，乃至人与万物的根本，但怎么让它在我们的意识中占据主要地位，不断呈现出来呢？方法就是“以诚敬存之”。

那么什么是“诚”呢？“诚”是从《中庸》来的，《中庸》里面最高境界就是“诚”，这是十分生动且具有开放性的。在此之前，儒家文献中没有系统地讲“诚”。“诚”，从现代意义上讲就是真诚、诚实、不撒谎，与“伪”相对。所谓的欺骗，不管是欺人还是自欺都不是“诚”。由此看来，“诚”就是一种**内在充实和畅快的心理状态，所说所做正是其所思所愿**。中西方一些哲学家却认为，人类是最能“伪”的生物，荀子也说“人之性恶，其善者伪也”，善都是人为（伪）的。思孟学派反对这种说法，他们认为人从根本上说，既是善的，也是诚的。现代人的一般看法似乎接近孟子，认为撒谎是一种扭曲的心理状态，不然怎么会有测谎仪呢？你撒谎的时候，潜意识和显意识，甚至显意识的不同维度之间是矛盾的，所以测谎仪才能测出来某些数据，比如你的心跳、血压、呼吸的异常。而当你说真话的时候，潜意识和显意识之间就没有明显的冲突，数据就是正常的。尽管到目前为止，测谎仪的准确率也就百分之八十，但也大致可以说明问题。而且，在思孟的语境中，“诚”一定是善的，或起码是向善的，不能说恶人实心作恶时，他的心也是诚的。因为恶并非人之本性，所以作恶中总有“伪”，不可能有诚意实心的作恶。当然，这是一个可争论点。总之，对于大程子而言，不伪、无欺和向善的心态就是“诚”。而《中庸》又将“诚”深化了。“诚”实际上就是潜意识与显意识充分共融，人与人、人与物之间的藩篱也被打通了。真正的圣人就是一个能诚的人，能够与他人没有隔阂，对他人就像对自己的亲人一样，与万事万物也亲密无间。他的生存就像是与世界共同演奏一首交响曲，每个行为都恰到好处，“发而皆中节”。所以这个“诚”就不只是心态了，这个心可以与天地万物“浑然同体”而相通了。

总而言之，“诚”是一种本体论的充实（但不是实体化）状态，同时它也是一种纯粹原发的心态。“诚”不光是不说谎，而且是能够兴发起来的意义涌现，是本体论层面的，我称之为“时发”。“时”有时现和时机化的意思。“诚者不勉而中，不思而得，从容中道”（《中庸》二十章），之所以能“中”、能“得”，就是因为“诚”是人心与他人及万物的根本感通之处，到了这里，入了其“中”，就进入了几微或时几，就不用强努劲儿地“勉”和“思”了。这样看来，“诚”的状态不只是一闪现的或者能够轻易被欲望遮蔽的，求道者才可以“诚敬存之”，使之不失。

《中庸》说：“诚者，天之道也；诚之者，人之道也。”（《中庸》二十章）“诚”就是那个“道”，源头是天道，通过人的修身达到的是人道。我们说“不诚无物”，意思就是没有诚就没有物，真诚使人的思想和万物打通。进入诚的境界，再认识物就可以从新的维度去认识了；反过来则是，真的深入到物中，就会使心灵真诚。这就是《大学》讲的“格物致知”，通过格物达到意诚。“物格而后知至，知至而后意诚，意诚而后心正，心正而后身修”（《大学》一章），然后才能齐家治国平天下，这就是《大学》的要害。宋儒希望把这些要害的理路说清楚，具体的策略就是回到思孟，把格物致知、正心诚意回扣到《孟子》《中庸》，把三纲领、八条目从哲学上阐释出来，而程颢抓住的要害就是“识其大体”，大致就是“以仁诚带动格物”的路子。

我们再来看“敬”。“敬”是对某种东西特别尊重和严肃的专一心态，后来程朱理学就特别看重它的工夫论效应。怎么打通潜意识与显意识呢？怎么把人偶然闪现的与万物同体的状态保持住并且显发出来呢？就需要通过“持敬”，也就是尽可能长久地保持心灵对人对事的敬态。“敬”就是说人的心态是专一的，而且里面还包含诚恳、尊重等。识得理后就用“诚”“敬”保存住，这样就不用每天防检，不用像曾子说的那样每日“三省吾身”。曾国藩在京城做官时，向倭仁请教如何修身，倭仁就让他“克己复礼”。“克己”就是写日记反思，就是“防检”。起了不合乎礼的念头就要克服，起了贪念、色念等就要痛责自己。曾国藩觉得这颇为有效，而这个修身经历也对他后来的人生产生了重要影响。其实曾国藩走的就是小程和朱熹的路子，他们就讲“持敬”，也讲克己。但是大程就不认同这样的做法，他认为这样就把人的“元气”、人心本来浩然的气象弄得萎靡了。关键只在于“识理”与“诚敬”，不必去“挖祖坟”“查三代”地追究那些私心是如何产生发展的，也不用时时痛责自己的卑鄙肮脏，只要识仁和诚敬这个大体立起来了，那些心理上的魑魅魍魉自然就消泯了。这是人的本能、人的根本，也就是孟子讲的“良知”“良能”。“识得此理，以诚敬存之而已，不须防检，不须求索。若心懈，则有防；心苟不懈，何防之有？”这也是后来心学家比较常用的话。心不松懈，“敬”则不会松懈。“敬”既是保持专一，也是保持清醒、警醒。他们讲“惺惺”，就是佛家讲的“常惺惺法”，“常惺惺”就是保持警觉、醒觉。可见这里已经有心学的倾向了，但还没有完全放开，“敬”后来被程朱理学强调到了极致。但大程比较忽视那些克己的工夫，主张只要“心勿忘，勿助长”（《孟子·公孙丑上》）就可以了。心不能懈，懈了就要防检，心不懈就不用防检了。孟子的“勿忘勿助”的话，到了宋明那会儿，其实大家大都已经忘了。多少年的科举制度以及儒家的这种正统地位，使人们仅仅把四书当作取得功名利禄的工具，遗忘了其原本的东西，所以大程才继承了周敦颐的思想和生命精神，认为只要坚持本来的、根本的东西，人生就自然有了真理，有了道德，有了快乐。这也是周敦颐让二程“寻孔颜之乐”的原因，当然也包括在大程这里产生的后果。“仁”“义”本身就很让人快乐了，那人还会去做坏事吗？不会的。你已经被人生中最美好的、最真实的东西所吸引，与万物同体了。这种境界一直特别吸引后来的知识分子，持续了几百年，一直到王阳明都是这样的。所谓“悟道”，或者我们说的潜意识与显意识的打通，是有窍门的。你只要识了“仁”，不把它弄丢，你就不会被那些欲望折磨，就不会出现想做又不敢做的那种纠结情况：坏人做坏事是不会出现这种纠结的情况的，他们只会被外在的法律惩罚；但是君子内心有欲望，却又不得不装得道貌岸然，这就麻烦了。所以需要“诚”的境界，识其大，人生就可以得到根本的改观。

接下来大程又讲“与物无对”，就是人和物不再相对，或者说主体和客体的打通。孟子言“万物皆备于我”（《孟子·公孙丑上》），其实就是说“物”和“我”打通了，所以需“反身而诚”。若“反身”没有达到真正的至诚，只是读了这些东西，觉得很美好，本人却没有做到，就还是与万物是相对的，没有真正打通，没有像《瑜伽经》说的那样，进入三昧状态。有想三昧是“三昧”的初级阶段，进入这个状态后，自我认识的本性似乎就不存在了，伴随想象、思索、欢乐和自我意识，快乐确实会出现，这个快乐是“萨埵”造成的。如果想达到无想三昧，你还需要继续努力，不能执着，最后把意识和物质性的东西，或者说三德完全分开。儒家没有《瑜伽经》的那些讲法，但是也体验到，达到一定程度，就会与物无对。如果只是让自己去符合礼，克己复礼，那就“终未有之，又安得乐乎？”，就是说总在接近标准，却总也不能真正达到，也就乐不起来。即便在外人看来你是谦谦君子，你特别守规矩，你的一生无可挑剔，但是你没有得到真正的快乐，没有得仁的至乐。在某种意义上，你还是辜负了人生。所以，大程心学开启的境界就是提示你，一定要达到孔颜之乐，如此才是真的进入了“诚”。由此，你与道才算接通了。这就是程颢《识仁篇》的大意，其内涵很丰富，对后世影响非常大。当年我在美国留学，读到港台新儒家的书，牟宗三先生就特别推崇这篇，也给了我很大的启发。他还跟着宋儒起，通过医学生动形象地来讲仁。医家讲手足麻痹不通就是“不仁”，现在我们讲的“麻木不仁”就是从医学来的。不仁就是不通，就是与万物及他人还有硬性对峙。真正打通之后就是仁的状态，这是人本身最自然活泼的状态，想怎么活动就怎么活动，举手抬足随心所欲。医学上半身不遂的人，会发现仁的缺失是何其痛苦的事情，但我们的精神和人生上的不仁，却似乎被我们平静地忍受着！

程颢《识仁篇》里所引的孟子语，都出自《孟子·尽心》篇。该篇一开端便是心学要害，对后来心学发展也很有影响：

> 尽其心者，知其性也。知其性，则知天矣。存其心，养其性，所以事天也。夭寿不贰，修身以俟之，所以立命也。

就凭这一段话，就足以把孟子看成是心学的开创者。能把心的潜能都穷尽了，就是“尽其心”，就能知道自己的本心，而此本心就是人的本性，知此性就能“知天”，因为本性即是天性。把本心存起来，加上“诚敬”，就可以“养其性”，这样你的所作所为都是为了天性得以开展，实现自己的天命，这就是“事天”。无论夭寿或者说寿命长短，幸运还是不幸运，都要通过修身来实现自己的天命。我们可以看到，《识仁篇》里都是在引用《孟子·尽心》篇的话。孟子的话与《周易·说卦》的“穷理尽性以至于命”也有相呼应的地方，但是《周易·说卦》中没有直接讲出“心”，只是隐蔽地触及了。

程子下面又引释《孟子·公孙丑上》：“‘必有事焉而勿正，心勿忘，勿助长’，未尝致纤毫之力，此其存之之道。”（《黄宗羲全集》第三册，657）怎么保存和再现识仁之心呢？不要去加一点点强力，让心自发地实现出来，这才是真心。加上任何防检，就还只是在做初步的工夫，不可能给人带来快乐，只是像立起脚手架，帮你靠近“诚”或者“仁”的边缘，但是真正的“诚”和“仁”还必须是自发的。你总是追求这个事情、那个事情，但忽然有一天你可能会进入到另外一种自发的境界。就像我们学习骑自行车一样，刚开始学习的时候，注意力高度集中，手用力操纵车把，但车子一会儿往这边倒，一会儿往那边倒，让你觉得不可能学会。但某个时候忽然一下子就能掌握平衡了，反而不用费什么气力了。这就是程颢从孟子那里接过来又加以突出的工夫论的特点：借机（“有事”时）止心，勿忘勿助。这个意思我们上面讲禅宗时已涉及，这里就不再解释了。

刘宗周就特别欣赏这一点，《宋元学案·明道学案上》引述他的评论：“而勿忘、勿助之间，其真用力候也。盖天理微妙之中，著不得一毫意见伎俩与之凑泊，才用纤毫之力，便是以己合彼之劳矣，安得有反身而诚之乐？”（《黄宗羲全集》第三册，657）你用了这个力也不都是坏事，有时候会帮助你接近此理，但有时候，特别是关键时候，用力去“以己合彼”，反倒会阻碍诚乐的出现。所谓“凑泊”就是硬往上凑，就像曾国藩写日记那样，想成圣人因而痛责自己。我们年轻的时候也这样，写日记批判自己。这个过程本身有真诚的一面，但是绝不足以达到程颢说的那种境界。

程颢有首七绝诗：

> 云淡风轻近午天，望花随柳过前川。
> 旁人不识予心乐，将谓偷闲学少年。
>
> （《偶成》，载《二程集》，476）

一天中午，他出去随意游玩，特别快乐，也意识到了自己的快乐，这其实就是“反身而诚”，是出自原发的“自身意识”（见以上讲《周易》心学部分）的反身而诚之乐。一般的人不知道自己的心可以有这么深度的快乐（就如同孔子赞许的曾点所讲的春游之乐），所以也就“不识”程颢之乐，以为他是“老夫聊发少年狂”，一时心态走神而已。有的文学评论家就没有理解这种“心乐”的真正含义，于是这样评论：“至此，一向被人们认为是道貌岸然的理学家也有意无意地披露了他性格的另一个侧面：他不仅生活在令人窒息的‘理’的世界中，还是一个对大自然充满感情的活生生的人，只不过他的感情经常被‘理’压抑和扭曲罢了。”[①] 按这样的解释，好像程子那里的“乐”与“理”是分离的，或彼此独立的，就好像杜丽娘在春天的时候去园中赏花，一看春景，把老师教的东西都忘了。但事实不是这样的，程颢的乐是“识仁”的乐，是自然与自己融为一体之乐，这样他才能真正体验到仁是最快乐的。宋代整个的道学境界就是这样的，周敦颐、大程等人开启的光风霁月、孔颜之乐的那种气象，在他们的人生里随处可以体现出来。他在《秋日偶成》中也如此写道：

闲来无事不从容，睡觉东窗日已红。
万物静观皆自得，四时佳兴与人同。
道通天地有形外，思入风云变态中。
富贵不淫贫贱乐，男儿到此是豪雄。

（《二程集》，482）

诗和思真正的沟通其实也是“诚”的表现，这在后世也产生了极大的文化思想效应。后世有好多学者就对此境界加以推崇，像刘宗周、周汝登和现代的牟宗三对此都颇为赞许，认为程颢抓住了“诚”的要害；但是也有其他一些偏向程朱理学的人，对《识仁篇》有怀疑与批评。比如，朱熹就认为他们好高骛远，放任自己，为了天性发挥，就

① 蒙万夫、阎琦主编：《千家诗鉴赏辞典》，西安：陕西人民教育出版社，1991年，第2页。

抛弃防检，颇像禅宗中的“狂禅”。“朱子谓程子《识仁篇》乃地位高者之事，故《近思录》遗之。”（《黄宗羲全集》第三册，658）又说：“明道说话浑沦，然太高，学者难看。”还说：“程门高弟，如谢上蔡、游定夫、杨龟山下，稍皆入禅学去，必是程［颢］先生当初说得高了，他们只睥见上一截，少下面着实工夫，故流弊至此。”（《黄宗羲全集》第三册，659）可见宋明道学与“禅学”及“道家”，相差只在几微之间。

大程是把有喜乐情感的心放在了与“天”“命”“理”“性”同等的位置上：“在天为命，在义为理，在人为性，主于身为心，其实一也。心本善，发于思虑，则有善有不善。若既发，则可谓之情，不可谓之心。譬如水，只谓之水，至如流而为派，或行于东，或行于西，却谓之流也。”（《黄宗羲全集》第三册，670）在大程看来，“天”“命”“性”与“心”都是一样的，这跟小程和朱熹很不一样。在小程和朱熹那里，“天”“性”“命”都是“理”，但是“心”没有那么高的地位。“心统性情”这是张载和朱熹讲的，“心”与“性”有关，但是也与“情”有关。“情”是气，而“心”就处在“天”“性”“理”与“情”之间，这个心带有情带有气，是混杂的而且容易犯错误的，所以是需要防范的。这样看来，心的地位在小程、朱熹那里就没有程颢说的那么高。在程颢那里，“心”是人的本性，我们可以通过心来理解本性，实现本性。于是程颢便顺着孟子解释，而孟子强调性本善，原本的“心”也就是善的，所以程颢才说“心本善”，但是一旦思虑，一旦发为情，就有善有恶了。“心”是水，而“情”是流出来的“派”，是支流。

于是他便这样深解孟子语：“只心便是天，尽之便知性，知性便知天，当处便认取，更不可外求。”（《二程集》，15）当下就认取自己诚心的展现，因此说他是宋明心学的开创者之一，确有所依（周敦颐则身兼理学、心学的造端者）。

【课堂问答】

生：老师，您刚才把“诚”和“伪”对立起来，但是“伪”还有人为的意思，这样的话可不可以将“诚”理解为“本然”的意思?

师：如果在“原本真实”的意义上，那把它解释为“本然”“天然”也是可以的，朱熹就将《中庸》的“诚”解释为“真实无妄”“天理之本然”；但是如果讲心学的话，“诚”还是与心态很有关系的。比如，即便在“诚者，天之道也”的说法里，这个天道也包括人的天性和本心。又比如《大学》里的“好好色”“恶恶臭”就是讲“诚意”的，闻见恶臭就讨厌，这可以看到诚其实从生理上就有表现了，而把那种嫌恶之心去掉就是人为了。见到好色或者说美色，见到漂亮的女孩子，少年就会喜欢，这也是常情常理，所以才叫“诚意”。儒家心学，包括《中庸》都想把这种“好好色”“恶恶臭”进行转移，转移到对天道、对德性的喜好上来。喜欢正义，有恻隐之心，这本是人心的常态，但是如果救孩子的时候还有其他想法，就是“伪”了。儒家希望把它往道德、本心的方向开启。

从心学上讲，用“本然”倒不如用“本心”。本心既有本然的意思，又有心态的意思，所以讲“诚”不能离开心态来讲。宋明理学就特别容易犯类似的错误。像朱子有时就将“诚”解释为“实”“充实”；伪就是虚，就是不充实。这样的解释就有点片面了，人能够直接领会的那种至诚经验的意味就没有了。说天理是实的，儒家是实学，道家佛家是虚的，都没讲到要害。“诚”是一种心态，一定有非对象化的、“虚”的一面；同时它也有道德的一面。所以这里讲的“诚”是非常生动的，并不是一种道德的律令，而是原发的人生经验，是感天动地的。

生：老师，您刚才说“不须纤毫之力，让心自然发现”，但是万一没有自然发现怎么办?

师：我们总有自然发现的机会，碰到机会，本心就会发出来。但是可能人生中大部分时间，这心都是被遮蔽的。这也是程朱所批评的：万一发现的东西不是本心怎么办？所以小程和朱熹才强调要老老实实地去读经典、做工夫，“克己复礼”。程朱因此也就将“敬”礼化了：作为子女要给父母晨昏定省，见到兄长就要尊重，这都是唤醒本心的方式。这种格物致知格得多了，就会豁然开朗，心就纯了。但是按照大程的倾向，尤其是后来心学的倾向，要更乐观一些：只要不是生活在极度恶劣的条件之下，只要还能感受到人间的关爱，就可以发现自己的“良知”。“良知”就是“不虑而知”，就像父母对自己孩子的慈爱之心自然会出现一样，同样孩子对自己父母的孝也是如此，这样的情感到处都有。

生：会不会这样的感情只是一闪而过呢？

师：小时候的那种“心”不是一闪而过的。小孩子会想父母，父母不在就会手足无措。这也可以看成是一种“孝”，虽然不同于一般意义上的“侍候”，但起码也是“亲亲”。但随着人的成长，原本的良知良能逐渐被放逐了。所以人如果在好的家庭生活中，体验到的“良知”“良能”就会多得多。但是，即便是那些生活环境比较恶劣、生活在贼窝里的孩子也可以感受到那种“心”，只不过相对来说，他的心被遮蔽得更深，需要别人启发。举个例子：《悲惨世界》中的冉·阿让就是这样的人，他的生活非常悲惨，本来心中应该全是怨恨，但是遇到那位神父之后，他的善心就被唤醒了，人生就被重塑了。

生：这样很难操作啊？

师：所以，孔孟和宋儒们就强调儒家教育，他们觉得礼乐教化是可以塑造人的。尤其是音乐的感化力特别强，无论多么恶的人，只要听到美好的音乐，天良就会被唤醒一点儿。这个时候如果再有家庭体验，良知良能就会出现了。当然这是孟子的理路。

荀子等人就反对这一点，他们认为人天生就是互相争斗的，就像小孩之间会争夺父母亲的宠爱，人天生就是恶的。所以后来法家才会出现，这是另外一个派别，而这派是不可能有心学的。所以，先秦时只有孟子对心性这么有信心，至于这样做有没有流弊就是另外一回事了。

生：程颢的“诚敬存之”是偏向于渐悟还是顿悟？

师：是比较偏向于顿悟的，不过在程颢身上两种求道方式都有。他讲“诚敬”，又说“不须防检”，那么是不是不需要“敬”的工夫呢？或者说“诚敬”是不是就是完全自发的，不用外在约束呢？见了父母自然就敬吗？见了弟弟自然就友爱吗？当然不是这样的，即便是后来的阳明心学，也并不是说完全不用平时工夫了。但是总体来说，根据朱熹的批评也可看出，程颢的心学的确有顿悟的那一面。既然识仁在于浑然与物同体，不须防检求索，这就说明仁是可以一下子识得的，不是像朱熹说的那样今天格一物，明天格一物，最后才能融会贯通。

第三节　谢良佐

谢良佐（1050—1103），字显道，上蔡（今属河南）人，人称“上蔡先生”，师从二程，特别受程颐欣赏，对后世也有不小的影响。黄宗羲认为：“程门高弟，予窃以上蔡为第一。”可见黄宗羲对他很赞许。在二程弟子中，上蔡可称得上是最有才华的。当然朱子对他也有欣赏的一面，且承认他对少年时的自己有过影响。（《黄宗羲全集》第四册，62）但相对来说，朱熹及黄东发（名震，慈溪人）等对谢良佐的批评还是比较多的，而他们批评的重点就在于他混淆儒禅。

比如谢良佐以心论仁。《孟子·告子上》说：“孟子曰：‘仁，人心也；义，人路也。舍其路而弗由，放其心而不知求，哀哉！人有鸡犬放，则知求之；有放心，而不知求。学问之道无他，求其放心而已矣。”据此，谢良佐给出了自己的解释，而且解释得很活泼、有生气：

> 心者何也？仁是已。仁者何也，活者为仁，死者为不仁（对大程“医书言‘手足痿痹为不仁’，此言最善名状”[《黄宗羲全集》第三册，671］的延伸）。今人身体麻痹，不知痛痒，谓之不仁。桃杏之核，可种而生者，谓之仁，言有生之意。（《黄宗羲全集》第四册，163）

本心就是仁，并且仁的首义也不是道德伦理，而是生命化的“活者为仁”，这就超出了一般儒家话语的伦理学解释。这里谢良佐是接着大程讲的，他用了医家的解释，就更贴切了。麻痹就是不仁：也就是说，灵魂中有东西麻痹了，就是真的不仁了。看到孩子要掉井里，你恻隐之心动了但是不去救他，就说明你心里有麻痹的地方。如果见到孩子将入井，不假思索地去救，就说明心是活的，身心相通。后面他又用桃杏之核来继续阐发，不过我们现在都说“果仁”，这里“果仁”的“仁”其实就是这个仁，所以宋代的日常话语跟我们现代的日常话语在此是一致的。把“核”种下去，能生发出新的东西，这里就可以把核理解成“种子”，而佛家阿赖耶识就叫“种子识”。这里说“种而生者谓之仁”，“仁”就是那能生而又生者，比喻很贴切。这里似乎是从医家和生物学的角度来解释“仁”，其实你想一想，这种解释与伦理道德上的“仁”意思是不是也是贯通的？“仁者人也，亲亲为大。”仁就是那让人突破个体主义，从而亲亲仁民、生生不已的品质。后来王阳明也愿意接纳这种说法，有时也从生理角度来解释“心”或“知行”，但里边包含着新鲜的伦理意义和心学意义。其实心学就有这样一个特点：希望把身心打通，因为对于心的最容易、最痛切的理解就在于身。像我们之前提到过的“恶恶臭，好好色”就是这个意思。所以黄宗羲才称赞谢良佐曰：“在程门中英果明决，其论仁以宽，以生意……皆其所独得以发明师说者也。”(《黄宗羲全集》第四册，171）这说明谢上蔡对仁的解释有自己独到之处。当然这么理解仁，也有漏洞，下面会有所涉及。

谢上蔡对“天理”的解释也有生动贴切的地方。“天理”是宋明理学的要害，二程实际上都讲天理，说“天理”二字是他们自家体贴出来的，而宋明理学的开创意义之一也是因为提出了“天理”。谢上蔡说：“所谓天理者，自然底道理，无毫发杜撰。”(《黄宗羲全集》第四册，164）他认为天理就是自然的道理，没有一点点人为的痕迹，从理性上，从概念上，从规则上，都不足以理解天理的真正意味。谢上蔡继续沿用了孟子的例子：“今人见孺子将入于井，皆有怵惕恻隐之心。方乍见时，其心怵惕，即所谓天理也；要誉于乡党朋友，内交于孺子父母兄弟，恶其声而然，即人欲耳。”(《黄宗羲全集》第四册，164）怵惕恻隐之心是自发的，强调方乍见时，就是说在这样的时机下，自然而然出现在意识中的就是天理。与此相对的是，如果一转意识，想到救此孺子可以得到别人的赞赏，或者孩子父母会给我利益，或者孩子哭得让我难受，这样的想法就都是人欲了。尽管你最后确实是做了好事了，但如果不是发自纯粹的心，就不能说是［源自］天理。自然而然的才是天理，才是“天良”；有所考虑的就是“人欲”。这里谢上蔡关于“天理”“人欲”的解释就很生动活泼。他不但结合人生的直接体验，而且是时机化的、纯粹化的体验，人只要一反省它们，就知道什么是天理和道德。从原本上说来，道德并不只是一套纯粹命令或者规矩，当然康德的解释也有他的妙处，但归根究底，道德的源头一定是自发的、原发的东西，只不过这里将其解释为“天理”。

天理到底是什么？小程、朱熹解释天理的时候都说是“所以然”，冯友兰先生的《新理学》也讲“所以然”。一个东西之所以成立的理性的根据是什么？就是它的“所以然”。这就有点像柏拉图的“理念”。孔子讲“仁者爱人”，程朱就质疑道：“爱人”怎么能是“仁”呢？在

根本；有孝悌，其他德行就会好；从孝悌中能生发出新的东西，延伸到仁义。而朱子等人只把孝悌作为情，情怎么能作为“理”呢？这不符合抬高理贬低情的思路，所以他们把孝悌“为仁之本”的“为”的“是”义转为“实行”义，认为此语就是强调要通过孝悌去努力实行仁的根本（理）。换言之，孝悌只是实现“仁”的手段之一，或只是“仁之一事”（《四书章句集注》，48），也就是说只是仁的一种表现，并非是仁的根本。这种解释是比较牵强的，不成立。当然，这样的解释与上蔡直接否认“孝悌”与“仁”的关系相比，还是比较委婉的。就此而言，朱子说“上蔡自禅门来”（《黄宗羲全集》第四册，178）也有道理，只是这种批评用到程朱自己身上也适用。

全祖望云：“明道喜龟山，伊川喜上蔡，盖其气象相似也。……然龟山之夹杂异学，亦不下于上蔡。”（《黄宗羲全集》第四册，195）“夹杂异学”，就是说他把道家、佛家很多思想都夹杂在儒家思想里了。后面《明儒学案》《宋元学案》就想把儒、佛、道三家清楚地分离，以捍卫儒学地位，而谢良佐、杨时乃至程朱等人都夹杂了异学，你说该如何分离？三家相互借用和渗透，这是个时代现象，其实周敦颐、二程的学说已经有异学夹杂在里面了，只不过后人不敢指出，所以后面的高徒们才会代师受责，频繁地被人指责夹杂其他学说。这里说大程喜欢杨时，小程喜欢上蔡，主要是由于他们气象相近，但是上蔡不强调“所以然”，这一点也与大程类似。我们可以推测，上蔡对二程都有所继承，很多学说与大程也很相近，气象上又与小程相似。总体来说，上蔡是一个很有才华的人。全祖望加按语云：“谢、杨二公，谢得气刚，杨得气柔。故谢之言多踔厉风发，杨之言多优柔平缓，朱子已尝言之。而东发谓‘象山之学，原于上蔡’，盖陆亦得气之刚者也。梨洲先生天资最近乎此，故尤心折于谢。”（《黄宗羲全集》第四册，162）这里说“象山之学，原于上蔡”，不知是否有具体的事实证据。事实上《宋元学案》有多处提到他们的联系，但朱子有那么多不满于上蔡的言论，恐怕与上蔡、象山之相类似有关吧。

【课题问答】

生：您认为人性善还是性恶?

师：源头处是超乎一般意义上的善恶的，但从根本上还是倾向善的。关于这一点，我倾向于王阳明的“四句教”：“无善无恶心之体，有善有恶意之动，知善知恶是良知，为善去恶是格物。”而从现象学角度来讲，人的意识太根本了，用一般意义上的善恶来形容已经远远不够。意识本身是时间化的，如果能把这种时间拉伸得足够长，我们就能够意识到自己要继承先祖，同时也要为多少辈的后代着想，这种意识一开始可以完全没有善恶，但是只要看得长远深邃，就会倾向于做善事，而且心地本身也会皈依善美和神圣。

第六讲　南剑三先生和陈白沙

今天进入新的一讲，涉及四位人物，跨南宋和明代，但他们有一个共同点，即他们都主张并且几乎都亲身实践从“静”中体会“未发之中”。这个“静”基本上体现为静坐，是一种工夫。大家知道，周敦颐就主静，道家当然也主静，大家去读《老子》《庄子》，比如“致虚极，守静笃，万物并作”（《老子》十六章），就是主静。而这个“静”，到了这四位先生手上开始变成一种修心方式，以便为自己体会本心提供一个可操作的途径。后来阳明后学里有一派就是主张要静坐，像聂豹（号双江）、罗洪先（号念庵）等，他们“主静”，主张要“归寂”“收摄”“保（葆）聚”或“保（葆）任”，就是说把心收回来，在静寂中回复原态，还要把此状态保持住，到时候才放得开。“保任”的“保”就是保藏、保持、保护的意思；“任”就是任它自行。就是说，你回归并保有了这个本心，它才能在适当的时候自发，才会“发而中节”。这就是《中庸》里关于“未发”“已发”那两句话的意思，它对我们理解后来的心学极其重要：这两句话是他们的话头。什么叫“未发”？什么叫“已发”？“主静收摄”就是“未发”，“发而皆中节”就是“已发”。南剑三先生和陈白沙基本上都是这个主张。

杨时、罗从彦和李侗三位，他们都是福建南剑人，所以被称为“南剑三先生”。这三位是朱熹的直系师承之所在。杨时接的是二程，罗从彦接杨时，李侗接罗从彦，朱熹再接李侗，可见朱熹是二程的第四代传人，要说起来应该算作周敦颐的第五代传人，这个师承是很清楚的。

第一节 杨时

我们先来看杨时。杨时，字中立，号龟山，叫他龟山的比较多。他生活的年代是从 1053 年到 1135 年，基本上跨到南宋了。

一、传道学于南方

从小程经南剑三先生到朱熹，是“程朱理学”的脉络，其中当然也包括大程理学。但是，这三位先生也在一定程度上继承了大程的心学倾向，他们在工夫论上主张静坐而不是小程提倡的“持敬”。我们下面可以看到，朱熹是反对这么突出静坐的，所以这条脉络里面的传承关系是比较多样化的。朱熹本人可能是因为智力太强，静不下来。人和人特点不一样，他的师辈们都主张静坐，朱熹也做过努力，但是据他后来回忆，因为求知的心太重，所以老师的话就没真往心里去。到了晚年或者甚至早在中年时，他就开始有了些悔意。我们会看到，后来王阳明拿此事大做文章，写了《朱子晚年定论》，不过此定论也受到一些人的反驳，说朱熹根本不是到晚年才要搞“保任”，其实他早就时不时流露出对自己在这方面不成器的憾意。这也可以理解，因为他的老师就有这个特点，他自己也知道静坐的重要性，估计他还做过努力，但机缘一直不凑合。

我们来看杨时。《宋元学案》第二十五卷首先就讲他。“熙宁九年进士，调官不赴，以师礼见明道于颍昌。明道甚喜，每言杨君会得最容易。其归也，目送之曰：‘吾道南也。’”（《黄宗羲全集》第四册，195）杨时于熙宁九年，也就是 1076 年他 23 岁时中了进士，但给他派官他不去，而是去颍昌拜大程为师。程明道非常高兴，这进士不去做官来拜师，肯定是高兴的原因之一。杨时又非常聪明，理解他的理学，甚至他的心学，最为颖悟。别人跟老师好多年也不见得能找到其中最要害的地方，杨时却领会得“最容易”。当杨时往南回家的时候，大程子看着杨时走远了，对身边的人讲：“我的道到南方去了。”——因为二程是河南洛学，在当时算中国北方。这句话后来就被认为是一种“谶语”，好像随便一说，但它预示了未来。

黄宗羲的儿子黄百家也参与了《宋元学案》的创作。他在第二十五卷中加了一个按语：“二程得孟子不传之秘于遗经，以倡天下。而升堂睹奥，号称高弟者，游、杨、尹、谢、吕其最也。顾诸子各有所传，而独龟山之后，三传而有朱子，使此道大光，衣被天下，则大程‘道南’目送之语，不可谓非前谶也。”（《黄宗羲全集》第四册，199）他说：“二程得孟子不传之秘于遗经。”宋明理学家认为自己是直接接的孔孟的不传之秘，到孟子之后，儒家的奥秘已经没人知道了。“遗经”指什么经呢？应该首先就是《大学》《中庸》，虽然它们原来都在《礼记》里，但是以前没被看得那么重要，当然可能还有《孟子》。“以倡天下”，即把这个学说传到天下。“而升堂睹奥，号称高弟者”，真正能够升到中堂看到它的奥妙的，“游、杨、尹、谢、吕其最也”，这五位被认为是二程最出色的弟子。“游”就是游酢（游定夫），“杨”就是杨时，“尹”就是尹焞（和靖是他的号），“谢”就是我们上次讲的谢良佐，最后“吕”是吕大临。吕大临先拜了张载为师，张载去世后，又师从二程。后来只要是二程讲的跟张载不一样的，他就不发一言，表示他还是坚守以前老师的，对老师的学说不肯完全放弃。黄百家说这五个是二程弟子中最出色的。“顾诸子各有所传”，这五位发展了老师的不同学说；“而独龟山之后，三传而有朱子，使此道大光”，即是说，只有杨时的后边，经过三次传承，最后出了朱子，使这个道大放光明，最后朱子学被立为官学，主宰中国学界五六百年。这个不得了，考科举想做官就得跟着朱子讲《四书章句集注》，偏离了绝对中不了举。

“则大程‘道南’目送之语，不可谓非前谶也”，这不可以说不是超前的谶语。

杨时是一个颇有主见的人。他曾经怀疑过张载的《西铭》，可见其独立思考而善于发问的特点。大家都知道《西铭》里面颇有些名句，比如“乾称父，坤称母”，“民吾同胞，物吾与也”，等等。杨时怀疑它有墨家的兼爱之嫌，它的思路好像把儒家的“亲亲”的特别地位给破了，它讲的爱好像是天地广大的爱。我自己也有这个想法。《二程集》记载了杨时的这个提问，小程回答说不是，张载和墨子很不一样，因为你如果了解了理一分殊，就知道他讲的爱虽然广大，但实际上还是很具体的，还是具体的“亲亲之爱”，虽然他当时没讲那么清楚。但是，这个问题是不是就解决了，你们自己判断。

关于人怎么体验到二程一再讲的天理，杨时的主张跟我们上次讲的谢上蔡的观点也有点近似，就是让天理在我们的直接体验中出现。他也有这方面的论述，比如：“人性上不可添一物，尧舜所以为万世法，亦只是率性而已。所谓率性，循天理是也。”（《黄宗羲全集》第四册，201）

人性就是天理，性就是理，它不能添一物，你往上加什么都不行，它就是最原本的，也是最原发的。上次我们讲谢良佐，我说他讲的好：恻隐之心突然萌发的时候，那一瞬间你体验的就是天理，稍一转念，有别的念头了，那就是人欲。非常清楚，完全出自你的体验。虽然外人看你从头到尾干的都是同一件事——孩子危险引起你的注意，你去救他——但是，如果中间你不是出于纯粹的恻隐之心去救他，或刚开始恻隐但后来又想到了别的东西，那就完全变了，从天理变到人欲了。这里的关键就是率性。人本身的这个理，要体验它，只有率性，不要想靠理性、靠算计、靠训练。训练是对的，但最后要作用于你的本性，进入与潜意识打通的那个边缘意识，只有达到率性才行。什么叫“率性”呢？就是循天理。这个结合谢良佐讲的就更清楚了。所以杨时讲的不错，我们率性发生的那个天良、良知、良能，就是天理。但是，他没有像谢良佐那样给出特别具体的例子，这是他的一个缺憾，所以在此处他讲得不如谢良佐那么生动、具体和微妙。

他接着讲："外边用计用数，假饶立得功业，只是人欲之私，与圣贤作处，天地悬隔。"（《黄宗羲全集》第四册，201）外边用计用术，"计"就是你加以考虑、算计，然后"假饶立得功业"，即便可以干出可观的事业，但是"只是人欲之私，与圣贤作处，天地悬隔"。秦皇汉武干出了那么伟大的功业，也不过是人欲之私，所以他们的统治也只是家天下，跟尧舜没法比。尧舜的统治、传位都是发自天理，是天下为公。这个讲得不错，议论很纯正。

二、"反身而诚"以"格物"

杨时主要继承小程，对于《大学》的"三纲领、八条目"，特别是对"八条目"的体会很深，有一些创见。这是杨时为后来南剑三先生的传统留下来的东西。所谓"三纲领"就是"明明德，新（亲）民，止于至善"，这是《大学》一开篇讲的。"八条目"就是要实现从"明明德"到"至善"的工夫和次第，也就是格物、致知、诚意、正心、修身、齐家、治国、平天下。但它后来又倒过来讲，要平天下就要治国，要治国就要齐家，要齐家就要修身，要修身就要正心，要正心就要诚意，为了诚意就要致知，为了致知就必须格物，所以关键在格物。宋明理学对什么是格物有无数解释，你的学说是什么样的，常常取决于你讲的格物是什么，因为格物是一切修证的源头。

关于"格物致知"，杨时讲："学始于致知，终于知至而止焉。致知在格物，物固不可胜穷也，反身而诚，则举天下之物在我矣。"（《黄宗羲全集》第四册，206）

儒家一讲"学"就是"大学"。孔子讲"学而时习之，不亦说乎？"（《论语》1.1）能让你快乐的学不是一般的学知识，而是所谓的"大学"，它和"小学"不一样。"学始于致知"，这里面也包括一点

“小学”，但“小学”不是最主要的。“致”就是“实现”，在这里是动词；使我们达到，去求取、去穷竭、去获得，都是这个“致”的意思。这个“致”有时转化为“至”，“终于知至而止焉”。聪明人有能力玩语词游戏，其中往往都有深意，如“致知”反转成“知至”。你去致知，经过了多少工夫，最后如果真能达到、进去了，你的知就至了。“至”在这里说的应该是达到了一种终极状态，这个字到现在也有这个含义。所以两个“zhì”（“至”与“致”）既有极点、最高的意思，也有前往、到达，乃至去获得、去穷竭、去实现的意思，这两个字有时候是可以互用的。所以在这里，“知至”指知达到了最高点。后来朱子讲的今天格一物明天格一物，最后豁然贯通天地万物的道理，达到无所不知、无所不明的状态，就是知至了。所以“致知”达到“知至而止焉”，这个“止”是止于至善，进到最终极的状态。

“致知在格物。”怎么致知呢？关键在格物，所以如何看待“格物”是一个要害。后来理学、心学或朱熹、陆象山、王阳明就争论“格物”的“物”怎么理解。这个“物”是世间万事万物呢，还是说，它首先是我们自己的心和身？是这个身心格了，万物就格了呢，还是说通过格万物最后反过来改变了身心？都有可能。这就是理学和心学不同的地方。

杨时在这方面有他自己的立场。他说，“物固不可胜穷也”，就是说你去格物，天下万物怎么会格尽呢？举不胜举，不能够穷竭，那怎么才能真正格到让人可致知的物呢？“反身而诚，则举天下之物在我矣。”（《黄宗羲全集》第四册，206）他这里采取了孟子的策略，“反身而诚，乐莫大焉”（《孟子·尽心上》）。我们格天下之物格不完，那就先格我自身这个物，如果是真正达到了“诚”，那么天下之物就在我了。诚就是内外打通。这其实也是刚才说的天理，天理就是一种诚的状态。“恻隐之心”就意味着，你根本没有想到自己，你自己和那个要落到井中的孩子在那一刻是完全共通的，他的痛痒就是你的痛痒。所以诚就是一种感通，即那种特别根本的感通状态。“不诚无物”说的就是这个意思，所以关键在诚，诚才有物，也才能格物。这里“物”不仅仅指外物，而且还包括在诚意中与之打通者，所以一定与人的心态而非仅仅是认知状态有关。反过来，真的格物也能导致你的意诚，这是《大学》讲的。如果达到诚，天地万物便都在我，这就有心学的意思了。但也不完全是，不像后来的陆象山、王阳明那么突出“吾心”，要不南剑三先生最后怎么能引出理学大师朱熹？不过这样看来，理学里也有心学的一面，两边从来不是分得那么清的，所以杨时的这一段话还是蛮重要的。

“反身”这里很关键，怎么反身呢？他说：

> 凡形色之具于吾身，无非物也，而各有则焉。目之于色，耳之于声，口鼻之于臭味，接于外而不得遁焉者，其必有以也。知其体物而不可遗，则天下之理得矣。天下之理得，则物与我一也。无有能乱吾之知思，而意其有不诚乎？由是而通天下之志……则其知可不谓之至矣乎？（《黄宗羲全集》第四册，207）

他这段话，是要先“反”到我们感官上来，把“身”理解为我们跟世界交往的那个交通器官，也就是感官。杨时说“凡形色之具于吾身，无非物也”，实际上要说的就是，一切形色（有形之现象）体现到我身上时，就成为物。“而各有则焉”，即不同的物，以不同的方式与我的身发生交接。“目之于色，耳之于声，口鼻之于臭味，接于外而不得遁焉者，其必有以也”，眼睛能看到颜色，耳朵能听到声音，等等，它们相交接而不得遁，也就是说，外物的这些形色都跑不掉，跑不掉的那个地方，必有它的道理。“知其体物而不可遗，则天下之理得矣”，这个“其”就是感官，要是能知道感官是怎么体察万物而不让它跑掉的，那么天下的道理你就明白了，因为天下的万物都是通过你的感官得到的，所以你把感官和万物相接的那个不可“遁”的、不可离的理由搞明白了，就是所谓“格物”了。反身而诚就可以达到这一点。这倒是挺取巧的一个方式。万物太多了，我的五官或其他器官肯定是有限的。我把它——感通之理——弄明白了，那我就明白了万物，所以“天下之理得，则物与我一也。无有能乱吾之知思，而意其有不诚乎？”这时候我就达到诚了。“由是而通天下之志……则其知可不谓之至矣乎？”这个状态就达到知至了，可见他还在用这个“致知而知至”的话头，有点儿像“去格物最后就等于物格”的说法，蛮巧的。即去格物实际上又被物格，最后达成物我一体、心物一体。但问题是，怎么能够知道你的感官接于外而不可遁的原则、根据在哪里呢？现象学就是干这个的，胡塞尔一开始就是分析直观，尤其是感知。他主要是通过意向性来分析感知是如何发生的，它为何一定带有当场伴生的自身意识。当然杨时好像没有做这些分析，他当时也不一定有这个能力，所以“反身而诚”的这个方式到底是怎么做的，他语焉不详。虽然如此，能说到这一点，也挺不简单的，这就是一种新的推进，但是具体怎么做，他没有向我们清楚地展示出来。

我介绍一下程颐在这个问题上的观点。杨时主要接的是程颐的道统。程颐说“‘致知在格物’，格物之理，不若察之于身，其得尤切”（《二程集》，175），讲的也是这个意思。“致知在格物”，但是，又“察之于身”，如此格物才更加真切。这个“身”可以理解为一般的身心之身，而没有具体到像杨时这样讲的感官之身，所以杨时在这个问题上还是有发展的。程颐还有另外一面，这一面是后来朱熹特别继承的。一个学生提出问题：“观物察己，还因见物，反求诸身否？”（观察物，再察自己，这个时候是不是每次见物的时候都要反求诸己身，才能够真正格物呢？）程颐回答道：“不必如此说，物我一理，才明彼即晓此，合内外之道也。”（《二程集》，193）程颐认为不必这样，要这样就没法真正格物了，哪有一边格物一边反思的？现象学也认为这是不可能的。比如说，一边收麦子，一边还反思我正在收麦子，反思我的感官在收麦子的这个活动中是怎么运作的，这是不可能的。但现象学发现，你收麦子的活动意识一定带有一个自身意识，也就是对此活动的当场“意识到”。它是非反思的，但使得你事后的反思可能。这个学生的发问好像就是这样：你说“反身而诚”，不就是这样才能反身而诚吗？这就等于你站在更高的一层上来“反”。但问题是，那样还有诚吗？不管怎么样，小程说不必那样，因为吾身和万物一理，即“物我一理”。“物我一理”这个思路我们在上一门课讲过，它是从佛教华严宗来的。它讲透了物我贯通、一多贯通的道理，这是宋明理学真正比较要害的地方，所以他们才能讲理一分殊、“月映万川”等等。朱子后来甚至讲，每一个物里头都有太极，“物物一太极”，这话了不得，是朱子根据周敦颐的太极说而总结的。这就意味着，每一个物里头都有全世界的所有道理，这就意味着，不止于那“一轮月亮”映现在“万川”里，而且“万川”都收在“一月”之中。好像很神秘，但不这么讲根本讲不通。其实程颐已经有这个意思了，后人、近现代的人在讲理学的时候，能真正把其中的这个华严思想讲出来的还没几个。你们可以去读冯友兰先生或其他先生的书，注意一下他们是不是真正把“物我一理”这个道理讲清楚了，有没有说明白它跟华严宗或佛家的联系。周敦颐的“太极”到底是什么意思？光知道“理”就是“所以然”，这种讲法太干巴了。

这是不是先秦法家韩非子讲的那个“分理”呢？宋明理学的“理”绝对不是那种“理”，它跟庄子、郭象讲的也都不一样，那些人阐发的“理”里面没有内在的结构。宋明理学讲的“理”，既是空心的，又是充满着的。为什么能充满？因为全世界的“理”都在里头。为什么能这样？为什么必须这样讲？不懂华严宗根本就不知道为什么理事无碍，事事无碍。没有华严义海里面那种相互穿透的结构，这个道理就讲不通。他们用“海”这个比喻特别恰当。佛法视野中的事物，无论内观还是外观，都像大海一样无穷无尽，互衬、互构、互映、互夺。没有这个境界就讲不出这番道理。这个地方就是程颐说的，格物时不用反身，也做不到，因为在格物的时候同时进行冷反思，那还怎么格物？还怎么有诚意？他的意思是，你就直接去格物就行，“物我一理”，把它格了，你自己的“理”也就出来了，物里头就有你。后来朱熹那番讲法，按这个思路来讲就不是“支离”。陆象山批评朱熹有一定的道理，但是从根本上讲也有他的偏见，关键是怎么理解这个“理”。去格那个物的时候，要是真格得透，真理跟他有缘分，里边就有我的心，就有“反身而诚”。两边争论，各有各的道理。问题是要在物里头发现自己也不容易，朱熹后来也觉得自己没达到那个境界。他是通过格外物来达到本心，他有信心，但也不反对杨时这个格自身的办法。

下面再看一段小程与学生的对话：“又问：‘致知，先求之四端，如何？’曰：‘求之性情，固是切于身，然一草一木皆有理，须是察。’”（《二程集》，193）又有学生问，致知是否可以先求之四端？他回答说，求之四端（也即恻隐之心、羞恶之心、辞让之心、是非之心），就是求之于所谓性情，当然切于身；但是，一草一木都有理，都要考察。小程主张万物里都有理，只要察得深，能从里面发现很深的东西，不完全是对象。对这个看法，我也颇有些同情之处，但心学这边也有让我赞成的地方，反正各有各的道理。朱子把一草一木、格物致知给太极化，所以朱子把周敦颐从历史的遗忘中拯救了出来。二程虽然承认周敦颐对他们十五六岁时的教诲之恩，但周敦颐的“太极”他们是不讲的，并没有把自己的理和太极联系起来，他们说这个理是他们自己体验出来的。朱熹不是这个态度，对他来说，这个理真正的根源就是太极，所以他又把周敦颐的太极请出来与理相合，这是朱熹的一个重要贡献。这样，不但周敦颐在宋明理学中的地位得到了确立，而且整个理中都有太极，“物物［及使物成其物的理中］皆有太极”，这个思路就被朱熹大明于天下，只是后人很少有能真正能领会的。朱熹这一见地很了不起。朱熹的学问境界，不能说只看到了理；就像他自己说的，他从致知上看真是一个太好奇的人，这个也去关注那个也去把玩，连道家的经典也去注释，因为他觉得里面都有太极，他没有什么门户之见。

三、心体未发之中

再回到杨时。对心学的发展来说重要的是，他提出了直接体会“未发之中”，也就是他前面讲的“反身而诚”。他是通过感官来讲的，但是我说他语焉未详：只是点到了根本，没讲出来其中的感官怎么让我们诚，不得遁的地方在哪里。他虽然没有把那个地方的“心物一体”也即人和世界一体的道理讲出来，但他有一个补充，对后来的影响很大。他先引《中庸》：“《中庸》曰：‘喜怒哀乐之未发谓之中，发而皆中节谓之和。’”（《黄宗羲全集》第四册，205）注意引文里的这两个“中”。虽然第二个可以是动词，发音也要调整，但是毕竟都是“中”。我认为，这两个“中”是有内在联系的。喜怒哀乐这个感情还没有发出来，但是它已经潜伏在那儿，也就是说，当它处在那个《周易》讲的所谓“几”——有无之间、过去未来之间——状态的时候，它就是“中”。实际上，这就是我们讲的潜意识里边的那个状态，它已经在潜意识里，还没有分别善恶，遇到合适的时机便被引发出来，而且发得恰到好处。“发而皆中节”，“节”就是节奏、时机、时节。第一个“中”是“天下之大本”，第二个“中”或“中节”即是“和”，则是“天下之达道”，都是很重要的。《中庸》的“中”就是这么来的，杨时这么理解孔子讲的《中庸》，引的也是孔子的话。据说《中庸》这一篇是孔子的孙子子思写的，但不全是他自己的意思，这是他们家传的道脉，里面确实也有孔子的意思，所以《中庸》里面大段大段引孔子的话。这些话的可信程度如何？它们是不是孔子讲的？很有可能都是，起码基本意思是孔子的，后人可能给它们加了文字上的修饰。

杨时又接着讲：“学者当于喜怒哀乐未发之际，以心体之。则中之义自见。”（《黄宗羲全集》第四册，205）这是他的一个新贡献。小程也有这个意思，但小程没说在喜怒哀乐未发之际用心，而只是以敬涵养：

“涵养须用敬，进学则在致知。”（《二程集》，188）要用敬来跟着未发状态走，体会它，深入它，时间长了，敬就浸透你的意识深处，就能把潜伏的意识和明显的意识沟通，这样你对于世界的看法就能达到诚。所以对于程朱这一派，敬是工夫的要害。持敬、主敬、守敬都是这个“用敬”，主要是针对喜怒哀乐未发时的工夫。喜怒哀乐都发出来了，还怎么敬呢？面对生气、高兴、悲哀什么的，就不是用敬了。将敬当作工夫的要害，以后你们会知道，会遇到困难。其实小程也已经感觉到了，到朱熹那里，他自己也感受到这个困难。与程朱“持敬”并行的，还有几种不同的打通未发和已发的方法。

一种是我们刚才讲的主静——静坐。它的好处是可操作，但是它的难处是这个方法是从佛学的坐禅发展出来的，是坐禅的另外一种表现，只是名字改成了静坐而已。我讲禅宗时曾讲过惠能对坐禅的批评：开悟不能完全靠坐禅；坐禅很重要，但是不够。在这儿也是一样，坐了半天，心是挺安静的了，但是一旦进入日常生活中，你的心还能持守得住吗？很可能持守不住，碰到喜怒哀乐时，又成了俗人。

再一种是惠能创建的，所谓“大机大用”：抓住一个时机，通过某种方式打掉学习者的各种执着，比如用那些话头来破执。这种时机化的悟心法就比固定僵板的持敬更快捷，也更吸引人。儒家在学习经典、相互切磋以及后来的发展中，也用话头儿。阳明后学里的王龙溪、罗近溪等都用话头儿，当场指点，用各种方法当场启发学生。这种方法实际上是从陆象山开始的。陆象山有一个学生杨简问陆象山：什么是你说的那个本心？陆象山的回答似乎很一般，杨简就说这个我早知道。杨简当时在一个地方做官，他去断案，陆象山在屋子里边等着。他断的是一桩扇子案，两边争论，一个说给了钱，另一个说没给钱。杨简断案断得挺好，最后判明无误，回来后接着问：心到底什么意思？陆象山就说：你刚才断案，该是即是，该非是非，你用的是什么？杨简马上醒悟：原来不假思索而用的，就是本心。这跟禅宗的参话头儿基本上是一个意思。但是儒家这里的好处，是它活泼深入到日常生活尤其是人伦脉络中去了，任何一个平常不经意的行为都可能触发这种潜意识的感通呈现。而且，它一旦出现，就不容易忘掉，因为它就在日常生活里，跟着你，在合适的时候会反复呈现，所以比较容易保持。那么，怎么保证这个东西就是真的开悟？或是真的入了其“中”，而不只是一个表演？如果有表演成分的话，你的心就还没达到自发，而是在照猫画虎。当心学成了气候，一些人就自觉不自觉地照猫画虎，这就是阳明后学中出现的弊端之一：自欺欺人。

还有第三种，涉及朱熹讲的格物致知。他认为，去格外物得到知识，格得久了，最后也能够让它贯通：“至于用力之久，而一旦豁然贯通焉，则众物之表里精粗无不到，而吾心之全体大用无不明矣。此谓物格，此谓知之至也。”（《四书章句集注》，6）问题是，经常格了许久，但贯通迟迟不来，人生苦短，几十年一下就过去了。后来乾嘉学派那些考证专家确实很有成就，但他们的格物跟这个本心有什么关系呢？朱子这里也有这个问题。

小程提出“敬”的方法，后来朱子或者整个朱子一派都认为，持敬是最没有弊端的。首先，“主一之谓敬”（《二程集》，169），“一者，无他，只是整齐严肃，则心便一”（《二程集》，150）。这个有可操作性，就像静坐。它让你自己整齐严肃，每天端着架子，总是很警醒，心思又很专一，非礼勿视，非礼勿听，就是一个道学先生的样子。所以从宋明以来，儒家的学者就被说成这么一个样子了，私塾里的老先生也经常让孩童来学。它的好处是可操作。其次，它的效果也是比较明显的，可以在日常生活中表现出来，离日常生活也不远，虽然它端着个架子不是很自然。不过每天跟一个老持敬的人在一块儿，就没有压力吗？我是老师，我要是他们这一派的，决不跟你们苟言谈笑，总是衣服穿得整整齐齐，行坐很有规矩，师道尊严一下子就出来了，你们是什么感觉？再者，持敬的时间长了，不就把潜意识驯化了吗？先把那些欲望压下去，然后加以转化。这样，一直持敬，持得久了，二十年如一日，一个人的潜意识和显意识就会有所打通。他们觉得这个涵养方法又有效，又没有弊端，又不会让人狂妄，不像那些"大机大用"的方法，一发作起来什么话都敢说，如同那些禅宗爷们儿，活泼得简直是反了天。他这个方法多老实，正是孔子讲的克己复礼的体现，所以它成了几百年间儒家的正宗工夫。程朱理学在那个时代是正宗，和持敬法没有多少弊端很有关系。王阳明的心学虽然在明代非常兴盛，但是在它流行的时候，就受到很多程朱理学信徒的排斥，到了清代更是一蹶不振。所以必须了解持敬、主敬。

钱穆先生指出，在朱子这里，敬有六个意思。一是畏。这是符合儒家的，"君子有三畏：畏天命，畏大人，畏圣人之言"（《论语》16.8）。君子要有敬畏，不能那么张狂。阳明后学里有一派却有狂气。二是收敛，其心不容一物。三是主一。无论多么匆忙，始终从容专一，不失朱子说的这种气度。四是随事检点。遇事要检点自己，"吾日三省吾身"。另外两个是"常惺惺法"，即总是保持警觉，以及"整齐严肃"。[①] 其实主要就是前面这四个。持敬要求你总是保持不离它，恨不得睡觉做梦的时候也在修心，连梦里头想坏事也不行。倭仁教曾国藩天天写日记，将自己这一日的"过恶"，不管是"身过""口过"还是"心过"，通通记下，痛责刮剥，以忏悔自新。说到"整齐严肃"，这就更可操作了。无论穿多老旧的衣服都没关系，但是要整齐，不要邋遢，不要乱摆乱放东西。我就不行，我的办公桌上，这边一摞书，那边一堆纸，持敬者要一直保持整齐严肃，什么时候、什么地方都这样，家里头、宿舍里头都不乱摆。

那持敬的弊端在哪儿呢？不够活泼，压制天性。因为它要的是常修心，什么时候都要符合它的规矩，这样就不能随时而变；但人是有

① 钱穆：《朱子学提纲》，北京：生活·读书·新知三联书店，2005 年，第 96—99 页。

情感的，他/她生活的情境也是变动不居的，所以有时候情感的适当爆发也是需要的，不能总是持敬严整。孔子见颜了死而痛哭，他也是失常态了；可是真儒又认为他没有失其“中”，那个时候他就应该痛哭。所以，哪能整天都板着面孔，缺少活气呢？而且从修心的角度看，持敬能够深入那个本心吗？要修心，按这个走，刚开始时肯定有效：因为我们的心容易乱，碰到什么事容易一会儿大喜一会儿大悲，平日也是念头杂陈、心猿意马，持敬能帮你平衡和净心，这些都没问题，都有效果，要不然也不会流行这么久。问题是，要达到本心，按我们的讲法就是要打通潜意识和显意识，但“敬”本身会不会最后成为伏在潜意识里的一个习惯，而没有真正的穿透能力去打通潜显意识呢？或者说，它虽然对潜意识有所熏陶，但是却不能导致最后的开悟，那又怎么办呢？时间长了，十年二十年三十年，这个人这辈子也许就成了这么一个严肃的道学先生，并没有什么真正的悟道，只能说是一个好人，一个中规中矩的人。也就是说，要想真正达到本心，还是需要某些特别的方法的指点。这个“敬”本身有一种保持的功能，如果心达到了某种宁静，它能够帮助你保持住，但是它没有那种牵一发而动全身的时中能力，不能带着你钻到很深的意识里边去。所以，它守成还可以，但是开辟源头新境可能就不够了。小程、朱子后的几百年中，大量的儒者都用这个方法，但似乎没有出现什么了不起的本心开启的例子，尽管它对于增进个人的涵养、培育意志力和警醒力的确有帮助。

按这些规范做，时间长了确实能改变气质，但关键是能不能达到那种真正原发的状态。孔子讲“从心所欲，不逾矩”（《论语》2.4），它讲的是能达到从心所欲的中道呢，还是总是要压制某些心和欲呢？这是一个问题。情绪有时候是没办法控制的，先发出来之后才会有反思，但真工夫要求在发之前你已经调控它了。那些不好的情绪，也让它们发，但要发而中节，只要合适，就没有什么不好了。孔子哭颜渊，孟子养浩然之气，这些是合适的。其实那种最源生的，像道家主张的那种人的天性的抒发，在孔子那里也是有的。如前所述，孔子说“吾与点也”就是这种抒发。前几个学生说我要做官，我要为老百姓做什么事，我要为国家做什么事，孔子最后没有赞许他们，反而赞许想春游的曾点，这说明孔子在追求一种似乎比持敬更原本的心态。这让人感到，孔子的气象和程朱通过持敬达到的气象，直觉看去还是不太一样的。

下面我们再看杨时的贡献。他不是像小程说的那样光是讲“持敬”，他还有“心体［未发之中］”的一面，所以胡文定说“龟山所见在《中庸》，自明道先生所授”（《黄宗羲全集》第四册，209），意思是杨时从大程那里学到了真东西，即《中庸》所讲“未发/已发”的“中”义。但是，杨时虽然点到了“心”，却大都语焉不详。比如他下面又接着讲：“执而勿失，无人欲之私焉，发必中节矣……孔子之恸，孟子之喜，因其可恸、可喜而已，于孔、孟何有哉！……夫圣人所谓‘毋意’者，岂了然若木石然哉？毋私意而已，诚意固不可无也。”（《黄宗羲全集》第四册，205）也就是说，如果这个“未发之中”的状态持而不失，就“无人欲之私焉”，这样发必中节。他说“孔子之恸”（孔子悲痛的时候哭）、孟子之喜（“反身而诚，乐莫大焉”）那种痛苦和快乐都是“因其可恸、可喜而已，与孔、孟何有哉”，并不妨碍孔孟是在“中”之中，它们既合乎天性又合乎真正儒家的理。“毋私意而已，诚意固不可无也”，即是说这个“以心体之”是让你没有私意，但是诚意是要有的，所以“意”并不都是坏的。《论语》里头讲孔子“四毋”：“毋意，毋必，毋固，毋我。”（《论语》9.4）其实那个地方的“意”讲的是私意，私意不要有，但是诚意不可无。

四、吸收佛家、道家

所以杨时这个人聪明，讲话面面俱到，也能切中要害，但工夫好像不深，不像后来这两位先生——罗从彦、李侗，那都是几十年的真工夫。最后，由于杨时对佛、道两家毫无避讳地加以吸收，以至于《宋元学案》对他进行了大量的批评，比如该书中引述了黄震（东发）的讥评。全祖望写道："祖望谨案：慈溪黄氏（黄震）曰：'龟山气象和平，议论醇正，说经旨极切，论人物极严，可以垂训万世，使不间流于异端，岂不诚醇儒哉。乃不料其晚年竟溺于佛氏。'"（《黄宗羲全集》第四册，203）

"慈溪黄氏"（黄东发是浙江慈溪人）认为杨时"气象平和，议论醇正"，阐发儒家的经旨特别能说到根上，评论人论得也切当，对后世都是典范；如果他的思想里不夹杂着那些佛教异端，他就是个"醇儒"了。所谓"醇儒"就是说，不夹杂其他的异端之学。然而，"不料其晚年竟溺于佛氏"。其实，二程的高足里头，除吕大临我不太知道之外，其他几位几乎都有这个毛病或倾向。当然这个所谓的"毛病"，在我看来不是毛病，因为在那个时代他们的老师大都就是这么干的，弟子们只不过有时候更公开而已。二程则比较隐蔽，尽量把自己与佛道的那些联系隐藏下来，有的地方实在不能藏住，就半隐半露，而这几位弟子有时候就直接这么干，所以全祖望等人要对其进行批评。

比如杨时引了"总老"（东林总长老）："总老言经中说十识。"唯识学一般说"八识"，这总老加了两个，其中之一是阿摩罗识。"第八庵摩罗识，唐言白净无垢。"第八识是阿摩罗识，我们以前提及此识，有的将它说成是第九识。"唐言"就是汉语，"白净"就是只有净没有染，阿摩罗识就是这么一个识。"第九阿赖邪（耶）识，唐言善恶种子"，这些话说得都很准确。阿赖耶识善恶都有，是种子识。"白净无垢，即孟子之言性善"，杨时把阿摩罗识说成孟子说的性善之性，其实也是蛮有趣的一个对比。他力求打通佛家跟儒家，因为佛家当时太兴旺了，这样可帮助我们理解。

又云："庞居士谓神通并妙用，运水与搬柴。"禅宗讲运水搬柴皆是禅机，这些思路就是"尧舜之道，在行止疾徐间"。所以"尧舜之道”，也就是儒家最向往的至诚仁道，首先不是道德化、规则化的，而是就在你掌握快慢的恰到好处之间，也就是说它是完全时机化的。这样，此道就不是任何教条可表达的，而要在我们的生活中随时体现出来。杨时这里用禅宗来理解尧舜，完全突破了坐禅，用我们所谓的生活禅、时机禅来理解尧舜之道，也是蛮活泼的，但这也成为他“溺于佛氏”的另一条“罪证”了。

又云：“《圆觉经》（《圆觉经》是印度传来的佛教经书，华严宗、禅宗、天台宗都读它）言：作、止、任、灭是四病。”这就是修行工夫了：做努力人为工夫太多（“作”）不行，不去做工夫（“止”）不行，任凭平常人性随便的漫流（“任”）不行，什么都不管（“灭”）也不行。他用我们以前多次讲到的《孟子》中拔苗助长的寓言来说它：“作即所谓助长，止即所谓不耘苗，任、灭即所谓无事。”助长不行，不去耘苗、不去锄草，不管不顾也不行。这些都不对。他说《圆觉经》对我们的启发，跟儒家孟子讲的那种修行法是一样的，即在无助长但是又不放弃之间那个状态才是最好的。我们以前一再讲，要抓住那个“之间”，既不人为也不放弃，也是这个意思。所以杨时很自觉地认为“敬”或“未发之际，以心体之”，就是抓到了那个“之间”。

最后杨时又云：“《庄子·逍遥游》所谓无入不自得，《养生主》所谓行其所无事。”他对此都很欣赏，认为修心时都可以用。《养生主》谓：“以无厚入有间，恢恢乎其于游刃必有余地矣”，杨时觉得我们要养心的话，可以借鉴这个方法。但黄东发却云：“如此数则，可骇可叹！”一个儒者本来可以做醇儒的，却被异教吸引，可惜这么一个好端端的“正教”，居然被“魔教”（参见《笑傲江湖》）沾染了，令人可怕可叹。这就是全祖望所引的黄震对杨时的评论。（《黄宗羲全集》第四册，203—204）

清代早期在儒家学者之间，有这样一种流行的看法：明代晚期心学的那种泛滥和不讲规矩，造成了儒家的衰败，甚至是明代灭亡的因素之一，所以他们总结这段思想史时，特别要痛斥“大机大用”那一派。而且，一定要严设“夷夏之辨”，将儒家和其他宗派区别开，即所谓“排二氏（释氏、老氏）”，所以他们才会发出这些激烈言论。虽然在某种意义上这也是时代的需要，但我还是觉得，黄震的“可骇可叹”也可以让我们为之一叹，那就是他提不出人家到底不对在哪儿，就受不了了，一个劲儿地谴责。你得说出来他这个比喻为什么不合适，为什么不能用佛道的东西来说明儒家自己的东西，可他却不讲或者是讲不出真正的道理来。因此，今天我们即便站在儒家的立场上，也不一定赞同这类批评。

第二节　罗从彦

接下来讲罗从彦，就他来展开工夫论的更深入的分析。他生于1072年，卒于1135年，跟杨时死在同一年，但他出生得晚，活得比较短。罗从彦字仲素，号豫章（所以他这一派叫“豫章学派”），也出生于南剑。有人说他“师事龟山，而李文靖（李侗）又师先生”。“文靖”是李侗的谥号，而李侗就是李延平，罗从彦的学生。“陈直斋曰：‘此所谓南剑三先生者也。’”（《黄宗羲全集》第四册，559）他师从杨时，也师从过程颐。程颐活得很长。罗从彦“官满（做完了官），入罗浮山静坐”（《黄宗羲全集》第四册，559）。

李侗如此受罗从彦的教导：“先生令愿中（李侗的字）**静中**看喜怒哀乐未发之谓中”，一定要在静里边看它“未发时作何气象”。（《黄宗羲全集》第四册，556）它还没发，但已经在那儿了，非对象化的意识已经在你的心灵中，我们的解释是说它在你的潜意识里。这样通过一般的显意识往潜意识看，表面上看不出什么来，但如果在静中，潜意识是不是也会向显意识透露点儿什么呢？所以，他们主张的实质就是：静是沟通潜显意识的一座桥梁。这种说法在杨时那里大致已有，但杨龟山没有特别突出“静”的地位，尤其是它在工夫上的体现即静坐的地位。[①]

静中观看“未发时作何气象”。既然是“未发”，那么这时意识就还没有明确的对象，或对象还没有进到显意识中，但它已经有了“气象”。今天你莫名其妙觉得不高兴，说不出道理，这肯定是喜怒哀乐未发的意识里头有某种波澜让你不高兴。今天你莫名其妙觉得很高兴，可能是因为天气好，可是有时候天气好你还是不高兴。所以就要“静”，只有在极静中，静坐很久，把显意识的干扰都去掉，这时候那个气象才透露出来。这有点像孟子讲的，白天乱糟糟的心，到了晚上会生发、透露和聚集那所谓的“夜气”，到清晨呈现为“平旦之气”（《孟子·告子上》）。如果半夜一下子醒来，感觉到那个本心又活了，对白天干坏事，良心上感到不自在，这就叫“夜气”来了，这种可能性确实是有的。很安静地独自面对自己的时候，是有可能感觉到那个气象的。所以“不惟于进学有方，亦是养心之要”（《黄宗羲全集》第四卷，566—567）。这就是罗从彦的教导，李延平完全接受，他自己也非常诚恳地几十年如一日地实行。

实际上，罗从彦和李侗后来都是将杨时的“以心体会未发之中”这个说法落实到了实践处。但是朱熹对于师祖却有不同看法：“罗先生［此］说，终恐有病，如明道亦说静坐可以为学，上蔡亦言多著静不妨，此说终是少偏，才偏便做病。道理自有动时，自有静时，学者只是‘敬以直内，义以方外’，见得世间无处不是道理，不可专要去静处求。所以伊川谓只用敬，不用静，便说平也。”李侗是朱熹的师父，罗从彦是他师祖。朱熹年轻时喜欢佛家，他去考进士的时候随身就带一本禅宗的书。朱熹说：“罗先生［此］说，终恐有病，如明道亦说静坐可以为学（静坐可以用来求道），上蔡亦言多著静不妨（静坐不会有什么大

① 杨时偶尔也提及“静”，比如：“夫至道之归，固非笔舌能尽也，要以身体之，心验之。雍容自尽，燕闲静一之中，默而识之，兼忘书言意象之表，则庶乎其至矣。反是，皆口耳诵数之学也。”（《黄宗羲全集》第四册，204）这段话中的“静一”，似乎没有很明确的工夫论含义。

问题），此说终是少偏（这里提到的都是他的前辈，他不敢说他们大偏，但毕竟认为他们偏离了正道），才偏便做病（有那么一点儿偏也是有问题、有弊端）。”他下面给出理由：“道理自有动时，自有静时”，天道之理有动有静，怎么能只是著静呢？“学者只是‘敬以直内，义以方外’，见得世间无处不是道理”。“敬以直内，义以方外”是《易传》里的话，出自《坤卦·文言》，意思是通过这个“敬”来让你的内心正直，使你能够体会到正义，以对付外在的各种事情。朱熹认为，这话才是中正的。“见得世间无处不是道理”，这就是我们说的宋明理学的独到之处：“理一分殊”，“物物一太极”，事事中都有理，所以“世间无处不是道理，不可专要去静处求”。因此他认同的是小程：“伊川谓只用敬，不用静，便说平也。”“平”，意为不偏。程朱这一派强调的是“敬”，“敬”里边该动的动，该静的静。这个“只用敬，不用静”，可以看作是程朱理学的工夫论口号。

黄宗羲生活在明清交接的时代，他对亡国及儒家的衰败很有感觉，因此对阳明后学里猖狂的那一派也很有感觉或者说很有反感。他比较同情聂双江等人主静这一派（当然还有其他的一些派别），所以他不同意朱熹的讲法，要为“南剑三先生”辩护：“罗豫章静坐看未发气象，此是明道以来，下及延平，一条血路也。盖所谓静坐者，不是道理只在静处，以学者入手从喘汗未定之中，非冥心至静，何处见此端倪？久久成熟，而后动静为一，若一向静中担阁，便为有病。故豫章为入手者指示头路，不得不然。朱子则恐因药生病，其言各有攸当也。”（《黄宗羲全集》第四册，567—568）所谓“血路”，就是心学家用自己的生命开创出来的求道之路，它不是朱熹这么随便就能说倒的。“盖所谓静坐者，不是道理只在静处”，他反驳朱熹的话，认为罗豫章他们主张静坐，并不是将道理都归在静处，而是因为“学者入手从喘汗（喘着气出着汗）未定之中”。我们的人生匆匆忙忙，大家都处在“喘汗未定”、被外在对象所纷扰的状态中，所以需要一段把心先静下来的工夫，让我们体会到有那个潜意识，有那个所谓的心体。因此要“冥心至静”，把心“冥”下来，暗下来，不要用心机，不要生欲望，从而达到极静。要是没有这个努力，“何处见此端倪？”“端倪”就是开端，是“四端”的端倪、本心的端倪。我们的心根本不只是现在自己所意识到的这点东西，它极其广大，但是，要想认识到心海的这个端倪，就得到这至静中。所以黄宗羲讲，罗豫章主静有他的道理。“久久成熟，而后动静为一”，即从这儿入手，久而久之就可以达到朱熹讲的动静为一的理想状态。“若一向静中担阁，便为有病”，如果耽搁在静中，那才是真有病。所以“豫章为入手者指示头路，不得不然”，他为开头的人指引修行的道路或工夫，不能不这么说。“朱子则恐因药生病”，罗豫章本来是用药来对治平常人的病，但朱熹认为把药一直吃下去就有毒了，这也有道理，凡药三分毒嘛。“其言各有攸当也”，朱熹讲的有道理，罗从彦讲的也有道理。这是黄宗羲的看法，但主要是为罗从彦他们辩护。

这里的关键在于，“未发之中”的“中”，我们是把它看作名词、副词还是动词？要是看作名词，它就是一种喜怒哀乐没有发的心理状态，所以“未发”和“已发”就很不一样了。“已发”就是“发皆中节”，是另外一种心理状态，甚至两者之间有难以穿越的隔膜。要进入那个“未发”状态，就要通过某种特殊的方式，例如“静坐”，所谓“主敬”“主静”，都是有些效果的方法。宋代或者明代的大多数儒学家都知道，只靠显意识中的“穷理致知”不足以深入到“未发”之中。这是需要意识训练的。只有长久的、专一的工夫，才可能打通两者。

如果我们把“中”看作副词，或者副词加动词，则“未发”“已发”之间就没有这种根本的心理状态的不同了，不管它是显意识还是潜意识。这样一来，它就是一种原发的、恰当的心理的发动和实现，所谓的“未发”“已发”就只是两种不同的运作方式。所谓“未发”是潜在的、广联的、弥漫的、连续的和长久的运作。朱熹也认识到它是“心体之行（流行）”，也就是说，“未发”里头也不是完全静态的，而是处在正在构成之中的，是弥漫的、完全非对象的。所谓“已发”，是有明显的起始边界的，而且还有应时的“中节”。这两种运作状态的关系，就是华严宗和《大乘起信论》讲的海和波的关系。佛家常讲，真正的心是如来藏心，它是我们的心体，是海，是水；而生灭心是杂染心，是海之波浪。海被欲望掀起波浪，但波浪还是海水，所以两者从根本上是一体的。因此，“未发”“已发”两者从本体论上应该打通，从心的本体上看也应该是通的，只是由于我们心的修行不够，两者没有打通，有些隔膜而已。所以修行方法的关键是破碎掉这种显意识中的对象化思想，也就是认为“波”只是“波”，而意识不到它也是“海水”的迷思。如果把服从因果律、功利算计的这种所谓的“心的波浪”给破掉，让它的水的本性显现出来，那就可以让未发显露出来，我们就能“观未发气象”，也就是说，这时候“未发”就进入“已发”了。

另外一种修行方法，由禅宗的惠能开创，后来王阳明也用此法，阳明后学尤其偏爱。它是心学里最典型的方法，我们可以叫它“截流显体法”。也就是说，把“流”即心的对象化的方式破掉，不管以什么方式，以显出心体。这个方法并不要求非“静坐”不可，也不要求非“持敬”不可。不管采用什么方式，最有效的是当机指点，即：在对象化的方式正显露的时候，或者对象化的方式可以加以利用的时候，不失时机，加以指点，例如陆象山突然往起一站，学生也立即跟着他站起。这是可见的现象，但它又是本心显露的时机，于是马上指点出它的心体性：“还用安排否？”（《陆九渊集》，470）心体自发而动，无须思虑安排。这个“流”就可用，实际上把这个“流”的对象化外壳截开、破掉，就显出它的“体”。你这个不假思索、随师而起的动作，你这个“波”，实际上是你的本心，也就是“海”的呈现。这个东西无法预测、无法模仿，跟着它去学，照猫画虎，效果就不行了。就得当机，这是一种原发的创作，所以只有老师自己有这种体验，他才能够把学生带起来。它是一种艺术化的、时机化的、当场的启发，它的效果有时候是超乎想象的，能够引起学生的恍然大悟。这个悟解如果能够持续下去或者一悟再悟，那么这个悟就可能长久地保持下来。所以，你们用静坐、主敬可能还不一定能真正达到开悟，他这个是一悟就透到根本，而且他从一开始就带有这方面的自觉意识。

我觉得在这方面，詹姆士对于意识流的例证、讲法，其实跟禅宗或者心学的那种启发式的方法是相通的，起码它们可以帮助我们理解后者。詹姆士讲了很多种例证，我列了六种，比如我们以前也讲过，回想一个你想不出来的名字，或者回忆一个突然想不起来的诗句。这个诗句，这个要回忆的名字，在你心上蹦跳，但你捉不住它。所以这个空无，这个非对象化的东西，是活的。这恰恰表明，我们的意识实际上绝不止于显意识。虽然那个想不起来的东西不在显意识里，不在场，可它明明是活的，处于我们的整体意识中，因为面对别人的提示，你马上就知道它对不对。这就是一种明证，告诉你“已发”之前一定有“未发”，而且，某种意义上“未发”更重要。又比如詹姆士引述了许多实验结果，证明意识的可分裂。下面是他做的一个实验：他问一个有协识脱离症的女孩子（她正坐在他的实验室里），让她回想一个名字，这个女孩子只能想起那个名字前面的第一个音节，所以她就告诉詹姆士第一个音节是什么，但是后面的音节想不起来了。詹姆士把一支铅笔递到她的一只手上，那只手有一种自动书写能力，在她没注意到的时候，这只手已经把后面的音节写出来了。这就表示，她的意识是分裂的，一个是未发，一个是已发，当然那写出后面音节的手已经是未发的已发了。其实这个女孩子明显是精神上出了问题，我们自己多少也会有这个问题，只是我们显得好像还正常。我们大家都差不多，都是这样，有时候一会儿忘了这件事，一会儿忘了那件事。按后来弗洛伊德的讲法，不管忘什么事，都是因为“心里有鬼”才会忘。下面我们还会讲到王阳明怎么在结婚的时候把婚礼忘了。这不是简单地忘了一件事：这么重要的事儿你都忘了，你潜意识里对婚礼是什么态度？

口误现象也是如此。弗洛伊德分析过下面的例子。有一个做侍从的年轻军官，举杯去祝贺一位将军，一开口却说了一句怪话。他本来想说英勇无畏的将军，但实际上他用的那个词却是说对方是最会逃跑的将军。这表面上是由于一个德语单词的发音稍微变化造成的口误，但按弗洛伊德的解释，这种口误恰恰表明年轻军官心里其实就是这么想的，就是看不起这个将军。当弗洛伊德指出这个可能性的时候，那个年轻人急得直跳脚地说：我怎么敢对将军那么大不敬？那不把事业全毁了？但按照弗洛伊德的分析，口误恰恰是你的潜意识显示自己的方式之一，它通过这些化装成小错误或遗忘的方式把自己表现出来。

如果现在有心学大师来教学生，他们完全可以借用詹姆士这一套方法，它们是有充分的、经过反复验证的实验根据的。比如他们教学生时可以用某些方式让学生去回忆，这些方式既是可操作的，又不是完全机械的。回忆不出这个词和回忆不出那个词是不一样的，能反映出你的潜意识卡在哪里了。所以关键是那些不在场的东西，它们各自都有自己的个性，都是真实的，绝对真实的。所以要“观未发气象”，还没发出来的那些个喜怒哀乐也是各不相同的。这样你对你所谓“未发”的东西就能体会得越来越深，用这种心理实验的方式，就能够比较容易地渗透进你的潜意识中。再比如你听到雷声很恐惧，詹姆士就分析说，让你恐惧的根本就不只是雷声。为什么听到它你会觉得特别恐惧？因为这雷声是与刚才的安静相对照的。如果你在一个轰隆轰隆的大车间里听到雷声，就根本无所谓。现在雷声让你恐惧，正是因为刚才特别安静。所以人生中的这些所谓“已发”恰恰是对着那个“未发”才会产生。

另外詹姆士说，当你说“并且”“如果”“但是”这些虚词的时候，这些词本身既不是名词又不是动词，也不是句子，好像没有任何指向性的意义。其实不然，你说“并且”和说“或者”时，其意义是不一样的，它们在你心里会产生不同的趋向。所以，他说这些词可以用来显影那些心流的过渡态，帮你注意到意识的那些飞翔状态，也就是意识处于非对象化的时候的状态。如果你对这种虚词含义的思想后果非常明白，你就会认识到你心里头其实有大量的非对象化的意义构造，而且并不被你执着。“已发”中间的一部分是可对象化的意识，而那些非对象化的意识及其过程，我们其实经常是意识不到的，它们在“已发”和“未发”中皆有，或者说是处于两者之间。还有，比如感兴趣这种心情也会影响我们接受什么、拒绝什么、厌烦什么：对这个人一见面根本没道理就喜欢上了，见那个人没道理地就讨厌他，为什么呢？肯定是和“未发”有关。按照詹姆士的说法，这些确实是有一定根据的。

所以一个人的心情在某种意义上就是我们以前说的“继续作用”或“继续暗示”，就是在催眠的时候给你一个指示，等你醒了，这个指示会继续起作用，或继续暗示你做一些奇怪的动作，而当别人问你为什么做这么奇怪的动作时，你会马上编一个理由。[①] 其实是前边有一个“未发”状态让你去干这些事。很多情况下我们都是在“继续作用”的控制下（用《瑜伽经》的说法就是在行力的控制下）采取行动、从事思想，所以你观这个“未发”气象，就是要把那些真正控制你的、“继续作用”着的东西透视出来，发现它，解除它。魔咒一旦解除，昏睡多少年的“公主”就苏醒过来了，被魔咒控制的“城堡”就复活了。这里的含义是非常丰富的。宋明道学家们进入理学和心学，是出于那个时代应对佛教挑战的需要，在此过程中，他们确实体贴到了儒家的要害所在，所以深信儒家的“仁义礼智信”或者说天理是真理。他们非常真诚地去追求天理，一代接一代，不断地发掘里面的各种可能，尤其是最有效地开发天理和心性的方法，所以才会出现这些不同的讲法、不同的派别、不同的工夫，并且传承和延续下来。他们绝不像表面上讲的那

---

① 参见本卷第三讲第二节。

么干巴，好像宋明道学家们就是一个个道学先生，根本不是，宋明道学里边有非常活泼的东西，有那种追求真理的精神波浪。

我们现在已经基本讲完了罗从彦。上一节课我抄了一段朱子的话，没有来得及讲。他的这段话当然是从理学角度来说的，但对于了解“三先生”有关“已发”“未发”的看法还是有帮助的。朱熹是他们的学生，但跟他们又有一些重要区别。三位先生都很看重用心去体察“未发之中”，也就是《中庸》里的“喜怒哀乐之未发谓之中”的意识状态。“中”被《中庸》看作“天下之大本”，而这个“中”就是所谓的“未发”。朱熹这段话出自他的《已发未发说》：

> 《中庸》未发、已发之义，前此认得此心流行之体，又因程子“凡言心者，皆指已发”之云，遂目心为已发，而以性为未发之中，自以为安矣。比观程子《文集》、《遗书》，见其所论，多不符合，因再思之，乃知前日之说虽于心性之实未始有差，而未发、已发命名未当，且于日用之际，欠却本领一段工夫……思虑未萌、事物未至之时，为“喜怒哀乐之未发”。当此之时即是心体流行，寂然不动之处，而天命之性，体段具焉。以其无过不及，不偏不倚，故谓之中。然已是就心体流行处见，故直谓之性则不可……未发之中，本体自然不须穷索，但当此之时，敬以持之，使此气象常存而不失，则自此而发者，其必中节矣。[①]

朱熹说“《中庸》未发、已发之义，前此认得此心流行之体”，他认为，已发、未发讲的就是心的流行和心体；“又因程子‘凡言心者，皆指已发’之云”，即程子凡是说到与心有关的一切，都是指已发；

① 朱熹：《晦庵先生朱文公文集（四）》卷67，载朱熹：《朱子全书》（修订本）第23册，朱杰人、严佐之、刘永翔主编，上海：上海古籍出版社、合肥：安徽教育出版社，2010年，第3266—3268页。

“遂目心为已发而以性为未发之中，自以为安稳”，也就是说，他就认为心是已发，而性是未发之中，认为这已经是很妥帖的说法了。简单说来，他认为所谓的“未发”“已发”，只要是涉及心的都是已发。也可以说，心就都是对象化了的，而未发只能属于性，性就是天理。他认为，虽然对于天理本身，也可以说很多，不过确实不能说得那么井井有条，或者以一种完全对象化的方式来说。天理只是在恻隐发作的时候显现。所以，不管怎么样，人的本性或者世界万物的本性是未发或“未发之中”，而心则是“已发”。

但是接下来他又对这种理解产生了怀疑。“比观程子《文集》、《遗书》，见其所论，多不符合，因再思之”，他说后来他又读了程子的《文集》《遗书》等，里边不少说法和他刚才讲的不符合，所以就再次思考这个问题；“乃知前日之说虽于心性之实未始有差，而未发、已发命名未当”，于是知道了，虽然此说法对于理解心性的实在乃天理，问题不大，但是关于未发和已发的具体解释，则有不妥的地方；“且于日用之际，欠缺本领一段工夫”，而且如果将心都看作已发，那么“日用之际”就都是心的表现，都是已发，就与回复心性至诚的“工夫”无关了，因为这种工夫必与未发相关，而这里已没有未发的影子了。这句联系下面的话就更容易明白了。他接着说：“思虑未萌、事物未至之时，为‘喜怒哀乐之未发’。”这就是一个新的解释，把未发也跟心挂起来。意思是，你的思虑还没表现出来的时候，还没跟事物相接的时候，就是喜怒哀乐之未发，这在日用之际也是有的。“当此之时，即是心体流行，寂然不动之处”。我觉得他这个地方讲的比较好：虽然心还没动，但是心体在未发这个地方已经在流行了。心体流行又寂然不动，所以从外部现象看，它是寂然不动的，但里面心体在流行。这就有点像现象学讲的“内时间意识”，最安静的时候它也是川流不息的，“内时间意识”是永不停歇的，你意识的寂然不动中也有心体流行，就因为它有这个流动。我们讲的潜意识、显意识，也是如此：显意识寂然不动，比如静坐、做瑜伽时，但是你的潜意识本身一直在运作。“而天命之性，体段具焉”，所以他说这个状态，人的天命之性，它的体段有了，可还没有完整地出现。这个讲得挺好的，天命之性，在未发的这个心里已经有了，也就是我们说的“内时间意识”构造的那个权能状态，引而未发的状态，已经存在了，碰到合适时机，它就可以被触及而成为任何一种感知或者情绪或者其他心理状态。所以这里已然是一个原本的心态，与性或理相关，因而叫它“体段具焉”。但是，他说这个未发之中“以其无过不及，不偏不倚，故谓之中。然已是就心体流行处见，故直谓之性则不可”，这一点他还是坚守以前的思路，因为这种状态虽然是心体流行，体段具焉，但是还是不能说它是性。所以把心说成性还是不行，它可以是中，与性理相关，但只是性的心化体段，不等同于性。大致是这个意思，这一点和后来的心学还是不一样。

下面他说：“未发之中，本体自然不须穷索”，这跟大程子说的那个差不多；“但当此之时，敬以持之”，这自然是小程子“持敬”“主敬”的工夫；“使此气象常存而不失，则自此而发者，其必中节矣”，这就是涵养工夫，用敬来涵养心体，这样遇到事时，发就会中节，或命中事物的要害。这些思想对我们理解罗从彦的思想特点有帮助。

【课堂问答】

生：一见到某个人就可以喜欢或者不喜欢，但这时我们接触的只是身体，还不是意识流的相遇，那这种情况下是不是有某种身心合一的关系？

师：莫名其妙地喜欢或者讨厌一个人当然跟意识流有关。但是，意识流在我看来不只是个人化的。一般说来，意识流是个人的，我们心里的意识流是我们的人生积淀，是由以前的经历所造成的，詹姆士一般也这么解读。但是后来他自己好像也有一些拓展性的讲法。还有，胡塞尔晚年就把时间意识主体间化了。真正说来，我们的意识流是非对象化的，它怎么可能只限于个人呢？意识流的形成，除了我们天然的生理和意识结构乃至后天的意识经验使之然之外，实际上还与在人际间、社会间，以及我们跟自然的交往之中发生的种种事件的积淀有关。换句话说，格物造就的那些知觉和诚意进来了，不断积淀、酝酿和被熏染，我们的意识流就是这么不断地被塑成，而且每天的生命经历都在再构成它，所以这个东西不可能只限于我个人。

还有，由于意识主要是交往性的、交织性的构成这么一个事实，所以你刚才说的那种情况就不仅是身体性的，也必有意识流的交织在起作用：既有我个人的意识，也有他人的意识。我今天高兴，见这个人觉得舒服，里面肯定是有我个人以前的经历在起作用，还有就是我们交织的所谓氛围，或者是那种前对象化的意义构造也在起作用。也就是说，他／她的生活世界和我的生活世界在这个地方相交，或者是肯定性的相交，或者是否定性的相交，使得我对他／她一见面就有感觉，就有意义融合。当然我跟他／她接触的时候，这个事件又在重新塑造以前的感觉和印象，可能我们通过谈话、通过交往会改变以前的印象，也可能以前的印象主宰着我跟他／她交往，使我不喜欢他／她，就看到他／她越来越多的毛病；相反喜欢一个人则是怎么看怎么有理有趣，各种情况都可能出现。因此，在我看来，意识流不只是一个人的，因为我们从来都生活在一个所谓“未发”的状态之中，而这种非对象化的边缘意识、潜意识，一定与广义的“环－境”相通互感，所以意识流绝不只限于个人。宋代、明代理学家和心学家们基本上也都是这么认为的。未发是和天理相关的，而天理绝不只是个人的。最简单的解释是用“理一分殊”来表示的。每个个人的心灵都是一个太极，但是跟其他人的太极是相通的，而每个个人又是独特的。这就是西方的主体观、客体观都解释不了的地方，只有像莱布尼兹的“单子论”跟这有些相近。但是莱布尼兹也没想透这关系，他的单子是相互封闭的，只是每个单子都有完全的丰富性，等于说每个单子都是一个太极，它们事先都被调好了，是上帝让它们同步进行，这个跟我们宋明理学的太极观还是不太一样，但是也有相似的地方。

生：身心关系，比如你的情绪和你的生理反应之间的关系，是怎么一回事？是因为你笑了才高兴，还是因为你高兴了才笑，还是说它们是同时发生的？

师：从我们刚才讲的来看，无论哪种观点都还不够。行为主义者认为是我笑了才高兴，心情难受的时候自己勉强自己笑，刚开始很勉强，越笑心情就真的越好了。另外一派正好反过来，认为心理是更真实的，笑是表象。但我觉得这两种观点都有不足。我们现在看到我们的心，起码有两层，即潜意识和显意识。潜意识所谓的未发里面也是非常丰富的，有个人的，也有和他人、和环境的交织，所以它从根本上是一个网。我以前叫它“境域”，它是一个“境”。心境、意识场、知觉场，用主和客、心和身都不足以说清楚这个东西。你刚才说的那个，我觉得和我们前两次讲到的那个实验有关。你觉得是你主动摁这个钮的，那当然再明显不过了：我选左手摁或右手摁，我选摁红钮或摁蓝钮，当然是我现在的意识决定的。但是，实验告诉我们不是那样，或不只是那样，你的“脑图”事先已经有反应了，而且在最后一个实验里，他们还能根据你的“脑图”提前预测你摁哪个钮，准确率达到百分之八九十。所以怎么能说你是完全意志自由的呢？但是你说意志不自由，完全被决定，我觉得也不对，因为前面那个“脑图”的形成也是在意识流里，在所谓的“未发”中出现的，所以也不是完全机械的、决定论的解释。[1]我觉得佛家讲的那个缘比较近乎真实情况，各种因素的汇集在那个时刻形成意义的波浪。你高兴与不高兴，完全不异于身或完全不异于心都不合适。

生：历史是必然的还是偶然的？人的一生如果有潜意识的话，感觉一切是必然的。

师：问题是潜意识是否有这种必然性。因为我们一再讲潜意识不是一个现成的东西，它是被构成的，而且正在被构成。我们的显意识做的任何东西也会反作用于它，再重新塑造它，尤其是那些对我们的情绪影响特别深的震撼，或者是人生中特别重要的选择，它们也会影响你的潜意识，何况潜意识自身也在酝酿发酵。所以，光用显意识来解释我们的人生肯定是太不够了，但是光是潜意识，把它作为靠二者的命定的东西，也不够。我觉得还是靠二者的相互作用，但是潜意识往往有更大的力量。不过我刚才也讲了，我们显意识中的某些真正特别有志向、有意志的至诚决断，比如你和他人之间一种能塑造友谊、爱情的生死经历，也会改变你的潜意识。潜意识刚开始不喜欢这个人，但后来的经历是可以改变这个潜意识的，所以你的命运也不是不能改变的。比如《了凡四训》讲的袁了凡的故事就是这样的：一开始他信别人给他算的命运——命不太好，活得也不会太长，也中不了举人或者进士——而且有一段时间的确处处应验。但后来他接受了“命由我作，福自己求”的思想，于是就一直做好事，发自内心地做了很多善事，后来他的命运的确改变了，还中了举人和进士，福禄寿都有了。人生的那个命确实不是虚言，但是这个命也不能够被那些算命先生一言说尽，所以孔子完全信天命，但是他不占。他那么喜欢《易经》，但“君子不占”，不去算卦，那个小

① 参见本卷第三讲第二节。

占，算不了大命。儒家讲的是大命，而大命就更是包括非决定论的东西。通过“至诚如神”“格物致知”“正心诚意”，就能改变命运，就能塑造你的人生。当然，很多儒者到了老的时候、不幸的时候、病的时候，也挺凄惨的，并不是说你的那个修行能决定一切。我们下次就会讲到陈白沙，那么出色的心学家，他修行修到很高的境界，最后他的人生特悲惨，半身不遂，他也很绝望。并不是说我一悟百悟，是个圣人或者贤人，然后就什么都对，什么都顺利了，也不尽然。所以“命”从根本上有一种丰富性或者说“超我性”。虽然“我们”的“我”跟它能呼应，也能够转化，但是谁敢说能把自家的命运真正掌握在自己手中？

生：心体未发为什么又谓之中？

师：这个心体，本来说一定是已发，朱熹现在把它延伸到未发，这是一个扩展，所以他说自己原来的命名不当。为什么可以延伸呢？因为他现在又把这个心分成两个部分：一个是它没有表现出来的时候的那个部分，还没有喜怒哀乐那个状态，即所谓“思虑未萌”；另一个是表现出来的部分。而那个没有表现出来的状态，他认为恰恰是无过不及的。为什么它恰恰正好呢？因为安静的时候你不只是有心体的，而且你还可能在宁静中体会到它，这实际上就是沟通了潜显意识，使你在情感发出时，能恰好命中时机要害。这就证明你的心如能体验到未发，就达到了中之本，让你可从容中道。总之，你的天性就是天理，在你身心上都有体现，它大致的东西已经在那儿了，关键是能够体会到还潜伏着的它。

生：我们安静的时候那个心体的心跟那个未发的性有什么区别？

师：关键是流行。按照程朱的意思，一旦流行起来就不可能是性。性只是天理，天理是不流行的，是一个超越的所以然。流行了就已经在时间之中，起码是“内时间性”。朱熹一再讲这个心怎么是中，也是有心体的，但是，他最后给的理由是因为它流行。而按小程子的讲法，只要是流行的，只要是表现在时间中的，都不能叫性。性是纯天理，心体只是天理的恰当的表现，没有经过歪曲，没有经过气质的掩盖，还处在未发之中的时候。只有圣人、仁人经过修炼，气质转化了，在他已发的时候才不会失去这个。而一般的人，或者是过，或者是不及。

第三节　李侗

李侗（1093—1163），字愿中，人称“延平先生”，南剑人。《宋元学案》三十九卷介绍了他及其思想。他是罗从彦的学生，所以被列在《豫章学案》里。全祖望在《豫章学案序录》里讲：“豫章之在杨门，所学虽醇，而所得实浅。”即是说，罗豫章在杨时门下，学得很醇正，但入得浅，可见全祖望对罗豫章评价不高。“当在善人、有恒之间”，他是个好人，而且持之以恒。“一传为延平则邃矣”，对李延平的评价则蛮高的：深邃。罗豫章是杨时的学生，杨时接的是二程，二程经过前面两代传到了李延平，思想就变得深邃了。“再传为晦翁则大矣”（《黄宗羲全集》第四册，559），到了朱熹那里就更阔大了。《朱熹集》《朱子全书》几百上千万的字，他的奏章，他的墓志铭，一切几乎能收集到的文字都在里面，诗歌占了很大篇幅，真的是大儒。

下面我们就讲李侗。李侗修“未发”气象，曾“谢绝世故余四十年”。他先拜了罗从彦为师，罗当时也没什么名声，但李侗“冥心独契”，也就是静下心来独自研究，领会到师说的要害。后来《宋元学案》这样写道：

> 年二十四，闻郡人罗仲素传河、洛之学于龟山，遂往学焉。仲素不为世所知，先生冥心独契。于是退而屏居，谢绝世故余四十年，箪瓢屡空，怡然有以自适也。其始学也，默坐澄心，以

验夫喜怒哀乐未发之前气象为何如，久之而知天下之大本，真在乎是也。（《黄宗羲全集》第四册，569）

“年二十四，闻郡人罗仲素传河、洛之学于龟山，遂往学焉”，意思是李侗二十四岁的时候去跟罗仲素学河洛之学，即二程之学。“仲素不为世所知，先生冥心独契”，即他的老师罗从彦没有多少名声，然而他安下心来，就是要独自领悟老师的教诲。不管老师有没有名声，只要他讲的是真的，李侗就去修炼，按照他的说法，但又以自己的独特方式去求道。“于是退而屏居，谢绝世故余四十年，箪瓢屡空，怡然有以自适也”，就是说他回到家，把别的事情都放在一边，不参与世俗事务有四十多年，家里都揭不开锅了还高高兴兴的，觉得很自在。“其始学也，默坐澄心，以验夫喜怒哀乐未发之前气象为何如”，即他一开始自己钻研的时候，就是“默坐澄心”（这是杨门的传统，把心洗涤得澄净），为的是验证喜怒哀乐未发之前的气象是个什么样子。“久之而知天下之大本，真在乎是也”，就是说时间久了，说不定花了二三十年的工夫，他才体会到天下真正的大本就在这里，在未发的心体之中。接下来就说他得道后的那些表现。

我们先看李侗这个人。朱子是李侗的老学生了，二十四岁才拜他为老师，那时朱熹年轻气盛，聪明过人，又受佛家影响，所以对他可能一开始不是特别看重。朱子这么说他：“李先生不著书，不作文，颓然若一田夫野老。”（《黄宗羲全集》第四册，586）说李侗像一个乡下老头儿，当地人也没把他当回事，就觉得这是个善人、好人。可见他做人是特别不张扬。但时间越长，朱子越佩服这个老师，尤其李侗去世以后，朱子自己的学问越来越大，却总是觉得还没有真正把心和理打通，几次感愧他没有把老师的谆谆教导付诸行动。朱子对老师的回忆，《宋元学案》三十九卷记载了一些：

> 先生少年豪勇，夜醉，驰马数里而归，后来养成徐缓，虽行一二里路，常委蛇缓步，如从容室中矣。（《黄宗羲全集》第四册，586）
>
> 寻常人叫一人，叫之二三声不至，则声必厉；先生叫之不至，声不加于前也。又有坐处壁间有字，某每常亦须起头一看，先生则不然，方其坐时，固不看也。若是欲看，则必起就壁下视之。其不为事物所胜，大率若此。（《黄宗羲全集》第四册，586）

引文第一条说李侗这个老师的气象："先生少年豪勇，夜醉，驰马数里而归"，他少年时是一个豪爽勇敢的人，晚上喝酒，趁着醉意骑着马飞驰回家。"后来养成徐缓，虽行一二里路，常委蛇缓步，如从容室中矣"，后来经过静坐澄心，性格也变得从容不迫，虽然要走一两里路，但并不着急，就像在屋子里散步一样（神定气闲的样子跃然纸上）。

在另一条中朱熹又说，我们以前坐在一个墙壁前边，壁上有人写的字，朱熹坐在那里伸头看，也不起身；先生则要么不看，看的话一定起身走到墙壁前来看，这就是养成了发必中节的气象了。其实这个传统儒家一直就有，只是心学把它用"未发 / 已发"突显了出来。《论语》，尤其《乡党篇》里面记录了孔子日常的风格气度：他是怎么走路的，怎么躺的，平常穿什么衣服，吃饭什么习惯，见了什么人是什么表情，在议政之处见了君主是怎么抬起脚跟的，走起来又如何像鸟飞一样，等等。你再看国外对圣人的记载，有谁记耶稣是怎么行走怎么吃饭的？好像没有，记的都是大事，比如他行奇迹，把水变成酒，把几块饼、几条鱼变得让四千多人都能吃饱，又让瞎子复明、瘫子行走，甚至让死人复活，等等。而中国人尤其是儒家就是要记细节，其中没有奇迹，却透露心性，就像刚才朱熹记他的老师那样。这样，这个人的气象就活泼生动地浮现出来了：未发的那个气象，他养了四十年养出来的这么一团和气，一团随时可发而中节之气。这是儒家的传统，但这里加上了心学的改造。

我们继续回到前面所引的黄宗羲对李侗的介绍：

> 既得其本，则凡出于是者，虽品节万殊，曲折万变，莫不该摄洞贯，以次融释，各有条理，如川流脉络之不可乱。大而天地之所以高厚，细而品汇之所以化育，以至经训之微言，日用之小物，玩之于此，无一不得其衷焉。由是操存益固，涵养益熟，泛应曲酬，发必中节。其事亲从兄，有人所难能者。（《黄宗羲全集》第四册，569）

“既得其本，则凡出于是者，虽品节万殊，曲折万变，莫不该摄洞贯，以次融释，各有条理，如川流脉络之不可乱。”就是说，他得到了这个大本，这个本既是心之本，又是物之本，一切出于本的东西，尽管“品节万殊”，尽管“曲折万变”，他都处理得恰到好处，各有条理，就像川流，虽然外人看着很乱，实际上里头是有脉络的。“大而天地之所以高厚，细而品汇之所以化育，以至经训之微言，日用之小物，玩之于此，无一不得其衷焉。”这个赞得是不是有点太高了？大至天地小至万物的道理，他全能得其中。实际上是因为你入到未发之“中”，你就能得到万物万事之“衷”，也就是其内在的实情。所以，如果按这里说的，从心性角度讲，李延平真是到了圣人境界了，上下与天地同流，这是很多心学家向往的，真正打通了未发和已发、本心和日常心，对于生命中的任何事件、事物、人物，都应对得恰到好处。后世儒者认为，孔子就能达到这个境界。孔子自己则说他没达到，他说他还不到“圣”，他只是在七十岁“从心所欲，不逾矩”。不过，这基本上跟刚才说的境界差不了太多了，但是毕竟还没有那么高。后人认为孔子通过理解《易经》，使他跟天地的沟通达到了圣化的境界。不知道为什么这里给李延平这么高的评价，是不是因为他是朱熹的老师？但这个学案是心学派写的。“由是操存益固，涵养益熟，泛应曲酬，发心中节。其事亲从兄，有人所难能者”，就是说后来他的操存，他的未发状态碰着事情而发生出来的这个能力，就越来越稳固，不会失去了。

这个心态意境，其实修炼一段时间你也可能会有，但是一般来说你把持不住，一旦碰到的事多了，你就不是那么老练了，要被消磨了。我以前练太极拳，刚练完时也有那么一种气，甚至上楼走路都感觉身体不一样，进门拧那个门把儿，根本用不着使劲，极轻柔地一转，好像没用力，门就开了，跟平时不一样。在那个状态中，手完全和门把是合为一体的。但是这种气感持续十几、二十分钟就没了。当然这是因为我的功夫太浅了，真正武功高手的那种气感是会贯通很长时间的。李延平主要是练心，不是光练拳，当然太极拳也是身和心都要练的。“操存益固”的意思就是说，他的这个状态能够越来越稳定了。“涵养益熟，泛应曲酬，发必中节”是说，涵养出本心，则遇事能发而中节，最后就落实到伦理了。“其事亲从兄，有人所难能者”是说，他服侍父母及追随兄长，都有别人做不到的独特长处。即便是亲人之间，有时候意见也不一致，比如父亲犯了错误，你怎么去劝他？既不能让他不高兴又不能顶撞他，但是还要让他听得进去。有时候妯娌之间的矛盾带到兄弟之间来，这个怎么处理？家庭关系一旦出了问题，是最难调节的，只要是齐家能齐得好，就能达到别人达不到的境界。这个确实是真功夫，很不简单。

总的来说，我觉得李延平确实得到了杨时、罗从彦“以心观中”“静观未发之中”“澄心净虑”这种打通心体的方法，而且潜心修证四十多年，最后真的有所成，甚至是有大成，由此才能得到中年和晚年的朱熹的钦佩和欣赏。

最后对李延平做个总结，还是念一段朱子的话。他把老师的言论尤其是跟他的问答汇总起来，集成了《延平问答》。从那里能看见李延平是特别和气的一个老头儿。朱子问一个什么问题，李延平总是特别耐心地回答，最后还要问“你看行不行？”还跟朱熹商量，很谦和的一个老人的样子。朱熹写道：

> 李先生教人，大抵令于静中体认大本未发时气象分明，即处事应物，自然中节。此乃龟山门下相传指诀，然当时亲炙之时，贪听讲论，又方窃好章句训诂之习，不得尽心于此，至今若存若亡，无一的实见处，孤负教育之意，每一念此，未尝不愧汗沾衣也。（《黄宗羲全集》第四册，584）
>
> 中和二字，该道之体用，以人言之，则未发、已发之谓。旧闻李先生论此最详，后来所见不同，遂不复致思，今乃知其为人深切，然恨已不能尽记其曲折矣。（《黄宗羲全集》第四册，585）

朱子说“李先生教人，大抵令于静中体认大本未发时气象分明，即处事应物，自然中节”，就是说，他体会了大本但又气象分明，等于说已发未发能够接通了，所以他处事应物自然中节，这就是已发了。“此乃龟山门下相传指诀。然当时亲炙之时，贪听讲论，又方窃好章句训诂之习”，李延平所教是杨龟山门下所传承学说的要旨、诀窍，可惜当时朱熹蒙老师教诲时，喜欢听他讲论义理，而朱熹当时又正好特别好章句训诂，花了很多时间。朱子一辈子干了好多章句训诂，很了不起了，比如《四书章句集注》，它的影响太大了。但“不得尽心于此，至今若存若亡”，所以这方面（比如静坐）的功力下得少，老师教导要体会未发气象，到现在好像有那么一点体会，但是真正碰到事又没了。“无一的实见处，孤负教育之意，每一念此，未尝不愧汗沾衣也”，朱子自认没有取得能够让自己可以真正确实地受用的悟见，辜负了老师的教育，每次想到这里，都羞愧悔恨，出的汗把衣服都沾湿了。

又说“中和二字，该道之体用”，“中”就是未发之大本，“和”就是“发而皆中节谓之和”的“和”，所以，一说“中和”实际上就是指未发、已发。这都是他们的行话。这里讲中是体，和是用。“以人言之，则未发、已发之谓。旧闻李先生论此最详，后来所见不同”，朱子讲，针对人的修证而言的“未发”和“已发”的含义，以前李先生的论述最为翔实，但可惜的是，因为他跟老师的看法不一样，就没有详究它们的意思。朱熹最后跟的是小程，他不讲“静”，只讲那个“敬”，而李先生的教诲里静坐非常重要。“遂不复致思，今乃知其为人深切，然恨已不能尽记其曲折矣”，就是说，由于“所见不同”后来朱熹就不去想了，而现在老师已经去世，想起老师，觉得他“为人深切”，但已经不能完全记得老师学问工夫的奥妙曲折了。后来王阳明就说，朱子晚年的悔过就跟这个有关。

第四节　陈白沙

一、人生与成就

陈白沙和李延平非常像，大家不要弄混了。一个明代，一个宋代，中间还隔了个元代。陈白沙（1428—1500），名献章，字公甫，广东新会白沙里人，世称“白沙先生”，是一位诗人。他是明代时广东人里唯一从祀孔庙的大儒——他死了七十年后，经过皇帝批准，在孔庙里为他设了一个牌位，可算作贤者吧。这在当时是很高的荣誉。他二十岁中秀才，同年中举人，然后入京会试。大家都知道，以前的科举考试分三级，举人算乡试，上面是进士，三年一次的会试很重要，进京赶考就是指这个。遇到全国考生多的时候，可取进士三百多人。当时全中国有将近一亿人吧，至少也有几千万（有的学者认为晚明的人口接近两亿），每三年只能上榜三百人，所以这些人都是政治精英的候选人。中了举人就已经进到了一个阶层，可以做官了。

陈白沙二十四岁和四十二岁两次会试都没中。第一次落第后，赴江西抚州崇仁县，拜当时特别著名的一个大儒吴与弼（号康斋）为老师。吴康斋的特点就是强调克己省察的工夫，把私心去掉，他甚至常常把自己克省得痛哭流涕。他在这方面的加持工夫很深。陈白沙是个诗人，与吴与弼的气质差得非常远，不太适合这种克己的修养工夫，但吴康斋毕竟是他的老师。学了半年以后陈白沙就回家了，实际上我觉得他也没学得特别得力。回家以后，他筑了一个阳春台书室，专心读书静坐，虽然没有李侗的工夫那么深，但也经历了多年的静坐修炼，相当不简单。到了三十九岁，他重游太学，作了一首诗叫作《和杨龟山此日不再得诗》。杨时当年作了一首诗叫《此日不再得》，叹时间不等人。他这首诗就是与之应和的。结果，这首诗得到了当时的国子监祭酒邢让的推崇，他的才名一下子广布京师，于是他在当时的知识分子里头的地位就比较高了。第二次落第后，他回乡讲学授徒，影响很深远。他的弟子包括湛若水、梁储等，其中湛若水是后来跟王阳明齐名的大心学家。陈白沙很孝顺，成化十九年（1483 年）他五十六岁的时候，名声已经非常大了，皇帝给他下诏书，召他到京城，可能要任命他做官。他到了京城后，知道老母亲生了病，就写了一篇《乞终养疏》，皇帝很感动，于是恩准他归乡以尽天伦，使他得以继续他的教育事业，最后造就了“岭南学派”。

黄宗羲对陈白沙非常推崇。《明儒学案》写道：“有明之学，至白沙始入精微”，就是说明代的儒学到陈白沙这儿才深邃了。吴与弼在当时已经很了不起，但还没到这个地步。所谓“精微”，主要不是指学问上的造诣，而是说他心学工夫上的境界。“其吃紧工夫，全在涵养。喜怒未发而非空”，即没有发为对象，但也不是完全虚空；“万感交集而不动”，因为他有涵养，所以他未发的时候里面是充满的，已发的时候则万感交集而心体又不被扰动；“至阳明而后大”，他的这种心学学问到王阳明那里就变得更加广大了。“两先生之学，最为相近，不知阳明后来从不说起，其故何也？”（《黄宗羲全集》第七册，78）他说陈白沙和王阳明的学问最相近，但是后来王阳明怎么就从来不提起陈白沙呢？不知道是什么原因。

从黄宗羲的角度看，我觉得也可以理解他的困惑。一个是因为黄宗羲不喜欢阳明后学里的所谓“现成良知”那一派（我们后面会看到），也就是王龙溪这一派。现成良知就是良知当下现成，当下就能够被发现，呈现出来。它实际上是明代心学中的禅宗，近乎六祖惠能的风格。六祖惠能怎么反叛以前佛教的一味坐禅，王龙溪也就怎么反叛静坐为主。黄宗羲在学案里一再褒扬“收摄归寂”这一派（我们以后会讲），而他特别赞赏陈白沙，就是因为陈白沙的学问工夫就是后来“收摄归寂”这一派的先声。“收摄”就是把你的心收回来。我们以前讲了“归寂”，“寂”就是未发或者未发所依据的状态。黄宗羲又很崇敬王阳明，虽然有那么一点保留，但总的来说是认同的，所以这两位在他心目中都了不起。他认为他们很相似，其实仔细看，还是不同的，甚至在某些方面很不同。他们两个入本心的路子和所达到的境界有相合的地方，就是通过静坐，但王阳明绝不止于静坐。

陈白沙有一段很著名的话，研究他的文章没有不引用的。他在《论学书》中，这么自述他求道求学的经历：

> 仆年二十七，始发愤从吴聘君（吴与弼）学。其于古圣贤垂训之书，盖无所不讲，然未知入处。比归白沙，杜门不出，专求所以用力之方，既无师友指引，惟日靠书册寻之，忘寐忘食，如是者亦累年，而卒未得焉。所谓未得，谓吾此心与此理未有凑泊吻合处也。于是舍彼之繁，求吾之约，**惟在静坐**。久之，然后**见吾此心之体隐然呈露，常若有物**，日用间种种应酬，随吾所欲，如马之御衔勒也；体认物理，稽诸圣训，各有头绪来历，如水之有源委也。于是涣然自信曰：“作圣之功，其在兹乎！”（《黄宗羲全集》第七册，83—84）

他说他二十七岁时，“始发愤从吴聘君学，其于古圣贤垂训之书，盖无所不讲”，吴先生对于儒家的这些经典和论述，都有讲解。我们可以想见，吴与弼不但讲四书，还讲五经，但是陈白沙在那里还是没找到入口处：“然未知入处。”这个“入处”就是入本心之处，或者心和理打通之处。“比归白沙，杜门不出，专求所以用力之方”，他回到白沙，闭门不出，跟李侗类似，一心想找一个用力进到儒家天理天性的方法。“既无师友指引”，那时候广东的儒学群体我估计还是跟江南没法比；“惟日靠书册寻之，忘寐忘食，如是者亦累年，而卒未得焉。所谓未得，谓吾此心与此理未有凑泊吻合处也”，就是说，努力多年，此心、此理还是两分，没有所谓的“凑泊吻合”，达不到相即相合。“于是舍彼之繁，求吾之约”，即把老师讲的、自己学到的那些烦琐原则舍掉，不管了，靠它们求这么多年还是求不到，于是“惟在静坐”（总有个把柄可操持呀），“久之，然后见吾此心之体隐然呈露，常若有物”，静坐了很久之后，开始见到了他的心之体隐隐呈现，好像有物，这个本心就好像是个什么恍惚的东西呈露出来了。实际上，这相当于我们以前讲的潜意识开始进入显意识的状态，不过这不是顿悟或突然皈依，而是在静坐中逐渐呈现出来的，“隐然呈露”，就是说它刚开始慢慢地在边缘处显现，并不会全身呈现，不然就不是潜意识了。“日用间种种应酬，随吾所欲，如马之御衔勒也”，于是他达到了这样的境界：既然这个心的体“隐然呈露”，也就是我们说的显意识和潜意识开始打通了，起码有沟通之处了，于是他就感到自己应对日常这些事物的时候，心就不会被这些事物和情景带走了，就像有了一个勒住马的衔勒一样。现在这匹马（他的心），他已经能够驾驭了，他已经把心套上了嚼子，挂上了缰绳。“体认物理，稽诸圣训，各有头绪来历，如水之有源委也”，体会万物的道理，然后再去圣贤的教诲里查证，就发现我的心都能与之有感应的头绪，不只是概念的或者外在意义的陈述，这就相当于找到它们的源头了。“于是涣然自信曰：‘作圣之功，其在兹乎！’”也就是说一切疑虑消散，充满自信地说：“作圣人的功夫，就在这里面呀！”我觉得这里的意思跟刚才我们讲李侗的那个差不多，但陈白沙就不像李侗那么谦虚了。李侗似乎就是一乡村野老，不会说这种话：做圣人的境界或者功夫就在这里面了！

二、静坐里养出心体的“端倪”

陈白沙还有一句话，最常被人引用，已经成了他的专利：

> 为学**须从静坐中养出个端倪来**，方有商量处。（《黄宗羲全集》第七册，88）

所谓“端倪”，就是发端处、征兆。一定要从静坐中先养出个端倪，这就是前面那段话中他所说的“隐然呈现”。换句话说，这个端倪就是我们说的显意识和潜意识的那个初步沟通。我们平常体验到的都是显意识，没有体验到这种沟通。有时我们也体验到了，但很短暂。比如在艺术体验出现或者人生中特别受感动的时候，它们一下子打通，你就觉得心里边其实还有一个可以做圣人的依据。比如，你见到一个盲人，突然心生怜悯要去帮他。有时候，甚至一个坏人也可能生这个心，那个时候可以说就是一闪现的端倪。但是这个东西太不稳定了，不知道它什么时候呈现，而且呈现以后可能一下子就没了。可是真正的儒家、心学家追求的就是这个东西，而且要让它能够比较持久地在人生和意识中保持下来，那么就要在静坐中把那个一刹那产生的东西维持住。这个真不容易，就像现在科学家要将核聚变的一闪现保持住（比如用磁场、激光约束住它）一样。实际上是要让一个发生性的、完全原发的、就像恻隐之心一样的东西能够在日常生活中时时呈现，让人时时有这么一种触动和感受。虽然它不总是停在那儿，但它能像闪电一样“唰唰唰”地一再闪现。这和你平常的心境不一样，在那个特别状态里，你会感到你的生活和意识是跟一个源头接在一起的。这个源头就叫端倪，没这个端倪，就别跟我讨论得道境界，我说了你也懂不了，这就是他说的“方有商量处”的意思。我觉得从这些话中能看出，这个人是真有艺术气质的，而且说话也蛮有棱角。但是他确实做不了什么官，也没做官，说话太容易得罪人了。对于没静坐、没养出端倪来的人，他就跟人家没商量了。所以有不少人指责他，但也有很多人推崇他，他名声也很大，黄宗羲说“有明之学”到他那里才变得精微。总之，陈白沙跟“南剑三先生”后边两位先生很不一样：那两位要么被人忽视，要么像朱熹一样真正跟他切近接触过以后，就会特别地欣赏，气象真是不一样。

当时对陈白沙的指责，主要是说他流于禅学、自立门户。确实是这样：“方有商量处”，那肯定就是单挑了，言外之意就是其他的儒家都不是真儒家。当时另外一位大儒罗钦顺（罗整庵）对他就有这方面的批评，《明儒学案》第五卷引述了这个批评：“近世学道之昌，白沙不为无力，而学术之误，亦恐自白沙始。”（《黄宗羲全集》第七册，81）明代道学之昌盛，陈白沙确实有贡献，但整个道学的错误也是从他开始的，光是强调静坐，这就偏了。那么错在哪儿呢？主要是他“深之不能极，几之不能研”（《黄宗羲全集》第七册，81）。这句话实际上来自《易传》中的“极深而研几也”。“极深而研几”是赞美《周易》结构深邃微妙，是通天彻地的一种哲理。孔子五十岁以后对《周易》极其喜欢，“韦编三绝”，在里边发现了至深的、能与天地准的道理，所以《易传》的《系辞》里就赞美它达到了“极深而研几”的地步。我们知道，“几”就是处在有无之间，这个之间也可以延伸为过去与未来之间，所以“几”是一个最微妙的状态。研究《周易》的人必须有能力进入“几”，才能够预言未来和回溯过去。真正的儒者，如果想要用《周易》来理解人生和世界，就不但要进入能算命的“几”，还要能进到时机化的“几”，要像孔子那样，最后以此来解释儒家的道德伦理，不是把它们看作教条，或视为康德讲的道德命令，而是理解为完全原发的、我们生命本身需要的、使我们的生命得以延续而且得以美好的那种让意义发生的结构和状态，这才是“生生之谓易”。罗钦顺指责陈白沙“深之不能极，几之不能研，其病在此”（《黄宗羲全集》第七册，81）。意思是：你是有“深”，静坐静到那个程度也不简单，但是你不能“极”，达不到它的终极处，达不到那个最妙的地方，没有真跟儒家的道理完全贯通；你是达到了“几”，处于有无之间，但没有深入它，以让它体现在我们的日常人伦中，所以只是“若有物也”。陈白沙其实也讲了一些道理，但是比起后来的王阳明，整个境界就不太一样了，王阳明有他这一面，但还有更多其他的东西。

这个批评有一定道理，但也有不太公正的地方。黄宗羲就不以为然，他一定要捍卫静坐派，虽然他本人倒不是特别钟爱静坐。罗钦顺认为陈白沙“明心而不见性”：静坐已经把心都修炼到那种程度了，相当于“深”和“几”已经有了，但是未见性，性就是天理。儒家也经常用这个话来批评佛家：“明心”是佛家的看家本事，佛家讲禅定，后来禅宗还有新解，他们都有自己的办法来“明心”。但黄宗羲说罗钦顺对陈白沙先生的指责其实是他自己之失误：“谓先生明心而不见性，此文庄（文庄是罗钦顺的谥号）之失，不关先生也。”（《黄宗羲全集》第七册，81）就是说，这是罗钦顺你的问题，是你自己看不到，跟陈白沙没关系。黄宗羲真是不吝其词地维护陈白沙。

我们看陈白沙怎么给自己辩护。《明儒学案》第五卷记载：

> 伊川先生每见人静坐，便叹其善学。此一静字，自濂溪先生主静发源，后来程门诸公递相传授，至于豫章、延平，尤专提此教人，学者亦以此得力。晦翁恐人差入禅去，故少说静，只说敬，如伊川晚年之训，此是防微虑远之道。然在学者，须自量度如何，若不至为禅所诱，仍多著静，方有入处。若平生忙者，此尤为对症之药。（《黄宗羲全集》第七册，86）

“伊川先生每见人静坐，便叹其善学”，二程其实都鼓励学生静坐，认为静坐是入门的工夫。“此一静字，自濂溪先生主静发源”，这毫无疑问，大家去读周敦颐的《通书》，里面就是要主静，用它来得到入门的助力。“后来程门诸公，递相传授，至于豫章、延平，尤专提此教人，学者亦以此得力。”由此可见，我们说的那个广义瑜伽，不一定是按《瑜伽经》做，但毕竟是有一种特殊的、让心静下来的一门方法、技巧。这是西方的古希腊所没有的，虽然亚里士多德在《尼各马可伦理学》里面提到智慧的最高阶段是 meditation（沉思），但他是怎么做沉思的，我们不知道。古希腊哲学、宗教好像跟东方也有交流，说不定也从印度那边听说过瑜伽，但是我的确没听说过，也没见过古希腊有做瑜伽的记录和塑像。中世纪神秘主义的修炼讲祈祷，也讲心灵的某种修炼，但是跟瑜伽不一样。修道院里的人想跟上帝有直接的交流，会想尽一切办法，其中就包括他们跟上帝沟通的所谓神秘主义的方式。但就我所知，一般情况下，在宗教里，祈祷、诗歌、音乐甚至舞蹈是很重要的。舞蹈在苏菲派很重要，伊斯兰教中的这一派就通过旋转的舞蹈，把自己的显意识给减弱，以便让潜意识出现。有的基督教派通过反复念《旧约》诗篇里的诗，反复赞颂、吟咏甚至歌唱和祈祷，使得人心静下来，以此方式进入的那种状态，这应该就是陈白沙通过静坐所希望达到的状态。所以基督教没有特别突出静坐的传统，他们向神祈祷、歌唱、吟诵，把自己的小我去掉，或者通过劳作（有些像禅宗的做法），摆脱小我或狭隘的显意识，进到跟上帝、基督直接相通的那个状态。尤其是基督教，他们特别讲爱，爱基督，通过把自己的利益和欲望全都放弃，完全地热爱基督，最后跟基督融为一体，就像尘世间两个人相爱，爱到极深时两个人就会融为一体而把自己忘掉一样，达到出神的状态。基督是无限的、高于你的，你追求基督是痴心妄想——咱们叫“癞蛤蟆想吃天鹅肉”，但就是因为想吃这个天鹅肉，你才能够有点儿像天鹅，才能够把你的心、生命中那点神性唤醒。他们认为我们可以通过灵魂跟神直接交往，通过这种神秘的爱情追求说不定什么时候就能跟神接通。神秘主义那里确有这么个境界，是可以做到的，但也很难。虽然你这一生都可能达不到，但追求本身会使人生得到升华，得到改造。

中世纪晚期，神秘主义在西班牙、德国和现在的比利时等地都出现了，在宗教中形成了一场波涛汹涌的运动，甚至产生了一些女子"自修士"：她们为了追求与神相爱的直接体验，甚至不愿意入修道院。她们觉得修道院里边束缚太多，而她们的唯一目标就是去追求跟神的union（等于说是与神"合为一体"）。她们自己租房子建立社区，建立教堂，不愿意坚持了，随时可以退出。这些女子一起修炼，一代接一代，其中出现了一些优秀的女自修士，写出了非常动人的作品。现在研究神秘主义包括女性主义运动的人，对她们都颇有些兴趣。我第一次去比利时安特卫普大学的时候，还没有多少学者研究她们，过了十几年再去，就有一些世界著名大学的研究生、博士或者青年教师在那里研究神秘主义，觉得这个很有吸引力。

其实凡是有人的地方，只要有灵性上的、精神上的长期追求的传统，最后都会走到这一步。它要直接作用于心。当然，不是外显的心，而是隐藏的心，或者隐藏的心跟外显的心的结合、打通，即所谓本心的显露。基督教的神秘主义的修士们也一样，最后都要追求这样的境界，用他/她们话说，就是跟上帝、跟神的union。只要有这种结合，就会体验到很多奇异的精神现象（当然这些现象平常是看不到的），比如耶稣向你呈现，你的身体会有某种特别的感觉，例如极度的欢乐和幸福感，等等。所以他/她们的诗歌写得非常动人，很了不起。我觉得这是人类的本性，但不是哪儿都有。这需要很悠久的精神传统，能够有一批人，别的什么都不干，专门修炼，最后才可能达到这个境界。比如像陈白沙，他就有这个本事，也有这个时间。要有时间、有精力、有信仰，还要有长久的传统给你信心和方法，最后才能够酿出这么深浓醉人的酒。天主教特别爱用酒和醉来比喻这种心灵状态，你尝到了这个酒的滋味（flavour），就会失去平常显意识中那些对象性的关怀，进入一种沉醉状态。当然这个醉不是胡来的烂醉。

“晦翁恐人差入禅去”，就是说朱熹怕很多儒家学者因为静坐最后入了禅，“故少说静，只说敬，如伊川晚年之训，此是防微虑远之道”。陈白沙觉得朱熹的这种担忧和做法也是有必要的：怕出差错，想得很远，在这些偏差还很微小时，就去防止它们。“然在学者，须自量度如何”，在真正求道者那里，必须考虑自己有没有那个本事，不用静坐是不是能进得去。先别想偏差，如果连偏差的资格都没有，还说什么偏差呢？“若不至为禅所诱，仍多著静，方有入处”，如果你觉得自己可以把持得住，不会因为静坐就入禅门或佛家，那么执着这个静也就不会有太大问题，由此也才能有一个入手处（“方有入处”）——这是最要害的，所谓静坐派就是要凸显这个入手的方便处。“若平生忙者，此尤为对症之药”，对于那些平日的忙碌者，这个静坐工夫才是“对症之药”，即能够帮你把心真正收回来的方法。

三、如何成就“儒瑜伽”？

静坐是东方心学或者东方哲学的特色。对于这个发源于瑜伽、打坐、坐忘、心斋，但又有自己特色的静坐，我们可以称之为“儒家的瑜伽”或“儒瑜伽”（Confucian Yoga）。换个说法可能更清楚一点。瑜伽现在影响非常大，历史上通过佛教直接影响到了宋明心学，所以我们可以把宋明时在儒者中流行的静坐看作一种“儒瑜伽”。它教人收摄心流，即心的意识流，使得我们的整全意识包括显意识和潜意识得以沟通呈现，而且这是一种最可教最可学的方法。所以陈白沙在《复张东白》的信里说：“有可以言传者，有不可以言传者……善求道者，求之易；不善求道者，求之难。”（《黄宗羲全集》第七册，85）什么是可言传的呢？只有静坐是可言传的，几句话就告诉你怎么静坐了。有的东西是不可言传的，那就是那个“未发之中”，它具体怎么回事，这是不可言传的，只有自己去体验。“善求道者”从容易的地方入手，“不善求道者”从难的地方入手，比如读经，读四书，解经文，然后从这里头找到那个道，这反而是难的方式。他找了多少年都找不到，吴与弼给他说了多少，他也觉得不够。所以他认为静坐是最简易、最可行的入心阶梯，我觉得这确实有他的道理。作为入门阶梯，静坐在儒家心学中的地位是不可撼动的。

就此而言，实际上从周敦颐开始，儒家的心学就有意识地吸收了佛家的坐禅传统以及道家“心斋”“坐忘”之法，但是他们又不承认自己的东西是借来的，所以一定要对这个静坐加以重新解释，赋予其儒家特色，甚至加上儒家自己方法上的改造，以至于可以既用禅定，又不被禅定所诱惑、劫持。这是儒家心学一开始就面临的一个方法上的关键挑战：既要用它，又不要被它带走、带远，这一张力一直贯穿在儒家的心学史中。二程自己有时候都可能觉得有点矛盾，后面以谢良佐为开端，我们讲的这几位，好像每个都跟佛家道家有些瓜葛，被别人指责为“禅”或“佛老”。这一直都是个挑战，所以发展出了两面策略以应对，这就是既要用广义的瑜伽，又要保证它的儒家性。

因此，第一应对策略是必须诉诸静坐，以收摄心流，并且在这么做的同时，从学说上对静坐做出儒家式的解释。周敦颐的《太极图说》《通书》，程朱的天理之说，特别是“理一分殊”之说，等等，都是这方面的出色体现。“理一分殊”，我觉得它首先可以用来为静坐（当然他们主要是用来为持敬）辩护，它针对的其实是“未发之中”。“未发”状态就是“一”，只要进到这个“理一”里头，就可以分殊到万事万物中去。我们上面已经看到，无论是李侗还是陈白沙，当他们真正进到这个“理一”里时，起码还是有一部分分殊能力的。所以你看二程，不光是大程，小程也一样，谁要静坐，他们都赞赏。小程不像朱子，朱子是后来看多了，就有了警惕。

第二个应对策略是对这一方法本身做儒家式的改造。其中影响最大的就是用“敬”代替“静”，因为他们认为“持敬”里头是动静不二的，在帮助人进入心的本体这方面更有优势。这确实是一个了不起的创新，陈白沙对此也看得很清楚。但就它的效果来看，持敬代替不了静坐，所以陈白沙不满意程朱理学的不光是学说，还包括方法。

吴与弼肯定向陈白沙传播过所谓的持敬、主敬，这是程朱学派的看家本事，但陈白沙觉得不得力，最后还是要返回到静坐，这才达到了那个境界。吴与弼应该教过他“敬义夹持，诚明两进”（《黄宗羲全集》第七册，5）之法，如孟子善养“浩然之气”，其“气”是“集义”所生，而不是“义袭”：平时每一次正义感的出现和正义的行为都会培养你的“浩然之气”，都会帮助你去沟通心的大体（本体）和显意识。所以，“敬”是更容易长久坚持的方法，“敬义夹持”，两边都用，绵绵不绝。“诚明两进”是《中庸》的行话了：“诚”是根本、是天性，“明”是从人返回天性，努力回到它。所以主导方法还是这个“敬”与“明”。这个是道路，那个（“诚”）是境界。

一般看来，“敬”这种方法的好处是毋庸置疑的。首先，它是儒家化的，也是一个方法上的新创造。其次，它容易实行，随时随处，只要整齐严肃就行。我们上次讲到，钱穆先生曾总结朱子“敬”的多重含义，而去尽量满足那些要求，从形式上总是能做到的。但它的问题是，做得久了，就很容易流于形式了，不容易深入下去。而要想继续深入，就得有理解或悟解的深度。而要产生那个深度，在某种意义上还是得通过静坐。平常生活中，“敬”都形成一种程式了，例如见到老师怎么尊敬，见到家长怎么说话，这一套做得非常好，非常严谨。但是，真正要打透显意识和潜意识，光是敬还不是那么有效。所以你看，哪个儒学家通过“敬”达到了陈白沙那个境界呢？小程达到了吗？朱子达到了吗？朱子明显没达到，他自己都一再悔恨，没到老师李侗的境界；小程我觉得好像也没有，大家还是觉得大程有气象，小程只是刚峻。

总之，能行这个“敬”，马上就像个儒者，但真要打通心脉，似乎还是需要“静”。往深里走，“静”是不可替代的。可以说，将“敬”和“静”结合起来可能优势更大一点。靠“静”往深处钻，靠“敬”来夹持、保持它，我觉得两个方法都是必要的，不能说谁替代谁。

以后我们会看到，王阳明的心学开展，首先就是知行合一，后期才讲致良知。他的入本心之法，基本是在这些夹缝之中自己冲进去，不是只用哪一种方法，不像陈白沙和李侗，用静坐就只是静坐，也不像小程和朱子只是用“敬”。阳明心学是从各种尝试的缝隙中，千回百转地挤涌而出的一种终极追求。我们上面讲了这么多儒家心学的原委和难处，尤其是各种各样的心学方法的创立和优缺点，是因为它们对于理解阳明心学及其后学的发展很有必要。

下面这段陈白沙的话也是很著名的，黄宗羲说它精微。他写这段话的时候四十四岁，按他弟子的记载，正是他最意气洋洋的时候。那时他自己修炼有成，正在兴头上。他的弟子张诩写的《白沙先生墓表》上如此记载：“或浩歌长林，或孤啸绝岛，或弄艇投竿于溪涯海曲”，他那时生活在海边，“忘形骸，捐耳目”，就是说放浪形骸，把自己的外在小我放弃，也不让感官对象化，“去心智，久之然后有得焉，于是自信自乐”。[①]就是在这一年，他写了下面这段话：

> 终日乾乾，只是收拾此［天］理而已。此理干涉至大，无内外，无终始，无一处不到，无一息不运会，此则天地我立，万化我出，而宇宙在我矣。得此欛柄入手，更有何事？往古来今，四方上下，都一齐穿纽、一齐收拾，随时随处无不是这个充塞。色

---

① 张诩：《白沙先生墓表》，载陈献章：《陈献章集》，孙通海点校，北京：中华书局，1987年，第883页。

> 色信他本来，何用尔脚劳手攘？舞雩三三两两，正在勿忘勿助之间。曾点些儿活计，被孟子打併出来，便都是鸢飞鱼跃。若无孟子工夫，骤而语之以曾点见趣，一似说梦。会得，虽尧、舜事业，只如一点浮云过目，安事推乎？此理包罗上下，贯彻始终，滚作一片，都无分别、无尽藏故也。（《黄宗羲全集》第七册，87）

他说他“终日乾乾”，这里的“乾乾”跟乾卦有关系，就是健行不息，很警觉很努力的样子。“只是收拾此理而已”，这个“理”当然是宋代儒家开发出来的天理。但是，这是程朱的“理”还是陆象山的“理”？都可以，好像更偏于陆象山的“心即理”。“此理干涉至大，无内外，无终始”，可见这个“理”的核心应该是内外打通的，也就是没有主客的分离，而没有主客分离，可以理解为它们皆源自潜意识和显意识，潜意识可以看作内，显意识可以看作外。这两种意识的打通导致了主客的打通，所以“无内外”。“无终始”也可以看作是“心”“理”打成一片。普通的心态是有始有终的，但本心就像詹姆士讲的意识流，它无终无始，总在流淌，所有的意识活动它都保存和再酝酿，因而与理无别。“无一处不到，无一息不运会”是说，每一个呼吸中都有它的存在，都有它在里边运作，而且与本心相际会。“此则天地我立”，从这儿就可以看出，前边讲的那个“理”还是陆象山式的。“天地我立，万化我出，而宇宙在我矣”，陆象山说“吾心便是宇宙，宇宙便是吾心”，跟这个意思是一样的。“得此欛柄入手，更有何事？”这等于把“心”当作入道、入天理的“欛柄”，表现为他讲的那个“端倪”。有了这个“欛柄”后，其他的就不在话下了。因为它们的意义源头都是从这里来的，所以“往古来今，四方上下，都一齐穿纽，一齐收拾”（后人讲他的时候经常用这句话，这就是心学的气魄），时间、空间，万事万物都被以一种方式勾连起来，是一张纸折出的万千样式，这就是“心即理”。“随时随处无不是这个充塞”，这也是孟子的话，“浩然之气”充塞天地之间，也就是孟子讲的本心。“色色信他本来”，其中“色色”可以理解为现象；这是讲一切现象我们就看它的本来面目，即吾心；“何用尔脚劳手攘”，根本用不着你再在下面做手脚。本来的面目是最重要的，不要破坏它，手脚的劳作应该是顺着这个脉络往下走。“舞雩三三两两，正在勿忘勿助之间。曾点些儿活计，被孟子打併出来，便都是鸢飞鱼跃”，这是明代语言的特色，大家看“三言二拍”或元代的词曲，都是口语化、生活化的，这个地方也体现出来了。这句讲的就是《论语·颜渊》篇曾点说的“浴乎沂，风乎舞雩，咏而归”。曾点的志向不止于春游，而是人和自然时节的原本合拍，也可以理解为跟自己心的原本状态的融合为一。当然《论语》还没有把心突出来。“浴沂”“风雩”“咏归”，是一个人与自然、本性都打通的快乐状态。“勿忘勿助”是孟子养浩然之气，或者说修炼自己达到本心的心法。曾点说的那些话，那些逻辑，根本上是要被孟子打併或收拾出来的——通过“勿忘勿助”也好，养浩然之气也好，或者他讲的心和性、仁和义也好——这样才是“鸢飞鱼跃”的境界。“鸢飞鱼跃”来自《中庸》十二章，其中引《诗经》里的“鸢飞戾天，鱼跃于渊”，形容君子的人生和思想境界的活泼高远以及阴阳相济。

《中庸》里的那段话讲“君子之道，造端乎夫妇”（《中庸》十二章），所以“鸢飞鱼跃”里也有阴阳：往上是阳，往下是阴，由于它们的相交相遇，才会有君子、仁人的境界。所以“若无孟子工夫，骤而语之以曾点见趣，一似说梦”，就是说曾点的见解和志趣何止春游的境界，只有以孟子的心学工夫去破解，你们才会知道里面的深意。如果领会了孟子和曾点的意思，“虽尧、舜事业，只如一点浮云过目，安事推乎？”尧舜在儒家的传统中是圣王，陈白沙说他们的事业也是浮云过目，没什么了不起的。“此理包罗上下，贯彻终始，滚作一片”，这句话也是后来大家常引的，就是说物我、内外、终始等都打作一片，都一起穿纽，滚作一片。这就是诗人！当然心学家最后的境界一般也都是这样，但陈白沙表达得更生动。“都无分别、无尽藏故也”，我觉得一般注释家都没有把这里头的意思完全讲出来，其实这个跟“如来藏”很有关系，我估计这个时候陈白沙对佛教也是很有些功力的。为什么上边讲的这些东西都打作一片呢？“无尽藏故也”！因为人的心和宇宙的根本，像《大乘起信论》等经论所讲的，就是如来藏心。如来藏心的特点就是能藏，而且相互映衬。有和无、过去和未来、真如心和生灭心、现象和本体等，相互穿透，相互映衬。就像一个镜屋，六面都是镜子，中间放一根蜡烛，它们的相互掩映是无穷无尽的，这是华严宗很妙的一个喻例。相互映衬也就是相互遮藏。

大家可以看到，陈白沙在他高峰期达到的这个境界，就是崇尚自然，贵在自得，这些东西后来湛若水也完全接受了。一切求道，不要管别人怎么说，最后一定要自己得到，自己体验到，才是自得，才是自然。刚才我们念他弟子的记载，他这个人就是心爱自然，所以特别喜欢曾点那种自然之意趣。当然他毕竟还是儒家，不是道家，他是要用孟子来解释曾点，解释“自得”和“自然”。

总的来说，陈白沙是展露自然天性的一类诗人，他写了很多诗。当然也应提到，他晚年因为身体不好，加上家庭的变故（人老了常常痛苦多于快乐），所以流露出了厌世情绪及对人生的绝望。大家可以去看黄明同先生写的《陈献章评传》第五章最后一节，里面引了他如下的话：“生既绝望于我矣，我更望于何人？”[①] 陈白沙的境界很高，也很美，但好像他达到的那个境界的深度、持久度和韧性，还是不如李延平。当然每个人的遭遇不一样，身体状况也不一样，我们也不能因为这一点就看不到他那些非常出色的地方。

简单说来，我觉得宋明心学的要害就在于：在面临佛道的优势，尤其是它们在心学方面的优势时，为儒家寻找和创立一种“通心之

① 转引自黄明同：《陈献章评传》，南京：南京大学出版社，1998 年，第 166 页。

法”。学说上有周敦颐的《太极图说》《通书》，后来有二程的“理学”，起码表面上能和佛家抗衡了。但“通心之法”在某种意义上更重要，因为时间一长，光靠学说是不行的。必须要有一个个出色的儒者出来，而且心态不一样，意识状态不一样，别人要能感觉到。

佛教出现几个高僧大德，像惠能那样的，一出山马上就有感召力，儒家能出来这种儒者吗？所以“通心之法”是对儒家的挑战，儒家迫切需要它，需要那种打通显意识和隐意识的方法和人生效应。而那些学说，从根本上说来应该是为这些通心之法服务的。也就是说，儒家用了这些方法，那些学说则为这些方法保驾护航，帮助当时的儒者论证它们是儒家的，而不是佛家的或道家的，虽然可能也从佛道那儿借用了不少。有点像咱们现在，明里暗里从西方学了不少，但还是要尽量说这是独立自主的创新，要论证这个是我们自己的。儒家也一样，佛道在这些方面确实走在了前头，无论是在学说上还是在心法上都是，尤其佛家，所以儒家那时候就是在应对挑战。

四、三种心学方法

最后总结一下心学的方法。我认为，心学的方法本身就是多样化的，没有哪一种方法可以代替其他方法；不同的人可以选择不同的方法，也可以同时采用两种或更多种的方法。我们的心灵，无论是显意识还是潜意识，尤其是潜意识，是那么丰富、活泼、深邃，怎么可能用一个方法就包打天下呢！方法总是有一些具体的操作程式，而心，尤其是心的本体，在很大程度上是非对象化的，甚至是完全内时间化的，它的发作则是时机化的，所以只用一种方法不可能对所有人都合适。所谓“感而遂通”，心学方法本身就是感而遂通的。

就大处而言有三种方法，我们已经反复讲了。

第一是静坐的方法。广义的静坐还可以包括印度的瑜伽、道家的坐忘、佛家的坐禅。印度的瑜伽是佛家坐禅的来源；道家的静坐是坐忘、心斋，它们是不是受到了佛家或印度传统的影响，学界对此有不同的看法。不管怎么样，这个方法我们刚才一再讲了，是最可操作的。

第二就是主敬或者持敬的方法。这是儒家的特色，小程和朱熹最为欣赏和推崇。它的特点我们刚才也讨论了。与它有些相似但不尽相同的方法，我们以后讲王阳明时会反复说到，是克治省察的方法，也就是反省自己的私念而加以克治的方法，吴与弼的治心法即专注于此。为了简略，我们就不将它单列为一种方法了。它与主敬法的共通处是，都在显意识中运作，间接地、缓慢地影响潜意识。

第三种是时机化的体认本心的方法，也可以做广义的理解。所谓时机化的体认，就是当机体认。本心通常不是当下就能体认进去的，总需要碰到和抓住一个合适的时机。一旦体认进去，就别忘了它，起码知道有那样一个境界，然后多次进去出来、出来进去，慢慢地这个通道就能保持住了。禅宗的开悟也往往是多次，像惠能那样的天才，《六祖坛经》还记载了他的两次开悟呢。他首次听《金刚经》时就有开悟，后来五祖与他印证，半夜又开悟。这个通道可以当下就顿悟进去，但它很快又关上了，所以需要反复开通。

这个方法我们可以从历史上，比如在惠能之前的道家那儿，看到一些端倪。《庄子・天下》篇里边讲的庄子的方法，可能就与之有关。据我的推想，庄子悟道的方法和老子不太一样。他们学说上相通，但庄子有自己的发展。为什么《庄子》一开篇就那么活泼呢？不只是《逍遥游》，就是《齐物论》讲的“天籁”“地籁”“人籁”也很生动。《老子》却那么幽深。我觉得老子之所以能悟到那么多东西，“致虚极，守静笃，万物并作”，他采取的可能主要是广义的静坐法。而《庄子・天下》篇中描述的方法更动态，比如“时恣纵而不傥”“应于化而解于物”等，我们可以把前一句话理解为在某个时候“恣纵”一下，那个心一下子就自由地飞翔起来、逍遥起来，根本不受约束，完全自由了。“傥”的意思大致是说形成一个现成的终极或对象，执着于它；“不傥”就是说自由飞翔而不落实到某个关键对象，或心灵的某个原则，所以叫“恣纵而不傥”。“应于化而解于物”，说的完全就是时机化。什么时候能够化？我的日常之心化到心的本体之中，心转化了，跟事物交接的时候就能够达到自由的、恰当的最好状态，就像李侗和陈白沙一样，心体开了，应对事物就跟旁人不一样，可以随物宛转。这也是孔子晚年的境界。

所以，时机化的体认本心的方法在庄子那里好像就有，甚至在语言上都有表现。读《天下》篇或之前的篇章可以看到，庄子不是反对所有语言的。以前很多人说道家否定语言的传道性，“道可道，非常道”，勉强地去说的话，也是在说其本不可说者，所以要边说边扫，一边泄露一边掩盖。其实庄子虽然对于概念化、对象化的语言，也就是他所谓的“小言”，持否定态度，但是他还是发现了一种“大言”。《齐物论》里说“大言炎炎，小言詹詹”，前者有一种非对象化的言说方法，因为求道者的心开了，语言也就开了。这是庄子的特点。什么是“大言”？就是“寓言”“重言”“卮言”(《庄子·寓言》)，或《天下》篇说的“荒唐之言，无端崖之辞”，等等。《庄子》之所以特别吸引人，一个原因是心灵的逍遥游的境界，另一个原因是它的语言的这种挥洒不羁、诡谲变化，创造出那么多出人意表的意象。例如，一个又傻又呆者居然是个得道者，身体病得惨不忍睹的状态也是得道的状态。这对后世影响极大，尤其是对文学家的影响。我觉得庄子用得更多的就是第三种方法。

孟子“先立乎其大”里边也有这个方法，比如那个“勿忘勿助长”，即不碰到时机不要使力气，使力气反而是揠苗助长。所以，孟子也有时机化的体悟心法，只是不像后来的心学家讲得那么清楚。然后就是惠能的直指人心、当下即是，这是禅宗密传心法。人心一旦开了，悟进去了，一切就都豁然开朗、当下成立了。随后程颢的“识仁”，再往下王阳明的“致良知”，基本上都属于第三种方法。

这三种方法是三个极。在它们之间，不同的人可能有各种各样的糅合和中间形态，我们下面就会逐渐看到。

第七讲　王阳明的人生与开悟经验[①]

从上一节讲的陈白沙开始，我们已经进入明代了。自这一讲起，我们就开始阐述这门课的主角王阳明。他生于成化八年，去世于嘉靖七年，也就是从耶元 1472 年至 1529 年。

明代是一个很特别的朝代，也是中国历史上最后一个以汉人为皇室的朝代。它的建国极其辉煌，把曾经强大无比的少数民族统治者赶了出去，而它的丧国又缘于另一个少数民族打了进来。前者让它创造了一个历史，即“以南驱北”的先例（到民国时又重现了一次）。中国历史上，从来都是北边“欺负”南边，北边的游牧民族打到中原，内部相争也是北边的政权征服南边的，几乎无一例外。为什么会这样？据说有好多原因。比如北边地势高，北人的马多马好，骑术厉害，等等。甚至《狼图腾》这样的小说还把这种情况归结为北方游牧民族有狼性，而中原民族这边是羊性——儒家把以汉族为主的关内的老百姓驯化成了打不了仗的羊群。我看《狼图腾》的时候，觉得前半部的情节还蛮有趣，后来它就大讲这些崇狼贬羊的道理，让我觉得大谬不然。比如元代，奉狼为图腾的民族和政权那么厉害——的确，它是厉害过，世界史上没有哪个帝国建立的疆域比它的更大——但是它存在的时间并

① 本章对王阳明人生经历的介绍，参见钱德洪：《阳明先生年谱》，载《王阳明全集》，第 1225—1340 页。该书以下简称为《年谱》。另参见黄绾：《阳明先生行状》，载《王阳明全集》，第 1424—1450 页。该书以下简称为《行状》。

不太长，而且从此一蹶不振。真厉害的标准，应该不是只是空间啊！它在领土征服上确实不得了，打遍了半个世界，但在时间上它就没什么了不起的了，只是转眼烟云。它的长度跟中国其他那些像样子的朝代没法比，更不用说文化上的延续。我们的文化有高峰，有低谷，但低谷之后还能再有高峰。像元代那种文化，就这么一个高峰，衰败了就衰败了。

所以明代有一个特别之处，它真的是把历史常规颠倒过来了：从南打到北。而且对手是当时世界上最厉害的蒙古帝国，但是明王朝把它打败了，打跑了，灭掉了它在中土的政权，夺走了它的首都——现在的北京，把它一直赶回漠北，还几次出兵继续讨伐，打得它基本上还不了手。这是明代创造的一个纪录，对当时的民族自信心一定有绝大的影响，所以明代有一段非常繁荣的时期。虽然刚开始有过内乱，比如明成祖朱棣把他侄子的皇位给抢了，把首都从南京迁到了北京，但明代前期充满了活力，还派了那么大的一个舰队去周游世界，创造了人类历史上的文明交往的一个奇观。

明代立国二百七十六年，历十二世，十六帝，只是到了中后期才开始衰败。王阳明在世的时候，明代已经开始不行了：闭关、腐败、宦官掌权。因为明代统治者不信任大臣，把宰相这个职位废掉了，不得已就要重用宦官。也就是在明代这个时期，中国整体的国力被欧洲超过了。

按现在的一些研究，无论是从人口、生产力、国力，还是文明的灿烂程度上讲，中华文明在世界上一直是处于领先地位的。当然，在最早的古希腊罗马时期，那时大家可能是各有特色；汉代的时候，罗马帝国也极其厉害。但当欧洲进入中世纪之后，就跟我们这边没法儿比了，他们是 barbarian（野蛮人），而我们这边真是泱泱大国。而且还不光是“大国”，“中华”根本不局限于仅仅是一个“国家”的概念，而且更是“文明”的概念、“天下”的概念。所以马可·波罗、利玛窦等人过来的时候，虽然中国（元明时期）其实已经开始不行了，但传回欧洲的形象仍如同一个神话一样：一个伟大灿烂的东方文明！中华文化激发了他们的启蒙运动，比如激发了伏尔泰、莱布尼兹这些思想伟人。他们看到，不用教会统治，中国人也把国家治理得这么好，所以当时欧洲有了一股中国热。但从明代开始，就国力而言，确实是开始落后了。这并不是因为坚持儒家文化导致的——以前坚持儒家文化，两千年也没落后。有各种历史机缘使文明或盛或衰（西方赶上了地理大发现，后来又有了工业革命），因此一个文明不会总是一个样，再加上明代的心态有时的确是封闭了一些，所以它后期会衰落。

还有一些学者在议论明代文化的特点时，往往说它有两个特点：一是个性化；一是平民化，尤其是中后期。我们前面讲到陈白沙，你看他是不是个性化？确实很典型。他和南宋的李延平做的工夫很相近，但是他个性更强："学贵自得"嘛。而另一方面我们又将看到，王阳明的学说，它的建立、传播和发展，更充溢着对自身良知良能、本心童心的自觉意识，甚至激发出了泰州学派这样所谓"日用即道"的思想运动。所以说明代文化有"平民化"倾向也确有一定道理，在哲学上也有一定的反映。人类的实际生活——日用万端，就是道；离开了日常的人际关系和生存活动，去讲儒家的天道天理，王艮就会认为是异端。到晚明，甚至产生了李贽、黄宗羲、顾炎武限制君权的思想，反省几千年的专制制度。他们认为，像尧舜那样的公天下（不是近现代的那种"公"的概念，而是以家为本的天下，但并非家天下）才是儒家的正脉。这也是很了不起的。但到清代，这种思想就很难出现了，一直要到最后洋人打进来，才激发出一点东西，这是后话了。刚才提到的那三个人，只有顾炎武与王学没什么太大关系。李贽、黄宗羲都是王学潮流内部的，李贽可以算作泰州学派的一员。

王阳明一生（1472—1529）跨越了明代四位皇帝，他的《年谱》都是用这些皇帝的年号来纪年的。为了后面讲到的时候比较清楚，我们先交代一下这几位皇帝的年号。

明宪宗（年号成化，耶元 1465—1487 年）、孝宗（年号弘治，耶元 1488—1505 年）、武宗（年号正德，耶元 1506—1521 年）、世宗（年号嘉靖，耶元 1522—1566 年）。宪宗之前是英宗、代宗，这俩人还交错了一次。因为在正统年间著名的“土木之变”中，英宗被瓦剌抓走了，这边朱祁钰登基，就是代宗，年号是景泰。然后英宗又回来，还想办法复位了，这就又有了天顺的年号。接着就是宪宗的成化时期，但成化时期对我们不是很重要，因为那时阳明刚出生不久，尚在幼年，没什么大事。接着是弘治、正德，这两个年号很重要，尤其是正德，这是武宗的年号，阳明受难，就从他开始。然后是嘉靖，这是阳明的晚期。嘉靖是世宗的年号，世宗信道家，服丹药，闹得朝廷不安稳。他早期还算是比较有作为，但后来又有问题。

简单说来，王阳明的心学是这一时期时代精神的集中体现。他的心学的深邃之处，和我们之前阐发的人类意识的那种深层开发、完整体现很有一些关联，所以对现代人也有吸引力，并不随着明代的消亡，甚至是整个信奉儒家的王朝的消亡而完全消泯。

第一节　王阳明一生概述（一）：出生至贬谪贵阳

王阳明，字伯安，幼名云，后来改名守仁，这其中还有些曲折，我们后面会讲到。他去世之后，因为功绩大，得到一个谥号文成，所以后人称他文成公。他曾经在家乡的会稽山阳明洞造了一幢小房子，在那里修炼，自号阳明子，后人也称他阳明先生，“阳明”是他的号，缘于他修炼的地方，是一个道家色彩很浓的称呼。

王阳明是浙江绍兴府余姚县人，后来他父亲因为喜欢山阴的山水，把家迁至山阴，并且他们王家祖上就在山阴。此家族可以上溯到东晋王氏，就是王羲之那个琅琊王氏。山阴是绍兴古称，离余姚不远，他们家实际上就是迁到了今大绍兴市的越城区这个地方。他出生于成化八年九月三十日（耶元 1472 年 10 月 31 日），那时他们家还在余姚，是一个书香官宦人家，而且具有悠久的文化传承家族史。

王阳明的祖父叫王伦，字天叙，因为特别喜欢竹子，所以号竹轩翁。有人还为此翁作过传，《年谱》里说："叙其环堵萧然，雅歌豪吟，胸次洒落，方之陶靖节、林和靖。"（《王阳明全集》，1225）"环堵萧然"是陶渊明《五柳先生传》中的话，意思是他家里很穷。我们现在可以比较清楚地追溯到他的六世祖，其中有的做过大官，但后来的家长都不善于生计，书生意气却很足，所以到他祖父竹轩翁那一代，家境并不太好。虽然穷，但儒家气质非常深厚，这是他们的家传，所以"雅歌豪吟"，不光是"微吟"。据说竹轩翁爱唱歌，弟子们也跟着他和（王阳明小时候受他影响。所以王阳明后来到了贵州龙场，最困难的时候，他的那些从人都病了，王阳明给他们做饭，看他们心情不高兴，就给他们唱诗、唱越地的俚曲，可能里头也有"雅歌"）。然后说他胸襟洒落，意思是根本不在乎这些世俗的事儿。所以把他比作陶渊明和林逋。大家知道"梅妻鹤子"这个典故：林逋是西湖边上的著名诗人，一生不结婚，以梅花为妻，以仙鹤作子。他写的《山园小梅》很著名，大家可能都学过，其中有两句："疏影横斜水清浅，暗香浮动月黄昏。"别人拿这两位志趣高雅的隐士来比拟，可见竹轩翁精神之超逸。王阳明小时候和这位祖父生活过一段时间，所以他对王阳明确实有过影响。

王阳明的父亲名华，字德辉，晚称海日翁。《年谱》有时就称他海日翁，但更多的时候称他龙山公，因为他曾在龙泉寺读书。至王华，他们王家真是一下子就崛起了，积德积了多少辈，到这时终于爆发了。王华中进士第一名，就是状元，官至南京吏部尚书，后来还因为王阳明的缘故被封了"新建伯"这样一个贵族头衔，我们后面会再说到。这样，他们家就从一个以私塾教学为主，带有隐逸色彩但又信奉儒家的书香之家，一下子变成了官宦显门。但读书和儒家的传统，他们家也没丢掉，因为这是若干代人一脉相承并且超出了穷通贵贱的。

王阳明出生的时候很有一些异象。比如，他母亲怀胎十四个月才生出他。这可能吗？我不知道，反正肯定是跟平常的孩子不一样。他是头一个，后面还有三个弟弟，还有妹妹。所以他父亲这一代，不仅官做得大，家族还特兴旺，子、女都有。到了王阳明自己的家庭，情况有所变化，我们以后再说。王阳明母亲怀胎十四个月时，一天他祖母梦见一个神灵从云中抱着一个孩子递给她，梦醒之后，她儿媳妇就分娩了。这个孩子就被认为是有异象的，也就是说是神从云中送来的，所以一开始他祖父就为他取名为“云”。可王阳明到五岁还说不了话，家里很着急，小孩子应该一岁多就能说话了。这时有一个僧人路过，看到王阳明在那儿玩，就摸着他的头说：“好个孩儿，可惜道破。”然后这个僧人就走了。他爷爷听见，一下悟了出来，他的这个“云”的经历应该是隐藏着的，但这个名字把天机道破了，所以他说不了话。于是给他改名叫王守仁，改了以后，他马上就能说话了，而且出口成章。人家问：“你怎么学的？”他说：“你们说的那些东西我都听见了。”他一听之下，就能背诵如流，极其聪明。在成长过程中间有一个顿挫（“不能说话”）的孩子，往往更容易有大聪明，就像爱因斯坦，三岁还不能说话。

这些听起来好像是传说，但是他们家族和他本人是相信的。他祖母的那个梦，应该也是做过的，老太太撒这谎干吗？之后，他出生的那个楼就被当地人叫作瑞云楼。所以这个事情，应该是家里的仆人和邻居都知道。按《年谱》记载，他后来返回自己家乡，还专门去看过这座瑞云楼，见景生情，特别怀念自己的母亲和祖母。楼是肯定有，这些事应该也发生过，但可以有不同的解释。所以王阳明从出生开始，他的人生就蒙上了一层神秘的色彩，或者说是不寻常的色彩，这对他本人是有影响的。如果在你小时候就有人告诉你，或者是你稍大点知道了，你一出生就不寻常，是从云里来的，等等，那么你这个人的心气肯定就不一样。这就是詹姆士讲的那种“will to believe”：你相信什么，从根本上会影响你的命运。当然，你得真信。所以詹姆士说我们的命运往往是在半路上和我们相遇，因为那个让你去相信的意愿，对你的命运是有塑造作用的。这个情况，从王阳明身上我们就可以看出来。

王阳明的家族在他父亲这一代开始兴旺，这团旺气惠及他这个长子。王华中了状元后，在京城做官，于是王阳明十一岁时就随祖父到京师找父亲。过金山寺的时候，他祖父和朋友一起喝酒作诗，一时作不上来，这时候十一岁的王阳明就替他爷爷作了，作得还蛮好。那个客人大惊，让他再作，他就又吟一首，那个客人就更惊诧了。可见这孩子是天纵的英才，确实绝顶聪明。(《王阳明全集》，1226)

王阳明十一岁到了北京。我自己大概是五岁到的北京。我生在香港九龙，然后被带到母亲老家湖北住了几年，再到北京。当时满口湖北话，到了北京跟孩子们玩了一两个月，这京腔儿就上口了。王阳明也一样，十一岁到北京，肯定也是很快就学会了当时的北京话，还和好多孩子交了朋友。他从小就有军事兴趣，当然男孩子可能一般都有，但是他居然把那些孩子列成阵势，互相打仗，玩得不亦乐乎。有一次他在街上碰到一个算命先生，算命先生看到他的面相，就说：“我来给你算算。”最后就预言他要“入圣境”“结圣胎”，还要“圣果圆”。《年谱》记载：“先生感其言，自后每对书辄静坐凝思。”(《王阳明全集》，1226)这个十一岁的孩子，一个好像非常淘气的孩子王，听到相士这个话，就能有所感应，一下子静下来，对着书本静坐凝思。所以他这一生就净是这种不寻常的事。连一个算命的都对他说这种话，他自己就会想：我该怎么样？后来他就和父亲给他请的一位私塾老师发生了一次著名的对话。《年谱》记载：“尝问塾师曰：‘何为第一等事？’塾师曰：‘惟读书登第耳。’先生疑曰：‘登第恐未为第一等事，或读书学圣贤耳。’龙山公闻之笑曰：‘汝欲做圣贤耶？’”(《王阳明全集》，1226)

什么是最好的事情、第一等事呢？私塾先生说，是读书登第啊，这才是第一等事。中了进士，做了大官，那真是光宗耀祖，你一生的命运，甚至家族的命运就都改变了。王阳明这个十一岁的孩子却说：登第可能还不算第一等事，读书学圣贤才配得上是第一等事。读书主要不是为了做官，虽然做官也重要，但不是第一等事。这么一个孩子就有这个志向！也许就是因为那个相士告诉他要“入圣境”“结圣胎”“圣果圆”，他才会有这么一番话，这么前后一串，他的言行才不显得那么突兀。他父亲听了就笑了，心说：“你这么淘气的一个孩子王，你也想做圣贤吗？”于是对他说了一句半是讥嘲、半是鼓励的话。父亲和爷爷的角色是不一样的，我自己也是父亲，现在也做爷爷了，所以我知道。爷爷对孙辈，更多是慈爱，更容易看到他／她的好处；父亲则往往是担忧：这么淘气将来怎么办……都是爱，情感是一样的，但表达方式不一样。所以王阳明的祖父一直看好他。

王阳明十三岁的时候，生母郑氏去世，《年谱》说他“居丧哭泣甚哀”（《王阳明全集》，1227）。王阳明当时只是一个十三岁的孩子，他应该是很敏感的，所以母亲去世令他很难过，这件事对他影响也很大。

明代大作家、“三言二拍”的作者冯梦龙的《王阳明出身靖乱录》里记载了王阳明小时候的一件事。这部作品近乎小说，但因为时间上离王阳明很近，所以史家有时也用。像我们要讲到的这条记载，秦家懿先生的《王阳明》和后来陈来先生的《有无之境：王阳明哲学的精神》都引用了。[①] 冯梦龙写道：

> 十三岁，母夫人郑氏卒，先生居丧哭泣甚哀。父有所宠小夫人，待先生不以礼。先生游于街市，见有缚鸮鸟一只求售者。先生出钱买之。复怀银五钱，赠一巫妪，授以口语：见庶母，如此

① 秦家懿：《王阳明》，北京：生活·读书·新知三联书店，2017年，第29—30页。另参见陈来：《有无之境：王阳明哲学的精神》，北京：北京大学出版社，2013年，第2—3页。以下简称为《有无之境》。

恁般。先生归，将鸮鸟潜匿于庶母床被中。母发被，鸮冲出绕屋而飞，口作怪声。……先生……佯为不知，入问其故。小夫人述言有此怪异。先生曰："何不召巫者询之？"小夫人使人召巫妪，巫妪入门便言："家有怪气。"……巫妪曰："老妇当问诸家神。"……妪即谬托郑夫人附体，言曰："汝待我儿无礼，吾诉于天曹，将取汝命。适怪鸟即我所化也。"……小夫人自此待先生加意有礼。先生尚童年，其权术已不测如此矣。①

这故事讲的是，王阳明母亲死后，父亲的妾对王阳明不好，王阳明也不是吃素的。估计他常逛北京的那些集市，他在集市上看到有人卖猫头鹰，他就买了一只。回来以后，先买通了一个估计是在他们家周边活动的巫婆，告诉她要怎么做、怎么说，然后就把猫头鹰藏在这个小夫人的被子里。小夫人回到房间，要睡觉，一掀开被子，那猫头鹰一下子就跑出来，刚开始出不去，就在屋子里绕着飞，还怪叫。小夫人吓得魂飞魄散，最后好不容易打开窗子将它撵走。我不知道南方的情况，北方认为猫头鹰是不吉利的，它居然跑到床上来，所以她当然很害怕。这时候王阳明装作不知道，来问怎么回事，然后假装关心地建议道：是不是得找个巫婆来问问？这小夫人觉得有理，就把巫婆请来了。这巫婆来了以后，一进院门就说这家里有怪气。然后小夫人就说了猫头鹰钻进被子里，如何如何。这巫婆就焚香祷祝，还让那个小夫人跪在家神的牌位面前，然后就假装王阳明的母亲郑氏附身到自己身上，说这小夫人对王阳明不好，她已经告到天神那儿，要取小夫人性命，那个怪鸟就是郑氏化身。小夫人吓得磕头如捣蒜，然后就忏悔，说一定改正，这事才算过去。从此以后，小夫人对王阳明就好多

① 冯梦龙：《王阳明出身靖乱录》，明墨憨斋新编，弘毅馆雕本，载翟奎凤、向辉主编：《阳明文献汇刊》第五十册，成都：四川大学出版社，2015 年，第 171—173 页。

了。所以冯梦龙最后一句说："先生尚童年，其权术已不测如此矣。"玩权术，王阳明已经把它玩到"不测"的境地了。"一阴一阳之谓道"（《周易·系辞上》），"阴阳不测之谓神"（《周易·系辞上》）。他天生就是一个军事天才，以他的能力，应对一个小后妈绰绰有余。这件事情做成并不容易，一个这么小的孩子，他必须策划得滴水不漏才行。那个小后妈肯定也不是省油的灯，要让她看不出破绽，从头到尾看上去真像那么回事，事后也不露痕迹，就要算计、扮演得细致周到。他后来作战使计，也得让敌方真的相信才行，这并不容易，是他的真本事。他的心本来就很开窍，这一点从他替爷爷作诗，还有这些事情上就能看出来，而他从小就表现出的颖悟、机变，实在是超乎寻常。

十五岁，他"出游居庸三关，即慨然有经略四方之志"（《王阳明全集》，1227）。居庸关现在还在，位于北京西北的昌平区，你们可以去，有长城，已经修补好了。当时明朝在北方吃了大亏，土木之变时皇上都让人抓走了。王阳明十五岁时少年意气，很豪迈，跑到居庸关外面勘察地势，思索如何应对北方的侵略。这一年，还有些造反作乱的人。他一个十五岁的孩子就向皇上写了奏疏，建议如何戡乱，怎么收拾这些作乱者，还要让他父亲把这个疏子递给皇上，他父亲气得数落他，"斥之为狂"（《王阳明全集》，1227）。有的评论家总结王阳明这一生的特点，其中一个就是狂。比如秦家懿的《王阳明》那本书就特别说他的"狂"的精神。（《王阳明》，27—53）

弘治元年（1488年），孝宗即位，这年王阳明十七岁，他奉父命结婚。妻子姓诸，他的丈人和父亲认识，他到洪都（今江西南昌）这个地方迎亲。他的丈人是江西布政司参议，相当于现在的司局级干部，跟王阳明父亲应该是官场的朋友。结婚那天，王阳明居然又出事了（王阳明不出点儿这种事，怎么叫王阳明呢！）："合卺之日，偶闲行入铁柱宫，遇道士趺坐一榻，即而叩之，因闻养生之说，遂相与对坐忘归。诸公遣人追之，次早始还。"（《王阳明全集》，1227）那天他本该去参加婚礼，但却闲步走进一座道观里，见到一个道人在那儿打坐，就和这个道人谈养生，两人聊得很投机。注意，“养生”或疗病在他后来的人生中又出现了几次，看来他年轻的时候身体不那么强壮。他跟这个道士谈养生，一起打坐，然后就忘了时间。那边结婚仪式受阻，新郎官丢了，家里乱作一团。最后老丈人派人来找到他，再带回去，已经是第二天白天了。所以他在某种意义上是把婚期忘了。我们以前说到，按弗洛伊德的学说，这个“忘”也不是没理由可解释的，起码说明他不是那么热烈地期待这场婚姻，要不然不会就这么忘掉。不管怎样，结了婚就是结了婚，也没离婚，直到他妻子先他而去世。但这个妻子后来一直没有生养，这里边似有命运感。他那天把人家给忘了，然后这位妻子就一直没能给他生孩子，在他四十四岁时，遵父命过继了亲属的孩子。妻子生前，他应该没再娶。诸氏去世以后，他都五十多岁了，才又续娶，很快就得了一个儿子。

后来他住在这位老丈人的官署，里边有很多纸，王阳明就利用它们来写字。这有一段话，值得大家注意，因为他练写字和他修心是结合在一起的：

> 先生尝示学者曰：“吾始学书，对模古帖，止得字形。后举笔不轻落纸，凝思静虑，拟形于心，久之始通其法。既后读明道先生书曰：‘吾作字甚敬，非是要字好，只此是学。’既非要字好，又何学也？乃知古人随时随事只在心上学，此心精明，字好亦在其中矣。”后与学者论格物，多举此为证。（《王阳明全集》，1227）

就是说，王阳明练字一开始只是模仿外形，也就是临帖。后来他用了一个办法，就是下笔之前——这时就是“未发”——先凝思静虑，在心中想着那个字最好的状态，它应该怎么写。一直等“心”想要“发”的时候，他才落笔。练了很久，这个方法他最后运用圆通了。

后来他读到程明道的话，讲写字也要持敬。不是为了字好，是为了通过写字有所学。学什么呢？学道。所以“在心上学”，你的心变得精明，字就会好。整个这段话，可以说是“体会未发之中”在书法练字上的一个表现。

王阳明十八岁时，在偕妻子回老家余姚的路上，拜见了娄谅先生。娄谅号一斋，也是一位有些名气的明代大儒。娄一斋的老师是吴与弼，而吴与弼是陈白沙的老师。但是陈白沙其实没有继承吴与弼的传统，吴与弼的特点是克治省察。王阳明这次拜见娄谅，《年谱》记载：“语宋儒格物之学，谓‘圣人必可学而至’，遂深契之。”（《王阳明全集》，1228）他跟王阳明讲宋儒，主要就是程朱的格物致知之学，尤其打动王阳明的，就是圣人确实可以通过学而达到。但这个“学”不仅是我们现在意义上的“学习”，也包括“修炼”。王阳明对学圣，从十一岁开始，就已经有期待了。所以对“圣人必可学而至”这句话，他“深契之”，于心有戚戚焉。

弘治五年（1492年），王阳明二十一岁，他在浙江乡试中举，之后随他父亲回到京城。为了实践宋儒格物之学，就取他父亲官署中的竹子来“格”，这就是著名的“王阳明格竹子”。别忘了，他祖父喜欢竹子，所以也可能有一些家庭的背景。最后“沉思其理不得，遂遇疾。先生自委圣贤有分，乃随世就辞章之学”（《王阳明全集》，1228）。他对着竹子去格，沉思这竹子的道理。他的一个朋友跟他一起去尝试，格了三天就病了，他格了七天也受不了，最后也生病了。所以这次格物致知的尝试以失败告终，他自己也觉得没办法了，深感圣贤不是每个人都能做的，于是他就去“就辞章之学”。所谓“辞章之学”，我觉得有两个可能：一个是按照钱穆的说法，是广义的文学，即作文、作诗等等。还有一个可能，是科举之学。科举的八股文，也应该算是“辞章之学”。反正跟之前求道的努力是不一样的。

关于这件事，陈来先生在《有无之境》里做了一个考据。（参见

《有无之境》，312—313）他认为此事不可能是发生在王阳明二十一岁这年，应该更早，可能是在十一岁到十六岁之间，即王阳明随他父亲住在北京的时候。为什么呢？按陈来先生的看法，对着竹子去格，这有点儿孩子气。一个二十一岁的人怎么会认为格物致知就是对着竹子去格呢？然后他考据了一番，颇有一些理由，我读那本书的时候，也被他的道理说服，基本赞同他的观点。可是后来再想想，好像两边可能都有一定道理，你们可以自己判断。陈来先生举的一个很主要的理由，是基于《年谱》在阳明二十一岁这年对这件事情的记载："先生始侍龙山公于京师，遍求考亭遗书读之。一日思先儒谓'众物必有表里精粗，一草一木，皆涵至理'，官署中多竹，即取竹格之；沉思其理不得，遂遇疾。先生自委圣贤有分，乃随世就辞章之学。"（《有无之境》，312—313）陈先生注意到这段记载的第一句话里有一个"始"字，这应该是"以前"的意思。另外还有一些旁证，我们就不深究了。不管这是他十一岁到十六岁发生的事情还是他二十一岁发生的事情，这个事情本身对理解他的心学追求还是有意义的。不过如果是发生在十一岁到十六岁之间，这意义就不太大了，确实就是一个孩子少不更事的举动，《年谱》把这件事情记在他二十一岁这年，就有点莫名其妙了。我们一再讲到程朱认为一事一物中都有理，而且有至理。特别是朱熹，他认为这个"理"就是太极，一事一物中都有太极。这样的话，王阳明二十一岁的时候去格竹子也不见得就说不过去。只是事后来看，这个方法可能的确不太合适。可是当时王阳明受娄谅影响，读朱熹比较多，他自己后来采行朱熹的读书法也的确有所收获，所以那段时间他对朱熹应该还是蛮有信心的。竹子既然是一物，其中就应该有太极，这个太极就应该贯通世界上所有其他的理。这么想也有道理，不是闹着玩的。所以他就对着竹子去格，没有用返回内心的方式。我估计静坐之类的方法他也都尝试过，因为他是个绝顶不安生的人。不过他当时对朱熹的信心可能让他觉得：我就去对着竹子格，说不定这个方法比返回内心更有效；说不定竹子和我之间能产生某种感应，那时竹子里隐含的理和太极向我哪怕只有很微弱的一点显现，我也可以顺着这个“欛柄”（陈白沙语）进去。他可能是这么期待的，所以才会对着竹子去格，期待最后能格到太极的呈现。

这年王阳明中了举，但第二年考进士没考中。这期间还有一些事情，我们就不具体说了。到二十六岁，他还一直在京师，学兵法。二十七岁时他依照朱熹的读书法来实践，即所谓“居敬持志”“循序致精”，他觉得颇有所得，但并未最终解决他的问题。《年谱》里这样说：“思得渐渍洽浃，然物理吾心终若判而为二也。沉郁既久，旧疾复作，益委圣贤有分。偶闻道士谈养生，遂有遗世入山之意。”（《王阳明全集》，1229）虽然通过对朱熹读书法的实践，王阳明觉得自己的思想越来越成熟，但关键在于“心”与物之理还是没有交融为一体，所以他又病了，也就是格竹子时落下的病又复发了，这样他就更认为自己没有成为圣贤的缘分了。然后“闻道士谈养生”，他就想去做道士了，看来他自己也主动去找道士。他身体不太好，这已经是第二次生病了，最后他也是死于肺病，犯病就吐血，这在当时是挺麻烦的。所以他对道士谈的养生非常感兴趣，他不仅要治病，而且觉得可以从道家养生功夫里边求真理。王阳明年轻时候的这些追求，都非常真诚，身心一体。他想做什么，就玩儿真的。这一点我是深可理解的，我年轻时也曾经长时间患病，也曾经想“遗世入山”，所以大学毕业后去环保局工作，想搞自然保护，其实就是想到山里去。

弘治十二年（1499年），王阳明二十八岁，他中了进士，“赐二甲进士出身第七人”（《王阳明全集》，1230）。他父亲是状元，按明清的科举制度，状元、榜眼、探花这头三名是一甲。后面是二甲，中了二甲，赐进士出身。最后是三甲，中三甲，是同进士出身。他是二甲的第七名，包括一甲就相当于当年进士的第十名。然后就进了工部（按今天的说法就是建设部）任职。上边让他监造威宁伯王越的坟。王越是明代中期的名将，给他造坟，当然要造得很好。看来王阳明对王越也是蛮佩服的，他没中进士之前就梦到过这个威宁伯把他的弓和剑送给他。他负责造坟的时候，就运用了兵法，把这些工人组织起来，轮班做工，最后完成得特别好。威宁伯的家人就很感谢王阳明，要送他钱，他自然是不要，于是王家人就把威宁伯的宝剑送给他，正好与之前的梦境符合，他就接受了。这种事，他一生出现过好几次：从他出生就有梦——他祖母的梦，然后是他自己的梦——得到威宁伯的宝剑，再后来他还梦到马援。他特别敬佩东汉名将伏波将军马援。在王阳明临死征思田的时候，他得了重病往回走，在广西经过伏波将军庙（马援也是在出征途中染病去世的，就死在广西），王阳明就去拜他。一进去，结果发现庙里的情形跟他年轻时候梦到的一模一样。净是这种梦和现实的交织。他这一生有各种各样的交织，我们后面再看。这是他刚开始入官场，就有这么一件事。

三十岁的时候，他在江北办差，回来路上游九华山，又去访问道士，可见他于此道无比地有兴趣。他遇到一个道士叫蔡蓬头，还不怎么理他，说他的机缘还未到。王阳明就一直跟着他去问，非常热切。然后又去一个山洞，叫地藏洞，找一个异人，据说修行了很多年。那个人在睡觉，估计可能是装睡吧。王阳明就跑过去摸他的脚，那个人就醒过来了。他就又向此人请教修道之类的事情，这个人最后说了一句话，《年谱》里记下来了："周濂溪、程明道是儒家两个好秀才。"（《王阳明全集》，1231）如我以前提到的，王阳明肯定也是赞同这个评价的，不然这句话不会被记在《年谱》里。

我们现在总结一下王阳明年轻时的一些特点。王阳明后来在心学上交的一个朋友湛甘泉（若水），在为他写的墓志铭中总结过这些特点。湛甘泉我们已经提到过了，是陈白沙的学生，曾经跟王阳明是"同一战壕中的战友"。当时整个儒学界和朝廷尊崇的都是程朱理学，王阳明要抬高陆象山的地位，提出他的心学，受到了很多批评和阻碍，这时候湛甘泉跟他持基本相似的立场。所以我们下面会看到，俩人因此定了交。王阳明去世以后，湛甘泉在为他写的墓志铭中，总结王阳明年轻时候有“五溺”，表明他的探索很多样：“初溺于任侠之习；再溺于骑射之习；三溺于辞章之习；四溺于神仙之习；五溺于佛氏之习。”（《王阳明全集》，1409）由此大家就可以知道王阳明年轻时，除了儒家，还都干了些什么，或追求了些什么。真正有出息的年轻人可能就是这样，否则老老实实跟私塾先生学习儒家的东西，一辈子就是守住它们，反正以我的性格，觉得这样不会有太大出息，也就是最后成一个“淳儒”而已，能像吴与弼，就已经很不简单了。当然，我没有轻视的意思，只是我觉得要有“边缘感受”，不能只待在一个传统里，一个套子里。当然，如果你入得深，可能在一个范式里也会得到“边缘感受”。理学和心学的灵魂处跟佛、道都颇有关系，我们之前说过的谢良佐、南剑三先生也是这样，都对佛教感兴趣，离不开佛教。因为这个心学传统就是为了应对佛教的挑战并且是在道家的某些启发下才产生的，所以他们一定是与佛老相关联的。加之王阳明本人的特点，比如他身体不好，还有他个人的性格，所以他年轻时对道家更感兴趣，对佛家也很感兴趣。可见理解他的人生，很有助于理解他的思想、他的心学。

王阳明三十一岁时，就开始“渐悟仙、释二氏之非”（《王阳明全集》，1231），就是说对佛、道两家不足的地方开始有所感悟了。《年谱》这年记载了一件很重要的事：

> 遂告病归越，筑室阳明洞中，行导引术。久之，遂先知。一日坐洞中，友人王思舆等四人来访，方出五云门，先生即命仆迎之，且历语其来迹。仆遇诸途，与语良合。众惊异，以为得道。久之悟曰：“此簸弄精神，非道也。”又屏去。（《王阳明全集》，1231）

他在会稽山阳明洞里行导引术，最后能“先知”，即预见将要发生的事情，还给了一个例子。此事对王阳明来说还没发生，他却能在洞中感知到，所以这些朋友就很惊异，认为王阳明得道了。《瑜伽经》里入三昧（samadhi）的现象之一，就是能先知。这对修行的人来说不算什么，只是有相三昧，还不能执着于此，才能继续往前走，达到更高的三昧。在印度，或者在中国道教和佛教的传统里，如果没点儿这样的神通，即使讲经讲得好，也不会让大家特别佩服。如果有点儿神通，或者能在山洞里一坐很多年，别人就佩服你。王阳明过了很久之后悟到，这个能耐只是"簸弄精神"，不是道。那些民间道教起来造反的人往往有一些这方面的能耐，比如黄巾军的张角兄弟，他们就有某种道术。不过他们的"道术"和王阳明这个"先知"还不太一样，王阳明这个毕竟作用于心了，但王阳明很快看出，它也只是术，不是道。很多人有了这个本事就会陷溺其中，就会觉得这不得了，然后接着发展自己这方面的能力，最后能吸引弟子，震慑很多人。古籍里有不少相关记载。这些人行奇迹，比如从葫芦里倒出一粒种子，当着众人的面种在地上，再用葫芦浇点水，它就马上长成一棵树，还结出蟠桃，诸如此类。实际上是制造幻象，不过他们确实有真本事。但是有这些神通又能怎么样？能改变谁的命运？有的小命运可能可以改变。但是，你自己的命运可以改变吗？众人的重要命运，你能改变吗？家庭的命运、家族的命运、国家的命运，你能改变吗？王阳明说它"非道"，也不是说它一点儿"道"也没有，而是没有那个"大道"，还是有点"小道"的。否则当年我们风行的那些东西全都是骗术吗？历史上的那些东西也全都是骗术吗？王阳明行的这种事是在骗人吗？说不定在你将来的人生经历中，也能碰到一些这种所谓的"高人"，向你展示一些超出因果律的东西，这也没什么了不起的。孔子对这种事情的态度是最好的：存而不论。我不否认它的存在，不断言它是假的；我也不断定它的存在，不肯定它的价值有多深。所以孔子这么喜欢《易》，但是他"不占"，不用它去做占卜这些所谓"先知"的小事情，他知道这个于事无大补。当年周文王发明了《易》，他在狱里占卜自己的命运，知道将来能出去，这就决定了国家的命运，所以你得将它用到这种地方才行。孔子的态度表述在《易传》里，他对《周易》讲出了一番“上下与天地同流”的大道理。整个宋明理学发端于周敦颐，周敦颐就是从《周易》出发，还有道家的太极图。这跟那种神通有关系吗？当然有关系。但是态度不一样，它不是那种小道。王阳明既聪明又正直，他知道，只追求这种小道是得不了真正的天道的，所以将它“屏去”了。

之后，《年谱》记载：“已而静久，思离世远去，惟祖母岑与龙山公在念，因循未决。久之，又忽悟曰：‘此念生于孩提。此念可去，是断灭种性矣。’明年遂移疾钱塘西湖，复思用世。”（《王阳明全集》，1231）他在洞里待得久了，真的想出家，跑到没有人烟的地方去修道。以他的性格，他真做得出这样的事。修道起码能先把身体炼好了，已经有了“先知”的能力，他继续往上修，修成一个道家或佛家中级别很高的得道者应该是没问题的。但在这关键的时候，他惦念起他的祖母和父亲——他的母亲和祖父已经离世，但祖母和父亲还在。犹豫很久，然后他又“忽悟”（在我看来，这是他的第一次开悟）“此念生于孩提。此念可去，是断灭种性矣”。对亲人的挂念和挚爱，在父母怀中，已经生发了。如果对亲人的挂念和爱意可以去掉，那就是“断灭种性”。这种挂念和挚爱使他与道家、佛家在根本处分道扬镳了。不只是在学说上争你无我有或者怎么样，而是在自己最原发的直觉人生感受中，就悟到离不开这种对父母的挂念，或者是对（未来）子女的挂念。这一念要是能去掉，就不是人了，人之为人的本性、天性就都没有了。当然佛家、道家也有自己的讲法，认为离开家去修行，最终能反馈到我的父母、祖先，这也是尽孝。佛教到了中国，也要适应中国的风俗，特别是家庭伦理。于是佛教徒为自己出家做这样的辩护：我成了菩萨、成了佛，我的家人都会得到超度，这样我也是尽了大孝。但王阳明会说，你别说那么远，我当下这一念就过不去。所以他就放弃了在阳明洞的修行，去了杭州，还想入世。这一次经历是很重要的，我们接下来还会提到。

他去了杭州，又发生了一件事。《年谱》记载："有禅僧坐关三年，不语不视……先生问其家。对曰：'有母在。'曰：'起念否？'对曰：'不能不起。'先生即指爱亲本性谕之，僧涕泣谢。明日问之，僧已去矣。"（《王阳明全集》1231）这和尚坐关三年，特别虔诚，但王阳明用儒家的亲情，一下子就把人家这么多年的修行给破了。王阳明之所以能历所谓"五溺"最后还是要走儒家的道路，就是源于这个亲情认同。在这方面，我的一些想法和其他一些王阳明研究者就不太一样。比如耿宁先生，他写了一本很有思想分量的巨著，书名起得也很好，用的就是王阳明的话"人生第一等事"，这本书专门分析王阳明的"致良知"的含义。我跟他有一个争论，他认为"良知"有一个层次，其中第二层——对伦理价值的直接意识——已经跟情感包括亲情（向善的情感）没关系了，我觉得不然。孝爱父母、对自己亲人的挚爱，就是一种情，又包含着良知和对此良知的伦理价值的直接意识，不能割裂。不能认为在致良知的更高阶段就没有情了。①

王阳明三十四岁时，在京师和湛甘泉定交，共倡圣学。这两位未来的心学大师结成道友，都认为当时流行的程朱理学的那些东西是不够的。

王明阳三十五岁时，国家发生了重大变化，武宗朱厚照即位，年号正德。当时武宗还小，太监刘瑾把持朝政。有两个大臣上疏弹劾刘瑾，这确实是找死，武宗那么小，拿不了主意，刘瑾主事，你去告刘瑾……但这就是儒家臣子的气节。谁说儒家都是"乡愿"？人家这真就是朝死而行。当然，刘瑾就把这俩人抓起来，王阳明上疏为这两位

① 参见张祥龙：《良知与孝悌——王阳明悟道中的亲情经验》，《广西大学学报》（哲学社会科学版），2015年第2期，第1—6页。另参见耿宁：《人生第一等事——王阳明及其后学论"致良知"》，倪梁康译，北京：商务印书馆，2014年，第一部分第四章，特别是第344页。以下简称为《人生第一等事》。

大臣辩护。他当然也知道这要冒巨大风险，但他的性格就是这样。他吁请皇上把这两个人放了，这样“圣德”才能显示出来，不然的话将来谁还敢给您提意见呢？您这个政权还保得住吗？王阳明苦口婆心地劝谏。于是，刘瑾把王阳明也抓起来了，关在诏狱里。诏狱是锦衣卫掌管的，相当于国家最高监狱，专门关官员的。王阳明在里头吃尽了苦头，最后被廷杖四十，被打得昏死过去。这是明代非常不好的制度，动不动就打大臣，而且是当着百官的面打屁股，吓唬别的大臣。宋代绝对没这个事儿，宋太祖只防武将，因为武将会篡权，但宋代对文臣一直比较好，罢官就是罢官，从来没听说把大臣拉到当庭之下打大棍。明代开了个坏例子，到清代更不得了，弄得大臣们自称奴才，都是皇室的奴才，地位就更低了。王阳明最后被贬谪到贵州龙场的驿站，任驿丞。贵州当时是什么地方？简直是不毛之地。

王阳明三十六岁时，在去贵州的途中，路过钱塘（在今天杭州），离他老家不远了。这时他发现刘瑾还在派人跟踪他。刘瑾大概是心里这口气还没出尽，所以派人跟随，伺机下手谋杀。王阳明是何等警觉的人，发现后面有人跟踪，就伪造了一个自杀现场。他先在墙上写了一首绝命诗，然后跑到江边，把衣服和鞋放在岸上，自己偷偷上了一艘商船跑了。跟踪他的人以为他死了，回去禀告刘瑾，所以他就暂时避开了追杀。他上船之后，遇到了大风，估计可能是台风，把船一下子刮到了福建的海岸边。当时已经是半夜，他上岸走了几十里，来到了一座寺庙边。他就叩门，要进去借宿。可能庙里的和尚怕他是歹人，就不留宿。他跑到山上，发现一处破庙，就进去躺在香案上。这座庙已经破败了很久，成了老虎窝，到半夜，老虎回来了，但居然没冲进来把他吃掉，而只是围着庙转圈儿，大吼，不敢进来。到天亮了，僧人觉得王阳明肯定死了，就去给他收尸。跑到那个破庙里一看，王阳明还活着，就觉得这个人不得了。于是把王阳明请到寺里去住，他就在这里遇见了一个二十年前的熟人，就是他新婚当天在铁柱宫里对谈的那个道士。此人当年就预言说，二十年后会在海上相见，而现在他们就是在海边上。

俩人自然就攀谈起来，那位道士还写了一首诗，有一句是："二十年前曾见君，今来消息我先闻。"（《王阳明全集》，1233）所以这个道士先知的本领可比王阳明要强，人家知道二十年后的事。然后他们就说起了王阳明的命运，因为是老朋友了，所以王阳明把心事都讲了。王阳明要隐遁，让刘瑾找不到他，但这道士说不行。他是一个道士，可是这时却颇像一位儒者，在此关头，对王阳明的人生起到了比较关键的作用。他对王阳明说："汝有亲在，万一瑾怒逮尔父，诬以北走胡，南走粤，何以应之？"（《王阳明全集》，1233）就是说你走了，你的父亲和你的家庭怎么办？刘瑾发现你不见了，又打捞不到你的尸首，他可以诬陷你向北边跑了，去了和明朝敌对的胡人那里（当时主要是蒙古的各种部族，比如鞑靼、瓦剌，我们前面还提到瓦剌曾把明英宗抓走），或者往南边跑了，去了当时那些造反叛乱的人那里。你父亲现在是吏部尚书，他万一这样做，你父亲怎么办？你父亲肯定会受牵连，而且整个家族也不会好。王阳明就犹豫了。

这个道士接着又给他打了一卦，得了明夷卦。明夷，下离上坤。离是火，是明，在这里可以代表贤臣；坤是土，在这代表昏君。"夷"就是受伤，明入土中，它的光芒被掩盖、被损伤。这一卦说的是当年周文王蒙难，被商纣王关起来。所以这卦和王阳明当时的情境相合。明夷的卦辞是"利艰贞"（《周易集解纂疏》，343），就是说你处于艰难险境中，如果还能守持正道，就会得利，不然就会遭殃。《彖传》解释这一卦卦辞说："明入地中，明夷。内文明而外柔顺，以蒙大难，文王以之。利艰贞，晦其明也。内难而能正其志，箕子以之。"（《周易集解纂疏》，343）意思是，你的内心有道，有光明，外面却要柔顺，因为你在蒙大难，周文王当年采取的就是这种策略。所谓"晦其明"，就是要把你的"明"隐藏（晦）起来。然后又举了箕子的例子，这是商纣王的叔父，比干也是他叔父。纣王把比干杀了，把箕子也抓起来要杀，箕子就装疯，让纣王觉得对自己没威胁，就没下手。等商纣王被推翻，周武王把箕子放了出来，后来还向箕子问道。《尚书·洪范》篇就是周武王和箕子之间的对话，所谓“洪范九畴”，就是箕子告诉他的治理国家的九条根本道理。所以这卦打得怎么这么巧，卦象、卦辞、《彖》辞都符合王阳明当时的情境，再加上王阳明这个人的奇异秉性（我们以后会讨论它），最终使他下了决心：必须去贵州赴任，不管生死！刘瑾知道他还活着也没关系，只能这么办了：“遂决策返。”（《王阳明全集》，1233）

王阳明这一生总有些这种时机化的遭遇，尤其是在关键的时候。但倒过来看，他之所以能有这么多的“风云际会”，恰恰可能跟他的性格有关。他的性格和他的遭遇，是相互促成的。最后他在这个寺庙的墙壁上题了一首诗，后来很有名，叫《泛海》：

> 险夷原不滞胸中，何异浮云过太空？
> 夜静海涛三万里，月明飞锡下天风。
>
> （《王阳明全集》，1233）

意思是，我胸中不拿这种险当回事，这些危险、苦难如浮云过太空一般。我的心静下之后，里边自有海涛三万里，可以连接世间万物，还有我个人未来的命运。到了这个状态，我就能顺着人原本天性中的态势飞翔。“飞锡”有个典故：一个得道的高僧过天台山的时候，路不好走。他把他的锡杖一扔，那杖就飞起来，他就站在它上面过了天台山。

王阳明于是就翻过武夷山，从陆路返回南京，他父亲当时在南京任吏部尚书。他先去看望父亲，关键时候他最惦念的就是这些亲人，然后就赴贵州龙场任职。这一年，他的妹夫徐爱在他临行前正式拜他为师。这个徐爱后来就是《传习录》的第一位作者，我们会读到。

王阳明三十七岁这年的春天，他到了贵州龙场。《年谱》说："龙场在贵州西北万山丛棘中，蛇虺魍魉，蛊毒瘴疠，与居夷人鴃舌难语，可通语者，皆中土亡命。"（《王阳明全集》，1234）现在贵阳市的修文县城就是当年的龙场，当然已经不是当年的景象了，那时一定是很蛮荒的：满山荆棘，到处都是毒蛇猛兽，各种骇人的动物。中原人到了那儿，觉得四处的雾气都有毒。而且当地人说话他们也听不懂，贵州现在一些少数民族的语言我们也还是听不懂。能与王阳明说上话的，都是从中原过去的亡命之徒，可能是在中原犯了什么罪，才跑到那儿。总之环境极其恶劣，连房子都没有，后来还是王阳明教当地人怎么造房子。

王阳明找了一个山洞，暂时居住，就是"玩易窝"。这时候他还处在死亡的威胁中："时瑾憾未已，自计得失荣辱皆能超脱，惟生死一念尚觉未化。"（《王阳明全集》，1234）刘瑾觉得他的报复还没有尽兴，所以这是王阳明当时面临的最大的挑战。王阳明是个比较超脱的人，为人豪迈，所以考不中进士也不在乎，不像有些人会觉得很受挫。而且他可以不在乎世俗的得失、荣辱，他要是不上那个奏本，还会在朝里做官，有各种各样的好处。他明明知道上了本会遭到报复，但还是这么干，可以说是不计荣辱，被廷杖四十，也可谓是受辱了。王阳明在这些事上都能够超脱，但是生死一念还没过去。他这"生死一念"里头牵挂的不只是他自己，还有他的家人，尤其是他的父亲和祖母，这是他最为挂念的。这时候他已经有了一个养子，是他父亲安排的，所以他还有孩子和妻子。当然，他对自己的生死也会关切。这是他面对的第一个重大情境：死亡的威胁。生死的差异，还在对他起着威慑的作用。

《年谱》接着说："乃为石墩自誓曰：'吾惟俟命而已！'日夜端居澄默，以求静一；久之，胸中洒洒。"（《王阳明全集》，1234）关于这个"石墩"，后人有些争论，我到玩易窝的时候，看到的是一个很大的石椁，有一个凹槽，相当于一个石棺，但比较大，里面可以放一个棺材。

我们不深究了，总之他可以坐在上头打坐。那个地方特别潮，因为那个洞在地下。贵州本身就潮，是所谓“天无三日晴，地无三尺平，人无三两银”的那么一个地方。所以他弄一块石头方便静坐，也是可以理解的。至于是不是做一个石棺材来表示自己就死在这儿了，也有可能，总之有各种各样的解释。他自己发誓说：我别的都不考虑了，就是等天命了。他日夜端坐在这里，实践了某种静坐。“静一”就是他静坐达到的一个境界。关于“一”我们以前也讨论过，老子也讲“一”，可以理解为内外合一，显意识和潜意识的贯通，或者是生死差异的消除。“洒洒”与“未化”是相对的，最后他胸中郁积的东西就被化开了。这是第一个阶段。

然后，“从者皆病，自析薪取水作糜饲之；又恐其怀抑郁，则与歌诗；又不悦，复调越曲，杂以诙笑，始能忘其为疾病夷狄患难也”（《王阳明全集》，1234）。跟着他的人都生病了，他自己反过来要去砍柴、打水，做粥来给众人吃。又担心那些人心情忧郁：他们背井离乡，陪主人来这么远的蛮荒地方，环境非常糟糕（万山丛棘，毒蛇猛兽，气候不适），言语又不通，住得也不好。王阳明就为他们唱歌、念诗，让他们高兴。他们还是高兴不起来，王阳明就给他们唱家乡的俚曲，江南那边的曲调，又跟他们开玩笑，使得他们忘掉身患疾病和身处夷狄的患难。这是第二个阶段，戴志勇先生在一篇论文中说，之前那个静坐的阶段是静，这个阶段是动。[①] 王阳明要反过来侍候这些人，他不能老静坐，他得动起来。

接下来就是最后一个阶段：“因念：‘圣人处此，更有何道？’”（《王阳明全集》，1234）圣人处在这种情况下，会有什么样的应对之道呢？他们会怎么办呢？孔子当时对中原也蛮失望的，他的抱负总是实现不了，《论语》里记载他两次讲到要“居夷”，也就是到所谓“蛮夷”的

① 参见戴志勇：《王阳明“龙场悟道”疏解》，未刊稿。

地方去住。实际上当时所谓“蛮夷”的地方离他们那儿不算太远，因为春秋时代，华夏之国有时候和所谓的“夷”在空间上是交错的。《论语·公冶长》篇记录：“子曰：‘道不行，乘桴浮于海，从我者其由与？’子路闻之喜。子曰：‘由也好勇过我，无所取材。’”孔子说：我这个“道”在天下不能行，干脆我乘着竹筏子或者是木筏子，浮到海上再另外找个地方去住，到那个时候能跟着我走的，恐怕只有子路了。子路好武，对老师很忠诚。他听了以后很高兴，但孔子马上又给他一句，说你这人好勇斗狠，缺点很多，以此再压他一下。《论语·子罕》篇又有：“子欲居九夷，或曰：‘陋，如之何！’子曰：‘君子居之，何陋之有？’”这是讲孔子想到九夷那个地方去住，别人就说那个地方不是华夏的地方，很简陋，文化上也低级，等等。（现在王阳明所处的就是“陋”，特别“陋”。）孔子接着说了一句：“君子居之，何陋之有？”这是名句，后来刘禹锡根据这个写了《陋室铭》，其中有这么几句：“山不在高，有仙则名。水不在深，有龙则灵。斯是陋室，惟吾德馨。”王阳明在思考圣人在这个地方会怎么样做。实际上他一直想做圣人，以前别人也预言他要做圣人，现在他也该做了，好多机缘都汇集在这个时候。

所以接下来：

> 忽中夜大悟格物致知之旨，寤寐中若有人语之者，不觉呼跃，从者皆惊。（《王阳明全集》，1234）

有一天夜里，他忽然大悟——开悟的时间是在半夜。悟到的是什么？是“格物致知之旨”。这是《大学》的要害，从宋代开始，儒家着重要阐发这个。当初王阳明也是为了领会它才去格竹子，所以这个问题肯定一直盘桓在他心里。现在这个问题更紧迫了，体现在他的生死一念上了。这个“格物”格到了他生命最要害处，正是关键的时候。然后，“寤寐中若有人语之者”，“寤寐中”怎么理解？是正在睡觉呢？

还是在睡和醒之间或者睡和醒交替之时？字面上来看，“寤”是醒，“寐”是睡着了。但“寤寐”这个词有时可能是偏义复词，就是指睡着了。总之，是在迷离中好像有人跟他说话。说的是什么？应该就是“格物致知之旨”。然后他一下子就开悟了，一下子呼叫着跳起来了，他的仆人们也一下子都被惊醒了。这一段记录很重要。他这个时候是在睡觉，还是“端居澄默，以求静一”？半夜里，都可能。我更倾向于是在睡觉，而不是说在醒和睡之间：一会儿打个盹，一会儿起来静坐。这个我们确实无可再考了，不知道还有什么更详细的说法。“若有人语之者”，这种情况一般叫幻听。可是他这个“人语”是因为他精诚所至，追求得非常热烈、专一，最后引发了潜意识向显意识的涌现（这是詹姆士的用语）。王阳明这个开悟明显是西方人所说的“皈依”，它是顿悟、突发式的，底下的东西一下子涌上来，就好像有个人在对他讲话，于是就忽然明白了最终的道理在哪儿。当然，所谓的“语之”，是指说出来的是井井有条，好像判断命题那样的话呢，还是指比较含糊的、提示性的话呢？海德格尔在《存在与时间》里告诉我们，人是有良知（Gewissen）的，良知会发声音，有时候你想不听都不行。不过，有的人听到了，却故意忽视或故意不听，但往往在他们半夜睡醒时，就像孟子讲的“夜气”上来了一样，良知又恢复了。比如你以前干过什么坏事，到半夜良知的声音出来以后，就会让你感到自己有问题。但这个声音，海德格尔说，并不是一个语词化、命题化的声音，但它还是有意义的。什么意义呢？就是“你有罪！”它让你有一种罪感、责任感，当然这是他的语境中的说法。

在王阳明这儿，“格物致知之旨”的要害需要讲得井井有条才能明了吗？还是说有一种别样的话语？我们下面再进一步理解。不管怎么样，这时候他突然爆发：

> 始知圣人之道，吾性自足，向之求理于事物者误也。（《王阳明

全集》，1234）

于是他知道了圣人之道不用去外边找，“吾性自足”。以前循着程朱派的路子，在事物中求天理，是做错了。《年谱》是钱德洪主笔，其他的大弟子参与校订。这件事应该是他们听王阳明自己讲的，这么重要的事，记录基本上是准确的。从这儿可以看出来，开悟的内容就是：儒家所有的圣人之道，仁义礼智信等等，根子都不在外头，因为“吾性自足”。从先秦孔子开创儒家开始，教学生用六经：《诗》《书》《易》《礼》《乐》《春秋》，你得学多少东西才能是君子，然后再往前走才是仁者！怎么现在所有的“圣人之道”统统都收敛到“吾性”——我的这个天性——中了？而且这个“性”首先是“心性”，这是一个突破性的讲法。以前先秦只有子思、孟子在这方面有所开启，但像王阳明这样讲，确实有些突破。陈立胜先生的一篇文章讨论了这次开悟，他认为具体内容相比起以前宋明理学中的一些讲法，也没有什么突破，只是由于王阳明的经历、他处的情境，使得他的开悟更加深透，这是前人达不到的。[①]和陈白沙、李侗的开悟相比，比如和陈白沙说的“静坐中养出个端倪来”相比，有什么区别吗？还是说大体一致？这里当然也用了静坐的方法，陈白沙开悟以后达到他所谓天地万物“一起穿纽”的状态，也是这个感觉。究竟有没有不同，你们可以自己判断。但是有一个信息是明确的，即把“格物致知”理解为求理于事物，是不对的。朱熹把“格”讲成“至”，即到那个事物中去；而王阳明把“格”讲成“正”。他解释的“格物”，从“至物”变成了“正物”，因为“吾性自足”。从心、性往外或往下，能够开启事物的理。以前格竹子，他把自己格病了，是方法错了，所以总也格不出来。这是一个新

① 参见陈立胜：《王阳明龙场悟道新诠》，《中山大学学报》（社会科学版）2014年第4期，第91—107页。

的见地，起码对于他本人来说是如此。

开悟以后，当时手边可能没有书，他就以自己默记的儒家五经之言来印证，检验自己的开悟符不符合儒家。对观《诗》《书》《礼》《易》《春秋》这五经（《乐经》没有了），他觉得都吻合，于是就写了《五经臆说》，对五经进行新的解释："乃以默记五经之言证之，莫不吻合，因著《五经臆说》。"（《王阳明全集》，1234）这很重要，如果现在《五经臆说》还存在，我们就可以拿来阐析，那是离开悟时间最近的文字记录。可惜的是，现在只有一些残存，不过十几条，下面具体分析王阳明心学时会涉及。王阳明的大弟子钱德洪曾经向老师要《五经臆说》看，阳明说他已经烧了（"付之秦火"）。王阳明去世后，弟子们整理他的文稿，发现了一些残存的《五经臆说》，应该是当时写的，十分宝贵。后人好像不是特别重视这份文献，我看到的关于王阳明的著作，或者讲阳明开悟的文章，很少有把《五经臆说》再拿出来分析的。你去读《五经臆说》，表面上好像和他的开悟没有直接关联，但是我觉得是有关系的，而且很有关系。

以上就是《年谱》正德三年（1508年）的叙述，比较完整地记录了王阳明的开悟体验。这就是所谓的"龙场悟道"，被看作是王阳明思想发展中一个飞跃性的事件。在它之前，王阳明还是一般的儒者，最多是很出色的儒者；在这之后，王阳明就有圣人的味道了，或者是一个开悟了的儒者。他已经能够跟子思、孟子比肩了，起码大致到了这个地位。有的评论家认为这个事件是明代哲学史上重要的、关键的事件，甚至是儒学发展史上的关键事件。怎么看待这次开悟，怎么评价它，有不少争论和不同的看法，大家自己阅读原始文献可以加深对它的理解。

尤其重要的是我们前面讲的王阳明的人生经历。从他的出生、他的家庭，直到正德三年的种种经历，与这次开悟都不是无关的。比如他的志向，他碰到的那些神秘兮兮的人给他做的这个预言或那个预言，跟这个无关吗？也不是完全无关。要没有那种志向鼓动，他怎么能到这个地步呢？他怎么能这么困顿呢？他的气象极其高远，而且敢于挑战许多当时流行的东西。再比如他出于身体原因或是好奇，去学静坐求道，结婚的时候不在家，跑到道观里去跟人一块儿打坐，跟这个开悟有关吗？当然有关。他这时候在龙场还在打坐呢。还有前面说的格竹子等举动，都跟他在龙场的开悟是有关的。尤其是他之前追求儒家真理两次受挫，最后生病，又心有不甘，一直还在努力，这些跟这个开悟也有关。到了龙场这里，在"生死一念"的时刻，一切以前的实践上的、观念上的努力，在这种情境中，被这种朝向死亡的恐惧非对象化地凝聚起来，成为一种主宰他当时生命主旋律的前对象化的领会。他根本不知道刘瑾的杀手什么时候来，他也不知道死亡什么时候降临，但它随时可以降临。这是最可怕的，就像脑袋上悬着一柄剑。但是在这种情况下，他就能坐在那儿，就能想得开。这种局面把他以前的那些追求激发到了一个前所未有的深度，这时候才会爆发出这次开悟，潜意识中的那些能量、积蓄，一下子涌现出来，突显出来。这是我们理解他的开悟的一个要害。

我先把王阳明的这次开悟体验做一个表面上的总结。在我看来，它有七个特性：

第一个特性是它的生死边缘性。这次体验是发生在王阳明的生死边缘处，是一次典型的边缘经验（marginal experience）。什么叫边缘经验？就是说它处在有无之间，超出了任何现成的框架，使得当事人的全部牵挂，只要是可以现成化的，都被抛于脑后。什么荣辱、得失，这些东西在面对死亡的时候，其意义都烟消云散了。但死亡威胁这扇门他还是得去穿过，可怎么个穿法？不是靠那种心硬的一咬牙：死了就死了，头掉了就是碗大的疤，二十年后又是一条好汉。世上有不怕死的人，但那种人是真的不怕死，还是他只是出于意志坚强才不怕死，而不是思想上已经过了生死关？真不怕死，是刀砍下来就和平常一样，它和那种把着劲儿地硬扛是不一样的。关于生死的边缘对人的这种开启力，海德格尔讲得最著名，其他不少哲学家也都讲过。比如雅斯贝尔斯讲边缘情境，认为真正伟大的思想都发生于边缘情境。王阳明的开悟就是一个典型的在边缘情境中发生的边缘经验。

第二个特性是忽然性，或时发性。就是这个时候，早了，没有这种情境；晚了，也没有：就在这个时刻发生。

第三个特性是超我性。这次开悟不是“我”，不是王阳明自己能控制的。他追求真理，但他根本不知道有这么一次开悟，而且开悟呈现出的境界也是他以前想不到的。他是在追求，但是他掌握不了这个局面。所以这里的“若有人语之者”，就是“超我”在对他说。我把这个超我的话语解释为潜意识的涌入，但潜意识为什么是“超我”呢？因为它超出了显意识，而我们习惯于认自己的显意识为我自己。而且，按现象学的意识观（弗洛伊德把潜意识说得井井有条，相当于是对象化了。我不是很赞同），这个潜意识实际上就是胡塞尔说的内时间意识，这是非对象化的。所以从根本上来说，我的内时间意识和他人的内时间意识是可以相通的，或者说在生活世界中它们本来就是相通的。这是胡塞尔晚期发生现象学的看法，跟他前期的主张不一样。不管怎么说，在王阳明这里，龙场大悟有明显的超我性。不是他自己想到的，而是“别人”告诉他的，当然这个“别人”也还是他自己，但是是一个“非我”的他自己。这个地方和佛教讲的“无我”是相通的。王阳明对佛教、道家也一直很感兴趣。

第四个特性是语言性。很多开悟和语言无关，《宗教经验之种种》里边记载的有些开悟就只是一种体验、一种理解，可以事后用语言把它们说出来一些，但总的说来，开悟本身是不带有语言的。但是王阳明的这次开悟好像是和语言有关系，尽管具体是什么样的语言可以再琢磨，但毕竟不是无言的。

第五个特性是“吾性自足”性，或者诚信性。所谓“诚信”，就是《中庸》讲的“至诚”。这有点像胡塞尔总说的直观是无法论证的。比如一个天生的聋子很渴望知道声音是什么，你告诉他声音是什么，用他能理解的语言告诉他声音的体验是一种什么样的体验，声音里头又分多少种，最好听的声音是音乐，音乐能够让人达到什么样的境界……这些解释可能对他有一定帮助，他可以很神往，他可以充分发挥想象力，就像一个没有开悟的人，就像我们，现在去想象开悟是怎么回事。当然按照心学的观点，我们并不是天生聋，我们只是天生半聋，或者我们虽然现在听不见，但我们是可能听见的。但胡塞尔说，一个天生的聋子你怎么跟他讲也没用，他直观不了声音。这种直接的体验，这种绝对的被给予性，对于声音来说，就是要通过耳朵给予你，这是无法代替的。王阳明的这次体验就相当于原来只是用文字来描述这个声音，或者是这声音曾对他偶然地、模糊地闪现过，一下子出现了几分钟，然后又消失了，影影绰绰的；但是到了这时候，那声音清楚地、饱满地呈现出来了，他所谓的"吾性自足"是真自足了。以前是理论上讲，在他之前的心学家甚至理学家都讲到了这个意思：人的心和他的性是相关的，人的本性肯定是自足的。"天命之谓性"，我们的性是天给的，明心就可见性。关于这个"性"和"心"怎么使我们格物致知等等，也能讲出一番大道理。但王阳明这次不一样，相当于胡塞尔讲的"充实"或"相即直观"。平常讲到时，你只能够从观念上去揣摩它，而这时候直接通过直观被充实了。声音突然出现了，持续了相当一段时间。还需要告诉你什么是声音吗？不用了。所以胡塞尔说，这才有明见性，它能让所有的可疑性，所有的怀疑都没有意义。所以王阳明这时相信的这个自足的性，已经不用再去论证了。跟你们说你们的性是自足的，现在大家都听着这个道理，但这个性的自足性对你们来说，还是没有被明见到。对于王阳明，它的自足性是真自足了，把所有观念化的东西都穿透了，达到了纯直观的显现和明见，也就是达到了绝对的被给予性。死亡威胁性的克服、生死的意义，在这时也被直接给予了。

第六个特性是《大学》的“格致”性，由此可以看出他这次开悟的儒家性。这次开悟体验和很多禅师的体验有类似之处，前面我们讲的突发性、生死边缘性、超我性等等，在其他宗教开悟体验中也可以有，但是“格致”性是儒家的特点，而且它对王阳明也不是外在的，是多年的追求和体会终于彻底打通了。

第七个特性可以叫它事后的儒经印证性。在开悟之后，王阳明通过儒家的经典对这次经验进行了印证。最后这两个特点表明，他的这次悟道是典型的儒家式的开悟。陈白沙的开悟则好像不带有这么鲜明的儒家性，道家的开悟、佛家的开悟大致上也可以是那样。

关于王阳明的开悟经验的特点，就大致讲完了。我们下面还会一再返回它，非常重要。

经此一悟，他的人生有了一个巨大的跳跃。比如他和当地人的关系刚开始是有问题的，和地方的官员也有些冲突，后来由于这心性的开发，关系越处越好，当地的老百姓甚至一些官员对他越来越欣赏，还建了一所贵阳书院，请他去主持。这是王阳明三十八岁时的事，也就是来到贵阳的第二年，耶元 1509 年。《年谱》记载，从这一年开始，他“始论知行合一”（《王阳明全集》，1235）。我们以后会做重点介绍，知行合一为什么重要，它和开悟、格物致知有什么关系。我认为这对了解王阳明学说是极其重要的一步，对于领会他晚年的“致良知”也有关键性的作用。我年轻的时候跟贺麟先生学习，他老先生 1949 年以前写有三本书，建立了他在新儒家中的地位。第一本，也是最重要的一本，是《近代唯心论简释》，第二本是《文化与人生》。这两本是抗战期间写的，思想很深刻，《文化与人生》同时又评论抗战时局、中国文化的复兴，很了不起。第三本是《当代中国哲学》，其中一个重点就是讨论知行关系，有很长一段是讨论孙中山的“知难行易”，然后大段讨论王阳明的“知行合一”。当年我读它们，能懂大致意思，但里面到底怎么回事，根本摸不清门路。怎么会“知行合一”呢？觉得挺奇怪的。

孙中山讲的“知难行易”，也觉得挺新鲜的。一般来说，知易行难是最容易理解的：我们知道一个东西容易，将它做起来、贯彻起来很难。你知道要孝顺，可是你做不到孝顺；你知道要勤奋，可是你早上就是懒得起床。这样的例子太多了，“知行合一”到底是什么意思呢？我们以后会仔细讨论。

第二节　王阳明一生概述（二）：复起、平叛和晚年学说的确立

正德五年（1510年），王阳明三十九岁，朝廷发生了一件大事：迫害王阳明的太监刘瑾伏诛，而且是被凌迟处死。他这么当权，甚至曾经能控制皇上，但这位皇上此时已经二十岁了，不是吃素的。另外一个太监张永和御史杨一清，合力向武宗朱厚照揭露了刘瑾的十七项大罪。刘瑾当时完全控制局面，他们能向皇上告上状都很难，更不用说搞掉刘瑾了。这个张永是一个掌权的太监，是所谓的“八虎”之一，但是他也惹不起刘瑾，于是他们利用了一次难得的机会，突然发难，这个我们就不细说了。总之刘瑾被扳倒了，由此王阳明的生死危机也就基本解除了。这一年他被任命为江西吉安府庐陵县县令，这当然比当一个驿站站长要好多了。他一个进士出身，最起码应该当个县令，而他出事前在朝里已经做到兵部武选清吏司的主事，比县令还要大一些。

王阳明治理庐陵县，很有政绩。他本来就极有组织能力，这一点在监造威宁伯王越墓时已经显露出来了。他从小就一心要打仗，是一个军事人才，又是一个政治人才，加上这时候又开了心性，所以以他的才能去治理一个县绰绰有余，效果非常好。他治理的关键就是“为政不事威刑，惟以开导人心为本”（《王阳明全集》，1236），即：不靠所谓的权威、刑罚，而是诉诸人心。这听起来挺好的，但如果真这么去做，往往会把一个地方给治乱了。尤其像江西，当时那个地方刁民多，出土匪。后来王阳明去平叛，江西就是一个重要的地方。你不用威刑能

行吗？王阳明的本事就在这儿：用军事，他能很快平叛；要开导人心，他也有办法。柔的一面要能贯彻下去，就得抓住时机，做得恰到好处，就像他当初算计那位小夫人一样。他刚去的时候，各种告状的、打架的，什么样的事情都有。他先不审案，让他们坐下来谈心，启发他们的良知。很多人受到了感动，最后撤诉。他用了很多办法，比如保甲法，把当地社会再重新组织起来；减轻赋税，行仁政；办社学（就是办教育），恢复以前的传统，提高老人的地位，实际上就是把家族的力量再扶植起来。这样，当地一下就好治理了。有一次县里头着了火，王阳明居然“以血禳火”，这肯定是用了道家的法术，而且火竟然就灭了。这种县官老百姓能不服吗？但是王阳明还不止于此，他马上又用了理性的治理方式，事后他开辟了“辟火巷”——可能因为这个地方以前常闹火灾，他就开辟一条巷子，清除里面可以燃烧的东西，下次再发生火灾时，火势就不会蔓延。这个方法在他离任之后很多年，还一直实行。这种治理方式能一直延续下来，说明它符合人心。从对这样一个小地方的治理上，就可以看出王阳明将来要统领大地方的本事。

王阳明从龙场回江西的途中，经过常德、辰州的时候，见到他去龙场之前收的几位弟子，觉得他们在这两三年间都取得了进步，很高兴，就说：“谪居两年，无可与语者，归途乃幸得诸友！悔昔在贵阳举知行合一之教，纷纷异同，罔知所入。兹来乃与诸生静坐僧寺，使自悟性体，顾恍恍若有可即者。”（《王阳明全集》，1236）王明阳在贵阳找不到真正能说话的人，讲知行合一，很多人也都不理解，所以有很多争论，找不到入本心的门道。他回来的路上，看到这些学生有进步，进步在哪儿？就在他们实行了静坐。王阳明很赞赏，就和他们一起到佛寺里静坐，觉得他们都能对心体有所体会。静坐在王阳明一生的教育中，是很重要的一个方面。据钱德洪的说法，从王阳明 1510 年任职庐陵，到他 1516 年巡抚赣、南、汀、漳，正式去平叛，这中间有六年的时间，他教学生的主旨就是让他们静坐，直到后来发现静坐也有毛病才改了。但是有的学者，比如陈来先生，通过考订，认为这个说法不准确。他举例说，从1514年阳明在南京任鸿胪寺卿开始，他的教法已经从“默坐澄心”的未发工夫转为“克治省察”的已发工夫了。（《有无之境》，300—301）阳明学有三变，教也有三变。即是说，他追求真理有三次变化，他对学生的教育也有三次大的变化。静坐是第一个阶段，克治省察是第二个阶段，晚年的致良知是第三个阶段。我们后面再总结。从庐陵开始是第一个阶段，这个阶段还可以再分。

但是，王阳明刚离开那几位弟子，马上又写一封信给他们，因为他怕学生们一味静坐，所以要纠偏。他说：“前在寺中所云静坐事，非欲坐禅入定也。盖因吾辈平日为事物纷拏，未知为己，欲以此补小学收放心一段功夫耳。”（《王阳明全集》，1236）静坐不是唯一的方法，也不是目的，只是“收放心一段功夫”。“放心”出自《孟子》。孟子说：你把你家里的鸡鸭丢了都知道去找，你把自己的心丢了怎么就不知道去找呢？所谓“放心”就是放失了、丢了原本的心。静坐只是“收放心”的“一段功夫”而已，不要太执着于它。但王阳明毕竟觉得，平常我们的心从事各种事情，总是纷扰不定，被外在的目的、对象所牵引，所以要通过静坐收心，这跟坐禅是不一样的。

这年年底，王阳明又升了官，任南京刑部四川清吏司主事，可见这时候他的官运稍好一些了。第二年，正德六年（1511年），他四十岁，又被调到北京任吏部验封清吏司的主事，到这时候他的官阶才算追平了他被贬到龙场之前的级别。之后的两年间，他的职位不断调动，也略有升迁。

到正德七年（1512年），王阳明四十一岁，“据《大学》古本立诚意格物之教”（《有无之境》，305）。他反对朱熹改的本子。《大学》的古本就是《礼记》里的本子，朱熹说里边丢了一段，还有一段是简册排的次序乱了，他就重排，并且加了一段，就是“格物致知”那一段，这对理解朱熹关于格物致知的思想非常重要。很早之前贺麟先生给我讲过，我当时体会不深，后来才慢慢领会。但王阳明说，这么改不对，尤其是“三纲领”都给改了。具体地说，就是朱熹按照程颐的说法，把“在明明德，在亲民，在止于至善”中的“亲民”改成了“新民”（《四书章句集注》，3）。王阳明说不能改。这一点我们后面会讨论。于是王阳明重新刻印《大学》古本。这是逆潮流而动，朱熹本一直到清末都享有正统教科书地位，王阳明这样做是在挑战正统，所以他的学说在朝廷里一直不得势，但是在民间，在中青年知识分子中，他的思想却越来越有影响。

正德七年（1512年）十二月，他升任南京太仆寺少卿，途中顺道坐船回越城老家省亲。他的妹夫，也就是第一个弟子徐爱跟他“同舟归越”。徐爱那时也改任了南京工部员外郎，所以一起回南京。在舟上，徐爱——就是王阳明的“颜回”——问了他不少问题，王阳明的回答很切中要害，让徐爱“胸中混沌复开”，最后“不觉手舞足蹈”。（《王阳明全集》，1241）刚开始徐爱也有怀疑，因为王阳明所说的跟当时的主流差得太远。他的观点，我们现在听着感觉好像就该是那么回事，没什么了不起的，但是在当时可不得了，所以徐爱有困惑要王阳明解答，最终王阳明把他说服了。他跟王阳明反复讨论辩难，后来形成了《传习录》。《传习录》第一卷一开头的那部分就是徐爱记录的，后面每部分都写着是哪个弟子记录，最后一部分很多都是书信。就从这时候开始，王阳明的弟子越来越多，因他的学说特别吸引人。当时和他学说相近的，有陈白沙的学生湛甘泉，此人也很了不起，讲究“贵自得”。可为什么其他人的学说都不如王阳明的影响大？很多读书人一听王阳明这些学说，就被吸引住了。这首先是因为他的学说从直觉、直观入手，不是理论化的。当时的读书人都要搞搞小理论，要不然中不了举、做不了官，不熟悉注解根本就不行，但年轻人还是喜欢简易直接的东西。而且王阳明的学说除了简易之外，还有活泼、灵动的一面，和生活情境相通，和直接的人生体验相通。还有就是他的个人经历，越传越神，很吸引人。王阳明的人生本身就是跌宕起伏、生死一线的，湛若水等人没有这种经历。再有就是王阳明的人格魅力，他这个人绝对不甘平庸，绝对追求卓越，而且敢于抗争，所以对那些想追求真理的中青年学子很有吸引力。

正德八年（1513 年），王阳明四十二岁。这年十月份，他到了滁州，就停了下来，到第二年的四月才去南京任鸿胪寺卿，所以有近半年时间在滁州讲学。后来钱德洪为王阳明一生划分过一次阶段，“在滁”算一个阶段的开始。在这段时间内，王阳明携弟子游山玩水，在其中融进他的讲学。他性好自然，喜欢和学生一起登山涉水，一边登涉一边讲学，使他的学说更加活泼有趣。

正德十一年（1516 年），王阳明四十五岁。这一年他又升官了，任都察院左佥都御史，巡抚南、赣、汀、漳四州，从此开始了他的军事生涯。“南”是南安（最后他就在这块地方去世），“赣”是赣州，这两州属江西；“汀”是汀州，“漳”是漳州，这两州属于福建。

第二年（正德十二年，1517 年），王阳明就入赣带兵，剿平反寇。同年九月，任以上四处的提督，就有兵权了，还有旗牌，可以“便宜行事”，紧急的时候不用向上级请命，可以直接调兵。朝廷对他还是蛮信任的，因为他打仗实在是太锐利了，屡战屡胜，就没失过手。从此，他开始了独当一面的军政事业。他少年时就兴发平戎报国的志向，还给皇帝上疏，被父亲斥为狂悖，给压了下来。多年来对军事的热衷，从小就排兵布阵的演练，现在这种志向和喜爱都发挥出来了，而且结合了他的心学体验。

他心学开悟的特点，比如时机性，还有他的“知行合一”之说，跟用兵是什么关系？当然这是另外一个题目，我们不能详细讨论。《孙子兵法》说：“以正合，以奇胜”[①]，王阳明就善于出奇。但你总是出奇，

① 孙武：《十一家注孙子校理》，曹操等注，杨丙安校理，北京：中华书局，1999 年，第 87 页。

人家也能猜出你的“奇”是怎么回事了。你总是前面虚晃一枪，再从侧面、后面打，人家就知道了，这就不“奇”了。王阳明的特点就是他的“奇”是真奇，虚虚实实、真真假假，用兵如神。因为朝廷腐败，老百姓困苦，有人造反，就有人呼应，占据山林，易守难攻，而江西、福建一带多山。这怎么剿？王阳明的前任常常束手无策，多年剿而无功，王阳明却自有办法。一方面他用兵神出鬼没，另一方面他也加之以“正道”。这个“正道”就是“十家牌法”，实际上就是保甲法，即把老百姓按家族或邻里关系组织起来，他们的安危要他们自己负责，实行连坐；一家通了匪，十家都要担责任，所以别家就会告发。当然，这不是什么体面的办法，但王阳明知道，匪患这么多年，不这么治不行。后来蒋介石也想学王阳明，但是画虎不成反类犬，他没这个本事。蒋介石最钦佩王阳明，桌子上老摆着王文成公的书。王阳明要是生在明末，由他去平定李自成，又有崇祯的信任，那历史可能就不一样了。明末的那些将领有的也有些本事，但是跟王阳明还是没法比。除了“十家牌法”，他还选练民兵。这些都是正道，“以正合，以奇胜”，没有正，说不上奇；既要有正，又要有奇，这样才是真奇，所谓“一阴一阳之谓道”。他还使政策和文教并行。比如止盐税，把当时让老百姓觉得困苦的那些税收予以减免。这是釜底抽薪的办法，使那些作乱的人失去了根本的动力。他又修书院，举乡约，立社学，把当地知识分子的人心也聚了起来。这样他就把家族的力量、老百姓自己的力量、地方知识分子的力量全都团结起来了，把那些“山中之贼”的土壤给刨了，把他们孤立起来，他们就只剩在山里头的山寨了。再加上王阳明使用各种各样的奇招，虚虚实实，一会儿真一会儿假，那些人怎么斗得过他？虽然这些人都是惯匪，但是在他的剿灭之下，都一个个土崩瓦解，而王阳明这边的损失却很小。《年谱》对这一段记得比较详细，《明史》等也有很多记载。总之，在他四十五岁到四十八岁这三年，南、赣、汀、漳这四州的“山贼”，或者说所谓“农民起义”，被

——剿灭了。不过他并不拿这些当回事，以至于后来说“破山中贼易，破心中贼难”。在他看来，关键是我们心里头有贼，如果心里没贼，光是破那些“山贼”，容易！对他来讲容易，对别人可不那么容易，要不然怎么那么多人为此丢官罢职。这是他发挥军事政治才华和建立功业的第一个阶段，可谓初试锋芒。

正德十四年（1519年），王阳明四十八岁。这一年发生了著名的宸濠之乱，王阳明在平叛中建立奇功。这次平叛成了他的军事才能最辉煌的一次展示。宁王朱宸濠是皇室，宁王的王位是世代继承的。朱宸濠的祖上是朱权，朱元璋的第十七个儿子，被封为宁王，封地在辽东一带。当初燕王朱棣想造反，推翻他侄子，也就是建文帝朱允炆——朱元璋长子的儿子。朱棣需要宁王的支持，但宁王不想造反，朱棣又拉又拽，一面胁迫，一面许诺将来得了天下分一半给他。这个许诺太大了，后来朱棣得了天下并没有分给宁王。不但不分，还歧视宁王，宁王想要的封地也不给他，最后把他封到了江西南昌，那里是宁王根本不想去的地方。这样把他打发得远远的，造反也就不容易成事了。宁王传了四代，到了朱宸濠，很有反志。他积蓄多年，买通朝内一些腐败的太监，还买通了好几个大臣，加上一些事先没有料到的变数，于是在这年的六月十三号在南昌造反叛乱。叛军有十万之众，从南昌出发，先占了南康和九江，然后去打安庆，他的兵锋所指是南京。如果占了南京，就占了南边的首都，当时叫南都，等于取了半壁江山，所以对朝廷的威胁蛮大。如果宁王朱宸濠有当年燕王朱棣的本事，那岂不就是一场大叛乱？最后再一直打到北京，夺了天下都没准儿。

王阳明这时候正在前往汀州的路上，忽然听说朱宸濠叛乱，只能仓促应变。虽然他有调兵权，但当时能调的兵很少，他东拼西凑集结起来的一点兵马，要对付十万大军远远不够。但是王阳明善用奇兵、奇谋，善于揣测对方的心理。上兵伐谋，谋心为上。他怎么谋对方的心呢？首先是拖延时间。虽然朱宸濠是因时局有变提前起兵造的反，但他基本上是准备好了的。如果叛军马上去攻打南京，他们的胜算就大得多，王阳明则还需要时间凑兵马，所以需要先把叛军拖在南昌。怎么办？他集合起当地一些文官武官，跟大家商量说：得拖住朱宸濠。那些人说：怎么拖？他能听我们指挥吗？王阳明说有办法。他就制造谣言，他善于干这个。朱宸濠手下也颇有谋臣，但王阳明造谣造得很真。他假装不小心丢失了一些官府的文书。其实这些文书都是王阳明伪造的，说哪里哪里的十万兵马正在赶来，哪里哪里的五万兵马又在往这边开赴。朱宸濠看到这么多兵马往这里集结，当然得小心点儿。而且王阳明又离间对方的"君"臣，让朱宸濠不敢全听谋臣的意见，所以举棋不定，耽误了十几天。很宝贵的十几天，就这么不费一兵一卒，靠造假消息、离间计就争取到了。朱宸濠一看，一个兵也没来，知道受骗上当了，马上出兵，先占了南康、九江，然后围攻安庆。安庆的守将还算比较能打，守了几天没被打下来。这时候王阳明的兵马收齐了一些，很多都是他平叛以后收编的贼兵，所以大多是一些杂牌军，但他可以出兵了。

七月十九号，朱宸濠造反已经一个月过一点，王阳明出兵了。但往哪儿打？第一种选择是去救安庆，安庆确实危急，朱宸濠打下安庆就可以直捣南京。当年曾国藩打太平天国，安庆之战是特别重要的一次战役。他派他的弟弟曾国荃去打，用了很多办法才打下来，然后就把南京围住，最后拿下。安庆是南京上游的门户，很多人都主张王阳明先救安庆，从后面夹击朱宸濠的军队。王阳明说不行，这划不来，而且很危险。你去救安庆，他在南康和九江留下的军队就会从后边打来，你就会处于被夹击的地位。所以他说要打宁王的老窝南昌。大家都知道有围魏救赵这一计，但是都不如王阳明用得好。南昌既然是宁王的老窝，他能不留重兵去守吗？何况南昌也是一个重镇，怎么能说打就打下来？但是王阳明主张，还是要打南昌。按他的分析，南昌不会留太多兵马，虽然朱宸濠在此经营多年。于是就集合了军队，晚上去打。王阳明事先安排：一鼓靠城，二鼓登梯，三鼓上城，谁要退缩就定斩不饶，打仗得狠。半夜里，这边一敲鼓，就攻上去了。刚攻到半截，就下令别攻了。怎么回事？原来是城门都给打开了，宁王的确没留多少人。王阳明这次真是打到了他的软肋，一下就把南昌给占了。这下子朱宸濠急了，一看自己的老窝保不住，他的心理冲击非常大。王阳明算好了，朱宸濠不会听谋士的。有的谋士告诉他不要管，赶快把南京打下来，把那里当成新的据点。这应该是一个比较好的策略，这样的话王阳明确实要再想别的办法。但是朱宸濠不听，他要回军来救，这下正中了王阳明的计谋。

王阳明带兵迎击朱宸濠的主力，在黄家渡这个地方大败宁王的军队。宁王这边人多，初次被打败后，他们觉得没有多大关系，就退守八字脑。第二天再打，又是一场激战。朱宸濠下了重金，谁立了功，就奖赏金银财宝。王阳明也下严令，谁逃跑就杀谁，用督战队压阵。最后还是王阳明算得更准，把宁王的军队再次击溃，于是宁王军队撤到樵舍这个地方，已经退到鄱阳湖边了。也不知道宁王听了谁的馊主意，他下令将水军的船都钉结成方阵，好在第二天打水仗时用船阵碾压过去，让王阳明无还手之力。有人会问：他难道没读过《三国演义》？这不就是曹操被人施的连环计吗？我估计王阳明肯定是读过《三国演义》的，而且玩得很熟。第二天，他用了诸葛亮、周瑜的办法，如法炮制：火攻。小船点了火冲上去，大船烧着之后跑不了，全连在一起。于是宁王大败，整个小朝廷全被擒获。

从朱宸濠造反到最后覆灭，历时一共四十三天；而从王阳明出兵算起，还不到十天，七八天的战斗就把这么大的一场叛乱给平定了，而且还把叛军首脑全部抓起来了，堪称完胜，这种战例在历史上也是罕见的。王阳明带着一帮子“虾兵蟹将”，能取得这种成绩确实不容易。在这次战役中，王阳明的心性和能力，得到了淋漓尽致的发挥。在朱宸濠起兵之前，王阳明祖母病危，他对皇上说，要回家去探亲；

皇上说不行，还让他到汀漳去平乱；他说我方寸已乱，受不了了。就在这时候，叛乱发生，他在这种情况下，花了一个多月就平定了叛乱，立下不世之功。这个事功不但宋明儒生从未达到过，即使从先秦以来的儒生算起，也没有第二个人达到过的。从孔子开始，历史上哪个儒士立下过这样的军功？好像没有，有些儒士也带兵，效果也不错，但没有像王阳明这样的。他之所以吸引人的一个原因就在这儿，他身上有光环。除了性格吸引人之外，他功业上的光环一直到现在也是大家津津乐道的——我们今天在这里就是津津乐道。这很难得，一个儒家的心性大师居然能够在军事、政治上立下如此奇功，让本来已经动摇了的明王朝，一下子又稳固了。

宸濠之乱表面上就这样完满收场了，但下面他将遇到更大的困难，心性考验的新阶段紧接着就来了，这次的磨炼不在龙场那次之下。

明武宗朱厚照是一个好玩耍的皇帝，确实昏庸。但他还没昏庸到底，毕竟他把刘瑾给扳倒了，虽然这件事有大臣和宦官的功劳，但是也有他这个皇帝的作为。最后是他带着兵去抄刘瑾的家，一下抄出来巨资。据说国外一家杂志评选全世界一千年里最富的五十个人，刘瑾就在其中。武宗抄到不知道多少黄金白银，还有伪造的国玺，说明刘瑾有谋篡之心。但是这个皇帝好玩，他不甘心被圈在北京城里头。他做过很多努力，还到边关去打仗，有些评论家说武宗也有他过人的一面。但是宸濠之乱这次他明显很胡来了：他一听说朱宸濠造反，就来劲儿了，封自己为威武大将军，要带兵出征。他自己是皇上，不知道比大将军高多少，但是他更愿意当大将军，玩心未泯。这时候一个坏太监张忠，还有一个大臣叫许泰，怂恿皇帝出兵平叛，后来酿成了王阳明生平中的所谓“张许之乱”。这一次武宗总算是找到理由跑出北京，摆脱朝政，可以到江南富庶之地，大玩特玩一番。可是，大军刚到涿州，就在北京边上，还没出当时的顺天府，王阳明的捷报就来了。本来是举国同庆的事情，皇上却觉得太没意思了，扫了他的兴。

最后他说不能停，接着走，兵发南昌。他让太监传密旨，命王阳明把朱宸濠放了，放到鄱阳湖，让朱宸濠带兵跟皇上再打一仗，好让皇上生擒朱宸濠，然后再凯奏还朝，这样皇上也立了大功——他想这么玩儿。他就不懂什么叫时机，时机是不能重复的东西，而他想重复。皇上没理智，奸宦也没见识，或别有用心。就像当年王振怂恿英宗打瓦剌，出尽了馊主意，最后明军惨败，王振丧命，皇上也被擒。武宗没有接受教训，一味地行险侥幸。王阳明出自他的良知或者忠君爱国之心，当然不会同意这么做。这还了得，把宁王放出去，谁知道会发生什么？而且老百姓已经被宁王折腾得够呛，放出去以后，即便最后武宗打赢了，把他再抓住，又将耗费多少公帑、祸害多少百姓。所以王阳明坚决不干，知道这是皇上的旨意也不干。于是就有人构陷了很多理由陷害王阳明，说他一开始就和宸濠有勾结，说他现在有谋反之心，说他拿这些俘虏要挟皇帝，等等，都是些能置王阳明和他整个家族于死地的罪名，使王阳明又陷入一次人生危机。

到了第二年，正德十五年（1520年），王阳明四十九岁。他一直想把俘虏交给皇上，但是奸臣百般阻拦，还诬陷他不愿意交俘虏。有时候做忠臣不容易，韩非所谓“说难”，就是形容这个格局。真正的大国君主，他下面一定有很多层级的臣子各居其位，各司其职，一个大臣要想越级直通君主，说服他采纳自己的建议，是非常艰难的，因为这样会得罪中间很多有权势的人。韩非就是这样被他自己的同门害死的，他揣摩了一辈子的权术，最后还是死于宫廷权术。王阳明也差一点死于权术。这件事对他刺激特别大，相当于第二次遭难，甚至超过了第一次。因为前一次情况比较简单，受奸臣诬陷，大家都知道他是忠臣。但这次弄得他进退维谷，既不能逃也不能进。他是带兵的人，随时可能遭到猜疑，皇上带着兵过来了，他想献俘还献不了。

《年谱》记载：“先生赴召至上新河，为诸幸谗阻不得见。中夜默坐，见水波拍岸，汩汩有声。思曰：‘以一身蒙谤，死即死耳，如老亲何？’谓门人曰：‘此时若有一孔可以窃父而逃，吾亦终身长往不悔矣。’”（《王阳明全集》，1278）就是说皇上下诏让他觐见，但是又被皇帝宠幸的那些人（当然就是以张忠、许泰为首的那一帮人）阻拦，不让他见。王阳明半夜睡不着觉，一直坐着，看着水波拍岸，想到现在自己被各种各样的谤言、谣言诬陷（想为国家干点儿大事情的人，往往跑不了被诽谤的命运，岳飞就死在这上头），死了也就罢了，但这时候他还挂念他的亲人（他的父亲，他的祖母这时候刚去世），就对他的门人说，如果现在有一个洞，可以“窃父而逃”，他愿意这么做，终身不悔。这是《孟子》里的典故。孟子的弟子问孟子，如果大舜的父亲杀了人，舜既是孝子又是国君，他要不要阻止手下负责司法的皋陶去抓他父亲？孟子说舜当然不会，他作为君主是个正直的人，不会这样。但他又要“亲亲”，所以他会背着父亲，逃到海边，找一个别人不知道的地方，过一辈子。（《孟子·尽心上》）这就是儒家解决亲亲跟国法的两难冲突的一个方案。这时候王阳明用了这个典故，他真愿意这么做。他已经很绝望了，实在没办法了。这可以看作他的第二次开悟，动心忍性，只听从良知的召唤或指导，因为这时候，任何思虑都不管用了，所有的路都堵死了。他应该怎么办？最后终于出现一个机会：王阳明以某种方式见到了太监张永——这人还算比较好，就是他扳倒了刘瑾——并最终让张永相信了他没有反心，而是真想把俘虏献上来。总之，他处理得刚柔有节，最后化险为夷。他说“破山中贼易，破心中贼难”，以他的才华，破掉造反的“山中贼”，包括皇家内部造反的巨贼，都不难；但是破掉“心中贼”，比如他这时候心中的痛苦、绝望、恐惧，就很难。这件事拖了很长时间，皇上带着这帮人就在江南吃喝玩乐，差不多一年左右，宸濠之乱的事儿才算基本过去。

正德十六年（1520年），王阳明五十岁。《年谱》记载：

> 是年先生始揭致良知之教。先生闻前月十日武宗驾入宫，始

> 舒忧念。自经宸濠、忠、泰之变，益信良知真足以忘患难，出生死……乃遗书守益曰："近来信得'致良知'三字，真圣门正法眼藏。往年尚疑未尽，今自多事以来，只此良知无不具足。譬之操舟得舵，平澜浅濑，无不如意，虽遇颠风逆浪，舵柄在手，可免没溺之患矣。"（《王阳明全集》，1287）

他最著名的思想及工夫"致良知"，就是这一年提出来，成为他学说的主旨。但按陈来先生的考证，这个时间要提前一年。（参见《有无之境》，149—152）不过相差一年，问题不大。正德十五年的年末，王阳明终于听到一个好消息：武宗带着那帮人回北京了，进了皇宫，同时在北京旁边的通州将宁王处死了。这下王阳明才算安心。他在写给邹守益的信里用了佛家的表达方式，即所谓"正法眼藏"（意指最重要的见地）来指称他的"致良知"学说。但他说这是"圣门正法眼藏"，"圣门"就是儒家。他在龙场悟道之后就已经讲到"良知"甚至"致良知"，但是将它没有作为主旨，以前他也没有对良知信到这个程度。良知是不思不虑而发，没有任何的算计或者考量，不像程朱等人的主张，起码要有学说上的引导，要用儒家的是非善恶标准来判断事情。

王阳明把《孟子》讲的"良知"和《大学》讲的"致知"合在一起，称为"致良知"。这个"良知"乃是人的天然本心的当场呈现，没有事先的思考和事后的修正，从心一发出来就是它。以前他也不敢完全信良知，这个东西万一要是主观的或掺杂了主观偏见，遇到像"宸濠、忠、泰"之难这样的大事，一步错了就身败名裂，你敢光信良知吗？所以他以前还有一些保留，担心只靠良知可能还不够。可在经历了这些事情以后，他真正相信，只良知就够了，别的不需要。人的生命就像一艘船，良知就像船的舵。在水流平缓的时候，凭着良知走，无不如意；遇到了巨大的事变、灾难，有良知在手，起码可以保你不翻船。"致"就是"致知"的"致"，是"获得""使其达到极致"的意思，只不过这里所致的不是一般的知，而是良知。后来“良知”或“致良知”在他晚年的书信、文章还有弟子们的记载里，真是多极了，因为他晚年名声极大，记载的人也多，关注的也多，跟他争论的也多。

关于“致良知”，我们后面还会讨论它真正的深意，这里先简单看一下《年谱》里的这段记载：

> 九川曰：“亦为宋儒从知解上入，认识神为性体，故闻见日益，障道日深耳……”先生曰：“然譬之人有冒别姓坟墓为祖墓者，何以为辨？只得开圹将子孙滴血，真伪无可逃矣。我此良知二字，实千古圣圣相传一点滴骨血也。”（《王阳明全集》，1287）

王阳明的一个学生陈九川觉得程朱理解“格物致知”主要从“知解”上入手，人性的本体是以认识精神为主导；按这条路走，求道求学得到的知识越多，越看不到真正的道。王阳明赞同他说的，又给了一个譬喻，我觉得比较真切。他说有的人出于各种各样的目的，说别人家的坟是自己的祖坟，历史上对这种情况也有过一些记载。他这里用来比喻程朱的学说，他们自称是儒家，说孔子是他们的祖先。那怎么办？言下之意是，他们其实不是孔门的真传人。那就只能把坟打开，滴血认亲。古代的人一直相信这种办法可以辨别亲缘，就是把祖先的坟挖开，把骨头取出来，把你的血滴在骨头上，如果能渗进去，就说明你们有血亲关系。历史上有过几次相关记载。比如梁武帝萧衍看中了别人的妻子，他就给娶过来了，七个月后生下了皇子，叫萧综。后来人们就怀疑萧综不是他的亲生儿子，而是这女子前夫的。萧综长大了一直受到嘲笑，他就用这个办法来测试。他把他所谓真父亲的墓偷偷挖开，然后滴血，血真渗进去了，他就相信自己确实不是梁武帝的亲生儿子，于是跑走了。现代医学认为这个是不科学的，要靠基因来鉴定。我们对此也不做什么判断，反正当时人是信的，王阳明就相信。

不管怎么样，他举这个例子的意思是清楚的。他认为他的“致良知”学说才真正是千古以来圣人传给圣人的那一点骨血。这血滴在骨头上，是能渗进去的。

正德十六年（1521 年）九月，那些事情终于都完结了，王阳明回余姚老家上坟，《年谱》记载：“先生归省祖茔，访瑞云楼，指藏胎衣地，收泪久之，盖痛母生不及养，祖母死不及殓也。”（《王阳明全集》，1291）王阳明去看他出生的瑞云楼，指着埋他胎衣的地方，“收泪久之”。胎衣就是胎盘，古人有这种风俗，孩子出生之后要把胎盘埋起来，而且埋在什么地方也是有讲究的。这个东西是随着你生命的降生带来的，古人相信把它埋在不同的地方，对这个孩子的生命、他的身体和以后的命运，会产生不同的影响。王阳明看到这个埋胎衣的地方，自然就思念母亲。所以《年谱》说他感念母亲的生养之恩，痛惜没办法奉养母亲，因为当他长大时母亲早已去世；他祖母死的时候，他正在军中，忙着平叛，也没法去收殓。这两件事让他很难过。

这期间钱德洪（号绪山）拜王阳明为师。这个弟子后来编纂了王阳明的很多东西，对王阳明文献的传播起了很重要的作用。但是他入门比较晚，王阳明活了五十七岁，他在老师门下受教诲也就六七年。钱德洪早就对王阳明的学说心向往之，但是他家族里的一些长老和地方乡绅受舆论的影响，抱怀疑的态度。这次趁王阳明回余姚拜祖坟，他说服了族中的中青年人，最后带着七十多人一起去拜王阳明为老师。

然后王阳明回到越城，跟父亲相见——简直以为要见不到了，这次磨难太凶险！此时他被封为新建伯。因为他的功劳很大，皇上给了他额外的赏赐，往上封了三代，并且子子孙孙永远世袭。这样他、他父亲、他去世了的祖父都加上封号，于是他父亲也成了新建伯。没多久，这年的十二月，他父亲寿辰。在宴会上老新建伯对王阳明说：这次你经历这么多凶险，居然能够保全，还得到封赏，全赖天佑忠良，千万不能够张扬，要深加戒惧，要知福乃祸之基呀。这就是中国人一般都有的那种智慧："满招损，谦受益""祸福互根"。王阳明跪着领受父亲的教诲，在场的人都非常感动。

第二年二月，他父亲就去世了，王阳明在家守丧，所以他有好几年没有再离开家乡，这就是所谓的"晚年归越"，这段时间是王阳明思想发展中的又一个新阶段。黄宗羲说王阳明晚年归越以后，致良知已经到了炉火纯青的地步。按儒家的规矩，只要父母任何一方去世，在外做官的人都要回家守丧三年，除非国家亟需，皇上命令移孝作忠。贪恋官位、隐藏丧情不报的人，一旦被发现或揭发出来，就是重大丑闻。王阳明在守丧期间，在越地讲学，影响非常大，给别人写的信也特别多。

明武宗很快去世了，进入嘉靖朝的时代。嘉靖四年（1525年），王阳明五十四岁，这段时间他一直在家乡。这一年的正月，他的夫人诸氏去世了。诸氏没给他生孩子，但是非常贤惠。后来他父亲安排族里一位叔叔的孙子，相当于他的族侄，过继给他，起名叫王正宪。同年，王阳明给顾东桥写了一封长信，提倡"拔本塞源"，文字中颇有激愤之气。王阳明自立心学之后，有些人一直在批评他，随着他名声、影响越来越大，这种批评的声音也越来越大；加上当时儒学正宗还是程朱理学，而且心学内部对他也不见得都赞同，比如湛甘泉的弟子们，所以他就写了这封信来澄清自己的主张，尤其是痛惜和批评当时伪儒的风气。

嘉靖五年（1526年），王阳明五十五岁了。这年，钱德洪和王畿（字汝中，号龙溪）这两大弟子同年会试得中，但他们没有参加殿试。殿试基本上就是走一个形式，参加了就是进士。这二位为了听老师的教诲，不参加殿试就回来了。"先生喜，凡初及门者，必令引导。"（《王阳明全集》，1311）王阳明很高兴，看来这两个弟子确实是非常真诚。从他们后来的人生轨迹可以看出，他们对老师的学说非常崇敬，但是也有他们自己的发挥，特别是王畿。王阳明就让他俩做他的掌门大弟子，求学的人很多，刚入门的一般先让他们教，学到一定程度才能见王阳明。同年十一月，王阳明的亲生儿子出生。诸氏去世以后，王阳明的续弦张氏给他生了个儿子，取名王正亿。他的养子王正宪的身份也还在。那新建伯最后由谁继承？好像是王正亿，毕竟是亲生的。王阳明去世以后，他的族人为了争房产、封号，内部还发生过不愉快的事情。

嘉靖六年（1527年），王阳明五十六岁。这年他还在越城，到了五月，事情起了变化，皇上任命他兼任都察院左都御史，又要让他带兵打仗，征思田。广西思恩、田州有叛乱，当地八九个寨子的少数民族同时也在造反，这就是所谓的“思田之乱”，王阳明就死在这件事上。

九月，王阳明从越城出发。前一天，王龙溪和钱德洪就他晚年的“四句教”去请教他。王阳明归越以后有个代表性的说法：“无善无恶是心之体，有善有恶是意之动。知善知恶是良知，为善去恶是格物。”（《王阳明全集》，1318）其中第一句最惹争议，表面上违反了孟子“性善”的学说，因为心之体在他的学说里就意味着人的本性。意动以后才能发出善恶来。心之体是未发，意之动是已发。未发居然是无善无恶的！意则是心发出来的，是一个意向、意念，它才有善有恶——你是帮那个快掉到井里的孩子还是不帮它？这就是著名的“四句教”，融合了他的诸般学说。这两位弟子对“四句教”有很不同的理解，老师明天就要走了，就夜访阳明请他解释。王龙溪认为“四句教”有内部矛盾，既然心之体是无善无恶的，那么意之动为什么会是有善有恶的呢？王阳明的“四句教”是“一无三有”，王龙溪后来就变更成“四无”：心之体既是无善无恶，那么意之动、良知、格物也是无善无恶的。钱德洪就觉得这不就把儒家佛家化了吗？佛家可能都不一定能到这一步，还得看是哪一派呢，所以他就坚守师说，主张“一无三有”。但其实这“一无”已经出轨了，王阳明就是敢冒天下之大不韪，就敢说心之体是无善无恶的。你说像他这样的，能不遭到当时那些儒家正统人士的攻击吗？而像王龙溪这种说法，变本加厉，换作别的老师，那肯定当头棒喝，一脚踹出去算了：还“四无”？我这“一无”已经让人家反对成这样了。

但是王阳明得知他们为此而来，还很高兴：“先生喜曰：‘正要二君有此一问！我今将行，朋友中更无有论证及此者，二君之见正好相取，不可相病。汝中须用德洪功夫，德洪须透汝中本体。二君相取为益，吾学更无遗念矣。’”（《王阳明全集》，1317）王阳明正希望他们有这么一个问，这个问题把他的学说又往深里推进了（从这儿可以感到王阳明的性格，他不在乎维持那些面子上的东西，他在乎追求真理本身）。他马上就要去上仕，在那边没有人能想到这么深的地方了。两位弟子的见解正好相互补充、摄取，不要相互排斥。怎么“相取”呢？王畿要用钱德洪的工夫。钱德洪老老实实的，按老师的路子走。他要下工夫去克己复礼，克治省察，去人欲存天理，这样才能致良知。王畿要向钱德洪学这个工夫，把心中的欲望克治掉，不要一上来就“四无”。反过来，钱德洪的工夫也还不够，下苦工夫倒是出不了什么大问题，但是达不到致良知最后的透悟境界，所以还要有王畿那种当场时机化的发现，以切入心体。他们相互补充，王阳明的学说就没什么可遗憾的了：既不走邪门歪道，因为有钱德洪的工夫；又不流于一般化，因为有王畿的本体开显。

王阳明最后切切叮嘱：“二君已后与学者言，务要依我四句宗旨：无善无恶是心之体，有善有恶是意之动，知善知恶是良知，为善去恶是格物。以此自修，直跻圣位；以此接人，更无差失。”（《王阳明全集》，1317—1318）王阳明坚持“四句教”不能变，用它来自修，就能成圣人；用这个来接引、教诲、塑造人，就没有弊病：既能达到最终本体，又不产生邪的歪的东西，不脱离儒家根本。这就是所谓的“天泉证道”：因为他们两人去找老师，老师就带他们出来到天泉桥上，发生了上面的对话。

嘉靖七年（1528年），王阳明五十七岁。这时他已经在广西。二月他就把思田的叛乱平息了。七月，八个寨子的造反也被他出奇兵剿平了。王阳明武功上所向披靡，但他的特点在于他不光是破，不光是把叛乱镇压下去，他还要经略地方，让当地人能活下去，他要施仁政，首先是经济上减税负，然后是从教育、文化、礼仪、风俗上进行改变。这次也一样，叛乱平息后，王阳明便留在当地安抚和经略这块地方。

到十月，王阳明身体就不行了。他身体本来也不好，父亲去世以后他就病了。在他龙场悟道之前，有两次记载他生病，都跟学朱子有关系。第一次是格竹子，第二次是学朱子循序渐进的治学方法。最后都没悟透，还生病了。王阳明为了求道、求真理，能求到生病的程度。一般人求不到真道，光是沮丧就完了，他不行，直接在身体上有反应。但是他龙场大悟以后，直到丧父，《年谱》中再也没有他生病的记载，其实这段时间他很繁忙。就我看到的材料而言，只有一次，就是他父亲去世的时候，那时他已经五十一岁了，他哭得太伤心，生了病。后来在家乡越城，王阳明养得不错，人也挺高兴的，讲学、作诗、写作，不一而足，意气风发。但最后又从事军务，还跑到广西，现在他的身体确实垮了，可能是肺病，吐了血。然后王阳明给皇上上疏，说他实在不行了。这时候事情也基本干完了，他就自己回去了。走到广东增城这个地方，王阳明的六世祖王纲，当年在此死于国难，王阳明还去看了当地人给他立的祠堂，写了诗。然后一路北上，走到江西就撑不住了，病情加重。

十一月丁卯日（1529年1月10日），王阳明病逝于南安府大庾县青龙铺，在今天的江西赣州市大余县。他沿水路走，最后就在船里去世。当时他身边只有一个弟子叫周积，正好在南安任小官，临终时守在他床边。《年谱》记载："久之，开目视曰：'吾去矣！'积泣下，问：'何遗言？'先生微哂曰：'此心光明，亦复何言？'顷之，瞑目而逝，二十九日辰时也。"（《王阳明全集》，1337）这段记载说，周积侍立床边许久，王阳明睁开眼睛，说道：我要走了。周积流泪问，有什么遗言。

王阳明带着微笑说："我的心充满光明，还有什么可要说的呢？"这是他最后的遗言，过了一会儿王阳明就去世了。他的棺材被运回去，弟子们前来迎柩，一直护送返回家乡。最后选在今天绍兴兰亭附近的洪溪这个地方停灵，到第二年的十一月才下葬。

第八讲　王阳明生平特点分析

王阳明的一生非比寻常，我用三个词概括：奇异、璀璨、波澜壮阔。

说它“奇异”，是因为王阳明一生的维度多，太丰富了，不寻常，一般人没有，而且境界深邃。比如在他的人生中，儒、释、道、兵家、诗文、书法、讲道、授徒等等，都有尝试、开拓和创新。而且他的人生中有不同的生存境界的出现、构造，比如悠游、书香、激烈、痛苦、绝望、恐惧、病患、静谧、先知、开悟，还有他的“梦实相映”，梦境和现实在他的生存境况中可以交织起来。他的出生就跟梦有关，他临死又做梦；他小时候梦到马援的庙，他征思田以后去参拜，看到的情境和他小时候梦里看到的一样。而且这些方面都相互交织、更替，像焰火般依次或交叠地迸发，所以我说它很奇异。

说它“璀璨”，是因为这些如此丰富的维度，往往通过奇特的机缘而相互作成、互映共振，放射出钻石般的绚丽光芒。儒、释、道在王阳明这儿不是相互冲突、相互拆台，而是相互作成、相互映射。他的悟道和儒、释、道都有关系。还有兵法、诗文和他的生死经历等等，都像打磨、切割好的钻石的不同侧面，它们共同交映出这么一颗非常光辉灿烂的通灵宝钻。

说它“波澜壮阔”，是指王阳明这一生超出了传统儒家和求道者的生活轨迹，也不同于绝大多数的官员和将领，而是能够将精神上的追求和激荡，转化为惊人的，甚至空前绝后的事业成功，无论是军事上的，还是政务上的和教育上的。他破掉了“心中贼”，所以他破“山中贼”，甚至是“皇室巨贼”的时候，能四两拨千斤。朱宸濠酝酿那么多年，发兵十余万，王阳明出兵不到十天就给灭掉。这简直没有什么可与之相比的了，不但儒者里这种情况极少，即便是在军事史上，也很难得。凭借这么弱的兵力——招降纳叛的一些杂牌军，就能在那么短的时间内，将整个反叛的小朝廷从头到尾悉数缉拿（里面还包括娄谅的女儿。他和娄谅算是有一面师恩。她当时是宁王的妃子之一，最后跳水自杀。她父亲是著名儒者，所以她很自洁，发现她的尸体时，她身上裹满了衣服，为了防止失贞。而且她在宁王起兵之前就多次劝他不要这么做，尽了一个贤妻的义务，最后也是刚死）。他总是能算得那么精准，总是能把事情一下子就做到一个“入口即化”的境界。他在主流学界不被理解并且受到严厉的排斥，死后不久朝廷里对他不利的奏本就递上去了，说要剥夺他的封号等等。后来他的朋友也是学生黄绾上疏为他辩诬，也不成功。他生前在朝廷多年挫折不断，死后，他的有些学生也因他或他的学说被抓、被贬。但是他的思想在中青年儒士中，在短期内就赢得了几乎是前无古人、后无来者的巨大共鸣。这也很少见。孔子那么伟大，那么感人，他也只有七十二个比较重要的弟子，一生也就三千弟子。王阳明在滁州讲学的时候，按《年谱》记载，他每次随便出去一讲，席地一坐，弟子就有数百人。而且这些人经常换，晚上没地方住，他们就睡在外面，或者轮流睡。精神高昂地唱歌，彻夜歌声不绝。他晚年居越时，从者也很盛。那么多知识分子为了求真理到他这里来听讲，觉得一下子开了眼。在他身后，心学运动席卷了华夏大地和整个晚明时期，他的影响甚至一直到今天仍然存在。

说起来，单从某一个方面看，似乎也有豪杰和至诚之士能够和王阳明一比高下。比如说军事上，明代开国将领徐达、常遇春等，可以和阳明相比。统兵的总量上当然比王阳明强得多，人家动辄领兵几十万人。但是，考虑到用兵达到的境界，取得胜利的完整程度，那种干净利落，王阳明从总体上跟他们起码是伯仲之间。再比如在心学修养上，陈白沙、湛若水等也可以和王阳明相比。但要说到这些天赋、才能、命运的交织和共现，则无人能与王阳明相比。军事上很厉害，但心性上、儒学学说创新上，有跟他能比的吗？有的人在心性上好像能和他相比，但军事上、教育上、政治上能跟他比吗？几乎无人。王阳明在后世（包括今天）的巨大、持久的影响力，和他的奇异、璀璨、波澜壮阔很有关系，大家为之眩目——不得了这个人！所以对他的学说就有兴趣甚至是信任。当然这是附加的，对这个学说，你最后要靠自己的理解和体验去看它是不是真的，但这些毕竟能引起好奇。阳明学的影响不只是在中国，在日本也非常大，比如那个把俄国舰队灭掉的东乡平八郎，就信奉王阳明。

以下我们来关注王阳明奇特伟大的人生中的几个方面：

（1）王阳明的家庭和亲人。一般讲他人生的，很少对这一方面真正加以直接的关注。

（2）王阳明的个性和身体。个性有些人关注，身体这方面的讨论好像不多。

（3）王阳明为学和教学的几个阶段。这是大家都拼命讨论的。

（4）王阳明悟道的特点。这也是讨论比较多的。

第一节　王阳明的家庭与亲人

王阳明的家庭和亲人对他的学说和人生的影响，看来还是很重要的。其实对我们每个人来说，家庭和亲人都很重要，对王阳明更是如此。我们前面提到，王阳明出生于一个有深远文化传统，尤其是儒家传统的家庭。他的六世祖王纲死于国难，地点就在现在广州市的增城区。嘉靖七年（1528年）十月，王阳明马上就要去世了，路过这里，还写有吊唁诗：

我祖死国事，肇礼在增城。
荒祠幸新复，适来奉初蒸。
…………
落落千百载，人生几知音。
道同著形迹，期无负初心。

（《王阳明全集》，1335）

王阳明到那里的时候，正赶上他六世祖的祠堂被重新修复。诗的最后一句说希望不要违背了我祖上的初心。什么初心呢？首先是忠君报国，但是还有别的。从他六世祖到他，中间有五代人，代代都有特色。他在《易直先生墓志》里面写道："吾宗江左以来，世不乏贤。自吾祖竹轩府君以上，凡积德累仁者数世，而始发于吾父龙山先生。"（《王阳明全集》，972）就是说他们这个宗族迁到浙江以来，祖上的仁慈之心、仁爱之心（不限于家庭的亲爱），以及做的那些善事，积累起来，到他父亲龙山公，其"积德累仁"的效应就发露出来了。

比如五世祖王彦达（王纲之子），隐居乡里，重视儿子的教育，却不要求儿子考科举。所以，在他父亲之前，他们家有这么一个传统，就是不太鼓励孩子考科举，但是要读书，要做好人。王阳明身上的傲气、正气、孝顺等等，都与他的这个家庭传统有关。

四世祖王与准（王彦达子），学问非常好，善于卜筮。县官找他占卜，他不愿意，拒绝了，为此后来这县官差点把他害了，幸亏另外一位当权者辨识出县官的恶意，才使其未能得逞。这个人也了解他的特点，知道他不愿意出来做官，就劝他把儿子送出去做官。后来他就让他儿子去读书做官，进了当时的官学。

王与准的儿子叫王杰，是王阳明的曾祖父，号槐里先生。他读了书，刚开始还想去考科举，到了科场外发现要搜身，他觉得这简直是侮辱人，一生气这一辈子都不考了。这是什么气节！他们家净出这种人。

王阳明的祖父就是王伦，号竹轩翁。对《仪礼》《左传》《史记》很精通，善鼓琴，王阳明因此受了很多音乐上的启发。

王阳明的父亲王华，小时候就表现出仁善。有一次他和其他孩子在外头玩儿，有个路人涉水过河，东西掉到水里也不知道，匆匆走了。王华过去一看，是个布袋，一拿很沉，他知道里头是钱，就把袋子扔到水深一点的地方，这样别人看不见，相当于给它藏了起来，然后他就坐在岸上等，知道丢钱的人早晚会回来找。后来那人跑回来了，急得要命，王华就对那人说：你是不是要找个东西？给你藏在那儿了。那人找到了钱，特别高兴，拿出一小部分感谢王华，王华不要，说我们家不缺这个，我帮你根本就没想要钱，说完就回家了。那个人为报恩，跟着王华到他们家，对他家里人说：这孩子特别好。所以他们家世代都是这种人，“积德累仁”绝非虚言。总之，这个家庭有深远的儒家传统，但又不只是儒家，也有道家色彩，比如他的曾祖就不去考科举，又比如他祖父喜爱音乐，笑傲山林，自然舒放。所以他们家可以说是文脉善德代代传递，到了他父亲就结出了一个世间的硕果，中了状元，官至南京吏部尚书。王阳明有三个弟弟，还有一个妹妹，可见到他父亲，家族人丁很兴旺。

王阳明的童年、青年时代，家境优越，家风淳厚，教育资源多，家里藏书丰富，请得起私塾先生，“人生第一等事”的讨论就是他与塾师的对话。他父亲在京城做官，家在浙江，他祖父带着小王阳明千里迢迢到北京去找父亲。这种经历对一个十岁左右的孩子极有开启作用。我生在香港，长在武汉，五六岁时被父母带到北京，因当时父亲在北京的国家机关做高级工程师。虽然当时年纪很小，但那趟旅行我印象特别深刻，因为是第一次坐火车。到了北京，全都不一样，变化巨大，风土人情、气候、文化、语言都变了。王阳明就是这样，所以他人生经历丰富，横跨中国南北，感受到不同的民情、气候、山川。过金山寺赋诗，出居庸关抒怀，还曾经召集一大堆孩子排兵布阵，这些都发生在和北京相关的遭遇中。

这样的家庭除了给他带来各种丰厚的资源和机会，还带来了儒家的正统观。他们家世代书香，基本上是儒家的。他本人年轻的时候虽然有各种各样的探索，甚至差一点儿出家，但是由于这个家庭传统的熏陶，他最后还是"皈依"儒家。儒家的正统观深埋在他的潜意识中，发挥着极其重要的长期影响。此外，他们整个家族的传统与国家、文化的主流倾向是一致的，这给他的人生带来一种无形的信心，所以王阳明所谓"狂"的那一面是有其基础的。另外，他的家庭关系总的说来非常良好，亲人之间关系很亲密，有代际间的双向亲爱之流。比如说他出生不仅有异象——他祖母做的梦、母亲怀孕十四个月等，还有祖父母、亲生父母的喜爱和殷切期望，这些从《年谱》的记载里都能看出来。而王阳明对所有这些亲人，无论是否在世，都怀有终身不移的真挚感情，这在《年谱》和《行状》中，也一再表现出来。这种对亲人的感情对他非常重要，尤其是在关节点上，没有它们，他早出家了，或者早不知道跑到哪里去了。但他和亲人的关系对他人生道路的选择以及他思想发展的关键性影响，就我看到的有关文献而言，往往是被忽视的，我觉得这是一个疏漏。（谭嗣同之所以走上那种思想和人生之路，与他所处的家庭关系也关系甚大呀！）王阳明的母亲去世早，那时他才十三岁，对他是一件不幸之事，估计对他的性格乃至身体都有些影响。尤其是那个小夫人对他又不太好，当然他使诡计把她驯服了，但是小夫人对他估计也没有亲情真爱，只是对他礼敬有加。但是祖母和父亲几乎是伴他一生（他祖母去世的时候，王阳明四十八岁；父亲去世时，他五十一岁），这对他是巨大的安慰、鼓励。而且这两位一直是他最挂心的人。但是，他自己的家庭并不很兴旺，他的夫人不能生育，在他父亲的安排下，王阳明四十四岁的时候领养了亲属的孩子——相当于他的表侄——作为他的养子，取名正宪，当时才八岁。他的妻子诸氏去世后，他的续妻张氏给他生了儿子。于是在他五十五岁时，喜得自己的亲生儿子王正亿。所以他的人伦关系和家族血脉是一直延续的，在那个时代这很重要。简单说来，王阳明所处的家庭，不管是广义（就是他的宗族、父母、祖父母还有他的祖先）而言，还是狭义（就是他自己的家庭以及再往下传的后代）而言，与他的人生和精神追求的大方向都完全相合相配，尽管其中有一些顿挫，但大局面是良好的。这对他的人生和事业都有重要的作用。

第二节　王阳明的个性和身体

一、王阳明的个性：奇中奇

有的评论家比如秦家懿女先生，以"狂"来刻画王阳明的个性："阳明一生特色，即是好高骛远，狂士表现。"（《王阳明》，29）孔子曾说："不得中行而与之，必也狂狷乎！狂者进取，狷者有所不为也。"（《论语》13. 21）朱熹在《论语集注》里解释道："狂者，志极高而行不掩；狷者，知未及而守有余。"（《四书章句集注》，148）在儒家看来，"狂狷"虽然有过或不及之处，但是比乡愿要好得多，他们只是还没达到真正的中庸，但是他们追求真理，志意恳切，只是方法还不得当。狂就是激进，很真诚地去追求，但行动有时候跟不上他的志向、话语；而狷者特别有操守，有时候说不出来什么东西，但是他的行为比他说的还要多。总之，狂者知的多，行的少；狷者行的多，知的少，但是都比较真诚。所以，秦家懿先生是这么看王阳明的，认为他是狂者。

而陈来先生认为王阳明有两面，首先是"豪雄"，其次是"浪漫"。（参见《有无之境》，2—3）王阳明的气象就是豪雄，干什么事都要做成最好的，要争根本，争那最靠前的。用兵用到极致，做人也做到极致，学说也立到极致。同时，他又热爱自然，到山里面养生、求道，甚至想出家，到了逃亡的时候想遁世，他肯定有李白那种道家的浪漫追求。起码在他完全认同儒家之前，在摸索阶段是这样的。

这两位先生讲的都有一定道理，但是还可以再往深处看一看。我愿意把王阳明的个性以及和这个性格相应的命运说成是“奇中奇”。

第一个“奇”，是指他不甘于寻常架构中的优秀，比如考科举、中进士，做官做到大官，做学问做到让大家都赞赏等等，在现有框架中的最优秀，他是不满足的。他要自己从头打开新局面，以原发的方式出奇制胜，进入微妙高明的极致境界。

比如王阳明自幼便显露奇特之处。他到五岁都不说话，但是一开口就是经典，这让人很惊奇。后来，他作诗让人惊奇，志向让人惊奇（要做圣人），遭遇也让人惊奇（北京街上碰到一个相士说他将来要做圣人），他算计小夫人也让人惊奇（想出并实现那样的诡计）。他的成长求道经历也多有奇处。比如结婚那天到道观里头遇见一个二十年后又能遇见的人，而且当时那个人就预见到他们二十年后能遇见，这完全是无法解释的。格竹子生病，陈来先生说这简直不可理解，从宋儒标榜格物致知几百年以来没人像他这么“格物”，简直太傻了，所以陈来先生说这不可能是二十一岁的青年干的事，少不更事的时候才可能干这类傻事。其实不一定，我们前面也分析过。他格竹子能格出病来，后来学朱熹读书法不成，他也能病。他追求真理，得多至诚啊！追求不成他就能生病。林黛玉找不到贾宝玉了，她生病，这可以理解。王阳明追求真理追求不上，就像追求一个最心爱的情人追不上，也落下病，这就是奇人！他入山行导引术而有先知之能，就够奇的了，而有了这能力最后还把它放弃，根本不拿它当回事，更是一奇。遭难逃难，最后甘心负荷艰难和死亡威胁，也是很奇特的经历，没有几个人有过。诸如此类的事情，在王阳明一生中不在少数，这些经历最后还都汇到了一点，在他的心灵开悟中闪发出夺目的光辉，让他的人生充满了强烈深沉的命运感和灵感回声。

每代人中都可能有这种“奇人”的出现，就像《红楼梦》开篇，贾雨村和冷子兴话说宁国府、荣国府时所讲的，每一代都有这种人，他们绝不会做贩夫走卒，是很奇特和有灵气的一批人。但是他们中间的一些或者大多数，在探奇寻奥中会失掉常理和正路，渐渐偏入狭道甚至邪路，最终的人生并不成功。像唐伯虎这样的，在某些方面成就很高，但是偏了，起码在那个社会看来是如此。有的还沦为希特勒一类的人物——希特勒就很奇。王阳明的奇异则不然，他奇到了极点后自反于中道，在家庭亲情和儒家的正脉里头达到“奇之中”。湛甘泉说王阳明曾经有“五溺”，即陷溺于五种爱好：任侠、骑射、辞章、神仙、佛氏。但无论多少个“溺”，也不能最终溺住他，反而会滋养他，最后还是让他夹风带雨地归家取正。归的这个“家”是儒家，也是他的家族，或者说是以家庭为本的儒家学说，达到至诚。他一生中，数次被亲情牵拉到儒家正道上。龙场大悟所悟的也是儒家的格物致知之旨——他睡梦中听到的声音，让他感悟到，圣人之道“吾性自足”。最后也是用默记的五经之言来验证，发现莫不吻合。所以他的悟道也是儒家的道。这是“奇中奇”的第二层。

此外，他并不是从陷溺而归正，最终就以捍卫正道的方式结束了。像奥古斯丁，年轻的时候无所不求，很好奇，智力蓬勃，什么学说都要尝试，什么样的生活状态都要尝试，但是后来凭借著名的花园之悟，皈依了基督教，成为该教一位极其重要的神学家。王阳明好像还不只是那样，而是在开悟后还有一番居中而出奇的翻江倒海。王阳明讲的“知行合一”“格物致知”和“致良知”，绝不同于当时的意识形态主流，即程朱理学以及他们改订过的经典（比如《大学》）文本，而是以其热烈爆发出的开悟体验为良知的复现提供依据，采取全新的视角从整体上解释儒家的要害之处，由此开出一片心性、义理和人生的新境界。他达到中道后又再出奇，直到生命尽头，还觉得“平生学问方才见得数分，未能与吾党共成之，为可恨耳！”（《王阳明全集》，1448）他死前除了说“此心光明”之外，还说他感受到的那个真理、心性的真理，才开发出、表述出了数分，可惜命不长久，没法跟同志们一起再往下探讨了，所以很遗憾。这就是他在中正里面还能出奇的本事，是王阳明性格的重要特点。而且到了他最后一次出征前的“天泉证道”阶段，他又提出“无善无恶心之体”这样似乎违背了儒家，包括心学正统孟子性善论的奇异主张（如果不算异端的话），由此又引发他身后的争执、探讨，掀起一轮新的思想大浪潮。

所以我要赞一句：“伟哉阳明！非现成者也，奇中奇者也！”为什么伟大？因为他是非现成者，不甘于现成，而只求源头真理。别人看来简直是不得了的事情，他却觉得还不够，也不很在乎别人说什么。而所谓“非现成”，也就是奇中奇。

二、王阳明的身体

王阳明的身体也确实关乎他的性格和命运。从《年谱》的记载看来，他的身体虽然几度出现较大的问题，甚至改变了他的人生轨迹（比如第二次出问题，当时他已经做官了，因病又回到山里修行），但也有强韧的一面，以至于可以支撑他经受重刑，被打了四十大板，已经昏过去还能挺过来。此外，艰苦的流放生活、繁忙的军旅生涯以及后来宸濠、忠、泰之乱的被诬陷，这些他都挺过来了，没有文字记载说他在这期间得过什么大病。这也是他的身体方面值得注意的一点，有点像海德格尔。海德格尔的人生就被他的身体改变。他的父亲是教堂里的司事，低级的神职人员，没资格像牧师一样主持弥撒。所以小海德格尔心目中最荣耀的就是做牧师，能讲道，沟通神人。他想学神学，年轻的时候想成为耶稣会士。耶稣会士在西方相当于是神学家里的特种兵，是最精英的一部分，往往能够在文科的学术上有所成就。他参加测试的时候，几个礼拜的时间里，身体就出了问题，心脏感觉不舒服，很难受，最后因为身体原因被拒绝。由此他才转而去弗莱堡大学学神学，不久身体再次出问题，又改学哲学，最终成就了哲学家海德格尔。要不然他就去做耶稣会士了，顶多就是个神学家，甚至只是一个很不错的牧师。除了这次身体出事之外，第一次世界大战的时候，他本来应该上前线，但体检时，心脏又出了问题。所以他就没上前线，在后方做邮局的工作，就在家附近，这样就可以完成他的博士论文，这对他战后马上进入学术界很有帮助。战争都快打完了，德国都快战败了，他才上了前线，当了几天气象兵就回来了。可是别的时候，你看他活得好好的，一直到八十六岁才去世。他的身体究竟是怎么回事？他的身体与个人命运有什么关系？很神秘。王阳明两次为求道而病，等他求到道之后，再忙再累再不顺，但心源已开，就不生病或少生病了。所以他的身体和他的精神是内在相关的。

《年谱》记载，他在龙场悟道之前两次生病：一次是二十一岁或更早，因为格竹子不行（“沉思其理不得”）而“遇疾”，另一次是他二十七岁的时候，依朱熹的读书法，“居敬持志”，“循序致精”，虽然很有些进步，但最终还是打不通物理与心，于是“旧疾复作”。这两次生病都与遵循宋儒的学说和治学法来求心性开启的失败有关，可见他追求之热烈诚恳，求之不得后又是何等地受挫，以致生病。但也可以看出，他的身体有不是很健康强壮的一面。无论如何，他的身体与他追求真理好像有某种内在的相关性：因为病使人敏感，能感受到在健康时所忽略的经验。而他所求的真理和本心，也居然能以哪怕负面的方式作用于他的身体——求不到就生病，使他颓然承认“圣贤有分”，以为圣贤并不是像娄谅先生所言是人人皆可“学而至”的，所以他去“就辞章之学”了。到了这个程度，其实这生病也是一种深度修行或者本心追求了，而且是一种自发的、真诚的，同时又是痛苦的、伴随着病态的修行。这种修行带着病，通过病来感受心，这一点在王阳明这里表现得很明显。它与瑜伽术、静坐法那种“宁静以致远”的修行法是不同的，可见阳明的修行术也有他自己的特点，绝非老老实实地遵守现成方法，虽然他“格竹子”也有静坐的一面。

王阳明的性格有这一特点，就是他不去拜老师，无师而力求自通，不惮自创“陋”法。哪怕是不怎么样的办法，比如格竹子，他也敢上。鲁莽的尝试，虽然容易因偏而使他付出代价，但是也未尝没有令他能够痛知心与物理到底在哪里分离、怎么分离的长处。他感到他的心和外在事物的理合不起来，他很想追求两者的合一，但是没有追求到，两次为之生病。这样，他就能直接地、直观地体验到这两者的分离在哪儿。就像詹姆士举的例子：回想一个你忘了的名字，你想不起来。但这个没被想起来的名字，像幽灵一样在那儿晃悠。别人提示一个名字，只要不对，你就知道它不对。所以这个本心，也就是他想求得的那种心与理合一的状态，虽然没在场，但其实他是在逼近这个境界，而且是通过现在得不到的方式来逼近。它是个空缺，但有一种提示、一种背景的吸引，让你困惑，又不断为之吸引。最后恰恰是这种东西引导他在龙场开悟，解决的问题也是瞄着这个东西去的，他自己可能都不清楚。一旦开悟，解决的问题还是和这个有关：吾性自足，以前求理于事物是错的。

所以，他的病为他思想的发展，的确准备下了哪怕是潜在的前提。也因此，他的开悟境界和陈白沙的是不一样的：陈白沙的开悟是多么宁静、平和，从容悠游而呈现心体；王阳明不是，他的开悟是如此跌宕起伏，其中还充满了身体的病痛。所以他不是陈白沙说的从“静中养出个端倪来”，不是在静坐中呈现心体，而可以说是从“痛中感受到个端倪”。他不是静，是痛，包括他的病痛，也包括他的人生之痛。这两种开悟，途径不一样，最后达到的境界应该也有所不同，虽然也有相通的地方，都是本心的开启，但色调或某些方面毕竟是不太一样的，后来二者思想的发展也证明了这一点。所以陈白沙、湛甘泉这一系和王阳明这一系，他们心学的特点和后来的拓展都不一样，这和他们各自老师的开悟方式的不同应该是很有关系的。而王阳明开悟的特点跟他的人生，尤其是他的身体状态是有关的。如果他身体一直很强健，他格竹子没格成也没生病，只是感到挫折，那他走的会是另外一条道路。

所以王阳明对身体特别敏感，他的学说跟这个对身体的感受是相关的。王阳明说："心不是一块血肉，凡知觉处便是心，如耳目之知视听，手足之知痛痒，此知觉便是心也。"（《传习录》，第 322 条；《王阳明全集》，133）[①] 他说手足的这种痛痒，就是心了。痛痒好像是身体的感受，但你只要有这种知觉，就是心了。他自己身体的痛痒、病痛肯定是令他很难受的，这更是心了，对心的影响更深刻。所以他要摆脱病痛，去山间修行，通过修行得到特异的能力，等等，这些对他的思想的发展也有很深刻的影响。他又说："又如知痛，必已自痛了方知痛；知寒，必已自寒了；知饥，必已自饥了：知行如何分得开？"（《传习录》，第 5 条；《王阳明全集》，4）我们还可以加一句：知病，必已自病了。我们后面会讲他的"知行合一"，现在讲的内容可以算一个引子。身体的感知以及这个感知中的价值判断、价值意识，两者分不开。

王阳明三十一岁告病归越，为了治病，入山行导引术，从而开发了他心灵的一个重要能力，就是能够预先知晓事情的发生。这确实不是一个寻常的能力。这种能力实际上让他的心逼近了物理，虽然没有打通。事情还没发生，他就知道它会发生。这说不上是他对事物的"天理"有了深切的体会，但毕竟和他格竹子根本格不出来完全不是一个境界了。他这里已经往前走了重要的一步，他和事物的关系已经有某种内在的联系了。他后来认为这还不是道，说明他对什么是道，已经有了我们所说的那种否定性的认识了。他知道这种先知还不是道，就说明他对道已经有了潜在的领悟。这个"被遗忘的名字"告诉他，这种先知的能力没什么了不起的，它还不是道本身。这些都跟他身体的状态有关。他后来想到了他的父亲和祖母，就不想出家了，"复思用

① 《传习录》引文，编号依据陈荣捷：《王阳明〈传习录〉详注集评》，上海：华东师范大学出版社，2009 年；引文内容以《王阳明全集》为准，并注明《王阳明全集》页码。

世”。然后他到了西湖边，在庙里见到了一个和尚，向他启发亲情，那和尚被启发得第二天就回家去了。人家修行了好长时间，让他给破了。所以他出入儒家道家和他的疾病是有关系的。

王阳明的身体，可以经受让他昏厥的重刑，可以经受逃离追杀中的颠沛流离。到龙场后，他的仆人都生病了，他反而不病。仆人都是惯于劳作的，身体应该比较强健，但都生病了，他还反过来照顾他们。可见他的身体有这样的特点：外在的挫折越强，他的身体就越有韧力；精神越接近真理，这副身体就越来劲儿。在龙场悟道以后，好多年再没有他的犯病记录。一直到他五十一岁时父亲去世，他才“一哭顿绝，病不能胜”，以至于“卧病”。（《王阳明全集》，1294）但他后来又养好了，五十五岁还得了儿子。他五十七岁征思田，一下子病发，来势凶猛，很快就去世。

王阳明五十岁时和一个叫陆澄（字元静）的人有好几回比较重要的通信，其中谈到养生。他写道：“区区往年盖尝毙力于此矣。后乃知养德、养身只是一事。元静所云‘真我’者，果能戒谨恐惧而专心于是，则神住、气住、精住，而仙家所谓长生久视之说，亦在其中矣。”（《王阳明全集》，1291）他说自己以前曾经尝试养生养了很久。他身体不好，又想成道，所以无论从哪个角度，他都特别专注养生，甚至连他结婚那天和道士谈的还是养生。后来他才悟到：养身和养德是一件事。对王阳明而言，这确实是真的。所以他就说：陆澄如果真的能达到他所说的“真我”，能戒谨恐惧，专心于此，那么就能够把持住、保存住神、气、精。这是道家的思路了，“仙家”就是“道家”。“长生久视”是《老子》的话，指一个人活得长，活得好，同样，家族也有长生久视的问题，国家也有这个问题。整部《老子》就是要告诉你，怎么才能长生久视，这实际上是一个时间化的历程。怎么达到这个时间化的智慧，就是道。道能帮助你经历时间的折腾而长生久视。仙家讲的长生久视就是这个意思，养生和养德就是一事。这跟道家颇有相合的地方,《老子》又叫《道德经》，德是道的表现。只是王阳明在这讲的德主要还是儒家的意思。他提到的真我、神住、气住、精住，也有些道家的色调。

王阳明的身体和他的心灵确实是相互作成的，充满了命运感。什么时候生病，什么时候不生病，既是时也命也，也和他的求道内在相关。

第三节　王阳明为学行教的阶段

通过上面的介绍，我们可以看到，王阳明的求学求道，以及他达到的精神境界，有明显的分界线，当然这也跟弟子们的记载方式有关。比如龙场悟道，这是最重要的一条界线；宸濠之乱也是一条界线。其实在此之前的格竹生病、阳明洞修炼等，也有某种指标的意义。这是王阳明自己为学。至于他引导门人弟子的学说和方法，或他立说育人这方面，也有变化的次第和阶段，不同时期强调的不一样。所以王阳明的重要弟子和传记作者们以及现当代的研究者们，往往要试图划分这些阶段，以便更有节奏感和整体感地理解王阳明的学说和人生。

最重要、最有影响的就是最早的划分，也就是他的两大弟子之一钱德洪在《刻文录叙说》中提出的著名的“学三变”“教三变”。王阳明自己求道的境界，有所谓“学三变”；他教别人或立说也有三变，所谓“教三变”：

> 先生之学凡三变，其为教也亦三变：少之时，驰骋于辞章；已而出入二氏；继乃居夷处困，豁然有得于圣贤之旨：是三变而至道也。居贵阳时，首与学者为“知行合一”之说；自滁阳后，多教学者静坐；江右以来，始单提“致良知”三字，直指本体，令学者言下有悟：是教亦三变也。(《王阳明全集》，2088)

钱德洪讲，王阳明少年的时候，“驰骋于辞章”，这是第一“变”。辞章之学主要是诗文，应该也包括考科举的八股文。王阳明很喜欢书法，作诗作文都很好。他自己还成立了诗社，在京城也颇交了一些诗文朋友。“已而出入二氏”是第二“变”。“二氏”就是佛、老，所谓“释氏”和“老氏”。比如他去阳明洞静坐，还有他和道士、佛僧的交往很多。据日本学者考证，王阳明终其一生与僧道都有交往。有一段时间这种交往特别密切而且积极，从他结婚那天去铁柱宫，到他在阳明洞修炼，再到他去九华山找蔡蓬头，等等，都是他主动去找人家交往。“居夷处困”之后是第三“变”。这是指龙场大悟之后，包不包括宸濠之变？应该是不包括，因为“夷”，是指那种荒远的地方，不过广义上也可以包括。总之，王阳明经过这三变最后达到了道。

龙场开悟以后，“知行合一”是王阳明立说、教学的第一“变”。他到滁阳督马政时，强调的教学法是静坐，收敛放心，以此来体会端倪，这是第二“变”。他到江西平叛以后，开始只提“致良知”这三个字，不那么强调静坐了，不过实际上静坐也没有完全放弃，只是随人随机灵活运用而已。这是他的学说和教育弟子的三变。

这个划分完全按时间顺序，十分好记。它以龙场悟道为中界线，所以后人对龙场悟道强调得无以复加。这是最早的，并且是由他最权威的大弟子做的划分，所以对后世的影响很大。但一看就知道，这一划分过于简单：比如他晚期“单提‘致良知’”的时候讲不讲知行合一？或者静坐，以后就不讲了吗？

后来黄宗羲做过一个七阶段的划分，跟钱德洪的有些区别，但仍然是以龙场开悟作为最重要的分界线。龙场悟道前，阳明求道的历程有三个阶段，悟道后他的学说在不同时间有不同的主题方向，又有三个阶段。黄宗羲在龙场悟道前面还加了王阳明追随朱熹“循序格物”的阶段，结果当然是“物理、吾心终判为二，无所得入”（《明儒学案》，180），是一次失败，不过也算一个重要阶段。我认为这是有道理的，有了这个阶段才能够看出他下边为什么要到道家、佛家那边去求，要去阳明洞修炼，等等。龙场悟道后面三个为教的阶段，他没有提知行合一，我觉得这是一个重大失误。知行合一非常重要，我们后面还会着重讨论。但是他在最后加了一个阶段，这个阶段是指王阳明平宸濠之乱以后，回家那几年达到了一个所谓的“化境”，也可以理解为致良知最终达到的至高境界。

在这里，黄宗羲对王阳明晚年境界的描写，比他在《明儒学案》中对陈白沙悟道以后境界的描写，或在《宋元学案》中对李侗得道以后境界的描写，更加出神入化。比如黄宗羲写他：“时时知是知非，时时无是无非，开口即得本心，更无假借凑泊，如赤日当空而万象毕照。”（《明儒学案》，180）黄宗羲说王阳明这个良知“致”到了这种地步，即碰到任何事，在任何时候，他都能够判断是善是恶、是对是错，但是同时他的心又“无是无非”。这个境界就高了。不执着于是非，但又知道是非，相当于孔子七十岁以后的境界。“开口即得本心”是说本心和显意识、潜意识完全打通，平常说话全用本心来交往，平常那种杂染的显意识已经被化开。“更无假借凑泊”是说一点都不需要用别的什么理由或其他的考虑，“从心所欲不逾矩”了。所以他的心就像太阳当空照耀，什么都照得清清楚楚。某种意义上这个阶段也有必要，王龙溪和钱德洪还有阳明后学的争论都和“四句教”有关，而这个“化境”既可以看作致良知达到的境界，又可以看作“四句教”描述的致良知的境界。黄宗羲说“时时知是知非，时时无是无非”，“四句教”第一句是“无”，后面三句是“有”，这是无和有打通的境界。而阳明后学对怎么理解这个阶段有很多争论，划分出这么一个阶段，也有它的作用，但毕竟还是钱德洪的划分更简便，影响更大，虽然比较粗略，但王阳明思想发展变化的脉络大致都有了。可以说致良知阶段包括了所谓“四句教”的境界。

陈来先生在《有无之境》第十一章主张，在教人静坐这个阶段和倡导致良知的阶段之间还有一个阶段，即“存天理，去人欲”的克治省察工夫的阶段，王阳明在那几年特别强调这个。实际上，宋儒几乎都主张通过省察，把人欲、私心克治了。但是王阳明的特殊之处在于，他发现光教静坐，有些人就把克治省察忘了，所以他才强调克治省察。可见，王阳明的教学重点实际上是在不同阶段，针对弟子们产生的不同问题提出来的，当然也跟他本人达到的精神境界有关，是这两方面共同作用的结果。陈来先生主张，静坐阶段主要是在1510年到1513年，也就是从他离开龙场的那一年到他到滁州的那一年，而他力倡致良知是在1520年，两者之间是克治省察阶段。（参见《有无之境》，300—302）

总之，这些阶段划分可以帮助我们理解王阳明的人生和思想发展，但是没有一种划分能让大家都同意。而且我一再讲了，这些阶段其实经常相互交叠，不可以截然分开。例如日本学者比较强调王阳明从始至终对佛老都很关注、很喜欢，从来没有完全超越它们，但是也从来没有完全认同它们。王阳明一直就是这个态度，直到他临死前，在他征思田那个阶段，还去看佛庙、道观，充满兴趣和情感。另外，在致良知阶段他不讲知行合一吗？也不是，只是不再作为主要的口号来讲，因为知行合一理解起来确实是最困难、最违背常情的。所以他讲致良知，致良知里头既含有知行合一的意思，大家又都能听懂，所以就不讲知行合一了。但后来他发现致良知又显得太容易了，别人觉得致良知太容易理解，不当回事，所以他又要说：我这“致良知”三个字是从百死千难中悟出来，怎么你们一口就说尽了？可见太容易了也不行。他的教法和他自己的体验都有各种各样的问题出现，因此才要提出致良知来解决。

第四节　王阳明悟道的特点

相比于其他宋明儒者，比如最著名的周敦颐、二程、朱熹、陆象山、湛甘泉等等，王阳明的悟道经验特别突出明显，甚至成了一个触目的事件——龙场悟道。其他的学者好像不是太明显，或者记载得比较简略。比如关于周敦颐的记载就太简略了，他什么时候悟道的？二程的父亲程珦跟他一接触，就觉得这人悟了道，所以让他的两个儿子跟着他学。周敦颐身上肯定是有过一个质变，不一定天生就这样，可是我们不清楚是在什么时候。二程刚跟周敦颐接触的那段经历对他们很重要，他们后来反复回忆，周敦颐给他们人格上的影响、志向上的升华，让他们连科举都不想去考。某种意义上，这也是一次开悟。大程说，从周敦颐那儿回来的时候，"吟风弄月以归"（《二程集》，59），他们当时肯定是有所触动、有所启发，但具体是怎么悟道的？或者有没有悟道？这还是问题。大程看来肯定是有，小程我不敢说，也可能有。朱熹呢？朱熹肯定没有这样明显的悟道，但不能说朱熹完全没有，他的"读书法"就可以看作一种渐进的悟道。贺麟先生在《宋儒的思想方法》这篇文章中把宋儒的直觉法分成两种：一种是陆象山"顿悟"式的直觉；另一种就是朱熹这样的，在他的读书法中体现出来的虚心涵泳、切己体察，可视为一种悠游从容、不断浸润进去的悟道方法。（参见《近代唯心论简释》，69—93）但他肯定没有像王阳明这种事件（event）式的悟道。我们也不知道陆象山什么时候悟的道，虽然他强调的是顿悟、直观、直觉。在这一点上王阳明非常突出，他有一个标志性的悟道事件。

而相比于有明显的悟道经验的儒者，比如李延平、陈白沙等，王阳明的悟道跟他们的悟道区别在哪儿呢？可以看出，王阳明的悟道以动态、跌宕以及与自己的人生边缘体验相融合等特点而与其他人区别开来。那两位先生，是在外有所体会，然后回到家乡闭门多年，就在自己家或什么安静的环境里静坐、悟道，最后确实有一个飞跃。但是王阳明的特点在于他这个悟道是"动"的，和他的人生经历密切相关。我们一再分析了，他在龙场之前有那么多体验，为他这次悟道做了铺垫。

另外，和佛教特别是禅宗高僧，比如惠能的开悟经验相比，王阳明的悟道具有明确、自觉的儒家“格物致知”的导向，这是他区别于前者的特点。惠能有几次开悟，初听《金刚经》就有开悟，五祖带他读《金刚经》那天夜里，他又有一次开悟。但是他的开悟完全是佛教性质的，跟儒家的学说不一样。佛教后来有无数像惠能这样有过悟道体验的禅师，他们的悟道体验也和王阳明的悟道体验共享一些特点。下面我们分别进行讨论。

一、前两个特点：动静、主动被动的交织——发生现象学分析

王阳明的悟道（主要是龙场之悟，某种意义上也包括“‘后宸变’之悟”）有四个特点，这一节我们先讲一讲前两个特点。

第一个特点：动静交替与互补。宋明儒者里，有这种特点的悟道还不太多，但是在禅宗里，有这个特点的不少，因为禅宗就是反对只坐禅。在王阳明的悟道中，无论是悟道前的准备和铺垫，还是悟道的实现过程以及后来的拓展，比如他从悟得的道中所提出的学说，可以看到有这种动静交替和互补。举例来说，在他悟道前的铺垫经历中，他格竹子是静，顺着朱熹循序致精的读书法求道是动；他入山练导引术是静，之后“复思用世”是动；他因直言入监坐狱是静，受刑赴黔是动；甚至道士给他算的《明夷》卦，也是上坤下离，上静下动；这些都是在他悟道之前的重要经历。在龙场，他“日夜端居澄默”是静，劈柴取水、唱歌诙笑是动。这时马上就要开悟了，也是有动有静。他的开悟经历本身也是有静有动：“中夜寤寐”是静，“若有人语之者，不觉呼跃”是动。不像释迦牟尼悟道，一直都是静的，坐在树下几天几夜，最后已经不想回到这个世界上来了。按佛家的记载，各种神、佛都来劝他要入世，他才慢慢地站起来去传法。而王阳明这个开悟本身有静的一面，又有极度兴奋、呼叫的一面。他后来倡知行合一之说，其中“知”可以看作是静，“行”可以看作是动。而他的整个知行合一

学说可以看作是有动态感的；后来和诸生静坐僧寺，这又是静。他最后的致良知学说里面也是有静有动："良知"可以理解为静；"致良知"是把良知推广到极致，这又是动。所以王阳明认为"致良知"最没有弊端，动静像圆环一样，哪里都有动，哪里也都有静，静中有动，动中有静，所以成为阳明学说的"正法眼藏"。

动静对于王阳明来说，就好比周敦颐说的那种"神"的状态。周敦颐在《通书·动静》这一节描写了两种不同的动静："动而无静，静而无动，物也。动而无动，静而无静，神也。动而无动，静而无静，非不动不静也。物则不通，神妙万物。"（《周敦颐集》，26）

第一种动静没有什么稀罕的，实际上是对象化的物的运动。动的时候就不是静，静的时候就不是动，这也是我们一般的理解。第二种是真正神妙的运动，动里边有静，静里边有动。所谓"神妙万物"的"神"有点像《易传》里所讲的"阴阳不测之谓神"，"神"这个状态是动静交织、动静互补的，用王阳明自己的话来说就是："心无动静者也，故君子之学，其静也常觉，而未尝无也，故常应常寂，动静皆有事焉，是之谓集义。集义故能无祗悔。所谓'动亦定，静亦定'者也。"（《王阳明全集》，1289）

真正的本心，不可说它动，也不可说它静；或者既要说它动，又要说它静。只有无分动静，才能达到孟子说的"集义"。不管是动还是静，都是定、入定、三昧，所以真正的本性显露之后，你的生活时时刻刻都是入定的。什么叫入定?《瑜伽经》的入定太高妙，离生活很远。其实我们生活中处处都有入定，很多人应该都曾经有过浅层的入定。比如被一件事完全吸引，在其中感到极大的愉悦。比如听音乐完全被吸引，完全出神；或者看一本小说达到忘乎所以的程度。我年轻的时候看托尔斯泰、金庸的小说，就是根本放不下，读到昏天黑地。到了这种状态，你的本心不论从事什么，并不是光不动心，而是你的心和吸引你的对象完全打成一片，融为一体，你的心就不往别处动，全在这儿。这种“定”很浅薄，但我们每个人都体验过这种状态，并不是那么高不可攀。只不过王阳明因为悟得通彻，所以他的生活中这种定的状态出现得多，在并不是那么艺术化、情节化或机遇化的时候，它也能出现，任何时候都可以是风云际会的。

“动亦定，静亦定”出自大程，记在朱熹和吕祖谦编的《近思录》中：“明道先生曰：‘所谓定者，动亦定，静亦定，无将迎，无内外。’”①程颢还是蛮有心学体验的。所以在王阳明的悟道中，所谓动静，从外在看是交替出现的，从内在看是互为补充的。

第二个特点：主动和被动交织的非对象化意向构成。这里涉及胡塞尔后期的发生现象学，发生现象学就是把被动的一面显示出来了。意向性的构成中，还有被动的一面，并且很重要。所谓“被动”，恰恰是最自发的。在龙场悟道中，王阳明打通了心和理。在此之前这个问题困扰了他多年：心和物理总是分为两截，他两次求道失败都是因为这个问题。到龙场悟道，终于把这个打通了，但是这个悟道却不是由他的意愿主动实现的。他想打通，但费了多少年就是打不通，用了一切能想到的办法，无论是儒家还是道家的，一直不见大成效。甚至他有了先知之能后，还是意识到那不是道。最后他悟道的体验，它的实现，和我要抬起我的右手这么一个意向活动，是不一样的。如果我是个健康的人，我抬起右手是可以由我来控制的；我要挪动那张桌子，我也可以做到；我要享受一顿美餐，某种情况下也能做到。这些和我要实现“心与理一”这么一个道德境界，是不一样的。实现这样一个境界，你能靠意愿吗？当然，你能够意愿，你可以向往它，王阳明就一直在向往它，但是它的出现不由你控制。这跟你想抬起你的右手就能抬起来的那种意向活动不一样。虽然最终它也是一种广义的意向活动，但是它是一种特殊的意向活动，难就难在这儿。前边我们讲王阳

① 叶采：《近思录集解》，北京：中华书局，2017年，第41页。

明身体和悟道关系的时候，提及他因格竹子失败而生病，这个病痛向他揭示了悟道不是什么。悟道是什么他一直没直接体验到，但是悟道不是什么，他倒痛切地体验到了。他知道格竹子格了半天没格成，他知道山里修道修了半天，有了各种特异功能但还是没有悟道。所以他生病也不是白生病，生病里头也有某种知。问题是那时候没人给他一个正确的东西，要靠他自己来最后得到它，忽然完全想起这个久被遗忘的本心或道是什么。在这个意义上，我们已经潜在地知道“心与理一”这么一个悟道的境界是什么，但是找不到它，呼它不出来，于是只能放弃一味主动的追求。

后来王阳明教诲他的弟子，首先要立志，要当圣人，把他人生的这些体验传给学生们，很了不起，这是王国维讲的第一个境界。你没有一个志向，庸庸碌碌，随波逐流，肯定悟不了道。但是光有志向也不行，光在里头追求还不够。在里头遇到挫折，你就形成了否定性的对悟道的知解，知道它不是什么，但它是什么，你是没法靠主动的寻求和意愿的加强来实现的。那应该怎么做？这时候所谓“被动”的重要性就体现出来了。恰恰是要平息欲念和意愿，不但是生活里的欲念，甚至是求道的欲念本身，你也要把它平息下来，要不然它就是障道因缘，不但不帮助你，还会阻碍你。你日思夜想不一定能想起它来，越去想越想不起来。就像一个忘了的名字，你使劲想，偏偏想不起来。也不是说你要完全忘了求道，实心做个俗人，而是说不去主动想它了，但还和它保持某种非对象化的联系，在某种意义上还牵念着它。王阳明就是这样，据《年谱》记载，他说：“吾惟俟命而已！”这个“命”可以理解为生死的关怀：刘瑾派的刺客什么时候来？会不会来？这些都不确定，所以他要等。这只是一个解释，其实还有更多解释。这生死之念也包括他的悟道，包括他要达到“心与理一”的境界这个目的，对此他也采取了等的态度。或者那时候他根本想不到这么清楚，只是把它暂时放一边，实际上这个所谓的“命”里头同时包含了他个人的生命和他所追求的道的生命，两者不分了。所以他就等待这个命运来临，不去主动寻求了。

这是求道体验中最后很关键的被动体验。于是王阳明“日夜端居澄默，以求静一；久之，胸中洒洒”。这是静坐，但又不是一般意义上的静坐，比如陈白沙等人的静坐。他这个静坐里头就有被动的一面，所谓“俟命而已”。所以他动的一面和静的一面实际上在“端居澄默”中都有，动的融到了静的里头。把心中的观念、担忧、执着，包括对求道的执着，都放在一边了。他临开悟之前的被动经验和他的求道之心的关系这个问题，没什么人讨论，但我觉得很重要的。詹姆士在《宗教经验之种种》里讲到神秘主义体验，认为被动性非常重要。神秘体验的出现，完全不受当事人的控制，所以其中肯定有一个被动的层面。它一定要在被动中出现，光去主动寻求是不够的，但是不寻求，一般也不行。所以王阳明的体验就很需要被动、等待。用现象学的分析来讲，这种真正悟道的体验，它的意向构成，它的结构，肯定不是对象化的。我要抬起我的右手，我要去拿一只杯子，这都是对象化的意向体验。所谓“主动的意向体验”，是指我的意向行为构成相应的意向对象，比如看这本书这个意向行为激活和统握了相关的感觉材料，从而构造出了这么一本书，所以我看这本书的时候，从来不是只看到它对我呈现的这个映射面，而是已经看到了它整个的可能。也就是说，我可以转到它后面去看见它的背面，可以把它拿起来看到它的里边、下边，而那些是我现在还看不到的东西，但其实它们都在我现在这个看里边隐藏着了。为什么能够这样？因为我的意向经验发生在权能场里，在一个由内时间意识流不断地积淀、构造，由被动综合匿名构成的权能场、意向场或者感觉材料场里。这些感觉材料，并不完全是当下由感官提供的。当然当下的感官给了必要的刺激引发，使得我能够“发而中节”，一下子统握住材料而且总是能统握成一个意向对象，而这个意向对象里边潜藏着其他的面向。

“统握”，德文是 Auffassung，倪梁康先生翻译成“立义”。感觉材料被意向行为统握成意向对象，根据胡塞尔前期或者中期的看法，这个意向行为是发生在显意识里的，而且我的主动意向是可以决定它、影响它的。问题是悟道经验也需要感觉材料。王阳明的生活体验给他准备了各种各样的材料，而为他这次悟道准备的这些材料，正面的、反面的都有，多半是边缘化的，如生死边缘的经历、人生各种各样的磨炼等等，还包括他求道的体验、静坐的体验，失败的、成功的都有。问题是立义或统握怎么发生？我们刚才说了，它是不能仅仅由显意识中的意向行为来进行的，你这样去统握，统握不出道，统握出的是别的东西。王明阳以前的失败就意味着他没统握出道来。他格竹子费尽了心机，那是比较主动的意向。他想要通过格竹子，把那几天感受到的经验，作为材料积淀在他的意识中，然后以某种方式豁然贯通，像朱子在《大学章句》讲的那一段：“至于用力之久，而一旦豁然贯通焉，则众物之表里精粗无不到，而吾心之全体大用无不明矣。”（《四书章句集注》，7）他就追求这种境界，问题是它老不出现，统握不出来。

但是这次怎么就出来了？这个统握是怎么发生的？可以肯定这个统握不是显意识中的，这个得排除。尽管它不是显意识这种意向行为，但它毕竟还得是某种意向行为，所以我把这种能够引起悟道的意向行为叫作非对象化的意向构成或意向行为。这种行为不由人控制，是非我的。用佛家的话讲，这个地方是无我的。虽然跟“我”也不是完全没关系，但关键是它是非对象化的、匿名的。你不知道它什么时候发生，它要来的时候它就来了，它要走就走。这种意向构成不是对象化的，不像我们平日的知觉、想象，乃至爱恶情感，而是非对象化的际会。换句话说，尽管王阳明的潜意识中已经有了他的生活乃至他的真诚追求和正负经历所积淀出的相关材料，但是能够统握或立义这些材料的意向行为却不能出自他的意愿或任何意义上的主动意向，而只能出自那种不服从任何“根据律”的、触机而发的非对象化的意向行为。按照胡塞尔的静态现象学，意向性或意向行为、意识行为一定是对象化的——“意识就是对某物的意识”。但胡塞尔后期看到内时间之流的被动综合作用的根本性，实际上是以某种方式承认了所谓的“无我的”和非对象化的意向构成，有时候他也将它称为前意向性，但后来他认为这是非对象化、非判断的、匿名的意向构成。

总之，构成悟道体验的意向统握不是主动意向，似乎也不是完全的被动意向，即那种只在潜意识中构造权能场和感觉材料的被动综合。被动综合一直在我们的意识中进行，但只有很少的人才能悟道，所以光靠被动综合也不行。应该是主动和被动的意向交织、交融的“忽然意向”，它是带有时间性的，忽然就出现了。怎么理解这个忽然意向或者忽然的意向行为？它是一种非对象化的、涵括内时间权能性的“匿名”的统握、立义或者意向行为。它也是立义，但不是主动的，也不是完全被动的。在此，一种潜行的、跟内时间的权能场有关的非对象化的立义、统握出现了。所以前面的追求是有意义的，但是一定要经过被动综合和权能场这样一种完全非对象化、消对象化的孕育过程。悟道体验最后能不能出现也是不确定的。比如足球赛，影响胜负的不确定因素很多：明星运动员状态怎么样，赛前睡没睡好，跟他女朋友吵没吵架，等等，这些因素都会对结果有影响。一支好的球队也可能遭遇灾难性的失败，一支不太好的球队也可能赢得辉煌的胜利。因为有这个非对象化的潜伏酝酿过程，你做的所有努力都被积淀着，最后才能应机再生出来。耶稣被钉在十字架上，三天以后能不能复活？这三天他是死了，死在了非对象化的权能场里，但还能不能再现？还有没有 Resurrection（复活）？不一定。所以是王阳明的精神、经历，乃至他最后的幸运，才导致悟道的发生。龙场大悟肯定是真悟道，要不然他后来思想发展中的好多东西无法理解。这里确实出现了一次重大的升华、精神的跃迁，他进入了一种出神的、忘掉其他一切的状态。

这就是无我的、非对象化的意向性构成。胡塞尔晚年的一些说法中能够看到这个东西，但他没具体说到这种经验，而只是提出所谓先验的还原。他以前讲到现象学的还原、本质的还原，到晚年提出先验的还原。把所有的存在设定，一切的一切，包括你自己，也就是“我”的存在的设定统统悬置起来，这叫先验的还原。不光是对物理对象的存在设定的悬置，而是说把“我”也放进去，最后他认为由此会导致一种精神上的转向和重生。胡塞尔也有宗教背景，他们家是犹太人，但是他后来转信了基督教。他比较倾向自由主义，他的信教和哲学是能分得开的，但毕竟他有宗教背景。所以他讲到先验还原导致人的精神的转向、新生，以及一种新的习性（Habitualität，Habitus），即先验习性（不是后天习性）的形成。习性就是权能场的一种体现，但由于这是一种先验的习性，因此它是通过先验还原形成的。如果真能实行先验还原，那就是一次悟道，实行这个还原的人就进入一种新的人生境界，由此而获得一种新的习性——先验的习性。他讲的先验习性的形成就是王阳明在悟道中说的对“吾性自足”的自觉。倪梁康先生在《胡塞尔现象学概念通释》的“现象学-心理学的还原”条目中讲道：

> “超越论现象学的还原”……意味着一种新的习性的形成以及对这个习性的坚持……对于具有超越论习性的现象学家来说，“作为现存有效的判断基础的世界万物”的“完全不存在”……是指对世界万物之存在的重新发现，即发现它们只是在意识中被构造出来的东西。[①]

这是倪梁康先生对胡塞尔这一思想的总结，他说的“超越论”，其实就是“先验”，只是翻译的不同。你体验到的这些东西都不是你原

① 倪梁康：《胡塞尔现象学概念通释》，北京：商务印书馆，2016 年，第 430 页。

来想的那个存在，那王阳明在先验习性，即所谓开悟体验中认识到了什么？真正认识到——不光是通过理性，也是通过直觉，是真正相信——这些都是在我的意识中构造出来的东西。唯识宗所谓的“万法唯识”，在胡塞尔这儿以他西方的现象学的方式被实现出来。王阳明开悟的时候马上说了一句“吾性自足”，以前去事物上求理，错了。什么叫吾性自足？万事万物的理其实都是跟我的本性内在相关，甚至就是由我的本性构造出来的，这叫吾性自足。

总之，在龙场的情境中王阳明已经有了某种意义上的先验还原，这种还原是由他的生死情境，他身处的危难困境，以及那种被海德格尔称为“朝死的存在”的生存状态所造就的。还有海德格尔讲的那个“良知声音”的出现，以及对它的充分领悟，或许就是悟道体验的涌出，“吾性自足”的自信成真，是实实在在地在他“俟命”的被动和主动交汇的等待中不期然而然地忽然来临的，所以《年谱》记载“忽中夜大悟格物致知之旨”。这次悟道体验作为潜意识和显意识的充分沟通以及对这种沟通的保持，有着根本的时间性或时机化（Zeitigung）的特性。它不受人控制，但又不是跟人无关。因为时机化就是意识本身的本性，它不离人的意识却不受人的显意识或对象化意向活动的主导，它有自己的成长经历或被动综合的经历，有自己的成熟的时机或非对象化的意向构成的形成，以及某种意义上自主的灵魂。换句话说，这个悟道体验有自己的灵魂，它出现以后有声音，王阳明好像听到了别人对他说话的声音。其实这个声音就是他的意识，但是已经不由他控制，可见这个体验本身有它自己的灵魂。所以这种体验不是任何意义上的对象，不管是实体的对象，还是规则化、观念化的对象，而是对人与世界或心与物理的原关系的充分领会，在这个新领会或新的视野中，心与物理、知与行就不再是主客、物我、心身的“终判为二”的疏离关系了，而是所谓“心即理”或“知行合一”的境域化的内在关联的关系，两者互感互融、发而中节，随着不同时机就能发出来。

二、第三个特点：情与理、后天与先天一体——人类婴儿、《瘗旅文》

第三个特点：情（后天）与理（先天）一体，全情即全理，后天与先天交融。佛家、道家的体验往往要把人间的感情都去除，而且要去除干净，开悟才能出现。王阳明的体验则不是这样，亲情尤其是孝亲之情几次转变了王阳明的人生道路，而且我们还要认识到，这种孝爱之心对王阳明的悟道体验也有贡献。

王阳明在阳明洞行导引术时差一点就离世出家，当时他三十一岁。《年谱》记载："已而静久，思离世远去"（《王阳明全集》，1231）。他在恒久的静坐中获得了内在的卓越的意识能力，虽然后来他认识到这个能力还不是道，但当时他肯定很被打动、吸引，再往下追求就能得到更出色的意识境界，那就是道，是他一直追求的东西。所以他要离世远去，专注于求道。就在这关头处，孝亲之念留住了他，而且由此有了一次开悟，我叫它"前龙场开悟"，或者说是一次小开悟，龙场那次是大悟。《年谱》记载："惟祖母岑与龙山公在念，因循未决。"（《王阳明全集》，1231）下了决心要离世求道，但放不下祖母和父亲，所以很犹豫。佛家、道家那些求道的人都会经历这个，谁心里头都有亲人，但是到关键时刻，有些人能斩断亲情，掉头而去，回来之后已经开悟了，是来拯救他的家人的，就像释迦牟尼那样。王阳明没走出那步，他失败了吗？不是。这就是儒家和佛家、道家的不同之处：他悟道了，但他的情没去干净。"久之，又忽悟曰：'此念生于孩提。此念可去，是断灭种性矣。'"（《王阳明全集》，1231）"此念"就是念他的祖母和父亲，这个念从他很小的时候就有了，这个念如果可去，就是断灭种性。所以这个念不能去，这个念就是情，就是亲情。王阳明从小就要做"人生第一等事"，照理说他在这种关头应该能下得了手，去追求最高的卓越，可是他下不了手。他觉得他要是下了这个手，他当时是痛快了，甚至随后也能悟道，但是他直觉里感悟到，这样做会使他的心这辈子也安不了。王阳明非常敏感，这个念不是光后天的，他所谓的“孩提”代表先天、后天交织的状态，罗近溪后来称之为“赤子之心”。如果把它砍了，不是光砍了后天的经历，人性中先天的东西也会受伤。

耿宁先生正确地辨识出了这个“种性”的佛教来源，即“在第八识（最深的心识，“种子识”）中原初存在的（“天生的”）向善之秉性（“种子”）”（《人生第一等事》，105，注释3），也就是阿赖耶识中的无漏种因或无漏法因。这些都是王阳明非常熟悉的，但更重要的是，他把“种性”儒家化了。阿赖耶识可善可恶，像一道瀑流一样流淌，这和胡塞尔讲的内时间意识很相似。刹那生灭，从对象化角度看，它是灭了，但是从功能的角度看——或者用现象学的话来说，从意向的角度看——它是连续的。它里面有一些是有漏种子，被欲望、无明杂染了，但里边也有无漏种子。这么深刻的意识，它当然有无漏的一面，有那种能够使我们非对象化地、无执着地领会世界、人生的意识功能。整个唯识宗就是要通过修行，使无漏种因得到熏染、成熟和呈现，同时克治那些有漏的种因和熏染，最后修成正果。阿赖耶识被清洗成干净、纯真、纯粹的意识，最后达到开悟。王阳明认为无漏种因恰恰是孝亲的一念，把它归结为孝亲意识或亲亲意识、亲情意识。这确实很深刻，他为什么提到“生于孩提”？别的宗教一般不太关注婴儿期怎么样、童年期怎么样。而王阳明就注意到这点，而且他后来举的一些例子也是跟孩子有关，当然这也是从《孟子》来的。

我觉得这跟人类学中人类的意识形成和我们的孩子的出生和发育情况是直接相关的。二十世纪人类学的一个重要发现，就是我们这种人出生的时候，即在所谓的“孩提”阶段（按我的理解，它还包括婴儿期），相比其他哺乳类乃至灵长类，是极度不成熟的。为什么？我们的婴儿出生时连翻身都不会，它的大脑根本没发育成熟，囟门是软的，颅骨都没闭合，极其脆弱。如果把刚出生的孩子放在那儿，没人照顾它、没人跟它呼应，时间长了，它可能自己就死去了。美国有一个时期曾经推荐母亲和孩子分开睡，晚上把婴儿放在另外一间房间睡。后来多次出现不幸的事故，孩子睡着睡着，在半夜就死去了。因为它的神经功能没发育完全，调节呼吸的功能也不健全。我们人类几千年、几万年以来，孩子都是跟母亲一起睡，母亲夜里还起来给它喂奶。但是美国有些科学家认为这样会影响母亲的睡眠，对母亲的身体不好，也影响奶水的分泌。可是他们后来发现母亲和孩子在晚上睡着的状态下也是有互动的，他们能感受到对方的呼吸和存在，所以在这种情况下孩子发生突然死亡的概率极小。它和母亲实际上是连成一体的，表面的脐带切断了，但实际的联系还在。他们在睡梦中也是互相影响的。那这样他们就睡得不好吗？也没有吧，母亲第二天早上醒来也很精神，她不一定要睡得那么死，她一样可能睡得好，甚至更好。

我们的婴儿出生时为什么会是这样？人类学家发现，这和人类直立行走有关。直立是一个重大变化，它使我们承受重力的方向改变了，影响到人类胯骨的结构，使得女性的产道受到局限。如果产道比较宽，胯骨下部就得大，人就站不稳，也走不好，所以产道必须变窄。而且人类直立以后，双手解放了，可以干别的事情，刺激了大脑发育，所以人类的头变得越来越大。于是孩子的出生变得非常困难，所以在剖腹产出现之前，人类的难产一直是一个大问题。这种生理结构逼迫人类婴儿要在发育极不成熟的情况下出生。别的哺乳动物生产就轻松得多，所以幼兽一出生就已经很成熟了。你看草原上的小斑马，刚出生十几分钟，它妈妈舔它一会儿，它就站起来了，再过一会儿就跑得飞快。它不这样的话，狮子、野狗就会来吃它了。人类就不行，我们的孩子生出来时是那样脆弱，所以它极度需要父母或成人的照顾，这样，孩子与父母或抚养人的关系就既是先天的又是后天的。而其他哺乳动物，比如小斑马在它妈妈肚子里的时候，你可以说它们的关系是先天的；等它一出生，它就能跑了，这时候这关系就是后天的了。人类不是这样，人类婴儿在它还应该在妈妈子宫里继续发育的时候就已经被生出来了，所以孩子的胎儿充分发育期（先天时间）和它出生后与父母、家庭一起共同生活的时间（后天时间）重叠在一起了，先天和后天不分。人类孩子是这样成长起来的，所以人类的亲情不光是后天的，婴儿的人性还在形成之中，它的脑结构、它的意识和它感受人生意义的方式肯定与它的亲情关系极其相关。所以这个亲情之念就是去不了，不然就是断灭种性。

人类的意识之所以如此强大，也跟这个特点有关系。我们的意识是后天、先天一起发展的，我们和亲人、早期看护我们的人、爱我们的人的关系，是一种原发的、与内时间意识交织在一起的塑造、构造的过程，所以这种亲情之念和内时间意识与人的意识本性是密不可分的。在这一点上，我觉得王阳明讲得对，也合乎二十世纪人类学的这些新发现。现在西方的社会潮流和它的人类学、心理学、教育学的研究是背道而驰的。社会上个人主义越来越泛滥，父母好像只是一个生养工具而已，可是现在的人类学、认知科学的发展，发现人类早期家庭经验极其重要，对每个孩子都有终身的影响，尤其是最初几年，对孩子的性格、命运都特别关键。所以这种情和我们的性是分不开的。在阳明的悟道体验中，在那么深刻的意识体验中，情也没有完全退场，而是被升华了。

所以，在龙场悟道中也隐含着亲情因子，比如他说“惟生死一念尚觉未化”，这个“生死一念”和之前说的“惟祖母与父亲在念”，这两个“念”有某种联系。首先，它们都是在还原掉其他念头之后剩下的唯一之念；其次，“生死一念”不仅是王阳明对自己的生死执念，也必含有对他的至亲之人，也就是他的祖母、父亲、妻儿的挂念。这一点从他在阳明洞的那次“小开悟”和亲情在他一生中所占据的地位可以看出来，这个挂念从来没有中止。当然，从另一角度看，这两个“念”也有区别。“亲人念”在那次“小开悟”中被肯定了，而“生死念”在这次“大开悟”中最终被化开了——我不愿意说生死之念被克服了，更愿意说它被化解了。这表明王阳明这次悟道达到了更深透无碍的境界，以至于亲情牵扯虽然仍然存活在本心中，但是却被升华，或者说被统握为非对象化的形态了。碰到时机合适之时，还会再次爆发，比如后来他父亲生病。他当时正统兵要出征平叛，得知父亲生病他就想离开军队去看父亲，连他的弟子都劝他别去，但他一定要去，正在这时候消息传来，说他父亲好了，他才没回家。事后他还与学生讨论为什么都不让他回家，有一个很聪明的弟子问：您是不是对孝亲太执着，太对象化了？为国尽忠也是一种孝，所谓“移孝作忠”。可是王阳明说，他这个念是没法去掉的，当时让他去那样升华，他做不到。他这个念就是这样，这已经是他开悟很多年以后的事情了。所以我们说他的“亲人念”是被升华了，“生死念”是被真正化解掉了。

另外，《传习录》一开篇徐爱问王阳明对《大学》古本和今本（今本就是程朱改过的本子，王阳明坚持古本，就是《礼记》中原来的本子）的看法。（《传习录》，第1条；《王阳明全集》，2）朱熹说这个本子有错简，有残缺，他给重排了，而且还加了很重要的“格物致知”那一段。三纲领中的“亲民”，程朱说应该作“新民”，他们也有一番道理，也有文本上的依据，因为后面有“苟日新，日日新，又日新”（《四书章句集注》，5）等说法。但王阳明认为不对，他几次讨论这个问题，而且后来还重刻了古本《大学》，并且写了一篇序。除了文本上的依据，他这样做应该还有一个背景：他不愿意让这个“亲”被“新”掉。“新”里面虽然也有“亲”，但是这个“亲”已被遮盖了。所以王阳明给出“亲亲”的理由，孟子、孔子乃至儒家的根本就在这儿，所以把“亲亲”放在三纲领里非常合适，而且在后面的文本上也不是没有依据。这表明，王阳明的开悟和亲情的关系也投影在他的学说上。

王阳明开悟后的第二年，即正德四年（1509年），三十八岁的王阳明写了一篇文章，在这篇文章里我们看到，他的“情”不仅没有减少，反倒更加充沛。道家和佛家经常说，一个人开悟以后，七情六欲应该都断了。但是儒家的开悟，王阳明的开悟不是这样的。这篇文章被收入《古文观止》，大家可能比较熟悉，叫《瘗旅文》，描述的是王阳明自己在龙场的一次经历。文章篇幅不长，但非常感人，打动了无数读者。从这篇文章中可以看到，王阳明根本不是开悟后就没有了人际真情，成了完全超越人生遭遇关怀的道学先生，或者是一位宗教创立者，好像这些人可以超越人世似的。王阳明反而对人间的那些小人物，对跟他自己表面上没关系、完全匿名的他者的悲惨遭遇，有深入骨髓的同情。同时，也正是因为那些人的悲惨遭遇与他自己的身世包括亲情发生共鸣，他才能写出这篇文章。他开悟以后，也是一位对"陷入世间不幸"的人充满同情的大慈大悲者，当然同时也带有一种深邃的反思力以及超越苦难、在黑暗人生中追求另类光明的能力。我们看一下这篇文章：

> 维正德四年秋月三日，有吏目云自京来者，不知其名氏。携一子一仆，将之任，过龙场，投宿土苗家。予从篱落间望见之，阴雨昏黑，欲就问讯北来事，不果。明早，遣人觇之，已行矣。薄午，有人自蜈蚣坡来，云一老人死坡下，傍两人哭之哀。予曰："此必吏目死矣。伤哉！"薄暮复有人来，云："城（引者按：当作"坡"）下死者二人，傍一人坐叹。"询其状，则其子又死矣。明日复有人来，云："见坡下积尸三焉。"则其仆又死矣。呜呼伤哉！念其暴骨无主，将二童子持畚锸，往瘗之，二童子有难色然。予曰："噫！吾与尔犹彼也。"二童悯然涕下，请往。就其傍山麓为三坎埋之。又以只鸡饭三盂，嗟吁涕洟而告之。曰：
>
> 呜呼伤哉！繄何人？繄何人？吾龙场驿丞余姚王守仁也。吾与尔皆中土之产，吾不知尔郡邑，尔乌为乎来为兹山之鬼乎？古者重去其乡，游宦不逾千里。吾以窜逐而来此，宜也，尔亦何辜

乎？闻尔官，吏目耳，俸不能五斗，尔率妻子躬耕，可有也，乌为乎以五斗而易尔七尺之躯？又不足，而益以尔子与仆乎？呜呼伤哉！尔诚恋兹五斗而来，则宜欣然就道，乌为乎吾昨望见尔容蹙然，盖不任其忧者？夫冲冒雾露，扳援崖壁，行万峰之顶，饥渴劳顿，筋骨疲惫，而又瘴疠侵其外，忧郁攻其中，其能以无死乎？吾固知尔之必死，然不谓若是其速，又不谓尔子尔仆亦遽尔奄忽也。皆尔自取，谓之何哉！吾念尔三骨之无依而来瘗尔，乃使吾有无穷之怆也，呜呼痛哉！纵不尔瘗，幽崖之狐成群，阴壑之虺如车轮，亦必能葬尔于腹，不致久暴露尔。尔既已无知，然吾何能为心乎？自吾去父母乡国而来此，二年矣，历瘴毒而苟能自全，以吾未尝一日之戚戚也。今悲伤若此，是吾为尔者重而自为者轻也。吾不宜复为尔悲矣，吾为尔歌，尔听之。歌曰：

连峰际天兮，飞鸟不通；游子怀乡兮，莫知西东。莫知西东兮，维天则同。异域殊方兮，环海之中；达观随寓兮，奚必予宫？魂兮魂兮，无悲以恫！

又歌以慰之，曰：

与尔皆乡土之离兮，蛮之人言语不相知兮。性命不可期，吾苟死于兹兮，率尔子仆来从予兮。吾与尔遨以嬉兮，骖紫彪而乘文螭兮，登望故乡而嘘唏兮！吾苟获生归兮，尔子尔仆尚尔随兮，无以无侣悲兮。道傍之冢累累兮，多中土之流离兮，相与呼啸而徘徊兮。飧风饮露，无尔饥兮；朝友麋鹿，暮猿与栖兮。尔安尔居兮，无为厉于兹墟兮！（《王阳明全集》，997—998）

这篇《瘗旅文》一开篇就是昏黑、陌异和悲惨的景象。一个“不知其名氏”的小官吏（“吏目”）带着儿子和仆人在阴雨昏黑的时候投宿于龙场一户苗族人家中。王阳明第二天一早派人去问询，但他们已经上路了。从中午开始，噩耗不断传来，老人、儿子和仆人一一死于山中。王阳明可怜他们的尸骨暴露荒野，就约了两个少年去埋葬他们。文章中写成“童子”，实际上可以理解为王阳明仆人中比较年轻的两个人。这两个少年刚开始不愿意去，这是很可以理解的。死者是完全不认识的陌生人，死得这么突然，会不会有传染病也不知道，而且到荒山野岭去埋尸体，也显得不吉利。王阳明没有用道德伦理的教条去要求他们，他这时的处理方式就是一次“致良知”，是他后来提出的“致良知”的一个案例，完全出于他的本性，也可以说是出于良知。他说：“唉！我与你们，跟他们有什么不同呢。”（“嘻！吾与尔犹彼也。”）王阳明当时心里一定很难过、很悲哀，他就是一句感慨，一点责备都没有。这太可以理解了，其实王阳明也是在感伤不知道自己能活多久。两个少年就被王阳明这么一句话打动，怜悯地淌下眼泪，这两个孩子的良知被唤醒了，愿意和王阳明同去。

王阳明带着他们将那三个人埋了，还拿了一只鸡和三碗饭放在新坟前面祭奠他们，一边叹息一边流泪，在坟前诉说了一番，最后还唱了一首歌。王阳明说道：外在的环境不好，昨天看到他——那个死去的长者——满面愁容，心情也不好，这可能就是他的死因。（现在这个时代，人们很难感受到环境对人的重要性了，但是我小时候还能感受到这种力量。人处在那种荒凉环境里，好像离开熟悉的文明世界几千年，也不知道什么时候能回去，加上碰到不利的身体条件和遭遇，便一个一个地死去，是可以理解的。）王阳明说他想到这个人会死去，但是没想到这么快，他的儿子和仆人也都这么快死去了，他就来埋葬他们。但是王阳明又说，即使他不来，这山里成群的狐狸、车轮般的蟒蛇，也会将他们的尸骨吞入腹中，不会让他们曝尸荒野。所以王阳明来埋葬他们这个动作，不是一个所谓“实在的”（real）行为，而是一个意向化的行为，原因只是他的心受不了，他不忍。死者已经没有“知”了，埋不埋对他们有什么要紧的？野兽也能帮他们埋。但是王阳明说“我拿我的心怎么办呢？”他的心不答应。

这里对我们领会阳明心学的要害其实很重要，从这个源头处才能理解他后来讲的那些学说。比如“心即理”，这跟杨时、谢良佐讲的“恻隐”是相通的。恻隐的时候你感到的就是天理，所以这个“心”在王阳明这里，明显就是恻隐，发自内心的感同身受的悲哀。这个“心”就是他后来讲的良知之心、恻隐之心、仁圣之心、天地之心、人之为人之心。王阳明接着说，他离开父母所在的家乡到这儿已经三年了——请注意他这里又提到父母，他时刻将父母挂在心上——但经过这些瘴毒还活着，因为他没有一天特别难受或悲哀。可是今天怎么为这三个人悲伤到如此地步呢？怎么会对他者这么重情，对自己反而轻视了？他最后劝自己不应该再难过了，给他们唱首歌算了。大家看他唱的这歌的内容，就是在安慰他们的魂魄。还说自己可能也活不长了，到时候可以与这些死者的灵魂一块儿游玩；如果自己有幸回去，他们也可以和路旁的孤魂野鬼一起游戏。最后还劝他们，不要做骚扰百姓的厉鬼。这篇文章就到此结束了。

虽然悟道之后，王阳明的意识已经进到新的境界，但是他的情越来越真，这很难得，也映射出他的开悟体验的重要特点。这跟陈白沙不一样，性格、遭遇都不一样，最后开悟的导向也不太一样。陈白沙的开悟更近乎佛、道的开悟，最后心胸打开，与世界为一体。那种高邈、飘逸、自然的境界，也非常好，是诗人又是哲人。而王阳明开悟后，越来越像菩萨了，那么敏感，他的情还不能完全放得开，也有想不开的地方。他为自己身世的悲哀和对亡人的同情交织在一起，对人生莫测的恐惧并没有被完全超越，但又不能说没超越。他没有离开这个世界，又超越了这个世界；又有情，又有理，天理、良知交织在一起。

所以，这篇文章应该视作理解王阳明龙场悟道所开启的精神境界和学说主张的重要文献，是知行合一乃至致良知学说（雏形）的典型案例。王阳明青年时代沉溺于其中的辞章之学，在此升华成了载道致诚之学，使此文成为情与理、心与性相融无碍的一篇至文。

情与理一，至情即至理。这是他的悟道体验很重要的特点，他的学说后来的发展都跟这点有关。[①]

三、第四个特点：开悟直接导致新学说

王阳明悟道的第四个特点：开悟体验与学说创立紧密衔接。以上三个特点，即动静互补、主动被动不分、情理不二，它们结合在一起，让阳明的悟道体验有一个不同于人类历史上其他许多悟道体验的地方，这就是他的开悟经验无缝衔接到他的新学说的创立上，即所谓“大悟格物致知之旨”。格物致知是横亘于他心中多年的问题，而这个问题在大悟中解决了，他就“以默记五经之言证之，莫不吻合”，紧接着第二年，他就“始论知行合一”。我们可以设想，他当时应该很快就有了知行合一的学说，只是没有机会对外传播，第二年有一位官员请他主持贵阳书院，于是就直接把自己的学说宣讲出来。

从詹姆士《宗教经验之种种》的记载中也可看到，不少皈依或开悟经验本身是无语的，经验本身没有语言的伴随，事后追述这种经验，当事人也主要是描述这种经验的奇异、绝真、至美等特点，乃至对当事人生理、心理的影响或改变，与“学说”还有距离。又比如，我们之前讲的那种每个人都可能有过的短暂的或浅层的开悟，也是如此。如果你在心里一直琢磨一个问题，而这个体验正好帮你解决了这个问题，这个时候，这个体验说不定会带有某种语言。但一般来说，这种情况不多见。但王阳明的悟道，我们可以设想，主要是因为他多年来一直在思想和语言上自觉地追求，而且失败过好几次，所以耿耿于怀，意识中一直悬着这个问题。最后，这次悟道一下子解决了它，所以就好像有人在他耳边说话一样，带有很突出的语言特点，这在悟道体验

① 关于情与理的哲学深究，以舍勒的情感（质料）伦理学为深入，参见马克斯·舍勒：《伦理学中的形式主义与质料的价值伦理学：为一门伦理学人格主义奠基的新尝试》，倪梁康译，北京：生活·读书·新知三联书店，2004 年。以下简称为《形式主义》。另参见张祥龙：《舍勒伦理学与儒家的关系——价值感受、爱的秩序和共同体》，《世界哲学》2018 年第 3 期，第 74—87 页。

中是不多见的，尤其是还有这么明显的儒家的文本（“格物致知”）的特点。少数的出神体验也带有语言，穆罕默德是最典型的，据说《古兰经》就是他在出神经验中由神告诉他的东西，他听到后写了下来，但这种情况很少出现。王阳明的悟道体验有鲜明的语言性，但他悟道的生理、心理的特征倒不是很突出，西方常见的那种看到异象，或者体验到震颤、高烧、发冷等身体反应的情况，在王阳明这里没有出现过，起码没有被记录，这说明他并不在乎这个；有的只是突出的语言和学说的特性。甚至可以说，他的悟道经验本身就是知行合一的，当然这是在一个比较浅的意义上的合一。“忽中夜大悟……不觉呼跃”，跳起来叫就是他悟道体验中“行”的方面，身体有反应；“格物致知之旨……若有人语之……始知圣人之道，吾性自足”，这些是知的方面。它们乃是一个原发经验的两面，完全不可分开。在《年谱》《行状》的记载中，龙场经历之前没有讲到“知行合一”，一点苗头都没有，之前最突出的问题是“心与理一”的问题，这个问题让他牵挂了很多年，但是从没有提到过“知行合一”。所以他这次体验、悟道的语言这一面，可能直接有助于他的学说的建立。这是他悟道体验的最后一个特点。

第九讲 王阳明“知行合一”说（一）

在我看来，“知行合一”是王阳明所有学说中最重要的一个。虽然这个学说在后世的影响远比不上“致良知”，但毕竟是理解他的悟道给他带来的新的思想方式和精神境界的要害。龙场悟道后，他对外揭示的第一个重大学说，就是“知行合一”。按《年谱》记载，悟道发生在正德三年（1508年），而学说是第二年（正德四年［1509年］）他在贵阳书院正式提出的：“提学副使席书聘主贵阳书院。是年先生始论知行合一。”（《王阳明全集》，1235）“知行合一”学说和龙场悟道是紧密衔接的，由此可见这个学说对王阳明的学与教的重大意义。它既是龙场悟道的直接产物，又是阳明学成立的首要标志。因此，《传习录》开头处，徐爱除了问《大学》文本的问题之外，主要就是在问“知行合一”，因为他感到“知行合一”令人耳目一新，但又令人困惑难解。由此也可以看出，这个学说反映了王阳明好出奇的个性，可以说“知行合一”是最有他个人色彩的学说。他后来主张的静坐是普遍流行的“共法”，而“致良知”虽然影响最大，而且也确实是王阳明独出心裁的创立，但它毕竟是《大学》的“致知”和《孟子》的“良知”这两个已有之说的结合。虽然这个结合带有实质的创新性，但毕竟不像“知行合一”这样是完整意义上的新说，而且违背常识，带有强烈的思想挑战的意味，针对程颐、朱熹，以及宋儒一般持有的“知先行后”说。

第一节 “知行合一”说的要义：吾性自足，吾心即理[1]

“知行合一”是什么意思？对于王阳明来说，它肯定不止于“知行应该合一”。知行应该合一谁都会同意，不但宋儒，其他头脑健全的普通人也会同意。一个人的知或言应该与他的行为是合一的，但是在现实中，大家往往达不到，言行不一是常见的现象。有人还认为，我们人类有这么发达的大脑，我们的知这么超前，知行合一太愚笨了，知行就是要不合一才显得出人的尊贵来。但是在伦理学的意义上知行应该合一，这一点应该是大家都会同意的。不过王阳明的意思是说，知行原本就是合一的，知行自发地就是合一的，而不仅是在伦理学的意义上应该合一。这是很多人都不能同意也难以理解的。程颐说：“未致知，怎生得行？勉强行者，安能持久？”（《宋元学案》，602）就是说，没有致知，怎么能够以合乎儒家的知的原则去行？勉强去行，没有知透，也行不久，会偏离儒家。朱熹说：“万事皆在穷理后。经不正，理不明，看如何地持守？也只是空！”（《朱子语类》，152）[2]他也提出相同的问题，没有知，行如何持守？其实朱熹这里隐含着对陆象山及其弟子们的批评。朱熹承认陆象山等人持守方面比较强，道德修养、道德原则的坚持，讲心学的简易工夫，都比较强。但是认为他们“经不正，理不明”，怎么持守也是空，没有走上儒家的正路，就像佛家的禅宗一样。禅宗最后呵佛骂祖，毁佛庙，烧经文，所以佛学界对禅宗的批评也不少。其实禅宗、陆象山也有他们的道理，但是朱熹是不能同意的。他又说：“须先致知而后涵养。”（《朱子语类》，152）所谓“涵养”就是行。他提出要先致知，然后再涵养。又说：“知、行常相须，如目无足不行，足无目不见。论先后，知为先；论轻重，行为重。”（《朱子语类》，148）

---

① 关于“知行合一”的详细讨论，可以参见贺麟：《知行合一新论》，载贺麟：《近代唯心论简释》，第44—68页。

② 朱熹：《朱子语类》，北京：中华书局，1986年。

所以知先行后毫无疑问是程朱学派的主张。这种知先行后的格物致知说，以及持敬工夫，王阳明曾经几次尝试都没有成功，以至于生病。这些经历构成了王阳明一生中最耿耿于怀的关键问题：所谓的“格物致知”到底是什么意思？在龙场，他虽然处在生死之中、危难之中，但这个问题还是没离开他，所以他的开悟就是“大悟格物致知之旨”。其中的关键就在于“圣人之道，吾性自足，向之求理于事物者误也”。“吾性”就意味着我的本性、我的心体（不是俗常的心，而是心的根本），它就是性，就是天理。所以在他看来，我们的本性和心体中已经有圣人之道了，乃至已经有万物之理，他多处讲“心外无理”。也就是说，我和万物万理之间，有一种原本的联系、血缘的联系，不是那种我可以认识它们的“认识论”的联系（“求理于事物者误也”），而是我已经在根本处——我的天性、我的本心——与它们“共同存在”。我们已经是一体的存在，只不过是两个侧面；用西方哲学的术语来说，这是一种存在论的联系。但是，在我的日常意识中，这种亲缘关系是潜藏着的。我与世界的亲缘关系，甚至可说是一种亲子关系，它存在着，但别人都不知道，甚至我也不知道。好像我每次认知这个世界、这些事物，都是经验主义式的，都是“求理于事物”，但是由于这种亲缘联系的确存在，所以我和世界之间就有了另外一种更亲密的、比认识论联系更内在的、很默契的联系。也就是说，只要我的心自由自在地运作，或处在所谓“意诚”的状态中，不受外在欲望、目的、功利等控制的时候，就会自发地切中当下的事理，首先是这事情的价值之理，并且当场把它实现出来。这是一种内在的、原发的认知模式，而非那种“求理于事物”的外在关系——在那种关系中能不能求到这个理，是很不确定的，王阳明自己求了多次也没求到。它是一种“见理于事物”的触发呈现的内在格物致知，是直接看见理而不是求理。

而且这个“见”本身也动态地参与其中：“见”本身和“理”有相互构成的关系。换言之，只要是天性或本性中的“知”，就一定是其本然关联的事物价值的实现或实行。只要是这种从天性、本心中发出来的与事物有内在关联的“知”，就一定是“行”，或者说是事物价值或事物中的理的实现。比如我对亲人关系的“知”，就已经是对亲人关系的实现或实行了。就像《旧约》里的摩西，他有犹太人的血统，但他小时候被遗弃了，后来被埃及王室收养。他不知道自己是犹太人，等他长大后，犹太人那时处在危难中，被困在埃及，法老对他们很不好，他们就想逃出埃及，但是没有办法。后来这些犹太人发现摩西原来是犹太人，就想办法告诉摩西，向他证明他是犹太人。而他一旦知道了这种亲缘关系，他的整个心性、行为马上就不一样了。最后他带领犹太人逃出埃及，塑造了犹太人历史上极其重要的一次历史转折。他不但率领犹太人出了埃及，还在西奈山上，在荆棘烈火中见到神的启示，最后跟神立了约定，订下“十诫”。所以摩西是犹太人历史上最重要的先知。当摩西知道这种亲缘关系的时候就已经是“行”了吗？其实已经是行了，他一旦知道了自己的身世，他的“知”就已经带有价值朝向了，已经是“行”了。他后面那些非常明显的、狭义的“行”，其实都根源于那一刻的“知行合一”体验。另外，王阳明有过先知的体验，这种先知是不是与行也在某种意义上是合一的呢？似乎也是合一的。比如别人还不知道某个事情，但是你知道了，这时候你会怎么做？股票的价位今天已经非常低了，但是明天一定大涨，你先知道了这个消息，你会怎么办？或者一个将军以他的方式预先知道了敌人行军会走哪条路，那他会怎么做？所以先知应该是连着行的，但王阳明发现这还不是道。总之，知和行在某些地方是血脉相连的。

按一般的常识乃至程朱的精致化的学说，知一定要先于行，或者说“知道那是怎么一回事”是不同于，而且要先于“把这回事在现实中实现出来”的。比如我要去火车站，总得先知道该怎么去。知了以后，才能把这个知实行出来，转化为身体上的行为。而且我可以知道了怎么去火车站，但是因某个理由，而不去火车站。所以知不但先于行，而且还可以脱开行。我也可以知道了什么是孝悌、仁义，但是不去实行它们，只限于口头上或观念上的知晓。《论语》中似乎也有一些支持这种观点的例子，比如：“宰予昼寝。子曰：‘朽木不可雕也，粪土之墙不可杇也，于予与何诛。’子曰：‘始吾于人也，听其言而信其行；今吾于人也，听其言而观其行。于予与改是。’”（《论语》，5.10）就是说，孔子有一次见宰予白天睡觉（那时候没有电灯，晚上还不够睡吗？），孔子觉得他的学生不能白天还在睡觉，再加上宰予这个学生平常就有些反叛（有一章专门讨论宰予，很有趣），能言善辩，所以孔子骂他言行不一，也就是知行不一（但这是不是就一定和王阳明的“知行合一”矛盾？其实也不一定）。而且，要是不知道什么是孝悌，比如在西方现代社会，没有人告知我有个德性叫孝悌，那我也就不能去践行孝悌，因为我不知道怎么去践行。由于以上这些理由，所以一定是知先行后——这太合乎常理了。

王阳明当然知道这些看法和显得很有依据的主张，但是他会回应说：你们讲的知与行，已经不是知行的本来面目——“知行的本体”（《传习录》，第5条；《王阳明全集》，4）——了；它们虽然预设了知行的本体，但是由于欲望、观念、目的等外在因素的加入，它们之间的关系已经疏离、杂染了，或分为两截了。王阳明经常举的例子是树根和树苗、枝叶的关系，知行合一就像树根，是我们的知行的本体。后来意义上的知和行就像枝和叶，小树苗刚长出来的时候，枝和叶是不分的，长大了枝叶其实也不分，但能看出来枝是枝，叶是叶。但当树遭受变故或侵害时，比如台风来的时候，枝叶就分开了。似乎一定是先有枝然后才有叶，但这不是枝和叶的本体。

不少分析家，比如陈来先生认为，王阳明讲的“知”“行”的含义已经不同于平日人们或宋儒心目中“知”“行”的意思，比如他讲的“知”实际上就是宋儒讲的“真知”，而程朱都认为真知必能行。（《有无之境》，88）如果格物致知认识得透了，把事物中的理也就是太极都认识了，那么你一定会行。所以程朱也讲知行合一，因此陈来先生说："宋儒的这个思想正是阳明知行观的出发点。"（《有无之境》，88）其实苏格拉底也这么看，他认为伦理学的根本就在于你是不是知道，如果你真的知道真理、知道理念，你就会行，你就是善的，所以善就是智，智也就是善。而王阳明偏偏不承认这个"宋儒的出发点"，坚持原本意义上的"知行合一"这种似乎怪诞的主张，而不用程朱的"真知必真行"这样好像更合理也更明确、更精准的说法。王阳明这样的坚持，被以陈来先生为代表的评论者们看作："正是要突出这种形式的对立以体现对于宋儒的冲击和反叛。"（《有无之境》，90）按这种解释，王阳明其实没有从根本处超出宋儒或程朱的知行观的见地，只是为了冲击和反叛他们，而要在表达形式上自觉不自觉地故弄玄虚。而且他又无法完全避免在正常意义上使用"知""行"这样的语词，比如当他说"知而不行只是未知"时，前一个"知"就是通常意义上的知，而第二个"知"是指"真知"，所以陈来先生认为"阳明在交互使用着两种语言。这使得他在与他人沟通时，面临着误解及其他困难"（《有无之境》，89）。

我当时读陈来先生这些分析，也受到了一定的启发，它们确有一定的澄清功能，让我们看到王阳明表述中语义的游移、双关引起的理解困难，比如他的弟子徐爱就感到了这种困难。但还有另外一方面：首先这些用语的游移在一定的语境中是难以避免的，而且一旦明白了王阳明的本意并同情地加以理解，他的用语方式也不至于引起很大的障碍，例如王阳明给弟子们解释以后，他们还是能很清楚明白的。其次，王阳明确实赋予了"知"和"行"以新义或深义，而我认为这个新义不能等同于宋儒讲的"真知必导致真行"。因为即便在朱子那里，"真知"也还是先于"真行"的；因此即便它必能导致真行，知行也并不是合一的。而且所谓"真知"也并不是王阳明强调的自发自行的知，而是通过程朱式的格物致知最终达到的知，不是在生活中的最原发、最简单的知。所以王阳明讲的"知行合一"和"真知必导致真行"是不同的，不能被朱熹的讲法涵盖，也不会以它为出发点。王阳明与宋儒讲法的不同之处，正是王阳明龙场悟道的出新所在、道性所在，而且这一点正可以用现象学的方式来阐明，并且它很能体现王阳明学说的特色究竟在哪里。

第二节　知行合一于心体诚现时

具体说来，什么是不同于“知先行后”的知行合一的认知状态呢？《传习录》第5条记载了徐爱和王阳明的一次对话，在我看来，它是这个问题上最关键和清楚的表述：

> 爱（徐爱）因未会先生“知行合一”之训，与宗贤（黄绾）、惟贤（顾应祥）往复辩论未能决，以问于先生。先生曰：“试举看。”爱曰：“如今人尽有知得父当孝、兄当弟者，却不能孝、不能弟，便是知与行分明是两件。”先生曰：“此已被私欲隔断，不是知行的本体了。未有知而不行者。知而不行，只是未知。圣贤教人知行，正是要复那本体，不是着你只恁（如此）的便罢。故《大学》指个真知行与人看，说‘如好好色，如恶恶臭’（《大学》第六章：“所谓诚其意者，毋自欺也。如恶恶臭，如好好色”）。见好色属知，好好色属行。（由此可见“行”对王阳明是何意。正是要紧处！）只见那好色时已自好了，不是见了后又立个心去好。闻恶臭属知，恶恶臭属行。只闻那恶臭时已自恶了，不是闻了后别立个心去恶。如鼻塞人虽见恶臭在前，鼻中不曾闻得，便亦不甚恶，亦只是不曾知臭。就如称某人知孝、某人知弟，必是其人已曾行孝行弟，方可称他知孝知弟，不成只是晓得说些孝弟的话，便可称为知孝弟。又如知痛，必已自痛了方知痛；知寒，必已自寒了；知饥，必已自饥了：知行如何分得开？此便是知行的本体，不曾有私意隔断的。圣人

教人，必要是如此，方可谓之知。不然，只是不曾知。此却是何等紧切着实的工夫！如今苦苦定要说知行做两个，是甚么意？某要说做一个是甚么意？若不知立言宗旨，只管说一个两个，亦有甚用？”（《王阳明全集》，4—5）

徐爱在他的疑问中所举的例子是知行的常理，王阳明说那已经是知行被私欲隔开的退化状态了，不是知行本体，或知行的本来状况。知行本体是“未有知而不行”。这句话很关键，但是与日常经验太冲突了，所以引起了特别大的争论。儒家就是要教人回复这本来状况，或“本体”。有些人批评儒家泛道德主义，好像儒家就是讲仁义道德，教训人该如何做，其实儒家的根本要害处不在于一种道德上的规定，而是要让人回到人的本来状态；只要能回到本来状态，儒家要求的道德自然就全有了。所以儒家抓的就是人性的根本。而回复本来状态具体的例子，就是《大学》所讲的“如好好色”和“如恶恶臭”的知行经验。《大学》的地位在宋明理学中很重要，因为它有三纲领，还有八条目，特别是其中的“格物致知”，引起无数争论。王阳明和朱子的分歧，首先就体现在《大学》的文本上，而核心就在知行观上。王阳明这里用《大学》这个例子特别好，属于关键性的范例。

“好好色”“恶恶臭”，表现出汉语和中文叠字道说或“道道”的特点：第一个“好”“恶”和第二个“好”“恶”，就字形而言是一样的，但音、义有所游移。这个地方必须游移，同一个字就是要在不同的意义上连续使用，一个是动词，一个是形容词；但又不是没有联系，而是有亲缘关系的，是不可分的。用我的话说，它们是同在一个意义晕圈之中的。“好色”之“色”指什么？《论语》里，“好德如好色”（《论语》9.18）的“色”，是指女色；“贤贤易色”（《论语》1.7）的“色”，也是指女色。所以从儒家的经典来看，“好色”就应该是指“美好的女子姿色”，也就是好看的、动人的、漂亮的女孩子。“好好色”就是

“喜好好看的女孩子”，或“被漂亮动人的女孩子所打动”。孔子、《大学》作者（一般认为是曾子）和王阳明以它为例，来显示人们真诚而不自欺的原发经验和意识状态。《中庸》里也引了孔子的一句话：“君子之道，造端乎夫妇。”（《中庸》十二章）即君子之道，起头的地方在夫妇。我觉得朱熹对这一句的注解很贫乏，按照他理学的说法解释不太通。儒家要讲道德、说仁义，最怕的就是把仁义道德当作可以被操纵的虚伪的经验，即所谓“伪儒”“乡愿之儒”。王阳明最讨厌这种儒，所以写了著名的《拔本塞源论》，也就是《答顾东桥书》。所谓“好德如好色”就是要告诉你，你和德行的关系要像你和“好色”“恶臭”的关系一样。“好色”涉及性感和美感，“恶臭”几乎就是生理感。什么是恶臭？就是使人恶心的臭味，所以你一闻到臭味就会讨厌。一个道德修养极高的正人君子，能闻到恶臭就喜欢吗？你可以从意愿上或意志上克服恶臭，道德品质高体现在你也许能遏制自己的恶心，最后慢慢习惯，如此而已。但你不会喜欢它，这就是真挚，这就是诚意。如果你能做到不恶恶臭，那你就不是儒家。也许做瑜伽做到那种三昧状态，把这些全看透了，也可能不恶恶臭。但儒家特别看重而且尊重这种原发体验，并不像禁欲主义那样要求去克服它。多少宗教都一定要克制“好女色”，说这是罪恶之一，但儒家不这么看，关键是如何看待这个好色。而且儒家对这种真诚不自欺的意识状态的语言表达，也显现出这种经验的紧凑原发。“好好色”中的两个“好”字虽然音、义有别，但毕竟是源于同一个字，它们有亲缘关系。第一个“好”和第二个“好”还处在一个意向经验的晕圈中。这就像现象学中的“时晕”。过去的声音从物理时间上过去了，但是在短时间内仍然被当场保持住；再加上预持，预先的前摄，它们共同构成了时间晕圈。这样晕圈套晕圈，一个被构成的意向的对象浮现在这些感觉材料之上，你才能听到活生生的旋律，而不是一个个冒出来的杂音。“好好色”，在儒家看来，就是人的价值体验最原初的价值晕圈、意义晕圈，动词“好”与形容词“好”，处在一个意晕、价值晕之中，既有差异又不可分，就像现象学内时间意识分析的滞留和前摄，或者保持和预持，不可分，最后构造出当下的晕圈。“恶恶臭”也是这样。动词“恶”和形容词“恶”也是如此，同处在一个意向晕圈里，构造出对原发的人生经验的表达。

王阳明说：“见好色属知，好好色属行。”你见到一个女孩子，如果你立刻上去搭讪或者要手机号码，那就很明显是行了。但如果你没有这样做，甚至也没想跟她交往，就是看着喜欢，那也是行了，因为你动了心；而在自然的状态下，有了“好好色”之心，就会有行。看到好看的女孩子或好看的男孩子是一种“知”，你看到了、知觉到了这个对象、客体，她或他是一个好看的，也许是符合黄金分割率的女孩子或男孩子，而**喜欢**那个好看的女孩或男孩**就是一种“行”**。为什么呢？如果我们替王阳明来解答，就应该是这样：因为“喜好”带有了价值的指向，或好恶情感；如果这种价值取向和情感不受阻碍（道德的、礼貌的、社会习俗的、物理的或心理的障碍），那么就会引发明显的行为。比如你会向这个女孩子微笑，或献上一束鲜花，等等。同理，“恶恶臭”也已经属于行了，要是没有别的东西妨碍，你闻到恶臭就要躲开，就表现为明显的行为了。可能由于某些障碍，你不躲开，还在那儿挺着，那也算行，因为你感受到了负面的价值取向。用以上分析龙场悟道的动静互补特点的话语来讲，可以说“好色”（知）是静的，“好好色”（行）是动的，它们是相互需要的。

关键还在于王阳明下面的很有现象学意味的观察或发现：“只见那好色时已自好了，不是见了后又立个心去好。”这就是胡塞尔和舍勒的区别所在，很要害，知行合一就在这里。你见到那个好看的女孩子，按照许多哲学家包括胡塞尔说的那样，是先把她作为一个客体看见了，然后赋予此客体以价值，比如说加上了喜好的正面价值；或者你闻到恶臭，哪怕中间隔了很短很短的时间，但也是先有了一个客体，然后才有一个价值的赋予。一般都会这么想，但王阳明认为不是这样，而是主张它们是同时发生的。比如吃一个苹果，一口下去，你是先吃到纯物理的、作为一块物体的苹果，然后紧跟着尝到了它美味呢，还是一口下去，就吃到了苹果的美味，即在所谓的我对苹果的“知”中就有美味，而不是一个作为客体的苹果再加上美味呢？事实上两者不可分，一口下去吃到的是美味的苹果，或苹果的美味，而不是苹果再加上美味。所以知和行两者不分先后，同时发生，因而合一。这是违背很多人的常识甚或理论分析的。按照理论推想，一定是先有客体，然后它才能起作用，进而让你产生感官（比如味觉）的感受。胡塞尔对“看”的分析已经和这个有关，后来舍勒再分析“看”里边是不是有价值，海德格尔的“现象学之看”的分析也是从这里生发出来的。这些不同的现象学家有不同的层次，所达到的境界也是不同的。按照王阳明的观察，在涉及好恶的经验中，人们（这里首先是指有性别感受力的男子）不是先看到一个价值完全中立的对象，比如既不好看也不不好看的女孩子，也不是先闻到一个纯物理性的臭味，然后再产生好恶之感。相反，人们见到那“色”时就已经把它感知为“好色”或“好看的姿色”，所以**同时就**对它产生了“喜好”的价值感受，这个好好色之心（行）已经在那个见好色之看（知）里边了。关于臭味的经验也是一样的。知和行在这里不受功利、道德、法律等外在规范的约束，它是自然的、真诚的经验，所以这里知行是合一的。

孔子、曾子和王阳明为什么特别要诉诸“好好色”“恶恶臭”这种表面上非道德的，或者说是性感的、身体生理感的经验，以说明道德意识的原本状态？有很多理由，其中特别重要的就是要引发我们对真正道德的真诚性、自发性、情境性、时机性的感受，这是儒家伦理学甚至本体论的特点。另外通过现象学的学说来看，也可以看出“好好色”和“恶恶臭”在人的价值体验中占有独特地位。不能一上来就诉诸那些道德经验，那样说明不了什么问题。比如基督教让人爱邻人、爱神、爱仇敌，还有要帮助别人，不要以自我为中心，等等，这些都是现在社会上常用的道德说教。它们为什么不打动人？就是因为它们没到原发的、势不可挡的、不可阻扼的程度，而儒家就是一定要让我们的道德理解和道德实践从最原发的、间不容发的、出自人性的源泉中涌流出来才行。

“知”涉及的好像是客体对象、认知对象；“行”在王阳明这里涉及的是价值赋予。什么是“价值”（Wert；value）？就是人的好恶（Vorzug，Nachsetzung）所造成的差异。按照索绪尔结构主义的语言意义理论，意义就是这些语言、符号造成的语言结构中的差异。以前很多分析哲学家说语言的意义在于语言指称的对象，这个对象可以不是现实存在的，可以是虚幻的、观念化的，比如“独角兽”的意义就是关于独角兽的观念。结构主义语言学认为这是不对的。“圆的方”根本没有一个对象，但它一样有意义；最小的正分数，也找不到一个对象，但一样有意义。所以关键在于语言的结构：在语言的差异结构中，一个词占有一个位置，体现了一个差异，它就有意义。价值实际上是意义中的一种，它是意义加上了好恶。比如我们看到一个苹果，它有客体的意义，但是还没有价值，我们对苹果有喜好，就给予了它价值。价值与好恶有关。但是，究竟是客体在先，还是客体与价值同时出现，甚至是价值在先、客体在后呢？从逻辑上说，三种情况都有可能。但以前的传统哲学认为，应该是客体在先，价值在后。更确切地说，价值是好恶所指示和参与构成的意义差异；而在好恶的参与之前，似乎应该有一个纯客观的感知和认知的阶段。但好恶也不是完全主观的，这种差异也是相对互联的结构，并不完全由我的主观意愿决定，比如“恶臭”的负价值和“好色”的正价值，就超出了我的掌控，所以价值具有某种超出个人主观的客观性。但同时它又不是完全客观的，或者说不是当场对象充实意义上的那种客观，我的生存活动、意识活动，包括之前的活动和对未来的期待，也参与了对价值的构造。

按照舍勒的价值四分说，人类可以体验到四种价值，即**感性价值**、

生命价值、精神价值、神圣价值。精神价值又可以再分三种：伦常价值、审美价值、认知价值。（参见《形式主义》，边码 122—126；《质料先天与人格生成》，222—223）[①] 按这个划分，“恶恶臭”属于感性价值行为，“好好色”属于生命价值行为以及精神价值行为中的审美价值行为，而“孝悌”则以精神价值中的伦常价值为主，但也有生命价值。

很明显，越是“高级”的价值，对它的知行越可能或越容易分开，比如对孝悌之知与对孝悌之行，因为它主要是伦常价值，所以徐爱会这么问（“如今人尽有知得父当孝、兄当弟者，却不能孝、不能弟，便是知与行分明是两件”），那个时代似乎对于孝悌的知行就已经有所分离了。但是孝悌还有生命层次上的东西，我们后面再讨论。再比如前面提到的先知和先行，是不是属于认知价值？现在的科学理论有时候也是先知，尤其是纯理论，比如大爆炸理论、量子力学，对于这些理论，好像知行都可以分离。又比如基督教讲的对邻人的爱，甚至对仇敌的爱，还有对上帝的爱，这些是神圣价值了。在这些“较高”的层次上，知行分裂的可能性更大。而在“较低”的层次，比如恶恶臭，知与行很难分开。在所谓“更低级”的层次上，知和行更自发、原发，但儒家从根本上讲不认为它们低级。舍勒的这个价值划分，儒家在某种意义上可以接受（“生命”与“道义”在某些时候有价值高低可言），但是如果将它当作固定的层次划分，儒家则是不认可的（凭什么“神圣价值”高于一切，人神关系从本质上就高于亲子关系？）。它们可能有区别，但是是互补的、互相需要的。在一定的情境中，某些价值可能更重要一些，而在另外的情境中，别的价值则更重要。正是因为在恶恶臭、快快感、痛疼痛这类感性价值行为上，知行是分不开的，所以儒家和王阳明特别看重它们。《论语》的《乡党》《述而》等篇中多处记载孔子的日常行为，涉及所

---

① 张任之：《质料先天与人格生成——对舍勒现象学的质料价值伦理学的重构》，北京：商务印书馆，2014 年。

有四个价值层次。在基督教看来，肯定是神圣价值最高，然后依次下降。但是儒家并不认为这四种价值确定了绝对的等级高低。儒家看重“较低”价值的原因不是这些价值感受的对象化状态，比如恶臭、疼痛和快感在心理上造成的状态，而是看重其中的对象与价值、感知与感受或知与行的**共生并在的诚意状态**。

《中庸》说：“不诚无物”（《中庸》二十五章），“唯天下至诚为能化。至诚之道，可以前知”（《中庸》二十三、二十四章），“唯天下至诚，为能尽其性；能尽其性，则能尽人之性；能尽人之性，则能尽物之性；能尽物之性，则可以赞天地之化育；可以赞天地之化育，则可以与天地参矣”（《中庸》二十二章）。在《中庸》里，“诚”或“至诚”就是人终极的心灵状态和世界的终极状态完全打通，心和物理在“诚”上打通。所以王阳明解释《大学》的八条目（格物、致知、诚意、正心、修身、齐家、治国、平天下）时，虽然对格物致知有新的理解，把“格”解释为“正”，但他最看重的是“诚意”。进入诚意的状态，你就自然能够去格物，也就是正物，物的对象和价值就能够合一，知和行就能够合一，你认识的才是真理。而我们在那些“较高”的层次（精神价值、神圣价值）上经常迷失。比如教会以神的名义，以追求正义的名义，发动战争，造出多少邪恶。人类历史上的动乱、战争、迫害，杀人欺人无数，刚开始有的就是为了追求正义，所以在这些“较高”的层次上知和行很容易分开。但是在感性价值的层次上，知和行、对象和价值不易分开，所以儒家非常看重。但儒家也不是认为这些感性价值就最重要，而主要是看重这样一个**共生并在的诚意状态**，或者说是“至易至简”的“心体之同然”的状态。（《传习录》，第142条；《王阳明全集》，60）所以儒家不贬低身体，而是尊重、爱护身体，因为身心合一处才是知行感通处，或真价值而非伪价值的构成处。在这一点上它和西方的柏拉图主义、基督教的禁欲主义是非常不同的。但儒家也不是感性的享乐主义，在必要的时候也能克己复礼、杀身成仁。这并不矛盾，因为儒家重视的是“高”“低”价值相互感通共振的“仁道主义”：大程子讲“仁”就是感通，“手足麻痹之为不仁”，所以只要偏向某一种价值，就是不仁。对儒家来说，价值之间也有感通的问题。

这样看起来，“好好色”就比“恶恶臭”更微妙。如果“色”只是指颜色，那就是感性的价值行为；如果包括女色，那“好好色”不仅“升级”为生命价值，而且甚至可以包括精神价值，它的感通性就更强，或许更容易通向伦理价值。这就是为什么从孔子开始，就特别重视“好德如好色”，明确主张“君子之道，造端乎夫妇”。

而“孝悌”的地位就更加微妙。孝有天然发生和知行合一的一面。因为孝和慈是一对相互需要的亲亲之爱，慈爱的自发性不亚于“好好色”，父母亲爱子女原发得很，但不能说父母亲爱子女就只是生命价值，没有伦常价值。不能这么说，尽管慈的伦常价值好像不如孝。孝和慈互相需要，慈更原发，更近乎生命价值，但也有精神价值；而孝更近乎伦常价值，但也有生命价值的一面。孟子说：“孩提之童，无不知爱其亲者；及其长也，无不知敬其兄也。”（《孟子·尽心上》）孝的根子是爱，是对父母的爱，首先是对父母人格的爱，不只是尊重。但是孝还有另一面，它有自发的一面，也有不太自发的一面，所以也可能知行分离。比如说孩子长大，进入准备建立自己家庭的青春期，或者已经结婚生子的成年期，或者被一个异化社会中的事业追求带离家庭环境而过一种个人化生活的时候，孝就可能知行分离。你知道该孝，但是你跟你爸妈也就打个电话，有时候连电话也没时间打，能尽多少孝行呢？总是觉得愧对父母。你们看，这种状况从明代开始就有了，从中你们也可以得点儿安慰。所以徐爱和许多人就都相信，知行可以不合一，于是知先行后的局面就形成了。

但是王阳明相信，这不是一个江河日下的完全不可收拾的局面，因为孝悌和忠信确实有它的“童年”的天真之体，或者说知行还没分开的本体状态，所以只要能以某种方式让人重回爱亲的身心状态或原初情境，那么孝亲之知就会像“见好色”一样，同时点燃它的价值赋予的行。王阳明也期待孝悌上的知行合一，所以他说“知孝悌”必含“行孝悌”，不行孝悌，怎么知孝悌？就像不闻恶臭（包括恶恶臭）怎么知道恶臭？他马上把问题拉回感性价值的层面，从这里再获得原发的知行合一的力量。所以你只有痛了、寒了、饥了，才能知道什么是痛、什么是寒、什么是饥。在这个层次上，知行如何分得开？不管社会再怎么异化，起码到目前为止，我们还没有被人工智能化，我们的意识还没有被上传到计算机里面，所以我们的身心还没有完全分开。在这个“痛”“寒”“饥”“好”“恶”的层次上，知行就很难分开，所以他要回到这里吸取力量。

如果一个人只是从观念上中性地“知晓”什么是孝，而没有像“好好色”“恶恶臭”那样同时发生价值感受，那么这样的“知孝”就是假的，它不会作为先导引领我们去行孝。真知孝时，就一定会体会到孝的价值，为之心动情移，就像王阳明的话让两个童子当时直接体会到三个过路人死亡的悲惨，从而马上生出同情和善行一样，这就是知行合一；又像“见好色”“闻恶臭”的经验，同时激发“好”和“恶”之情、之行。虽然阳明这里没有直接讲到回复孝心的具体途径，但是他已经给出了线索，他希望人们像知痛、知寒、知饥一样地知孝，也就是说，知孝的时候已经有了或同时有了孝感这种价值感受，即对父母的爱慕敬顺之情、之心。或者我们可以顺着他的话头儿，把孝感称为孝的痛感、寒感、饥感，于是父母的痛、寒、饥就是你的痛、寒、饥。这也就是为什么一说孝，就说“定省清温”，父母亲穿得暖不暖，睡得安定不安定，夏天凉不凉快，冬天暖不暖和，这些你都时刻挂在心上，那才是真正的知孝。因为这里头已经同时有价值的赋予和行为的实现了。所以王阳明说理说到痛切处的时候，常常要用身体感为原型，比如他说：“持志如心痛。一心在痛上，岂有工夫说闲话、管闲事。”（《传习录》，第24、95条；《王阳明全集》，14、29）持志如心痛，这个志才真，不是只是观念上的志。你立了一个志，它就像心痛一样，疼得你别的都管不了，便真是精诚了，你就会一心只去求解痛，在这一点上你就是知行合一的。他又说“杀人须就咽喉上著刀，吾人为学，当从心髓入微处用力”（《王阳明全集》，165）。杀人要杀到咽喉上，一刀毙命。王阳明是行军打仗的人，见到杀人的场景太多了。杀人是生命价值层次的，夺人生命，说得很残忍，但是用这个来说为学，就说到了要命处，让你感受到知行合一。

第十讲　王阳明“知行合一”说（二）：现象学阐释

第一节　“知行合一”说的要害：对象与价值的共生

可见“知先行后”的哲理要害，就是假定对象（包括观念对象）的呈现和对象的价值构成是可分的，所以对此对象的认知与由此对象的价值引起的好恶行为就是可分离的；而在看重认知的思想氛围中，就会主张对于对象的认知要先于对于对象的价值赋予。用西方哲学的话语来说，就是“是什么”要先于“应该如何”，“认识论”先于“伦理学”（或“价值哲学”，包括美学、神学），“科学”先于“人文学科”。在王阳明这里，价值主要体现为伦理学价值。两者在休谟那里就已分得很清楚，后来康德也完全接受这种区分。与此相对，王阳明“知行合一说”的哲理的潜台词就是：在人和世界、人和他人原本的关系中，对象的呈现和对象的价值及其引起的行为密不可分，是同一个经验的两面，所以知与行是同一个经验的不同角度的表现。就此而言，他开悟的时候领会的圣人之道，其**关键在于知行的方式**，而不在于知行的内容，不在于知什么、行什么，不在于知的是善、行的是善，还是知的是恶、行的是恶。这些其实倒不是最重要的，所以后来他才有“无善无恶心之体”之说。关键在于最原本之处，知行的方式是什么样的。是知行分离（知先行后），还是知行合一？只要原本，自然就有善；不原本，就可能是伪善，谈不上真善，而且在他看来甚至更恶。如果对象的呈现和价值赋予不是合一的，那么在王阳明看来，就说不上“吾性自足”。为什么吾性自足要求知行合一？因为他讲的这个“性”就是“心之本体”，而“心”最起码是有价值感受力或好恶情感的。如果这种价值感受仅仅只是主观情感，要有了客观对象我才能够赋予它价值，那么“吾性”就不“自足”。所谓“自足”，就是不用依靠外在的东西你就能够达到对象（这时它还主客未分）。而且，对象的构造离我们的心，比起价值的构造来说要更远。我们的心离价值更近，离客体更远。在这一点上，现象学家的观点也不一致。胡塞尔认为客体离我们的意识更近，要先有客体，然后有价值感受。从舍勒开始，海德格尔、萨特、梅洛-庞蒂、列维纳斯等人，都不同意胡塞尔的这个看法，但是他们之间也有不同。在王阳明这儿，只有当原本的情况是这样的，即我们对于对象的价值感受与对象的呈现共同属于一个原发的经验，吾性、吾心才是自足的，求理于事物或对象是舍近求远的迷途，而回返到吾心之良知才是求圣人之道的简易正途，或“紧切着实的工夫”（《传习录》，第5条；《王阳明全集》，4），也因此才能够真正地讲“心即理”“心外无理”。

对象的呈现和对象的价值为什么会分开呢？王阳明和大多数宋明儒者都是这么认为的：因为人的私欲占了上风，把它们隔断了。这肯定是有一定道理的。曾经燃烧着亲爱之火的孝悌之心，后来怎么就蜕变成价值中性或无关痛痒的孝悌之知了呢？明明知道应该孝悌，为什么最后做不出来？因为你没有真正的孝悌之心，而这多半又是因为其他的价值构造和行为，阻隔了原来的孝悌经验，浇熄了它的孝爱、悌爱之火，使得原来是知行合一的经验不再对我们呈现。对这些起不良作用的价值构造，也就是所谓“私欲”“私意”，一般有两种解释。第一种解释认为，所谓“私欲”属于低级的人类欲望，即对物质的享受、追求、占有欲；而第二种解释认为，它们是片面、狭隘的价值构造。

第一种解释肯定不对。按西方柏拉图、基督教的价值安排，甚至按照舍勒的四种价值划分，“好好色”“恶恶臭”都是比较低级的，属于感性价值或生命价值，而伦理价值属于更高的精神价值。这些“低级”的价值会阻断孝爱之心吗？可王阳明恰恰诉诸那种所谓“低级的经验”，试图从它们出发去说明孝爱的原本经验的状态。

第二种解释在形式上是对的，真正起坏作用的私欲，属于一种片面、狭隘的价值构造。比如我只关注妻儿，而忽略了年老的父母，这就是一种价值构造的狭隘、偏颇。或者我更看重自己的身心价值感受，而忽视他人的价值感受，偏于内而疏于外。这些都是造成所谓“私意障碍”（《传习录》，第8条；《王阳明全集》，7）的原因。自我的趋乐避苦观点，即所谓“享乐主义”，在西方的伦理学中虽然不占主流，但是我觉得它潜在于西方社会之中，好多人都受它影响。而功利主义只是对它做了一些加工，主张追求大多数人的最大快乐（这就不只是个人的快乐了），比享乐主义要好一些，但是求乐避苦还是被认为是天经地义的。王阳明也没说这样就是错的，但是不够原本。人在最根本的地方是价值先行，而不是承载价值的载体——比如我们的身体，或者是我们的苦乐——更重要。

要克治这些偏隔我心的私意，该怎么做？这也是宋明理学中的一个大问题。张载、程明道讲，要充分打通内外、彼此、物我，而与天地万物为一体。真正的仁者就有这个本事，总是能够感受到其他人甚至万物的价值，而采取最时中、最合适的行为方式。这么讲似乎是不错的，但好像有点儿太空了。到底怎么打通呢？是像墨家、基督教讲的那样，要兼爱力行，要有大公意识，还是像康德讲的那样，要服从道德律，克治自己的私欲，或者像一般儒家讲的那样，要克己复礼，把这个“礼”就理解为一些节目、礼数？我觉得王阳明跟他们都不一样，尤其是要看到他与一般儒者的区别。王阳明认为，没有达到知痛、知饥、好好色、恶恶臭这样的知行合一的原经验，所谓“一体”就是一个悬空的理想，和墨家、道家就没什么区别了。但是如果能进入原发的知行合一的体验，我们就会知道，自我趋乐避苦的优先性不是自明的，到那时候你就会感觉到，从根本上讲，确实是价值优先。孟子认为人就是价值优先，所谓“一箪食，一豆羹，得之则生，弗得则死。嘑尔而与之，行道之人弗受；蹴尔而与之，乞人不屑也”（《孟子·告子上》）。表面上好像是在赌这个气，宁死不吃，就是饿死也不受辱。一般人可能会先把东西吃了，然后在心里骂几句。但在孟子看来，不是这样，我就不咽这口脏气，我的价值赋值就是先于我的自保。孟子以各种方式来讲这个道理，我们下面会看到，舍勒也是如此。所以王阳明虽然也有“一体”的话头，但他一定要找到所谓和他人、和天地万物一体的起头经验，也就是知行合一的经验，或良知良能主导的经验，不然这个“一体”就没落到精微之处。他批评陆象山，说他粗了，也是基于这一点。所以他的“知行合一”必定会引出致良知。

从哲理的角度看，我们要透彻地说明为何对象的呈现和对象的价值构成是可以合一的，甚至原初就是合一的；还要说明为什么有时候两者似乎是可以被分开的，造成了知行分离。

关键在于“对象”是被现成提交给我们的，还是作为意义统合的单位——如“意向相关项”（noema）、“价值质性”（Wertqualität）——而被构成的。如果是前者，那么对象就可以是某种纯客体、纯表象，没有价值可言，更谈不上什么人生意义或人性意义。比如，经验主义者认为对象是由感官提供的感觉印象或感觉观念通过价值中性的联想而形成，它只是一种价值中性的表象（Vorstellung；presentation）。这只是一种纯粹的认知过程，没有任何“好恶”。这些对象一开始向我们呈现的时候，只是被感知的存在（这就是贝克莱讲的“存在就是被感知”），还没有感受性的或美感的、伦理的价值，那些是有了对象之后，我们凭各自的喜好、以前的经历造就的所谓的世界观，再赋予这些对象的，所以是主观的。虽然唯理论者认为价值赋予可能也有客观性，但还是认为它是后起的，还是认为要先有对象再有价值赋予。唯物主义认为物质对象本体论上在先，认识论上在先，精神价值的赋值是意识形态，随后才能跟进。二十世纪西方哲学如分析哲学、现象学都有语言的转向，分析哲学中有很大一批思想家，比如罗素和早期维特根斯坦，从语言哲学角度，都认为专名本身无意义，只是指称一个对象，它本身只是一个符号。不过有的哲学家比如弗雷格还是认为专名可以有意义，但也没有更多的意义，它所指称的对象就是它的意义了，而且他认为概念词和句子的原初意义只是它们指涉或表达出的客观对象或者事态、观念，没有什么价值可言。

但是，如果对象是作为意义统合的单位而被构成的，那么首先，对象与意义或意义的形成是不可分的；其次，如果这意义含有价值（好恶造就的上下差异），那么对象的呈现就和价值的构造不可分，简而言之，就是对象和价值不可分离。对象是构造意义的统握“立义”（auffassen）出来的，或者说意义参与了对象的构成。这里还可以分两种解释：一种认为已经有意义参与对象构成了，但这个意义还没有价值；另一种认为这个意义中一定包含价值。

现象学，包括胡塞尔的现象学，都认为意义肯定参与对象的构成，但后胡塞尔的现象学主流实际上是持后一种观点，即对象的意义构成论的深化，主张参与对象构成的意义，首先是价值和情绪，是它们使对象和意义内在耦合。在胡塞尔之后，对象与广义的价值不二的新思路占了主流，在舍勒、海德格尔、列维纳斯等哲学家那里大放异彩，很有助于我们理解王阳明的“知行合一”乃至“致良知”之说。

第二节 知行关系的现象学分析（一）：胡塞尔的视野

从胡塞尔的角度看，根本就没有现成被给予的对象，或由感觉材料拼凑而成的对象，所有的对象都是意向对象或意向相关项（noema），它是由意向活动（noesis）参与构成的，其原形态就已经是对象了。虽然意向对象或意向相关项里边包含了感觉材料或参与进来的各种因素，但意向对象不能被分解式地还原为这些材料或因素，这一点是与经验主义很不一样的。在实行了胡塞尔说的现象学还原——使我们习惯的存在预设失效、不起作用——之后，就能将这种关系看得更清楚。真正在我们意识中出现的，已经是对象层次上的东西了，超出了感觉材料的层次。

按胡塞尔的说法，所谓“对象”或者“意向对象”是被构成的（konstituiert；constituted），不是被现成提交的。构成的方式简单地说就是：我们的意向活动，例如知觉、想象，激活并统握（auffassen）感觉材料。有一些外在或内在的机缘刺激我们、引发我们，使得我们激活相关的感觉材料，把它们统握起来，或者说为它们立义，就像放映机转动胶片并向它们投射光束——放映机的转动和投射的光束相当于意向活动；感觉材料则已经在内时间意识积淀出来的权能场或潜在的感知场中，但它们还是非对象化的，平时不作为你的意识对象被你意识到；碰到机缘，意向活动就把里面的感觉材料像放映机胶片一样转动起来，然后光束打过去，这样在我们的意识屏幕上，也就是显意识中，投射出活生生的对象，即意向对象或意向相关项。一匹正在奔跑的马，作为一个对象，我们能够看到它，但我们并不能意识到马腿或马蹄在某个瞬间的位置。例如有些专家指出，真正的马根本不可能像徐悲鸿画的马那样跑。你用快速照相机，把马奔跑的过程拍成一系列照片，比对徐悲鸿的画，那么他的画也许的确匹配不上。那些照片相当于感觉材料，我们普通人是意识不到的；而徐悲鸿的画，恰恰是在意向对象的层次上神似，我们一看，会觉得非常好。所以对象不是现成的，它具有一种并不外在于放映过程的内在超越性，超越了感觉材料和放映机的光源，你在感觉材料和光源中都找不到正在奔跑的马，而对象（正在奔跑的马）是活生生的、非现成的。它从根本上是一种可能的对象，不能还原为感觉材料，甚至不能还原为由感觉材料组成的映射面（Abschattung；adumbration，shadowing）。例如我看这个讲台，它对我直接显现的这个面就叫映射面。以往一般的经验主义者认为，我看到的只能是这一个面，我看不到讲台的背面，可是按照意向对象的构成说，你一上来看到的就是一个可能的讲台，所以包括其他的面。你如果转过去，就会看到那个面，这些可能性都在你的一看之中已经被构成，因为意向活动的统握就是一种立义，它是对材料的意义的赋予。所以对象实际上是可能的对象，里边蕴含着无穷的可能性，从其他角度去看它，或者以各种方式去处理它、跟它打交道的可能性都已经潜藏着。为什么会有这些可能性？因为这个对象根本就不是完全现成的，它是从权能场、内时间意识造就的几乎是无穷的可能性中，被凸显出来而成为这么一个对象的。这个对象的“出身”很高贵，也很低贱。因为其中潜藏着无穷多的对象化的可能，所以它“高贵”；但是它又一直深入到最底层的原发生的层次，所以它“低贱”。所以别小看这一个讲台，这和你看整个世界都是连着的。

胡塞尔认为意向活动是一种“赋意”（Sinnverleihen）或“意义给予”（Sinngebung），由此使对象获得其质料（Materie）或意向意义。这个意义（Sinn，Bedeutung）在潜在的知觉场里就有了，但问题是：难道在我们的意识中已经为各种对象都准备好了订单吗？就好像我要知觉什么的时候，一种意义出来，给予赋意，就把感觉材料统握成一个讲台；我再知觉，就统握成一个同学，等等。这就有点荒谬了，哪有那么多事先准备好的意义？所以这里一定要进入意识的深层，或者叫潜意识、匿名的意识，实际上就是胡塞尔讲的内时间之流所摄藏和暗中酿造出的权能习性场，它是非对象化的，但是无穷的知觉可能、意义可能都潜伏在这里，对象和它是血脉相通的，是因它而可能的对象。它已经为各种意义和对象的应激出现准备好了莫名的可能。所有的意义都在那里，但是还没成型，不是订单，而是潜在通用的，可以变现出各种各样的意义，就像我们之前讲的阿赖耶识一样。“摄藏”是指以前经历的东西都保存着，“酿造”则意味着其中还在进行被动综合。这里不光是纯粹的无形式的材料，材料已经以非对象化的方式被组织（比如配对、联想）起来了，因为显意识的活动也影响着潜在的权能场。为什么不同的人能统握出不同的对象？因为被动综合受以前习性的影响，同时又受现行的影响。所以你总是做好事，的确有可能改变你的命运，因为这个权能场在某种意义上就是你的命运，你一直做好事，逐渐影响和重塑了它，实际上就改变了自己的命运。这些是胡塞尔思想中潜藏的内容，可以让我们这么解释，虽然他自己并没有讲得这么清楚，但是这个结构已经大致浮现出来了。所以，就其原本形态而言，意向活动统握感觉材料的“赋意”之“意义”，也是在这个应激过程中当场构成的，赋意和对象的构成是同一个过程。因为意义已经潜在着，它被激发出来就能同时激发意义和对感觉材料的统握，一个对象就被凸显出来。我们一直生活在可以构造意义的权能场或者非对象化的潜在意义场中，胡塞尔后期称之为“生活世界”，海德格尔称之为“能存在”（Seinkönnen）或“在世界中存在”（In-der-Welt-sein），这些都和詹姆士讲的意识流的潜在形态是相符的，尤其是和他在《宗教经验之种种》里讲的“继续暗示”有关。一个人被催眠，催眠师在催眠过程给他一个暗示，告诉他在某时某地去做个什么事。他醒来之后，把催眠的事都忘了，可是到了那个时候他就真去那个地方做那件事情。你如果问他为什么现在去做这个事情，他就会临时编造出一个理由来解释。催眠中的暗示还在继续生效，这就是继续暗示。这就表明潜意识中已经有意义的赋予，催眠状态中的指令所作用的就是潜意识，所以潜意识和显意识确实可以有意义沟通。

因此，根本就没有纯客观的还等待赋意的赤裸对象，对象总已经被赋意了，尽管这意义出自匿名的、内时间化的权能场。这就意味着对象总要多于、更丰富于它的映射面和实项（reell）内容，它从本质上就是一个“总可能更多”的含义对象，甚至可以说它像单子一样，和整个世界的丰富性都有联系。简而言之，它是本体论上的可能对象或“能成”对象，即它总可能被从新的角度再打量、再变样、再构成。比如我看到一只红苹果，我实际上不是光从理论上看到它，我看到的不止于它对我显现的这个侧面，不止于它的映射面，而是一只立体的、**总可能**再从其他角度来打量乃至触摸、闻嗅、品尝的可能化的苹果。正因为如此，即正因为我们感知到的对象是一种被构成的、可能化的对象，所以我们能从对个别的对象直观，通过调整我们知觉它的方式，也就是我们对它的赋意方式，进而直观到一个普遍之物。我们能从看这张桌子，通过调整我们看的方式，就能够看出一张（潜在的）普遍的桌子。胡塞尔前期还说不需要很多次观察，就可以直观到普遍之物。按一般的想法，要观察很多桌子，然后找到共通性，最后形成桌子的概念。但胡塞尔认为不是这样，所谓“本质直观”或者“普遍直观”“范畴直观”，就是说只要你调整得好，你有那个敏感度，就能够在第一次看到它时就从中看出普遍本质，只要你不再将它作为一个个别之物来统握，而是把它统握成一个可能化的普遍之物。因为意义本身就隐含着普遍性，所以意义不会只限于某一个特殊者。这样个别和一般就打通了，西方哲学两千年之久的难题也就得到了一个新的解决，所以现象学的影响那么大。这种“当下或一次就可直观到本质”的思路，可以为王阳明和王龙溪的“良知当下见在”辩护。不过这是后话，我们后面讨论“致良知”学说时再讲它。

由此看来，现在人工智能的发展，其实就卡在知觉、直觉上，这是它的瓶颈。以前很多所谓“现代性”的鼓吹者，都认为人类的高级能力是逻辑思维能力、形式推演能力、因果算计能力等所谓“科学态度”“理性态度”，而现在人工智能的发展表明，对于能计算的机器，他们所谓的“高级能力”其实是最容易的，难的是像“知觉一块红”这样的事情。人工智能以它的方式不可能穷尽所有的对象，它怎么知觉这个对象所属的类别或这个对象的本质？在现在的自动驾驶中，AI

怎么知道什么时候有危险要停车，什么时候安全能通过？这很微妙，所以到现在技术也没有完全过关，有时候还出事故。这类情况，其中的情境性、时机性、知觉的可能性，很难甚至不可被对象化。什么是红？什么是狗？什么是汽车？什么是安全？老子讲："道之为物，惟恍惟惚。惚兮恍兮，其中有象；恍兮惚兮，其中有物。窈兮冥兮，其中有精；其精甚真，其中有信。"（《老子》二十一章）人工智能需要捕捉的，恰恰是这种恍兮惚兮中的"真"和"信"。

《传习录》里有这么一段：

> 爱曰："……格物的'物'字即是'事'字，皆从心上说。"先生曰："然。身之主宰便是心；心之所发便是意；意之本体便是知；意之所在便是物。如意在于事亲，即事亲便是一物；意在于事君，即事君便是一物；意在于仁民爱物，即仁民爱物便是一物；意在于视听言动，即视听言动便是一物。（参照唯识宗）所以某说无心外之理，无心外之物。《中庸》言'不诚无物'，《大学》'明明德'之功，只是个诚意。诚意之功，只是个格物。"（《传习录》，第6条；《王阳明全集》，6—7）

王阳明认为"意之所在便是物"，非常深刻。这并不是主观唯心主义，而是有现象学根据的。这个"物"恰恰就是意向对象，它是靠赋意、统握构造出来的。他还说"物"实际上就是"事"，没有那种干巴巴的、完全是纯客体的物，它实际上是事情，总已经与人的关切、意义和价值感联系在一起了。理和物都是被作为"心之所发"的那个"意"参与构造出来的，当然就没有心外之理或心外之物了。八条目中，王阳明最看重的是诚意。因为赋意赋出来的不是纯客体，一赋出来就带有价值。为什么呢？关键在于"诚"。只要心诚，是原发的状态，物与价值意义就清楚地相互贯通，物才是真的物。诚意和格物，相通甚至相同。诚意之所以这么重要，就是因为你的意能诚到什么程度，你的物就格到什么程度，而不是像朱熹倒过来讲，只有去格物，意才能诚，这是不一样的。

所以在现象学的视域中，可能性优于现实性，这是海德格尔在《存在与时间》中的名言。当然这个可能性不是科学中概率论或模态理论中的静态可能性，还等待我们去选择的现成的、静态的可能，而是塑造我们所有经验的发生可能性或总可能的发生性，首先就是意义或价值含义的发生性。

然而，就在造成了这么一个关键性的重大突破后，胡塞尔仍然主张对象的呈现即便是被赋意了的，仍然从本质上先于价值。胡塞尔就是这样的一位两栖型哲学家，很有趣。他有批判欧洲科学危机的意识。欧洲科学为什么会引起人类的危机？因为科学的成功让实证主义流行，实证主义就是最典型的对象在先，意义都要被还原为可实证的对象。价值和人生的意义失落，导致了欧洲文明的危机乃至人类的危机。这一点他和海德格尔后期对当代西方技术文明的批判是相通的，可是他还是崇拜科学的客观性，以他的客体优先论参与着“欧洲科学［所制造的人生意义］危机”的形成。他一面有很多重大的突破，一面还在传统哲学和西方文化的传统中。他还是同意布伦塔诺的看法，主张价值中性或无价值可言的对象，也就是表象、客体、感知对象是先于其他任何意向对象的，包括所谓“价值赋值的对象”，为它们“奠基”。在他看来这是天经地义的，必须先有对象，然后才有对于对象的态度和价值判断。所以他还是属于“知先行后”的阵营，但是已经为突破“知先行后”准备了哲理上的可能。

第三节　知行关系的现象学分析（二）：舍勒的新解

马克斯·舍勒的思想特点导致他将胡塞尔的现象学进一步彻底化，

打通了对象与价值。既然如胡塞尔所言，对象构成的要素之一是意义给予或意义的同时构成，那么为什么这意义首先必定是指向纯客体的意义呢？胡塞尔似乎没有给出有力的辩护，因为西方哲学的传统就是知先行后，于是沿袭而下。但是舍勒特别敏感，现象学的还原不是应该已经将客体的“存在预设”，包括“存在种类优先序列的设定”悬置了吗？既然这样，又凭什么主张物理的客体占有优先性，价值的意义一定属于第二层呢？而且，说到“意义”，什么意义对我们这种存在者是最直接、最可领会的，或在这些意义上是最优先的呢？是客体的意义，还是价值的意义？当然是价值的意义。人最关心的、最能打动他 / 她的，让他 / 她在最猝不及防的情境中还能不忘的，当然首先是价值意义。价值是一种意义，但是是有好恶差异或上下颠簸感的意义。你喜好的就是靠上的，你讨厌的就是靠下的。而且婴儿一出生就有价值取向，它一出生就知道找妈妈，就有吮吸反射，但是它那时候肯定没有客体意识。所以婴儿是有感性和生命价值取向的。而且现在的研究甚至表明三个月大的婴儿已经有了伦常价值取向，但却还没有明确的客体化意义取向。①

因此舍勒主张价值的构造一点也不晚于客体对象的构造，甚至要先于它。因为客体对象的构造也要有赋意，在这个赋意中，人心对价值意义的赋意和关心绝不落后于对客体的赋意和关心，甚至要先于它。胡塞尔说人的知觉（Wahrnehmen；perception）意向活动参与构造了客体对象；而舍勒则认为是人的感受（Fühlen；feeling）活动参与构造了价值和对象。在舍勒的学说中，感受要先于或者不落后于知觉。价值感受不需要像胡塞尔说的以知觉提供的客体为前提，只在客体呈现之后去赋予它以价值，而是可以直接感受并参与构造各种价值，换言之，它不基于心理状态、价值的物质载体等外在于感受意向的东西，而是直接

① 参见保罗·布卢姆：《善恶之源》，青涂译，杭州：浙江人民出版社，2015 年，第一章。

切中价值质性或价值先天（Wertapriori）。（《形式主义》，边码87、99），价值先天就是指让价值是价值的那个质性，它意味着价值不完全是后天的而是先天的。所谓“后天的”，就是说先有一个对象，然后我们根据对象，对它采取喜欢或不喜欢的态度。但是价值感受有先天性，它可以独立构造自己的对象或者与作为客体的对象的构造同时进行。舍勒说：“在人最为饥饿的情况下，人也可能会对一种食物感到恶心，而在最不饥饿的情况下，人却可能具有最大程度的食欲。”（《形式主义》，边码252）

饥饿就是所谓的“感受状态”，感到恶心就是价值感受。在某些特别的情况下，价值就能走在对象前面，比如宁死不食嗟来之食。而不饥饿的时候，也可能非常有食欲、拼命吃，不然怎么有肥胖症？所以价值是可以走在对象前面的。身体状态直接与对象打交道，比如饥饿就欲求食物，但是价值可以将其中止。舍勒又说：“情感体验……恰恰构成了最严格意义上的价值感受活动。我们在这里并不是‘在某物上’（über etwas）感受着，而是我们直接就感受到某物、感受到一个特定的价值质性。”（《形式主义》，边码264）舍勒很重视情感，这个情感似乎带有一点更高的价值。但我觉得他说的感受与情感是相关乃至相通的。我们在吃苹果的时候，对于胡塞尔来说，我们一看见苹果就不只是看见它的映射面或感觉材料，不是像经验主义或实证主义讲的那样，一只苹果实际上是一束感觉材料集合在一起。胡塞尔认为这里有意义赋予的构成，一看见苹果就是一只完整的、可能化的苹果。而舍勒则认为我们吃苹果的时候，不是先吃到一个作为客体的苹果再品尝到它的美味，而是一口下去就直接吃出来苹果的美味或者是吃出来一只美味的苹果。这苹果的美味就是你品尝感受的“自身被给予”（Selbstgegebenheit）。不是只有客体才是首先的自身被给予，价值也是一种自身被给予。

在这种价值现象学的视野中，王阳明的知行合一论就一点也不怪诞，反而恰恰说到了要害之处。“只见那好色时已自好了，不是见了后又立个心去好。”认为“见了好色”再“立个心去好”，这是传统哲学包括胡塞尔的看法：先见到好色，即对象、客体，然后立个心去好。而“见了好色已自好了”，是舍勒和后胡塞尔的现象学家们的主导观点。虽然海德格尔不谈伦理价值，他用另外一套术语，但是某种意义上却是更原本的伦理学，有点像道家，我们下面会有一些介绍。

舍勒还有更进一步的主张，即由于感受到的价值意义比知觉到的客体意义更深地牵连着我们的意识权能场，或者说“心的逻辑”深于、先于“客体的逻辑”，所以，说到底是价值意义及其意向系列为我们对物理事物的感知开道、奠基。这里舍勒反复引用了帕斯卡的一个词，即所谓“心的逻辑”（心有自己的逻辑），我们可以将它理解为王阳明讲的“心即理”，或者是舍勒讲的带有价值的意识。它要比客体的逻辑、事物的逻辑更在先，价值先于客体。舍勒说：“恰恰是人的价值本质世界限定并决定着他能认识的存在，将它像一座孤岛一样托出存在之海洋。”[①] 人的价值本质世界在先，人认识到的所谓“存在的世界”实际上就是价值本质世界托出来的露在外边的小岛，海平面下还有巨大的山脉，这些都是价值。你的认知要是真的完全与兴趣无关，不仅是显意识对价值不感兴趣，而且潜意识或内时间意识也都没有价值兴趣，那么这些东西怎么会被知觉到？知觉虽然对于显意识是有一种强迫性，显意识在知觉什么对象上，大致是或起码部分是被动的，但是考虑到巨大的权能场，如果完全没有非对象化的价值和意向、兴趣，知觉是不会发生的。“心不在焉，视而不见，听而不闻，食而不知其味。”（《大学》七章）在这个心（价值感受）先于物（客体及其状态、规律）的意义上，人是“吾性自足”的。

那么，为什么会出现如此流行的相反观点，即认为客体先于价值、

① 马克斯·舍勒：《爱的秩序》，载刘小枫选编：《舍勒选集》，上海：上海三联书店，1999年，第751页。

知先行后呢？从以上的意向性构成观来看，虽然赋意统握（立义）出对象，乃至构造出非对象意境的方式，离我们的心或直觉有较远或较近的差异，但问题在于，既然它是赋予意义、统握构成对象，那么它就应该是有自由度的，有各种统握的可能，这样也就为各种看待“谁更优先”的观点或视角提供了可能。尤其是，在现象学看来，感知-感受的根本是意识流构造出来的权能习性场，后者是匿名的、非对象化的，所以从根儿上就有一种构造的自由，也就是说，它还有待于你去把它凸现出来，把意义形成出来。在现象学的传统中，关于哪种统握或立义方式更原初，有各种不同意见。舍勒认为统握出价值对象及非对象化的人格结构更优先，然后才有其他种类的对象、状态的构造。胡塞尔认为首先统握出知觉客体，然后才有其他立义方式的运作，但其基底是非对象化的内时间意识流的被动综合，这实际上为后来的所有说法都打开了一个新的境界，所以胡塞尔晚期也很强调生活世界，在所有的科学统握之前，已经有生活世界的准备。生活世界是非对象化的，超出个人主体的、前判断的，甚至已经有价值意义浸润于其中的。

而海德格尔是一个另类，他主张原初的立义就是非对象化的，比如“缘在”（Dasein）与“世界”“他人”和“自己”的关系。因为它们之间的关系，不管是真正切身的还是不真正切身的，都首先处于生存的时间晕圈和晕流之中，在那里非对象化的意义和关联网的运作已经出现，但固定的对象还未形成，也就无所谓是哪一个。统握成哪一个都可以，但是意义已经出现，人和世界的交往、和他人的交往、和自己的交往也出现了。这是海德格尔了不起的地方，他在生活中找到各种各样非对象化的，还在晕圈里的生存形态、生存方式、知觉方式。比如人和世界打交道，根本不是像胡塞尔说的那样，一上来就是对象化的知觉，而恰恰是所谓的“环视”。就是说你对世界不自觉地就有一个边缘的环视，完全非对象化的感知。与他人的交往也不是像胡塞尔讲的那样，把对方当作具有一个人类形象的对象，然后通过移情想象他有和我一样的感情和意识方式，最后把他构造为一个人。所以胡塞尔没有很好地解决主体间性的问题，就是因为他在这里太做作。海德格尔则认为我与他人、与世界早就已经混在一起了。我们与世界的这种非对象化的亲缘关系就泄露在工具的使用中，比如使用一把锤子，它根本不是我的对象。我使用锤子的时候，它越不是对象，它就越是锤子。不是说我拿着它，把它当成对象观察的时候，它才是锤子。所以上手状态（Zuhandenheit）恰恰比现成状态（Vorhandenheit），也就是把锤子当作对象打量的状态更原本。人和他人打交道的方式，首先是一种心领神会，你见到一个人，你马上就会对他/她有感觉，人和人交流的比较原初的方式不是以主体间的方式相互交往，比如正经的谈话、对话，而是以边缘方式相互感受，就是说话也首先是闲聊、神聊，根本不在乎聊的是什么，不在乎对象，就是要聊得高兴。人和自己打交道的方式也首先不是对象化的，的确，有时也会对自己做个反思、审查自己，“吾日三省吾身”，但是首先不是这个，而是非对象化的，比如混日子、随习惯而行、逃避原本的自己，按海德格尔的说法，就是采取非真态的活法。但即便在真态的活法中，比如那时你听到了良知的声音，但这良知的声音根本不由你控制，有一个更原本的我，它并不是你的自我意识的对象。海德格尔的《存在与时间》就是要呈现意义在前，意义的所谓“伦理价值”等首先是非对象化的，但肯定已经有潜在的价值。海德格尔虽然不说价值，但他也说到意义、理解、领会、生存等等。所以海德格尔认为，世界从来就是有意义的，在非对象化的意义上也是有价值的。

我们已经说到，胡塞尔认为感知，比如对讲台的感知，是意向构成的，所以一上来就看到一个可能的讲台，一个整体的、立体的讲台，这是对经验主义感知观的重大突破。海德格尔在1919年思想刚成熟时候，在一次讲课中，就举例说明他一进教室是如何感受椅子和讲台的。他根本没把椅子当成对象，椅子挡道了，他根本没注意，随手就把它拉到一边。这就是他与椅子打交道的更原本的方式，这和盯着椅子看（“格椅致知”），然后去找思想上的定义，把椅子和桌子区分开来，肯定不是同一层次。然后他讲到对讲台的体验：他走向讲台，这个讲台对他来说，难道是这些几何学的面的集合体吗？这是传统的经验主义的看法。难道它是一个立方体的盒子吗？这基本是胡塞尔的看法。都不是！他进了教室，冲着讲台走过去，就把它感知为一个他要在那里讲课的讲台。讲台不止是个立方体，它后面有时代、文化、生活经历赋予它的作为讲台的含义。如果一个塞内加尔的土著到了教室，他会怎么感知讲台？肯定和我们不一样。所以意义源头一开始，已经到了物体的层次，但那种关系还不是对象化的，既不像胡塞尔讲的客体化立义，也不像舍勒讲的明确赋予的感受价值，但与舍勒是相关的。讲台好像还是客体，但又不只是物理客体，它还有历史、文化的含义，其实就是有广义的、潜显交织的价值。这些都是边缘人生境遇中带出来的关系，它们已经有意义，但不是客体的意义，也不一定有善恶的伦理学的意义。

三个现象学家统握世界的方式都不一样，各自首先统握成什么？胡塞尔认为是客体；舍勒认为是价值；海德格尔认为是“某物”。人总已经在世界之中了，总已经有了某种意义，但这种意义还不是客体的意义，也还不是明确的伦理学意义，但是它有人生的、存在的意义。所以海德格尔的这种思想是“元伦理学”或“前伦理学”的。你如何统握出对象，完全取决于你的生存状态，取决于你的意识权能场、人格结构和缘在的处身情境与时间化方式，也就是说，取决于你将这个前对象化的、匿名的、待发权能场的境域“作为”（als; as）什么样的对象构造出来。你做没做先验还原（胡塞尔语）？有没有发生“志向转变”（舍勒语）？是不是做出了先行决断（海德格尔语）？这对你的生存状态都有影响，也就是说会影响到你统握出什么样的对象，是知行合一的对象还是知行不合一的对象，这些都内在相关着。家庭、团体、社会、国家，世界的状况、时代的风气、技术的使用，以及个人的心境、身体、遭遇等等，都会影响你统握的方式和结果。

像陆象山的名言“吾心便是宇宙，宇宙便是吾心”，这个就太硬了。他没说清楚“心”是什么？他的“心”好像还是显意识的道德之心，于是这么说就让人感觉有些牵强。如果按照“知行合一”的思路，按照我们替他补足现象学的这些思路，起码讲起来就自然多了。很重要的突破就是胡塞尔的内时间意识，“吾心”、我们意识的根本，和这个世界的构成是内在相关的，这就是发生现象学。你的“心”是什么样子，这个世界是要随之改变的，并不是完全冰冷的“宇宙”。

第四节　对象 / 价值、知 / 行的合与分

通过以上分析，我们可以很清楚地看到，价值构成与对象（包括观念对象）构成结合得越紧密、越自发、越明显，意向过程中知行就越不易分离。“闻恶臭”与“恶恶臭”如影随形。你如果平生还没闻过恶臭，那么不管别人对你怎么描述它，不管你对它拥有多少客体化知识，你都不能在王阳明的意义上真知恶臭。只有当你在实际的经验中闻到了它，一闻之下马上讨厌它，你才马上知道恶臭为何物了，不必像朱熹讲的今天格一物，明天又格一物，最后豁然贯通。西方人设想的那些思想实验，例如“中文屋”“黑白玛丽”也是这样。玛丽一出生就在一个只有黑白两色的屋子里，她在屋子里通过书籍、黑白电视机研究了半辈子颜色，各种理论极其充分，但是她从来没见过颜色。突然有一天，她出去了，一下子见到了颜色，这时候会发生什么？胡塞尔一再讲的“直观不容论证”就是这个意思，但是胡塞尔偏颇地认为直观中没有价值，不容价值涉足直观。闻到恶臭而不恶恶臭，这是在前的原本状态还是在后的不正常状态？舍勒、梅洛-庞蒂、海德格尔都认为这是不正常的，甚至是病态的。梅洛-庞蒂举过这样的一些病例，

他们的对象认知功能是正常的，但是缺乏这种对象和价值的合一。此外，价值构成还可以引领对象呈现，如孔子说"祭如在，祭神如神在"（《论语》3.12）。这是价值在前，对象在后。古人特别看重祭祀，真的相信他的祖先会降临在祭祀现场，特别虔诚。所以《左传》说："国之大事在祀与戎"（《左传·成公十三年》），祭祀和战争是一个国家最重要的两件事，当然国家的祭祀对象是国家的先祖以及天。这就是价值引领对象的呈现。

上面是价值与对象相合的情况。相反，价值构造和客体构造越可分离的意向活动，知行合一的可能性就越小。比如说舍勒讲的精神价值（伦理、审美、认知）和神圣价值的活动，对象和价值分离的可能性就比较高。也不是说这样的活动知行一定分离，可是如果其中的**欲念性、框架性、目的性、可操纵性越强**，知行就越可分。比如科学的认知活动中，目的性、操控性、框架性就非常强，在这种活动中，客体与价值往往是分离的。这里的"价值"或"行"不是完全没有，比如科学家所谓的"知"表面上完全客观，没有价值，其实只是他们没有自觉到其中的价值而已，其实仍然是有价值的。早期的一些科学家从事科学研究似乎只是出于好奇，好像还比较纯粹，但好奇也是一种价值。而现在的科学研究，往往需要巨额的经费，科学家为了争取经费需要论证、写报告，这个过程中的目的性太强了，在这个过程中知行早就已经分离了。所以其中的价值往往蜕变为个人主义的、功利主义的，或者这个过程会引起不同价值的相互冲突。而西方传统伦理学几乎所有的主张和命题，不管是理想主义、享乐主义、功利主义的，还是形式主义的，它们所针对的都首先是无"原行"之知，对于"行"没有自身要求，更没有原本的"知"与"行"的连接。你尽可以谈论、主张它而不去实行它，似乎也不会影响它的伦理学含义。康德的形式主义伦理学稍好些，它要求你去践行那些所有人都能遵守的道德律令，认为这样才是善的，而且康德本人也比较虔诚。但是大部分人是不太可能完全实践他们自己的理论主张的。所以摩尔、维特根斯坦、海德格尔就认为这种伦理学本身没有意义，实际上是因为这种伦理学没有知行合一的原意义。同样，审美学说、认知理论也都可以甚至常常与审美经验和真知体验脱节；神学则常常没有什么神圣性，或者脱离信仰和神秘经验，只是为教会的意识形态或某一派别辩护。

这些现象在历史上出现得太多了，所以王阳明在《拔本塞源论》中对这种知行不合一的现象有犀利的批评：

> 盖至于今，功利之毒沦浃于人之心髓而习以成性也几千年矣，相矜以知，相轧以势，相争以利，相高以技能，相取以声誉。……记诵之广，适以长其敖也；知识之多，适以行其恶也；闻见之博，适以肆其辩也；词章之富，适以饰其伪也。……宜其闻吾圣人之教，而视之以为赘疣枘凿……（《传习录》，第 143 条；《王阳明全集》，61—62）

王阳明说，尧舜以前，圣人的教化让人民和知识分子都非常淳朴。但是尧舜以后，每况愈下，到了他的时代，几千年来的功利之毒浸透人的心髓，久而久之，习以成性。用知识、权势、技能、声誉来互相攀比、争斗、倾轧，这些事情大家从《儒林外史》可见一斑。知识越多，越助长作恶。他最后说，士林中都是这些货色，我整天跟他们打交道，我把孔圣人知行合一的学说拿出来，他们能不反对吗？这已经是文章的最后了，王阳明写得很激愤。

要回复到价值与客体、知与行合一或起码通气接火的状态，首先就要改变生存环境。儒家一直有这个志向，就像杜甫“致君尧舜上，再使风俗淳”这句诗所说的那样。儒家认为真正好的社会不是按照理想主义原则来重新建构的，而是要回到最淳朴的状态。人类在根本上就是好的，中国的儒家、道家、墨家都推崇远古，只有法家是厚今薄古的。远古的那种生存状态可能也不是完全理想化的，但的确要比现在淳朴。在我小时候，北京的老百姓就比现在淳朴多了。所以每个朝代几乎都有一批人发思古之幽情，总是看到远古时候那种美好的、知行合一的状态。东西方都是如此，西方也有这样的思想，但是自近代以来，西方进步论盛行，关于未来的乌托邦思想更盛行，总觉得未来会更好，我觉得它有点把人类的思想给绑架起来了。历史上西方也有所谓“黄金时代”“白银时代”“青铜时代”“英雄时代”“黑铁时代”的划分，赫西俄德的《工作与时日》里就认为远古最好，现在最糟。而现在人类面对这么大的生存危机，生态环境的恶化几乎不可收拾，高科技发展造成的潜在危险性越来越大，可是科技进步论的影响却越来越大。我们只有寄希望于创造更先进的科技，来解决这些因科技而造成的问题。比如环境恶化了，就寄希望于以后用可控的核聚变发电，使用清洁的能源，这样空气质量就改善了，温室效应也缓解了，能源危机也解决了；人际关系不好了，就用机器人来调节，让机器人伺候老人、照顾孩子，甚至可以和机器人结婚。机器人能生孩子吗？现在确实还不行，但是有些电影里，比如在《银翼杀手 2049》里，机器人就能生孩子，这真是不得了。到那时候我们这个人种真成了“黑猩猩”了：机器人能自己生育，能自己构造一个更高的超人的“人种”了。

我们现在之所以崇敬那些东西，实际上首先是因为它们能带来巨大的利益和强力。王阳明的这些批评与反思，在现代依然非常有意义。我们现在正走向一个知行越来越不合一的时代，未来我们可能只能在虚拟世界里“知行合一”了。

除了要通过修身、齐家、治国、平天下来改变这种生存环境外，儒家还认为，就个人或儒家士大夫群体而言，要尽量从事“简易直截”的意向活动，也就是能够自身给予或构成价值和对象的那些活动，而不去从事那些易导致知行不合一的活动。儒家对你应该做什么是有倾向性的，孔子就强调“君子不器”，因为你一旦成为一种“专门之器”，你知行合一的可能性就少了。所以陆象山、王阳明以及后面会讲到的罗近溪等人，他们指点弟子，都是当机揭示已经在你意识中的，但暂时被遗忘的本心、良知和赤子之心，使其显露出来，让那个“萦绕着意识的被遗忘名字”被忽然想起来，这是真正简易直截的活动。禅宗的惠能也是这样，也要在无念、无相、无住之中想起“自性”。再比如陆象山，也是如此，我们前面已经提及的他的那个“还用安排否”（《陆九渊集》，470）的教导，便是一例。他的学生詹阜民刚在老师旁边坐下，陆象山突然起身，他也跟着站起来。老师一站起来，他也跟着站起来，两者的心是通的。为什么？因为本心。詹阜民对老师的尊重在潜意识中就有，时机一激发就冒出来，知行合一，不用安排。当然陆象山没有知行合一的思想，这是王阳明超出他的地方。但陆象山认为“吾心”最根本，他教育学生的方式就是启发本心，时机化地启发、最简易的行为的启发，让学生直感到本心的存在。王阳明的弟子王艮和王阳明说，他在街上看到满街都是圣人；王阳明回他说：满街人看你也是圣人。（《传习录》，第313条；《王阳明全集》，127）你把他统握成圣人，他就把你统握成圣人。罗近溪也是如此。这样的例子很多，他们善于用这种方式教育学生，因为这种行为的潜意识和显意识是打通的，是时机化、情境化的；对象和价值也是打通的。这是从修行角度来讲如何回复本心。

另一种达到知行合一的途径，就是要回到那些“无思也，无为也，寂然不动，感而遂通”（《周易·系辞上》）的自发活动，以它们为知行的根本。孟子用“不虑而知”来说良知，“不学而能”来说良能。“无思无虑”说的恰恰就是良知：虽然“无思无虑”，但随时能“感而遂通”，这就是显意识与潜意识时机化的打通，而这种打通是通过对价值意义的感受（如“好好色”“恶恶臭”）容易呢，还是通过把握层级对象（如以客体对象为奠基的多层对象）容易呢？当然是前者要简易得多。“无思无虑”就是所谓“未发之中”，或者是潜伏的、随时待发的潜意识，这就是良知。“感而遂通”是良知之发，是一种“致良知”。要警惕、改造那些目的性强、功利性强的格物致知之学，因为它们会把思想、学说和知行变得支离或层级对象化。就此而言，静坐可作为回复本心和知行合一本能的入门之阶。王阳明接受静坐，并且他自己从年轻的时候开始实行静坐，开悟后又曾经推荐他的学生这么做。为什么？就是因为静坐可以剥离名相、目的和算计。在这个状态下，就可以构成对象和价值的交融，对象在静坐中变成了非对象，价值潜在地准备事态，最后让你能够感而遂通，这就是李侗和陈白沙后来的境界。黄宗羲描述王阳明晚年居越期间达到的境界，也是这样，“时时无善无恶，时时知善知恶”。“无善无恶”就是“无思无虑”，“知善知恶”就是“感而遂通”。所以静坐是一个具体可行的办法，但王阳明更看重“事上磨炼”。碰到事，不能执着静坐，要磨炼自己，把目的之心、私立之心、偏执之心都磨掉，也就是孟子讲的“勿忘勿助”。比如王阳明有一个学生叫陆澄，他的儿子生病了，陆澄心里特别忧闷，王阳明对他说“此时正宜用功”（《传习录》，第44条；《王阳明全集》，18）。这就是事上磨炼。王阳明自己碰上宸濠之乱，在最难受的时候，形成了第二次开悟，最后提出了“致良知”，这也是事上磨炼。所以，关键就是要当机体会价值呈现的源头，也就是本心。

这种目的性甚至包括追求善道和克治恶念的目的。王阳明对此也一直警惕，认为这是着力（执着地用力），在这件事上分了心了，所以不能让目的在先，不能让它控制了你的行为，这样会导致知行分离。尤其是功利性的目的，为达目的不择手段，把价值赋予了目的，在达到这种目的的过程中，知行就分离了。虽然王阳明也曾强调要克治省察、存天理去人欲，但如果相信人可以在明确目的的引导下，靠为善去恶的意愿来统握材料，构成善意对象，那就丧失了伦常之善的不可对象化的那一面，即不可对象化的价值总是要在差异对比中被当机构成，而且源于完全不可对象化的人格结构。所以舍勒认为善只能处在行善行为的“背上”，被即时顺势地带出，而“永远不会在这个行为**之中**被意指”（《形式主义》，边码 49）。比如对于去救即将掉入井的孩子，孟子的分析，就与王阳明乃至舍勒的看法完全一致：看到孩子将入井而起恻隐的那一瞬间，你是什么目的性的想法都还没有的。当然，孟子举的都是些不太好的目的，如“内（纳）交于孺子之父母”“誉于乡党朋友”；但如果就想要干好事，这个行为直接意指这个善的价值，舍勒认为也不是真善。真善是做这个事的时候或者事后，没觉得要去行善，只是知行合一而已，类似老子“功成而弗居”（《老子》二章）的思路。如果这个行为就是冲着善行去的，自己认为这个行为就是在实现善了，就反而实现不了这个纯价值了；如果善被意识为对象，那么伪善的可能就出现了，舍勒叫欺罔（Täuschung）。西方的宗教往往要面对“欺罔”的挑战，因此存在很多问题。因为他们从根本上有一种自我肯定，总认为真理掌握在自己手里，自己代表上帝，代表最高的神圣性，或能够清楚地定义什么是善行。问题是基督教认为自己代表独一神耶和华，伊斯兰教也认为自己代表独一神安拉，这样自然就容易引发宗教冲突、宗教战争。而东方对不同宗教，在根本上是宽容的，因为我们从来不敢断定自己说出来的神是独一无二的。在我们的历史上，三教虽然也有摩擦，但基本上和平相处了近两千年，没有发生宗教战争，其原因就在于我们在根本处，是从最基本的生活中获得价值的，我们的价值是从生活经验的“背上”顺势带出来的，而不是对象化的。在这一点上，宋儒的敏感度在降低，而王阳明又恢复了一些敏感度，所以他认为他才是圣学。他在《答顾东桥书》里激愤极了，当时的人都不能理解他，因为他们已经习惯于知行不合一的状态了。但如何避免欺罔、伪善，对儒家也一直是重大的挑战，因为你讲道德、说仁义，某种意义上就是犯了忌讳，讲道德、说仁义本身就有种悖论的危险。道家在这一点上特别有敏感性，老子说“绝圣弃智，民利百倍；绝仁弃义，民复孝慈”（《老子》十九章），越讲仁义，越不孝慈。《老子》《庄子》满篇都是对这一点的反思、批评，借此开显出道家认为的真正有道德的生活和社会。通过标榜道德、制定法律来实现道德的所谓“文明社会”，本身就有它自身构造的阴影在威胁着这个社会。历史也的确表明，古代那些如此盛大的文明，组织得那么健全，但是最后也不知怎么的，一个一个就都这么垮掉了，那些蛮族怎么就能征服了那些文明？只剩我们中华文明迤逦歪斜地最后还算是维持下来了。这和道家的批判是不是有关？可以再思考。

第五节　《五经臆说》残篇如何佐证龙场之悟和“知行合一”？

到目前为止，对王阳明的《五经臆说》和“知行合一”的关系，似乎还少有讨论，我觉得这是一个重大缺憾。《年谱》记述了王阳明龙场开悟后，马上写道“乃以默记五经之言证之，莫不吻合，因始著《五经臆说》”。后来因为他不满意此稿，烧掉了其中的绝大部分。但是王阳明去世后，钱德洪整理他的遗稿，看到了他留下的少量《五经臆说》的残篇。这些应该是经过王阳明选择的，其他的都烧了，为什么没烧这些？说明他基本认可这些残篇中的内容。这些残篇现在收入《王阳明全集》（新编本）第二十六卷。所以这些残篇其实是理解王阳明龙场悟道和“知行合一”的珍贵文献，但限于篇幅，我们在这里只能做些“点穴”式的分析。

首先是对《春秋》经一开头文字的阐析。

残篇开头引《春秋》首言：“元年春王正月。”这几个字，含义特别深远。表面上只是记载鲁隐公元年春天周历正月。“王”指周王，“正月”是周王朝历法的正月。别小看这几个字，《春秋公羊传》对它大做文章；董仲舒《春秋繁露》对此句也颇为看重，尤其是对“元”字，董仲舒做了精彩的分析。（参见《拒秦兴汉和应对佛教的儒家哲学》第三讲，68—106）《春秋》从鲁隐公元年开始，记了二百多年的历史，“元”

字表面上只是指鲁隐公元年，但是它实际上饱含深意。它和《周易》乾、坤等卦中的“元亨利贞”之“元”暗通，意味着“原发之时”。表面上也是指时间，表示简单的时间，但是《春秋公羊传》和董仲舒都给予它更深刻的含义。“元”实际上是意识、历史、正统、政治和道德伦理之源。“元”是最原本的源，原、源、缘都是“元”之流。董仲舒“从各个角度、层次和主题上阐发此元意，因为它在根本处破除了秦韩的一时性（只关注现在或为我操控的权力），为政权传递带来了深远的、非现成的可能”（《拒秦兴汉和应对佛教的儒家哲学》，88—89）。以韩非为代表的法家和秦王朝重视的就是现在时，这一点和我们今天的现代性是类似的，而实际上时间有过去、未来和现在三时。所以他们能够非常理性地看待权力之争，想尽一切办法，最后形成了我所说的法家的权力现象学。这也很了不起，让春秋战国时期权力流失的问题在明面上得到彻底解决。秦国君主用法家的办法把权力牢牢控制在自己手里，而且通过韩非讲的一系列策略，建构、加强君主自己和国家的权力，控制和奖惩臣子和百姓，碾压其他国家，使得秦国在短期内强盛起来，最后统一天下。但是它解决不了一个重大问题，那就是时间问题或元的问题。既然只强调一时性，权力就无法传承。秦始皇目的性太强，连太子都不立，临死前在沙丘让赵高传谕，由长子扶苏主持葬礼，实际上就是传位给扶苏，但是赵高在那个时刻（旧主已死、新主未立之时）有绝对的自由空间去做手脚，因为秦王朝之前没有立太子，不考虑后代。所以他就施诡计另立新皇，搞得国家乌烟瘴气，使整个秦王朝在统一天下十五年后就崩溃了。到了汉代，一个特别重要的哲学任务，就是要总结秦亡的教训，为汉王朝的长久延续找到合适的统治方法。到汉武帝继位时，汉朝已经有了六十多年的历史。此帝雄才大略，觉得这么下去还是不行，必须找到真正能使国家长治久安之策，就让博士、大臣提建议。董仲舒跟汉武帝进行了三次对谈，最后说服汉武帝，独尊儒术、罢黜百家，这可以说改变了中国历史。所谓“罢黜百家”只是不让百家进入中央意识形态，并不是完全禁止，这和基督教禁止别的宗教完全不一样。董仲舒对“元”的解释就深刻地浸透到他和汉武帝的对话中。所以两汉有四百年的江山，传位基本没有出现大问题，虽然也出过小问题。后来霍光能够废立皇帝，但居然没有篡位，可见汉朝根基有多深；吕后差点夺下刘氏江山，但也没有成功。所以一个政权要想真正长久，必须在危机突然降临之时，仍然让人们在潜意识里还有留恋你的理由。这才是“元”的意思。

实际上，前面讨论的知行合一或对象价值合一的存在论可能就在此元时中。胡塞尔视之为“内时间意识流”，海德格尔则称之为“缘在的生存时间性”。但《春秋》元时的**心性含义**，似乎要到王阳明这里才开始吐露。

王阳明写道：

> 人君即位之一年，必书“元年”。元者，始也，无始则无以为终。故书元年者，正始也。大哉乾元，天之始也。至哉坤元，地之始也。成位乎其中，则有人元焉。故天下之元在于王，一国之元在于君，**君之元在于心。“元”也者，在天为生物之仁，而在人则为心**。（《王阳明全集》，1024）

“人君”在此处指鲁隐公，周王是各国共尊的天子。鲁隐公即位的第一年称为元年。他用这句话接住《春秋》的话头。“元”是开始，它与时间有关。将此元写在开头是为了“正始”，不只意味着开始，而且意味着对开始的矫正。因为它作为原发之时本身就是正的；人的心性本身也是善的，或起码主导的是善，是正。这呼应着董仲舒的“以元之深正天之端，以天之端正王之政”[①]。王阳明在这儿受到了董仲舒、

① 苏舆：《春秋繁露义证》，北京：中华书局，1992年，第70页。

春秋公羊学的影响。原本时间是那么深长，天好像是最根本的，但是天的开端也要靠元的深长去正。所以中国的政治或正治，它的根子就是从这里来。《说文》说“政，正也”[①]，而之所以能“正”，其根还是在“元”，还是在时间性。这是最原本的天人合一，不光是那种对象化的天人感应——君主做得不好，天用灾异来警示。原本的天和人的存在都在于“元”中，而“元”首先是时，是正。然后王阳明紧接着就把《春秋》这头一个“元”和《周易》联系起来。“大哉乾元”“至哉坤元”是乾、坤两卦的《彖》辞。乾是天，坤是地，还有“人元”。于是他就超出了《周易》，把“元”引到人。虽然依据还是《系辞》所谓天、地、人三才，但把元叫作“人元”，这是王阳明的独创。接着，他将其心学化，人之元体现为君主；君主之元在于心，这就赋予了心以深刻的时间性。天之元是生发万物的仁，人之元就是人心，与天元、地元相通，所以吾性自足。

王阳明这里将《春秋》“元年”的对象含义即“人君即位之一年”，与其价值含义即“元始”“正始”打通，又打通了乾、坤之元和“人元”，并且直指此人元为心，这个心是本心，潜意识和显意识打通的时中之心，由此让此元时心学化，同时也人性化。**于是“吾性自足”和“知行合一”就有了《春秋》经的佐证**，甚至是现象学存在论的佐证，使得“性”与“心”、知与行的含义大大深化，进入“发生现象学”的“时中”境界。

本着这种事实与价值、事理与本心耦合的精神，王阳明又写道：“故元年者，人君为国之始也。……**故元年者，人君正心之始也**。”（《王阳明全集》，1024）他再次探讨元年的含义，这是君主为国或治国的开始，所以元年又意味着君主正心的时刻。人君之所以能正心，就是因为将元年的时间化或时机化本意充分展示了出来，也就是回到“始”，即事

① 许慎：《说文解字注》，段玉裁注，上海：上海古籍出版社，1981 年，第 123 页上。

物与价值、知与行还未分离的源始，这是最简易、原发的状态。所以天下之“大一统”，就源于此“知行合一”的心元之一统。董仲舒一再讲“大一统”，这与秦朝的大统一完全是两回事，“一统”是三统中一统，所以有所谓“通三统”，它具有过去、现在、未来的时间含义。而“统一”是秦政，其中没有时间含义，只是现在时。他于是进而阐发“元年春王正月”的微言大义——“微言”就是事实记述，“大义”就是价值的赋予，而且是隐微的价值赋予，更微妙。表面上只是老老实实地叙述干了什么事，但是那个价值赋予就在“背上”被带出来了，而且更厉害，“孔子成《春秋》而乱臣贼子惧”（《孟子·滕文公下》）。

其中一个要害问题就是此“元年”说的是鲁隐公即位，掌鲁国国君之位的元年或第一年，但是《春秋》却没有写出隐公即位的事实，比如记成“隐公元年春王正月”。《春秋》十二公（隐桓庄闵僖文宣成襄昭定哀），隐公后面的十一公即位的那年都是“某公元年”，偏偏隐公没有。但是不记也很重要，就像那想不起来的名字，对于理解意识本性很重要一样。王阳明的解释是：“夫子削之不书，欲使后人之求其实也。”（《王阳明全集》，1025）就是说，孔子故意不写，以便引起你的注意，然后去追究真实的情况。为什么不把真实的情况写出来呢？要是对象化地写出来了，真实的东西反而出不来了。所以这里要先隐蔽，不能直书，然后你再来揭蔽。

我们先交代一下背景，这是一个家庭的悲剧、政治的悲剧，但其中有价值的褒贬。鲁隐公叫姬息，他的父亲是鲁惠公。他是庶出，母亲的地位很低，按照当时的礼制，他本人的地位也不高，但是他很贤明。他有一个弟弟叫姬允，公子允，也就是后来的桓公。惠公去世的时候，公子允刚出生，大臣们觉得隐公贤明，就拥戴隐公，隐公也就即位了。但是他心里想的是他父亲很宠爱他弟弟的母亲，他弟弟的母亲地位比自己的生母地位高，所以为了孝顺父亲，这个君位也一定是要还给他弟弟的。但是他弟弟还小，现在把君位给他，也是那些大臣辅政，到时候他弟弟会不会被强势的大臣摆布，或者能不能守得住这个君位都是问题。所以他就想自己先即位，等将来弟弟长大了，再把君位还给他。等公子允长大一些了，一个奸臣公子翚（字羽父）想取悦于隐公，就跟隐公说：公子允已经长大了，我为你把他杀了，以除后患，然后你给我升官。隐公就说：我之所以即位，是因为他太小了，将来等他长大了我是要把君位传给他的。公子翚就害怕了，如果这个事情被公子允知道了，他即位之后肯定要杀自己。所以他就又跑到公子允那里，说：隐公要杀你，我先去为你杀了隐公。当时公子允还年少，一听觉得合情合理：我对我哥哥是个威胁，他要除掉我也很有可能。公子允不能理解他哥哥的苦心，怀疑他，所以最后同意了公子翚的阴谋，于是隐公被杀，公子允即位之后就是桓公。桓公的生母其实本来是惠公给隐公娶的，但是后来惠公看她漂亮，就自己娶了。父亲犯下大错，最后酿成悲剧。

所以王阳明认为，《春秋》经不记隐公，是孔子为了让人们感受到这份实情，所以不书隐公即位，好像他只是摄政一样。王阳明写道："一不书即位，而隐公让国之善见焉，嫡庶长幼之分明焉，父子君臣之伦正焉，善恶兼著，而是非不相掩。呜呼！此所以为化工之妙也欤！"（《王阳明全集》，1025）所以这个缺位反而彰扬了一个真正知行合一的人和他的行为，突显了隐公的善，也突显了其他人的恶。这恰恰是《春秋》的教化工夫的妙处所在，越不直书，越是空书、隐书，越是能够化人，它是在上下文中时机化地被带出来的，被当场构造的。这样，"元年"也就成了"好色"，让人见而好之，知而行之。其后果之一就是"天下**知**父子君臣之**伦**，而无父无君者**知**所**惧**矣"（《王阳明全集》，1025）。这里的两个"知"字，就是知行合一之知，因为它们说的是：天下之人因此而知晓父子君臣中已有伦常，并使无父无君者在知其无父无君中浸透了恐惧。

由此一例即可知，此《五经臆说》是在用或显或隐的方法，来阐发龙场之悟的“吾性（心）自足”和“知行合一”之旨。

第二例是“郑伯克段于鄢”。前面是正面地彰显鲁隐公的德行，后面这段就是要批评郑庄公的知行不合一。这段也被收入《古文观止》，为人熟知。《春秋》记载了这么多动乱，其中很多问题都出自家庭。郑庄公的母亲武姜生他时难产，就不喜欢他，郑庄公的弟弟共叔段则得到武姜的偏爱。这母亲就一直让庄公的父亲把君位传给弟弟，这位父亲还算比较有见识，仍然传给了郑庄公。共叔段在母亲的支持下怀有篡位之心，最后直接起兵造反了，这是大家都知道的。可是郑庄公表现得非常理智，一开始显得对弟弟友爱、宽容，但实际上他是在故意纵容共叔段，等待镇压后者的时机。所以他没有知行合一，而且是参与构造了弟弟的恶行。

“郑伯克段于鄢”里边讲到“克段”时，称“郑伯”而不是“郑庄公”，王阳明对此做了一番辨析。这个称谓就已经有褒贬了，实际上是在批评郑庄公不教育共叔段，反而纵容他犯错。为什么要写出“鄢”这个地方？因为他两次打败他弟弟，追着他打，最后追到鄢这个地方，这也是故意突显他的恶。这种笔法的褒贬并不是现成的或明面上的，而是由行文的隐意构成的，所以这种笔法本身就是知行合一的。表面上只是个事实，但是其中已经有价值判断了，而且价值判断是更重要的。两者相互交融、密不可分。这也是中国史学传统里的一个特色，要害不在于这些史实，而是在于其中的“大义”。这跟西方史学就不一样，他们主要就是记述历史事件，希罗多德的《历史》就是这样。特别是“克”字，一个国君对另一个国君才称为克。所以王阳明辨析这句话中事实与价值的双重合一的喻义，以揭示郑伯之心而“诛其意”，撕开他知行不一的伪善。王阳明说：“是其迹之近似，亦何以异于周公之诛管、蔡。故《春秋》特诛其意而书曰‘郑伯克段于鄢’，辨似是之非，以正人心，而险谲无所容其奸矣。”（《王阳明全集》，1025）表面上来看，“郑伯克段于鄢”和“周公诛管、蔡”事迹是相似的，都是国君的兄弟反叛，但是“意”却正好相反，而“意”就是阳明说的“心之所发便是意”。要把这种知行分离之意揭露出来，让狡诈奸邪无处容身。

第三例是解释《易经》的咸卦。此卦是《周易》下经的第一卦，上兑下艮，阳卦在下，阴卦在上，山泽通气，“咸”就是“感”的意思。王阳明说：“天地感而万物化生，实理流行也。圣人感人心而天下和平，至诚发见也。皆所谓‘贞’也。”（《王阳明全集》，1026）“天地感而万物化生，圣人感人心而天下和平”，这是咸卦《彖传》里的句子。咸是个吉卦，因为阴阳可以交通感应，这是《周易》一贯的思路。一切都在正位上，反而不好，一定要在变化中形成交感，这才吉利。王阳明的“知行合一”就是建立在“感”的基础上，因为它是自发的，见了父亲就知道孝，见了哥哥就知道悌。为什么能这样？就因为在那个情境下形成了感通，于是知行合一的孝、悌就被实现出来了。所以他说天地交感元始中的万物化生，正是知行合一的“实理流行”处，“实理”就是实在的天理。与之相类，圣人治天下不靠武力，也不靠法律，而是靠感动人心，因为他依据的恰恰是最原初、原发的人类的关系和行为，所以能感通人心。儒家的根本不在于告诉你一个现成的概念或是别的什么，而是认为只要能亲亲，就自然父慈子孝；只要父慈子孝，家庭自然就和睦；家庭和睦，乡里、国家、天下就自然太平。所以儒家治理天下的要诀就是感动人心，“感人心而天下和平”。西方的政治理论从古希腊开始，有什么理论到了这个层次呢？他们都是通过诉诸法律、制度和条约以达到和平，这和儒家的思路就非常不一样。儒家就是要把人性中最原初的、知行合一的那部分，也就是亲亲或“家本性”扩大开来，而同时又避免其中有可能阻隔这种“知行合一”扩大的私欲，比如只顾自己的家，不顾别人。而且这种扩大不是平等化，而是非常合理地、艺术化地来实现的。所以这样的社会就既有原发的知行合一，又有公平合理的那一面。其实秦汉以后也没有哪朝哪代实现了儒家的这个理想社会，但这个理想毕竟一直或多或少在发挥着作用。当然,在儒家看来,最理想的时代还是尧舜时代。

“天地感而万物化生”好像是个存在论的问题,“圣人感人心而天下和平”好像是个伦理学的问题,其实它们是完全打通的。王阳明说:“皆所谓‘贞’也。”就是说交感体现为贞。“贞”是乾、坤中“元亨利贞”四德之一:“元”就是源头、发生、第一;“亨”就是交通、感通;“利”就是因为有“元”“亨”而得到的好处,当然主要不是指个人的好处,而是天下的好处;“贞”古人一般训为“正”。而王阳明深化和拓展了“贞”的含义,将它视为圣人以交感至诚,也就是知行合一的“发见”状态来感动人心、校正世情,由此达至天下和平的正道。这就是源发生的,事与理(价值)、知与行合一的贞正状态,其义深远。王阳明用“贞正”之“正”来解“格物致知”之“格”。可见他心目中的“格-正”不是按某个标准、规则来正物,而是回复到让人心可以被感动的知行合一状态或情态,于是自然就中正了。所以王阳明马上写道:“观天地交感之理,圣人感人心之道,不过于一贞,而万物生,天下和平焉,则天地万物之情可见矣。”(《王阳明全集》,1026)交感的要害就在贞,后来他用贞解释“正”即格物,这确实是有依据的创造性解读,也是王阳明提出知行合一说的《易》理来源。他在龙场曾将所居之处称为“玩易窝”,自有其深意。

随后王阳明用这个原则解释恒、遁、晋诸卦,大略也是这个意思。如解恒卦:“贞即常久之道也。……天地之道无不贞也”(《王阳明全集》,1026),至变中有贞体;解遁卦:退遁中有“时中”之亨道(《王阳明全集》,1027);晋卦中则有“独行其正”的“明明德”之道(《王阳明全集》,1027—1028)。至于王阳明最后以《诗经·颂》来佐证知行合一的阐释,这里就略过了。总之,如果我们对王阳明“吾性自足”和“知行合一”有较深切的领会,就会看出,《五经臆说》的残篇确实是研究阳明学的重要文献,不可忽视。

第十一讲　王阳明“致良知”说（一）：“致良知”的含义及与“知行合一”的关系

第一节　“致良知”之义

前面已多次表明，“致良知”是王阳明五十岁左右开始着重提出的学说，他自称是“圣门正法眼藏”，是阳明学最成熟、最为人知和影响最大的学说。从形式上看，它是《大学》讲的“格物致知”的“致知”和孟子讲的“良知”的结合。《孟子·尽心上》讲：

> 孟子曰：“人之所不学而能者，其良能也；所不虑而知者，其良知也。孩提之童，无不知爱其亲者；及其长也，无不知敬其兄也。亲亲，仁也；敬长，义也。无他，达之天下也。”

良能是天生就有的能力，不用学。婴儿的吮吸反射就不用学，这个你还要学，你就不一定能活下来。良知就是不用思虑就知道的，也就是无目的、非反思的知。然后孟子举了爱亲敬兄的例子，表明家庭中的伦理，一则最为原发，是良知良能；二则它虽不是普遍的，但却是可普遍化的，只要没有别的因素妨害它、隔断它，就能“达之天下”。

“致良知”说代表了王阳明青年时期真理追求中的困惑（比如格竹子失败等等）在孟子、陆象山学脉中的解除，但实际上，他还赋予了“致良知”以新的独特的思想和生命，和孟子、陆象山不完全一样，“致良知”是他龙场悟道和“后宸再悟”两次开悟的思想结晶。王阳明说：“吾‘良知’二字，自龙场以后，便已不出此意，只是点此二字不出，于学者言，费却多少辞说。今幸见出此意，一语之下，洞见全体，真是痛快，不觉手舞足蹈。”（《王阳明全集》，2089）其实龙场之后王阳明的思想已经被它笼罩，只是没有把思想最要害的地方集中在这两个字上。他向学者们、弟子们解释他的思想，用“知行合一”也好，用别的说法也好，总觉得没有说到最要害的地方。“致良知”则“一语之下，洞见全体”，他学说的各个方面全都能汇集于此了。当然他这里说的“‘良知’二字”，其实应该是“‘致良知’三字”，不然就好像只是孟子余绪了。

这个学说似乎极为简便易行，主张人人都有天生的良知，只要不被私意隔断，它就能自己实现出来。有些学生就觉得它太简单了，甚至“把作一种光景玩弄”，所以王阳明就感叹：“某于此良知之说，从百死千难中得来，不得已与人一口说尽。只恐学者得之容易，把作一种光景玩弄，不实落用功，负此知耳。”（《王阳明全集》，1287—1288）他对良知或致良知的感受和体察，是从个人百死千难的不得不诚意和格物的原发体验中得到的，其中有多少潜显意识的出入、痛苦恐惧的剖剥、思虑算计的摒弃和先行决断的刮垢开光！经过十几年的反复淬炼淘洗，最后不得已，只能以“致良知”来一口说尽。但这又让他疑虑、恐惧，因为致良知只是一个线头，其所牵动的是极大极深的思想和实践，而且又极不现成，不仅一口说不尽，而且千口万口也说不尽。

从哲理上看，何谓“良知”？孟子说：“所不虑而知者，其良知也。”良知就是不需要对象化、客体化、概念化或算计化的原发之知。在对象化、客体化、概念化、算计化之前，已经有良知了；进行了对象化、客体化、概念化、算计化，反倒会妨害良知。我认为“良”的意思就是天然、非人为、自发、原发，所以“良知”就是天然发动的、不假计虑的知。这个“良”好像和“善良”有关，所以似乎有伦理的意义。在《四书章句集注》中，朱子这样解释《孟子》“良知”之“良”：“良者，本然之善也。程子曰：‘良知良能，皆无所由；乃出于天，不系于人。’”（《四书章句集注》，360）我认为朱子说“良”是“本然之善”，似乎稍稍过了些，“良知”的“良”还不一定有那么重的伦理含义，至少没有那种与恶相对的善的含义。它可以有伦理含义，但不止于此，所以我觉得他话中所引的程子的说法要更准确些。

王阳明与徐爱讲学时（1512年），已经明确地讲到了“致良知”。《年谱》说王阳明五十岁“始揭致良知之教”，可这时候他才四十岁。海德格尔特别重视一个人最早的言论，从中最容易看到其真意。等到他思想成熟、成体系后，就讲得山呼海啸、云山雾绕，你反而摸不着边了。康德、黑格尔都是这样，王阳明的“致良知”我觉得也是这样。《传习录》第8条是王阳明四十岁时最早讲到致良知的一段，在我看来，反而比他后来讲得更明白：

> 知是心之本体。心自然会知：见父自然知孝，见兄自然知弟，见孺子入井自然知恻隐，此便是良知，不假外求。若良知之发，更无私意障碍，即所谓“充其恻隐之心，而仁不可胜用矣”。然在常人不能无私意障碍，所以须用致知格物之功。胜私复理，即心之良知更无障碍，得以充塞流行，便是致其知。知致则意诚。（《传习录》，第8条；《王阳明全集》，7）

良知是原发的、不假思虑的、时机化的，而且是心之本体，所以“心自然会知”。什么时候需要致良知？私意障碍，使得原发的良知不能畅快地流行、涌流出来之时，就需要致良知。致良知就是格物致知，所以王阳明这里对格物致知的理解就和朱熹的理解很不一样，格物所针对的是那些覆盖了良知的意欲，或者那些意欲参与构成的“物”，要把它们从不正变为正，变为不再是对象化的，而是原发的。然后就可以胜私复理，良知没有了障碍，就可以充塞流行，这样就是“致其知”，实际上就是“致良知”。这里虽然还没有将“致良知”三个字放在一起，但是“致良知”的意思已经很清楚了。很明显，王阳明的“良知”之“良”是指心的“自然”“自发”的运作，即所谓“心自然会知”。当然，他这里举的良知的例子有道德含义，如“见父自然知孝”等等。

王阳明后来在“四句教”中，也认良知为“知是非”之知，但“知是非”的源头在“好恶”，他说：“良知只是个是非之心，是非只是个好恶，只好恶就尽了是非，只是非就尽了万事万变。”（《传习录》，第288条；《王阳明全集》，121）“是非只是个好恶”，“是非之心”原出于“好恶之心”，这句话分量很重。你读了舍勒就知道这里的要害：好恶包括是非，但是非不是好恶的全部。良知的源头在好恶，然后表现为是非，而是非之心就能尽了万事万物。如果没有舍勒的思路，可能就会觉得这只是儒家那种最典型的泛道德主义，用道德看世界万物，于是把万事万物本身客观的含义消融掉了。但事情远不是那么简单，根据舍勒的观点，我们人类认识事物就是这样的，是非在前，但不是完全概念化、观念化的是非，而是前观念化的是非。它的根子在好恶，好恶就更原本，我们也一再讨论了“好好色”“恶恶臭”的原初性。所以这里不只是泛道德主义。在现象学中，可以把好恶和事物的客观性的关系讲得更清楚、更深入。人的意识和世界的关系，谁先谁后？道德感受只是对事物的反映或再加工？按胡塞尔晚年谈到的欧洲科学危机，如果认为客观性在先，那么由于科学对这个东西的处理最强力、最有效，人类社会就会被拖进一个完全由所谓的客观科学和实证科学的对象化力量所主宰的意义危机之中。

所以虽然良知是是非、好恶之心，但并不一定全是明显的道德之心，像“好好色”“恶恶臭”之类的心，毫无疑问也可以称之为良知。

王阳明这么讲，是有所突破的，因为不仅佛、道两家主张铲除好恶是非之心以求道，就是《大学》讲“正心”时，也认为人有愤怒、恐惧、喜好和忧患等，就会让心“不得其正”。但王阳明却相信好恶之心，只要是原发的，而非出自有目的的欲望，伴有得失之喜惧，就是良知。

再来看“致良知”之“致”的意思。我们前面讲过“致知”之“致”，是“极致化”或“充分实现”的意思，当然还有“实行”的意思。有些学者认为，致良知的“致”首先有“实行”或“实现”的意思，他们经常会引用《答顾东桥书》中的这段话：“吾子谓‘语孝于温凊定省，孰不知之’，然而能致其知者鲜矣。……可以知‘致知’之必在于行，而不行之不可以为‘致知’也明矣。”（《王阳明全集》，55）所以陈来先生指出“致知”有三个要点，即“扩充”“至极”“实行”。（《有无之境》，168）似乎致良知的关键就在于把良知实行出来。

但是从我们上面的分析来看，我认为致良知的要害在于“意诚”，也就是去掉利害算计的得失之心、饰伪之意，让人天然就有的好恶、是非之心，无障碍地、自发应时地呈现，这样所知的对象就一定具有价值指向和价值自觉。一个自觉致良知的人，就能够对原初的良知的呈现特别有体会和认可。既不会把良知发生的状态当作一个对象来培养、扩大，甚至揠苗助长，也不会把它彻底忘记，而是时刻警惕妨碍它生长的意念，廓清自己的心，即孟子所谓“勿忘勿助”。这样久而久之，就一定会有良知自发、应机而时中的纯熟高明的境界呈现。所以，致良知首先就是要“胜私复理”或“去除私意障碍”。但这并不是说人不能有个人独自的感性、身体甚至性爱上的要求及其满足，“去除私意”不等于去除个人的欲望和欲望的实现，而只是不要让它们被占有欲和心机算计污染和固化。相反，君子或所谓“学者”（有志学道，学做圣人的人）要从它们的知行合一的原发天真形态得到启发，让自己的道德和智慧的追求成为那样的良知良能，这就是致良知。它不是禁欲主义，但也绝对不是纵欲主义。王阳明讲：“人但得好善如好好色，恶恶如恶恶臭，便是圣人。”（《传习录》，第229条；《王阳明全集》，107）这就是孔子说的“好德如好色”，王阳明讲得更清楚了。

这样“致良知”和“知行合一”也就联系起来了。“致良知”之“知”就是“知行合一”之“知”，是对象与价值合一的知。这也完全在情理之中，龙场之悟既产生了知行合一之说，也像王阳明自己说的那样，导致了他对“致良知”精义而非其表达方法的直觉领会。

换言之，“知行合一”和“致良知”是一个精神分娩产下的同卵双胞胎，它们的基因相同，只是后天各自的生命经历有所差异。“知行合一”是哥哥，它几乎立刻有了名字和正式身份，但时常不被父辈的亲戚朋友及众人看好和理解，只有父亲的少数弟子珍爱它，视若掌上明珠。“致良知”是弟弟，它长时间未得名字，只有家内的小名和含糊的叫法。它养在深宅人未识，却随哥哥一起发育，但是由于“来头未被道破”，反倒长得更加身心健全，而后再经历百死千难，被磨砺、再造得更加晶莹纯粹。这时，它在父亲眼中才成为绝代才俊，于是由父亲正式加以命名，“册封太子”，定为家族传承的嫡子正脉，由此名满天下，为父争光，替家族承续思想血脉。

第二节 “致良知”与“知行合一”的关系

以上主要讲了“良知”的两个意思。第一，它是自然就能知的心之本有能力，也就是“心之本体”。这个“本体”不应该被看作西方的实体，而应视为原发的能力，虽然也有某种结构，但它是非对象化的。第二，它是原发真诚的是非、好恶之心。这两个意思其实可以从内在打通。所以“良知”的本意非常明白简易，就是自发至诚地知是非、行好恶的本心。而“致良知”就是充分实现此“良知”，使之达到极致。但如此明白的“致良知”说却在王阳明弟子中和学界引出了许多歧见，争讼不休。黄宗羲说：“‘致良知’一语，发自晚年，未及与学者深究其旨[①]，后来门下各以意见搀和，说玄说妙，几同射覆，非复立言之本意。”（《明儒学案》，178）王阳明的弟子把“良知”说得又玄又妙，几乎就像猜谜一样，把握不到王阳明的本意了。造成这种局面的原因有很多，仅就王阳明这方面讲，他也有责任。首先，他赋予了“良知”非常丰富深邃的含义，使它成为牵拉、沟通几乎全部儒家哲理的中枢，不仅涉及四书（《大学》《中庸》《论语》《孟子》），还涉及《尚书》《周易》《春秋》《诗经》等等。比如，他后来说：“良知只是一个天理，自然明觉发见处”（《传习录》，第189条；《王阳明全集》，92），“良知是造化的精灵”（《传习录》，第261条；《王阳明全集》，115），“‘先天而天弗违’，天即良知也；‘后天而奉天时’，良知即天也”（《传习录》，第287条；《王阳明全集》，121），“夫良知，一也。以其妙用而言谓之神，以其流行而言谓之气，以其凝聚而言谓之精”（《传习录》，第154条；《王阳明全集》，68），“良知即是《易》”（《传习录》，第340条；《王阳明全集》，137），“良知即是未发之中”（《传习录》，第155条；《王阳明全集》，68），“良知者，心之本体”（《传习录》，第152、155、159条；《王阳明全集》，67、68、71），等等。耿宁先生总结王阳明的“良知”大致有三层意思：

第一，良知是一种“向善的情感或向善的倾向［意向］之自然禀赋意义上的‘本原能力’”（《人生第一等事》，344）。例如对亲人的爱，对他人的尊敬、同情，对不义行为的厌恶。

第二，“致良知”中的良知是一种“本原知识”，是对自己意向的伦理价值的自身意识。（《人生第一等事》，第一部分第二章）而且，此本原知识作为“对自己的价值意向的自身意识”，相比于第一种良知概念，获得了对伦理对错的自觉意识，所以在这个意义上是更高阶的意识，因而从性质上就不同于第一种良知含义。“‘本原知识’不是作为某种

---

① 张学智先生对此不同意，参见张学智：《明代哲学史》，北京：北京大学出版社，2003年，第103页。

情感或倾向（意向），而是作为直接的、或多或少清晰有别的对自己意向的伦理价值意识。”（《人生第一等事》，344）

第三，作为“始终完善的良知本体”（《人生第一等事》，第一部分第三章）。

对比耿宁的良知解释和我的理解，可以看出重大不同。我上面讲的良知的第一种意思，即“自然就能知的心之本有能力，也就是‘心之本体’”，涵盖了耿宁先生的第一层和第三层良知含义，因为我理解的“本体”，是一种原发能力，不是西方哲学中讲的超越于心识能力的实体，所以没有必要将它们再分成高下不同的层级。但更关键的区别是我讲的良知的第二种意思，即“原发真诚的是非、好恶之心”，不是从性质上高于第一种意思的更高级的价值反思意识，而是第一种良知含义中蕴含着的。换句话说，“自然能知的心之本有能力”，比如爱子女、父母之心，其中已经蕴含着知其为善好，而知其反面为恶邪的价值判断。简言之，良知必含自知，良知意识就是一种自身意识。如果让那些在正常环境中生活的父母，判断“父母应该爱护子女”和“父母不应该爱护子女”，即便村妇野农，也会做出与她/他们朴素的知行一致而非矛盾的回答。她/他们的意识与圣贤意识的区别，不是意识种类的区别，而是原发意识的自由发挥空间大小的区别，只要扫清妨碍原发意识的私意障碍，则“满街都是圣人”。而对此原发意识的自觉，也不是意识的“高级”与否及此自觉的有无（再颟顸的人也已有此自觉，就如同海德格尔所说，任何人对“存在的含义”已有领会）的问题，而是体悟是否原发和深切的问题。君不见，那么多具有“高级”自觉或观念化自觉的儒士，只是流于谈论致良知，而像虞舜、王艮这样的民间孝子，则可一通百通。

我们可以看到，王阳明后期赋予“良知”的如此丰富的含义，固然展示了他的学问“臻于化境”（《明代哲学学史》，103）的一面，通过现象学的疏解更能看清楚他这些思想的精微、深活；但另一方面，这也为透彻地领会良知乃至“致良知”造成了某种困难，有点变简易为支离的危险。

其次，王阳明晚年强调“致良知”**即**“知行合一”，但毕竟还是没有充分说清楚“致良知”与“知行合一”的关系，虽然他也做了一些努力。他说：“道心者，良知之谓也。君子之学……皆知行合一之功，正所以致其本心之良知；而非若世之徒事口耳谈说以为知者，分知行为两事，而果有节目先后之可言也。”（《传习录》，第140条；《王阳明全集》，56—57）澄清两者关系对于深入理解“致良知”之说相当重要。

根据以上所讲的“致”的意思，尤其是它“实行”的意思，有不少研究者（甚至大多数研究者）都认为“致良知”是指“实行、实现良知”。从形式上看，这种解释没什么错，但是如果只限于这种理解，则会认为“致良知”不同于“知行合一”，甚至相对立，因为良知在被实行出来之前必须已经有独立身份，然后才会有实行的问题，所以“良知”之“知”和“致良知”之“致”已经不是本来合一或本体合一。如陈来先生所言：“按照良知之说，良知逻辑上先于致良知，知逻辑上先于行。”（《有无之境》，169）这样，对于这时的王阳明，“良知”就不同于“致良知”，所以陈来先生认为：“他的重点不再是强调知行本体的合一，而是强调知行工夫的合一，即知之必实行之。从而，阳明晚年对知行范畴的使用回到了宋儒的层次。”（《有无之境》，169）陈来先生的结论实际上就是说，在“致良知”中，良知之知和致良知之行分开了，“致”是工夫不是本体，所以知行要靠工夫合一，它们没有本体合一。总结一下陈来先生的观点，就是这样的：王阳明龙场悟道后讲知行合一，如果将其中的“知”看作朱子讲的“真知”，那么就可以说他主张的是“知行本体的合一”；而到王阳明晚年讲“致良知”的时候，因为以上讨论到的问题，所以他连这种改装的“本体合一”也讲不下去了，于是只能退而坚持“知行工夫的合一”，即“应该以工夫去努力实行良知”，至多是“良知作为真知必导致真行”。因此，陈来先生断言

“阳明晚年对知行范畴的使用回到了宋儒的层次”，也就是回到了知先行后的层次。就此而言，王阳明的“知行合一”说从来没有在他以为的那种意义上是一种“本体合一”的学说，它一直就只是一种工夫论。陈来先生曾说：“知行合一虽为工夫切要，但未及心体。心外无理虽论心体，但非工夫。……而‘致良知’本体、工夫一齐收摄。”（《有无之境》，149—150）“良知”是本体，“致”是工夫，所以“致良知”合在一起，将本体、工夫一起收摄。

这里所谓“工夫”是说“知”（包括良知）和“行”不是本然合一的，而是还不合一，要经过“工夫”，比如克治省察、静坐的工夫，而努力达到合一。所以“致良知”中的知行关系终究还是知先行后。

如果这么理解，“致良知”就变得扑朔迷离起来，因为良知逻辑上先于行，虽然有自身的实行指向，但如何理解这个指向以及如何实现它，却还有待于信奉者和实行者的工夫。这个“良知”和“致良知”或“实行良知”之间的实质性空隙，就为各种各样的理解和实行方案准备了可能。于是不仅王门后学的“路线”争执不可避免，没有判定对错的可能，而且就是对“致良知”及“良知”自身确切含义的解释，也充满了分裂的可能。

在我看来，这里的混乱和分裂源于混淆了“致良知”中的两层知行关系，即“良知”层次上的知行关系和“致良知”层次上的知行关系。只从后一层来理解王阳明的学说，就看不到第一层即**良知本身蕴含的知行合一关系对后者的笼罩或根本性制约**，看不到“良知”中潜含的“致良知”之势，这样就必会偏离王阳明的本意。

我们先看第一层，即“良知”层次上的知行关系。这里的关键问题是：“良知”是不是“知行合一”之“知”？当然是。从王阳明对二者的源头性说明可以明白地看出，比如在我们前面已经分析过的《传习录》第5条与第8条中，王阳明所说的知行合一之“知”与良知之“知”，本意完全相同，只是表达行文有差异。前者的表述是：“见好色属知，好好色属行”，这才是“知行的本体”，所以“必是其人已曾行孝行弟，方可称他知孝知弟”。后者的表述是：“见父自然知孝，见兄自然知弟，见孺子入井自然知恻隐，此便是良知，不假外求。”如果没有“私意障碍”，就是知致意诚，此良知就会“充塞流行”。我们对前者“知”与“行”的一体关系多有讨论，现在要看后者讲的良知，如“见父自然知孝”之“知”是不是已经有了价值赋意的“知”，就像“知好色”已有“好好色”的价值赋意了。儿女见到父母，不是先见到、感知到两个作为客体的成年人，之后才要努力去实现其所以为父母的价值含义；而是一见到他们就直接感受到对父母的亲亲之情及其所含的伦常价值，从而当下立生儿女对父母的孝爱之情之心。因此“见父母”必与“孝爱父母”的价值赋意共生共在，“不假外求”。“见父自然知孝，见兄自然知弟”的良知，和“好好色”“恶恶臭”一样，已经是知行合一的了。所以良知层次上的知行关系就是原本的知行合一。

再看第二层，也就是“致良知”层次上的知行关系。如果在良知产生的时候没有私意障碍，也就是说没有其他价值感受行为的干扰，则此良知必见诸明显的行为、更多的行为、更为自觉的行为或与其他良知行为连融共进的行为，这便是让此良知充塞流行的**第二层意义上的致知之行**。“然在常人（或一个异化社会中的普通人）不能无私意障碍”，所以总有致良知的问题和需要，于是良知无法立即和完整地见诸行动，就要“用致知格物之功胜私复理”，以求良知在这个层次上的充塞流行，是为“致良知”。在这个层次上，知和行就不是本然合一或本体合一的，而是要凭借工夫合一。在这一点上，陈来教授是对的。但是，这并不等于说王阳明“致良知”学说里的知行关系回到了宋儒的层次，也就是“知先行后”的关系了。

从表面上看，既然良知不一定被实行而需“致”之，对“致良知”知先行后的解释就是不可避免的；但如果明了还有第一层的知行合一的关系，即良知本身的知行合一的关系，并对此关系有切当的领会的话，那么这种判断就不一定成立了。首先需要明了的是，“知行合一”即便在王阳明本人的意思里，而非宋儒的“真知才导致真行”的再构状态里，也绝不止于工夫论。从《传习录》第5条可见，他讲的知行合一是“好好色”“恶恶臭”这样的对象呈现和价值构成同时发生的本体事件。而且通过前面的现象学分析，尤其是舍勒的价值质料现象学对胡塞尔意向构成现象学的超出，可以更清楚地看到这一要点。就此而言，王阳明的知行合一说首先是本体论的而非工夫论的，即价值与对象同时构成，甚至价值引领对象的构成型的本体论。

良知即知行合一之知，也就是价值与对象共同构成，甚至价值引领对象构成的原生之知。如果是这样，它就一定会深刻影响，甚至在相当程度上塑造“致良知”，使之不止于，甚至不是知先行后的那种外在关系。

首先，良知塑造着致良知的目的。这使得“致良知”不是将一个还无行的知实行出来，而是**将良知本有的行实现出来**。理解了这一层，致良知就不是一个知先行后的随意散漫的关系（比如知道怎么去火车站，与最终实行这个知——当然也可以不实行它——的关系），而是一个有肯定性的价值定向和意愿驱动力的紧凑关系。也就是说，良知已经有知行合一的趋势、势态，致良知只不过是顺着这个势态而行。

其次，良知还影响和塑造致良知的方式。既然良知已经是知行合一的，那么第二层的“行”或“致”就不应该是主动的、构造性的、带有自身之知的实行，即针对良知的纯知一方面的行；而只能是被动的、否定性的或释放性的“让行”，即一种“任其（即知行合一的良知）自行”。**“致良知”没有自己的知和主动的行，而只有良知的知和行**。海德格尔晚年有本书，德文是*Gelassenheit*，我把它翻译为《任其自行》。真正的思想不是构造一个概念体系，而是让存在本身，让自然，让潜在的、源发的生命世界自行。晚年的海德格尔受道家影响，思想中有些生态哲学的东西。王阳明这里当然跟生态还没有直接关系，“致良知”表面上是伦理学的思路，但是其中的要害是超出伦理学的。前引《传习录》第8条中，王阳明说：“然在常人不能无私意障碍，所以须用致知格物之功。胜私复理，即心之良知更无障碍，得以充塞流行，便是致其知。”私意把良知遮蔽了，所以要“胜私”，这就是“让行”，就是“去蔽”。海德格尔认为真理就是去蔽，而不是思想和实际的符合。真理一定是原发的，给你带来对存在的领会，或一个认识境界的开启，不只是一条命题的确定。“复理”之“理”就是良知，前文列举了王阳明对良知的许多说法，其中一个就是“良知只是一个天理”。所以总起来说，**致良知就是“让良知行”**。就如同王阳明对“明明德”的解释，“明德”本身就是明的，“明明德”就是“让明德明”，并不是明德之外还有另一个德需要被明。“明明德”就是让它里面原来就有的良知和德行显露出来。孔子的正名思想（《四书章句集注》，141—142）也是这个道理，所以孔子说“君君，臣臣，父父，子子”（《论语》12.11）。不是用外在的条条框框去规范君、臣、父、子，而是他作为君、臣、父、子，就已经具有了那个角色本身的德。致良知、明明德、正名，都只不过是让其中本来固有的良知或德行显露出来。冯潇屹同学指出，“致良知”就是让良知中的行不受阻碍地“**显行**”出来，或者说让良知中的价值赋予不受阻碍地身体化。我觉得这是个不错的理解，比如“好好色”的“好”，如果没有障碍，就自然会“显行”出来。所以王阳明的学说并不是知先行后，起码不是程朱意义上的知先行后。如果非要说谁先谁后，就只能说，良知的知与行在先；致此良知的“让行”在后。这是一种内在的、紧凑的原发生关系。

第十二讲 王阳明“致良知”说（二）

第一节 新视野中的“致良知”之义：回到生命情境时晕中的原发意向构造

如果认识到良知本身就是知行合一的，或“致良知”学说与“知行合一”学说乃同卵双胞胎，还有更多的后果。

首先，它可以深化和矫正我们对致良知的理解。陈来先生总结此“致”有三义：扩充、至极和实行。（《有无之境》，168）但按我们现在“让其行”的诠释——致良知就是“让良知行”，则所谓“扩充”和“实行”中的主动含义就不适合致良知之“致”，只有“至极”基本上可以相配——如果它是指“揭开蔽障而让良知达到至极”的话。

其次，它让我们对于阻碍良知现行的原因有更准确的定位。王阳明和其他很多儒家学者都认为“私意隔断”“私意障碍”是导致良知不能充分实行的原因。如果望文生义，将“私意”视为私人或个人的意念，特别是个人的欲望，实际上就偏了，而且在这个意义上讲“存天理，灭人欲”也不是王阳明本意。所谓“私意”，就是使人**知行不合一或知行分离的意念**，即对象呈现和价值赋意相互分离、不尽匹配的意向行为。致良知就是要把导致知行分离的意念悬置起来，让它们不起作用。在这个基础上理解什么叫去私意，才会更准确。

王阳明与一个叫薛侃的学生有一段对话：

> [薛]曰："'如好好色，如恶恶臭'，则如何？"[阳明]曰："此正是一循于理。是天理合如此，本无私意作好作恶。"曰："'如好好色，如恶恶臭'，安得非意？"曰："却是诚意，不是私意。诚意只是循天理。虽是循天理，亦着不得一分意，故有所忿懥好乐则不得其正，须是廓然大公，方是心之本体。知此即知未发之中。"（《王阳明全集》，32）

"好好色""恶恶臭"是"诚意"，不是"私意"；它是"循天理"的，而且没有"着意"。阳明特别反对"着意"，可以有"意"，但关键是不能执着，不能把它观念化、目的化、超时间化、超情境化、固定化。"忿懥好乐"不是原发的，是带有私意的。但私意同诚意一样，只是意的一种，可能还有别的意。后面说要"廓然大公"，这只是针对私意而言，并不是所有"意"的对立面。在这段对话之前，师徒二人说到除草中"着意"与"不着意"。草本无善恶或好坏，人如果认之为有善恶，就是着意或加上自己的私意。但这不意味着不应锄草或培草、用草，而是要随其理或良知所发而锄草、用草甚至种草。我们现在还种草，锄掉了我们现代人认为的野草，种上我们认可的草坪草。这就是现代人的偏见，但是这种偏见里不见得就一定有私意。周敦颐就不除窗前的草，他说"与自家意思一般"，他心里觉得这草挺好，不用除，这也是"理"；如果你觉得这个草确实不好，影响你的生活，你把它除了，这也是"理"。但如果你天天琢磨要换什么草，锄了种、种了锄，折腾来折腾去，这就是私意。所以王阳明说："草有妨碍，理亦宜去，去之而已。偶未即去，亦不累心。若着了一分意思，即心体便有贻累，便有许多动气处。"（《传习录》，第101条；《王阳明全集》，32）是不是"私意"不是有客观标准的，而在乎你的心与情境的关系，你是执着其中还是随着情境走。

所以并不是人所有的欲望都是“私意”。原发的、合乎生活之情理（潜、显意识相合）的去草或不去草，并没有存在论和价值论上的分隔，只是随机而发，它们就是未加私意的、发自心体的知行合一之举；而那些“着了一分意思”，即超生存情境地认为“去草”或“不去草”对，就是知行分离的私意。比如你觉得应该去草，但是你今天懒，没去干净，到了晚上你还为之累心，责怪自己怎么不够努力，没去干净。但真正知行合一的人根本不会考虑这些问题，该怎么样就怎么样，过去了就算了。这就是“私意”和“诚意”的区别。诚意就是自发的意，随境生灭，不执着；私意就是执着，知行分离。如果真的是原初自发的随境而行，你认为它是对的时候，你自然就已经或同时在做了。不会觉得明明知道是对的，但就是做不到。比如现代人知道该保护森林但还是去砍伐树木，这就是私意，因为知行已经分离。

薛侃觉得既然“不可着意”，那王阳明平日总讲的“好好色”“恶恶臭”不也是着意吗？（“安得非意？”）不也是个人的私念好恶吗？但王阳明认为“好好色”与“恶恶臭”是循天理也就是情境化的良知之举，其意乃诚意，不是私意，也没有着意，也就是没有私意隔断，任其自行，就正是致良知的一个例子。至于“忿懥好乐”就不是良知层次上的好恶了，而是着了私意（超情理的偏执）的价值对象化、现成化和目的化了。没有这些目的的偏执，一切意向行为皆随生活情境的天理而发，就是廓然大公，就是致良知，就是心体的未发之中和发而皆中节之和。如此省察才能抓住私意的真身，才知道该克治掉的不是原发的好恶之心，而是被超情理的目的偏导、固化从而与其他好恶隔断的好恶之意。同为好恶，但是统握方式不一样。一个没有加目的或固执的观念，一个加了。所以一种是知行合一的良知良能的方式，一种是私意隔断的忿懥好乐的方式，其中的关键就在于**是否原发，是否时机化，是否是出自生命世界本身的情理**。这也就是帕斯卡的“心之逻辑”与“物之逻辑”的区别，知行合一或良知就是循着心的逻辑，而知先行后或私意就是循着物的逻辑，也是海德格尔讲的“形式显示”与“总体化”及“形式化”的区别。“总体化”就是从一个个具体事物中归纳出一个抽象概念，它有一个对象域；“形式化”是利用关系形成概念，比如数学的数字，但它同时也构造了一个自己的对象域，比如实数域。形式显示就是让这种关系彻底境域生成化，其中没有任何对象化的执着，到这里就没有私意了。这同时也是王阳明所谓“心即理”和“求理于事物”的区别。“心即理”意味着心无自体，以理为体。对王阳明而言，理就是生命时势、生命情境本身的情理；“求理于事物”则要从外在于生命时理的事物上求理，于是为功利目的或私意的加入和操纵腾出了空间，知行也就分离了。

再次，以上的同卵双胞胎之论表明，良知的“不虑而知”是直接感受到事情价值并当场参与构成此价值之知，它的首要表现不是主体对纯客体的认知，而是主客还未完全分开的情感之知，或这个意义上的“感-知”。前面在对王阳明《五经臆说》的分析中，王阳明对咸卦的解释可以帮助我们理解这个“感-知”，也可以称之为“晕知”。从现象学的观点看，在物理的时间中，一个体验刚过去，但我们还把它体验为在场；在物理时间中还未到来的声音，在我们的期待中它也已经在场，它们共同构成了一个时晕。我们能真正听到声音恰恰正是依赖这个时晕的结构。如果是经验主义的模型，听到的就不是真正的、正常的声音或旋律，而是某一瞬间进来的音，还要靠联想连接起来，但是实际上你的联想根本跟不上，这种模型听到的就是杂音。我们感受到的世界充满了井井有条的对象，这些声、光、色都是处在晕之中的。海德格尔把胡塞尔说的时间晕和因此形成的流扩大到整个现实生活，尤其是还没有被思虑或目的切割的实际生活，完全出神化的意义构造的原初状态。在王阳明这里，**良知的“不虑而知”就是一种晕知**，因为它与他的生命——他以前的生命体验、他未来的生命体验——有一种非对象化的内在联系，所以它处在原意义构成的晕圈之中，主体与客体、价值与客体都还未分开，相互需要。因此，王阳明反复提及的“好”“恶”“痛”“饥”“孝”“悌”，乃至悲、喜、怒、惧等等，这些都不一定是私意，只要还处在体验晕圈之中，也就是处在时势的原发状态之中，皆是自发情感，也就皆是良知。情感、好恶不一定是私意，不但不一定是私意，甚至还可能是诚意，也就是说，还可能是良知。

这是朱熹和程颐未达到的境界，他们所说的私意里往往就包括了情感，把它们都当作“气”。虽然“气”也有纯粹与混杂之分，但毕竟与理是不一样的。他们一直要贬低情感，认为情感不可能达到理的纯度。甚至包括对儒家传统来说特别重要的“仁者爱人”里的“爱”的情感，他们都觉得不可靠，所以“仁”不是爱，而是“爱之理”。这就比较接近耿宁先生讲的良知的第二层意思，即超情感的价值判断的意识（所把握者）。按王阳明的说法，只要是原发纯粹的爱、“形式显示”的爱，比如父母对子女的爱、子女对父母的爱，“爱”本身——而不是“爱之理”——就已经是良知、天理了。如果一定认为“爱之理”才是良知、天理，就支离了。所以在王阳明这里，潜显意识或本原能力与本原知识是直接相通的，这主要就表现于他的知行合一，或对象与价值合一的见地里。也就是说，知与行、对象构造与价值构造、良知能力与良知知识，还处于生命情境的原发时晕之中，相互有别却又相互需要、相互作成。就此而言，王阳明的良知论，就是“至情即至理”之论。这个思路我当年得自贺麟先生，贺先生尊崇西方唯理论，但这个思想实际上已经超出了它，虽然有时也能在其中找出一些相关说法，但总的来说他们还是认为理高于情。贺先生受宋明道学影响至深，但他是通过西方那些主张直觉、直观优先的思想家来反观宋明理学，这样就与心学有了共鸣。比如斯宾诺莎，他是一个唯理论者，但他认为哲学的方法在感知的方法和概念化的方法之外，还有第三种方法，这就是直觉或直观的方法。还有新黑格尔主义，也是把黑格尔的辩证法看作一种由直觉来引导的艺术化的方法，认为所谓“辩证法”是一种情感的逻辑。由此，贺先生在《宋儒的思想方法》(《近代唯心论简释》，69—93）一文中，提出中国哲学最重要的方法就是直觉法。我个人认为这是贺先生最富创造力的一篇文章。他能看到，真正的理，不是干巴巴的“正确”，而是一定要能自发地放出光彩。真理既是真理的标准，又是错误的标准，就像光明既是光明自身的标准，又是黑暗的标准一样。所以贺先生把感情也放到很高的地位，真正的至情之中，必有至理。我觉得对王阳明来说，也是如此。“灭人欲”不是要灭情感，而是要灭伪情和偏狭化、非时势化或固化的欲念和观念。“天理”不是弃情感的道德规范、“天条”、“天律”，或程朱讲的反思中的“所以然”，而只是时机化的至情所含的时机化的至理，就像王阳明《瘗旅文》所记他对相似命运者们的原发同情中蕴含的至理一样，质诸天地鬼神而不移，非常感人，也非常真实。当时他确是生死难料，并不知道自己后来还有那么一段辉煌。按他当时的处境，很可能他最后也和那些人一样会暴尸荒野，所以他的同情是发自肺腑的至情，这才是他“致良知”学说的生命所在。情感及其源出的意识流就像《大乘起信论》讲的“如来藏心”，它既是“生灭心”——也就是俗世中的“好好色”“恶恶臭”，甚至包括私欲之心，同时又是“真如心”，所谓“一心开二门”。（参见《拒秦兴汉和应对佛教的儒家哲学》第七讲第1节）

《传习录拾遗》记载，王阳明说：

> 吾居龙场时，夷人言语不通，所可与言者中土亡命之流。与论知行之说，更无抽挌。久之，并夷人亦欣欣相向。及出与士夫言，反多纷纷同异，拍挌不入。学问最怕有意见的人，只患闻见不多。良知闻见益多，覆蔽益重。反不曾读书的人，更容易与他说得。（《王阳明全集》，1550）

他在龙场时和中土亡命之徒说起他的知行合一，那些人很容易就接受和理解了。等他离开贵州，与儒家知识分子说知行合一，抵触就多，遇到各种争议、反对。所以他说“学问最怕有意见的人”，这里的“意见”就是孔子所谓“意必固我”中的“意”。这些人就怕自己缺少知识，但在良知的问题上，你听到的、学到的东西越多，覆蔽越重。可见，知行合一和致良知的要害就在是否自发，是否有真情诚意，与学识多少无关，甚至很多情况下学识越多越碍事儿，闻见意见越多，良知蔽障越深。这可以补充王阳明在《答顾东桥书》中“但惟圣人能致其良知，而愚夫愚妇不能致”（《传习录》，第139条；《王阳明全集》，54）的说法。似乎表面上看有点矛盾，但王阳明这里没说君子能致良知，他只说圣人能致良知。其实君子往往有很多意见，只有圣人能返本归源，所谓“大人者，不失其赤子之心者也”（《四书章句集注》，297）。

最后，既然良知是至情至感，私意乃不自发的功利执着和计虑，那么致良知的要害就是回复到自发的生命情境时势晕圈之中，让良知良能充分涌现，这就是后来泰州学派的源头。具体的致良知方式，只要有助于这种回复，回复到原发的价值赋予与对象给予合一的意识状态，就都可用。所以，静坐、克治省察、当机体悟、返回生活情境还有老师当机指点等等，皆是致良知之法，但也都是随情境而变通的权法，而不是定法。孔子说：“可与共学，未可与适道；可与适道，未可与立；可与立，未可与权。”（《论语》9.30）“权”是最高境界，就是要随机应变。如果以一法排他法，认之为总是为王、为主的定法，就一定有弊端生出，因为这样的定法本身就与“回复到自发的生命语境时势”不相容。阳明后学之所以产生争论，其中一个原因就在于把某一权法认作定法。

第二节　致良知之法的得与失

至此，我们可梳理一下致良知的本义与这些致良知的具体方法或工夫的关系，由此可以窥见阳明后学诸派的方法论或工夫论的来源。

首先看静坐法。王阳明说："初学时心猿意马，拴缚不定，其所思虑多是人欲一边，故且教之静坐、息思虑。"（《传习录》，第39条；《王阳明全集》，17）刚开始求学，心定不下来，思虑大多数都是私欲、私意的一面，所以王阳明一开始先教学生静坐，停息思虑。王阳明三十一岁时入阳明洞行导引术，这也是一种静坐，最后达到了"先知"的境界，所以他必深知静坐的效用。良知是"不虑而知"，但明代时，士子们一般总是思虑过多，且"多是人欲一边"。宋代、汉代可能就不这样。这有很多原因，但我觉得其中一个原因就是汉人比较淳朴，更接近于良知自发的状态，先秦就更是如此，即使当时已经礼崩乐坏，每况愈下。但每个时代肯定都有这种情况，可能只有尧舜时代会不一样。所以我认为王阳明的心学和时代背景、社会结构是有关的，如果是陶渊明《桃花源记》中描述的淳朴社会，他们如果听到王阳明讲知行合一，肯定绝大部分人都会赞同。对这些思虑、人欲，王阳明的对治之术，并非一上来就"克治"它们，因为它们遍地皆是，治不胜治；而是先"教之静坐"，以便"息思虑"。就如同胡塞尔讲的"现象学的还原"，将那些人欲的"存在预设"悬置起来，让它不起作用。所谓"静坐"，就是要让那些对象化、目的化、因果化、功利化的东西不起作用，最后使意识流不再起大波折，心境本身的原初构造可以不断呈现，所以做瑜伽的某个阶段会出现非常美的意识体验，你会痛切感到人的意识本身是可以构造意义的。它可以构造出充满欲望、痛苦和不安的人生，也可以构造出十分平和但又不无聊并且充满美好的世界。无聊是因为你没事可做，是一种不舒服的状态，但它是有意义的。人类不能没有意义，这跟狗不一样。狗会无聊吗？我想可能不会。只有会无聊的生命才会有精神病，可也正是这种生命，才能够有伦理、有美感、有信仰，等等。无聊恰恰表明我们意识的最内在处是非对象化的意义构造。无聊是非对象化的，但又是不纯净的，它是一个"现代病"。现代社会把我们的心从原发的状态引出来了，但是又没有为它提供真正可以安顿的地方，所以人才会感到无聊。《桃花源记》里的那些人就不会觉得无聊，他们会觉得四季的变换充满了美感和意义。王阳明就是要用“静坐、息思虑”告诉你，人的欲望绝大部分是虚妄的，人的意识本身有呼应甚至参与构造天理的能力、结构，所谓的“良知”就在这儿。把人欲的“存在预设”松动或悬空，使之抽缩，心绪趋于平静，甚至进入某种美好体验，这时，静坐者就有可能直感到知行合一。

比如钱德洪在《刻文录叙说》中自述他入王门的经历：

> 德洪自辛巳冬始见先生于姚，再见于越，于先生教若恍恍可即，然未得入头处。同门先辈有指以静坐者。遂觅光相僧房，闭门凝神净虑。倏见此心真体，如出蔀屋而睹天日，始知平时一切作用，皆非天则自然。习心浮思，炯炯自照，毫发不容住着。喜驰以告。（《王阳明全集》，2088）

他一开始对王阳明的学说好像能听得懂，但并没有真正进去。能在观念上听得懂，和你真正进入王阳明这套学说，还是很不一样的。这时候他的师兄们就建议他静坐。所谓“光相”，就是佛像，这里是指一处寺庙。他在庙里找了间安静的房子，练习静坐。忽然见到了“此心真体”，实际上应理解为知行合一的意向性源头，就像出了茅草屋看到了真正的天日一样，有点像柏拉图“洞喻”中的那个人走出了洞穴。进入这个状态，他才知道平常认为理所应当的那些言行，很多都不是真正的自然，也不符合天理，那些“习心浮思”实际上都是不真实的。他通过静坐体验达到了“此心真体”，也就是此心原本具有的进行知行合一的意识活动的潜能，自然自发而时中，与“平日一切作用”皆不相同。所以“静坐”让钱德洪发现了一个新的意识境界，他欣喜异常，跑去告诉老师。

但是按王阳明的观察，静坐的方法是有局限的。静坐久了，思虑渐渐平息，这时，王阳明就说：“俟其心意稍定，只悬空静守，如槁木死灰，亦无用，须教他省察克治。”（《传习录》，第39条；《王阳明全集》，17）这里讲的“无用”，是指对“让良知自行”或“致良知”无用，不是说它对深化人的精神能力无用。根据我们以前讲到的《瑜伽经》《庄子》等等，深入的广义静坐——瑜伽八支修行法，坐忘、心斋等——可以达到多重境界，从浅到深。比如以瑜伽为例，从前五支的息虑到后三支修炼达到“总制”（samyama），从而获得包括先知在内的多种特异能力，再到获得辨别智乃至最高的“法云三昧”，看破时间造幻的把戏，使人脱开“自性”（prakrti）或原初物质的纠缠，进入“绝对独存”的最终解脱和纯意识，不再进入轮回，这是修瑜伽的最终目的。作为古印度共遵的修行法，从《吠陀》经典到《奥义书》到佛教各派都凭之追求这种纯意识境界。具体的学说各有各的不同，但瑜伽的修行是每一派都要用的。这与儒家是不一样的，起码在表面上，从来没听说孔孟还要求静坐。孔子自修或教学生，是用“六艺”：诗、书、礼、易、乐、春秋；孟子更多地讲“良知良能”“养浩然之气”，他虽然讲修心，但也没讲静坐。到宋代，陆象山讲“心即理”，也不太讲静坐。王阳明受佛、道影响很深，当然知道这种高深自由的精神境界，而且他年轻时曾深受吸引。但最终，王阳明还是与之剥离，视之为“簸弄精神”的“非道”，其中的关键是他对于孝亲良知的发见和感悟。那边再高深、异能、升天入地、透视过去未来、掌握神一样的强力，但却非我“种性”。如果没有良知的至情至理，那么一切力量和光环都没有意义，没有原本价值，就如同即将主宰整个国家、民族，即将拥有财富、名声、权力和美妻的虞舜，还是要为那样不堪的父亲和弟弟感到悲哀、痛苦、怨慕。对于虞舜来讲，亲情是更根本的，王阳明也是如此。所以王阳明认为静坐到此就可以退位了，让“省察克治”来接替。

省察克治和静坐有内在的联系，但也有很清楚的界线。省察自己的内心是不是由那些私意主导，如果是，就将其克治清除。省察克治的好处是直接针对私欲下刀。王阳明接着上面说：“省察克治之功，则无时而可间，如去盗贼，须有个扫除廓清之意。无事时，将好色、好货、好名等私欲逐一追究搜寻出来，定要拔去病根，永不复起，方始为快。”（《传习录》，第39条；《王阳明全集》，17）但问题在于，我们怎么知道哪个是盗贼？比如“好色”并不一定是盗贼，如在“好好色”的时候；又例如“好货”，如果像孟子对梁惠王所说，与他人共之，也不算贼。

《传习录》有一处王阳明和弟子的对话：“［阳明说：］‘……中只是天理。’［陆澄］曰：‘何者为天理？’曰：‘去得人欲，便识天理。’曰：‘天理何以谓之中？’曰：‘无所偏倚’。”（《传习录》，第76条；《王阳明全集》，25）所以“好色”也好，“好货”也罢，只要无所偏倚得之中，那就是天理。所谓“中”，不只是程朱所解释的“不偏”，而是在情境之中、情理之中，这样情意就不是私意，不是盗贼。人欲之好色是有所“偏倚”的；良知之好色是“无所偏倚”的。无所偏倚，就是要“时中”，也就是以上一再阐发的随时势而原发的意向行为，即不偏执、“不着意”、知行合一的好色。而人欲化的好色之心则是脱时势情境的、着意于价值载体而非价值本身的、偏倚于个人占有的好色。前者乃诚意中的好色，而后者乃不诚不中的好色。王阳明晚年续妻生子，并非人欲；而鲁惠公强占儿子（后为隐公）的未婚妻，埋下家国不幸的种子，当然是人欲，而且是恶性人欲。

所以省察克治要抓捕真贼而非假贼，而辨认真假的要害是看其是原发的良知还是知行分离、着意占有的人欲。而辨认孰为良知天理，也还是要靠良知天理，不能靠什么外在的标准。王阳明说：“众人自孩提之童，莫不完具此知，只是障蔽多，然本体之知自难泯息，虽问学克治也只凭他……”（《传习录》，第221条；《王阳明全集》，105）此引文极其重要。“本体之知自难泯息”，可见即便在人作为人的天然禀赋的良知能力（耿宁所言的第一层良知）里，也绝不缺少此“本体之知”，即良知之自知（耿宁所言的第二层良知），所以“虽问学克治也只［能］凭他”。要知道，“问学克治”肯定会涉及良知之自知或“伦理价值意识”（《人生第一等事》，344）的。但问题还在于，没有泯息的本体之知，是与障蔽它的着意之知混在一起的，所以它的显露也是“暂明暂灭”（《传习录》，第76条；《王阳明全集》，25）的，并没有“平铺放著”（《二程集》，34）的天理标尺，因为连这不泯的良知之光，也要在时势中涌现，没有绝对保证。因此所谓“克治省察”不是一个敌我双方阵线分明的局面，或一场“官兵捉强盗”的游戏，以致陈九川要向阳明诉苦：“用力克治，愈觉扞格。……直是难鏖，虽知丢他不去。”（《传习录》，第216条；《王阳明全集》，103—104）用力去克治省察，但愈发觉得矛盾、抵触。所以克治省察是一场难打的仗，虽然你想奋战，但有时候敌我都分不清。有时虽然知道它是人欲，但是“丢它不去”。为什么？因为这所谓“人欲”中，也有点天理。

可见，克治省察的功效也是有限的，或者是要依人的生存形势而行的，这**不只是**一个人的意志、决心就能解决的问题，尽管没有省察克治的意愿和决心也是不行的。无论如何，尽管王阳明经常地诉诸此法（因为它最没弊端；静坐可能还有弊端，一不小心就被指责跑到佛、老那边去了），而且王阳明期待成功的克治省察最后能够达到“一应私心，扫除荡涤，无复纤毫留滞”的效果，从而“此心全体廓然，纯是天理，方可谓之喜怒哀乐‘未发之中’，方是天下之‘大本’”（《传习录》，第76条；《王阳明全集》，26），但从最后的收效看来，也并不是完全令他满意，不然他也不会一直保留静坐等其他方法的位置，而且最终还是要提出狭义的“致良知”之法。总之，致良知包含克治省察，但不等同于它。

黄宗羲说王阳明晚年居越，已入时中化境，“时时知是知非，时时无是无非，开口即得本心，更无假借凑泊”，本体、工夫已完全打通。这也说明致良知必有一个领会时势而入情理之精微的维度，绝非只是扫荡私心的工夫，尽管对一般人来说，不扫荡私心，不会出现这个境界；但光扫荡私心，也不保证能出现这个境界。于是王阳明将良知比之于《易》：

> ［阳明］又曰：“此道至简至易的，亦至精至微的。孔子曰：‘其如示诸掌乎！’且人于掌，何日不见？及至问他掌中多少文理，却便不知。即如我‘良知’二字，一讲便明，谁不知得？若欲的见良知，却谁能见得？”问曰：“此知恐是无方体的，最难捉摸。”先生曰：“良知即是《易》，‘其为道也屡迁，变动不居，周流六虚，上下无常，刚柔相易，不可为典要，惟变所适’。此知如何捉摸得？见得透时便是圣人。”（《传习录》，第340条；《王阳明全集》，137）

“乾以易知，坤以简能”（《周易·系辞上》），乾的德性就是易，坤的德性就是简。知行合一、致良知的那种原发情境中的东西就是简易到极处，把你的心机、算计、欲望都挤没了，当场发现。至简至易，但又是至精至微，它不是观念化、对象化的，捉摸不得。王阳明说良知就是《易》，“易”被汉儒解为三个含义：变易、不易、简易。在变易中获得的稳定的不易才是真的不改变；我觉得三者之中“简易”是最重要的，《易经》的卦象是最简单、简易的，所以它才有形式显示的能力。只有在卦象的变动之中，才能预言未来；解卦者当场的良知呈现要参与其中，才能算得准，这完全是动态的过程。当然儒家不主张算这些小命，要算大命，从中得出时机化的哲理。王阳明说他讲的良知就是《易》，就是讲必须在动态的变化之中，良知才能够呈现，才能够实现。良知是绝对不能被固定化、程式化乃至层级化的，必须在变化中达到中和。这段话一方面说良知如人的手掌，最容易看到，谁都有，对谁一讲都能明白；但是另一方面，良知却“最难捉摸”，因为它像《周易》之“易”，充满了原发的时机性，完全非现成化和非规则化。

所以仅仅“克治省察”肯定不够，一定要“惟变所适”。克治省察总有一个辨识敌我双方的前提，可问题在于敌我双方的辨识随时在改变，如同用兵打仗一样，要靠临机发现之，你怎么知道我方的友就不是奸细，而对方的友就不是盟友呢？真“见得透”良知之易的只有“圣之时者”的孔子和真正悟道的王阳明。良知这一难一易，如此强烈的对比，令人震撼，也发人深省。良知之所以“惟变所适”，随不测之变化而成就自身，就是因为它是知行合一之知，即诚意所发之知，**最怕固化意念、理论和各种“存在预设”的分割和规范**，所以一定要在变动不居、上下无常和刚柔相易中摆脱它们，实行王阳明易学式的现象学还原，由此达到“好好色”“恶恶臭”这样的纯现象、纯意识，其中的天则或天理才能够自动显现而可以直观明见。所以王阳明一定要在静坐和克治省察之后，再提出狭义的致良知之法。

再接着看钱德洪的入门回忆，在他静坐有得而“喜驰以告”阳明之后：

> 先生曰：“吾昔居滁时，见学者徒为口耳同异之辩，无益于得，且教之静坐。一时学者亦若有悟；但久之渐有喜静厌动流入枯槁之病。故迩来只指破致良知工夫。学者真见得良知本体昭明洞彻，是是非非莫非天则，不论有事无事，精察克治，俱归一路，方是格致实功，不落却一边。故较来无出致良知话头，无病何也？良知原无间动静也。”（《王阳明全集》，2088—2089）

在滁州的时候，王阳明看见学生们只是相互辩论，却进不到原发意识之中，所以让他们静坐。一静坐，马上就见效了。他自己年轻时就是这么“坐”出来的。但时间久了，学生们就觉得只有静坐才是真工夫，对知善知恶反倒不那么在乎了。于是王阳明教他们要克治省察，其实这也不是最终的办法，但毕竟可以用来纠偏。经过克治省察，王阳明觉得还不够，静坐加上克治省察也不够。所以要指破真正致良知的工夫，也就是狭义的致良知之法。这就不是寻常工夫，而是本体工夫了。致良知就是要“见得良知本体昭明洞彻”，这就是**致良知的第三种方法**，也就是狭义的致良知之法，即**时入良知本体法**，当下直见良知本体。所谓“精察克治，俱归一路”，就是说狭义的致良知中含有省察克治，而且融汇了各种方法和工夫。说良知不分隔动静——“无间动静”——就是说良知及致良知可动可静，可在静坐中见其端倪，也可在省察克治中清除障碍，当然也可在变动不居、周流六虚中直切其本体，因为这良知是让知行合一得以可能的意识源头，而这致良知则是让显隐意识直接打通的意识前提。

所以**致良知有广义和狭义之分**，广义的致良知包括静坐、克治私意和时入良知本体等诸法，而狭义的致良知单指“时入良知本体”之法，即以时机化的方式切入良知本体的方法。这狭义的致良知却又不是可操作的工夫，而是“惟变所适”的感通透入，或者说是对于此变通之时机高度敏感的领悟和把握能力，及其当下的实现。这个方法实际上是致良知的灵魂，光靠静坐和克治省察不能真正获得王学的根本。王阳明在“天泉证道”时说它“一悟本体，即见功夫，物我内外，一齐尽透”（《王阳明全集》，1317）。进入良知中就是进入本体中，因为良知既是价值赋予又是对象呈现，它是一个本体发生的事件。得了这个本体，就有工夫，但不一定非要靠工夫进到本体里。这是和前两种方法的不同，静坐和省察克治都是可操作的工夫。但本体之悟本身并非工夫，因为人心本体如太虚无形，悟会它“何费纤毫气力”（《王阳明全集》，1317）。但一旦悟入心体，即可显出此人工夫，他自然就有了工夫。这说的是“上根之人”（《王阳明全集》，1317），也就是像惠能乃至王阳明这样的人，“世亦难遇”（《王阳明全集》，1317），连“颜子、明道［都］不敢承当”（《王阳明全集》，1317）。但晚年的王阳明一定要点出有这么一个“时入良知本体”的可能，以作为他的知行合一和致良知学说的“至尊宝钻”和终极境界，不然不足以透发或显现知行合一及良知的意识潜能（也就是潜显意识充分打通的能力或境界），也不足以中止“何为真良知”的无穷后退，因为静坐不一定能静坐到良知，克治省察的道德戒律也不一定就是良知，当然也可能是，但毕竟缺了画龙点睛那一下。所以只有狭义的致良知，才能展示出致良知学说的微妙深度，才能与佛教特别是禅宗相抗衡。王阳明本就性好出奇，此处不出奇，待等何时？

从方法上来说，这与胡塞尔有点像。胡塞尔全部现象学的方法，要害就是“直观”，而他的直观的要害在于能够进行“本质直观”。以前的哲学家都认为直观只限于感官，把握本质要靠概念、知性，可胡塞尔认为我们可以直观到本质，而且如我们以前点到过的，可以一次直观就直透入本质，不用多次拥有这种经验，然后再比较、归纳，而且归纳、比较这样的“渐修”不一定能摸索到本质。胡塞尔认为人的内时间化意识结构使“本质直观”得以可能。但胡塞尔也说，可以通过想象力的变更，从直观的经验中过滤出本质来，这就有些松懈了。他与王阳明思路最相近的，是他那种很极端的说法，即一次直观即可能明见本质。虽然这观点也引起了很多研究者的争论，有人就质疑它到底是否可能，但从他现象学的发生理论或内时间意识流思想的角度来看，这一定是可能的。

王阳明对他从百死千难中领悟到的良知的潜力和非现成性，有切身领悟，所以不会甘心于只将致良知作为一般工夫，而一定要点出，它的本体性就在当下直接领悟它，而不是靠别的手段慢慢进入。这就像我们提到过的分析哲学中“黑白玛丽”的思想实验一样，这个实验表明，直观到颜色的感受，和之前在黑白屋子里对颜色的研究是不一样的。而且，王阳明还要充分地显示出致良知或良知呈现的可能性而非现实性，可能性就意味着它随时可以实现，也可以不实现。他的学生王畿特别喜欢这种方法和这个境界，王阳明就说：“汝中见得此意，只好默默自修，不可执以接人。”（《王阳明全集》，1317）如果它是工夫，为何不可用来接引他人呢？它直入本体，不是一般的工夫。可是，又不能说它与工夫无关，静坐和克治为它的出现引路和清障，当然与它相关，但它们也只能做到这一步，并不能保证这“时入本体”的应机发生，这要靠天赋、机缘、天命。孔子为什么一直讲天命？好像很被动。如果真是真诚地求得仁，你就会得到仁，那是在乎你自己的；但是有些东西不是只在乎你自己的，你可以尽全力，但最后它来不来，要看机缘，要看天命。总之，“时入本体”，即当下进入良知本体，是可能的，在历史上和王阳明自己身上都发生过，由此也可以证明良知本体的真实性，但它的不可操作性又表明它的绝对非现成性、不可指称性。所以想沿着这条道路致良知的人，就面临极大风险，即扑空或只得到赝品。

第三节　致良知与禅宗的悟得心体的比较

王阳明的“时入良知本体”与禅宗式的“时入本体”有何不同？我们首先应该看到两者的相似处，然后再看两者的不同。

两边都不限于有固定形式的工夫，如收心、洗心之法，瑜伽的前五支，曾子的反省克治法，等等。前面讲过，佛家“坐禅”的传统源远流长，源自古印度瑜伽和释迦牟尼开启的修行法门，有许多种经过实践考验的具体方法或“止观法门”。但惠能理解的禅定却不局限于它，所谓“外离相曰禅，内不乱曰定”（《坛经校释》，37）[①]。只要不被外在的对象即“相”所束缚住，就是禅。意识被观念和欲望牵引的状态被打掉，进入原本的内时间意识流，它晕圈化的本来样子呈现出来，即所谓的“晕流”，就是“内不乱”，就是“定”。与王阳明反对只诉

---

① 慧能：《坛经校释》，郭朋校释，北京：中华书局，1983 年。

诸静坐一样（当然从历史角度看，是惠能在先），惠能反对一味坐禅："但行直心，于一切法，无有执著，名一行三昧。迷人著法相，执一行三昧，直言坐不动，除妄不起心，即是一行三昧……看心看净，不动不起……便执成颠……故知大错。"（《坛经校释》，28）"直心"正好对应现象学讲的直观的心，它是前概念的，不只是经验论讲的感觉。这样意识行为中就能出现三昧，如果希望以可操作的方式达到它、执着它，认为通过坐禅，将妄心除掉，不起心，就是一行三昧了，那就反而大错。而且，惠能也不认为只靠省察克治式的修心谨行就可以让人悟到自性，虽然他也鼓励他的学生有省察克治式的功夫，比如他也大讲要"发四弘誓愿……永断（愚痴心、谄诳心、嫉妒心等等）不作，名为忏悔"（《坛经校释》，45）。他说的"忏悔"就是王阳明讲的省察克治。

神秀向五祖呈上的心偈有这种渐修的意思："身是菩提树，心如明镜台，时时勤拂拭，莫使有尘埃。"（《坛经校释》，12）"时时勤拂拭"便可比于阳明的"省察克治"。但惠能的心偈则视心为完全非现成化的，从根本处就提出或暗示出另一种悟入佛性的方法的可能："菩提本无树，明镜亦非台，佛性常清净，何处有尘埃！"（《坛经校释》，16）心之根本是完全非对象化的，不是任何的镜和台，所以只靠"勤拂拭"是无法透入内在的；而佛性的清净本体就指示另一种可能，即以无尘埃或非对象把持、非意念引导的方式来直接进入佛性。所以惠能说禅宗是以"无念为宗，无相为体，无住为本"（《坛经校释》，31—32），"一念若住，念念即住，名系缚"（《坛经校释》，32），念被系缚，就是被对象化、被固化了。被固化的意念、欲望、功利目标乃至修行方法，就会覆盖佛性，用王阳明的话说，就是对良知本体的遮蔽，对知与行的隔离。知行分离，用惠能的话说，"即缘迷人于境上有念，念上便起邪见，一切尘劳妄念，从此而生"（《坛经校释》，32）。于是念和行就可以分开，造成知先行后。所以必讲"无念为宗"。但"无念"不是观念对象式的无念，惠能说："若百物不思，念尽除却，一念断即死，别处受生"(《坛经校释》,32),硬把自己的念头强压下去,好像全都清理干净了,但碰到别的情境,这个念头又以另外的形式冒出来了。比如王阳明在西湖边的佛寺中见到的那个"坐关三年"的和尚,三年里整天就是坐在那儿,似乎什么都不念,但当王阳明问他对在家母亲"起念否"时,他的回答是:"不能不起。"(《王阳明全集》,1231)惠能主张"于念而不念"(《坛经校释》,32),也就是让"前念、今念、后念,念念相续,无有断绝"(《坛经校释》,32),恢复它本来意识流的状态,摆脱被执着、被孤立的住念和私念,也就是让知行各自"系缚"而分开的那个念。在念念相续的**时晕时流**中,念(知)与行皆"无住"而融为一体。"念念相续"不是一个念头接一个念头,而是在原本的状态中,它们互相交织在一起。如果不借助现象学,我们的理解就难以深入,好像平常生活中的念头也是一个接一个的,但那恰恰没有真正的相续,没有进入真正的原本状态,生活中的念头已经是从原本状态中被凝成了可以把持的对象,这和原本状态中的交织是不一样的。怎么由对象化的念头回到源头处,回到非对象化的时晕和时流之中,恰恰是佛教、儒家,甚至西方神秘主义要解决的问题。惠能说:"无住者,为人本性"(《坛经校释》,32)。所谓"无住",就可以看作时晕时流,它们就是无住的、不停的,而且是根本的不停,相互交构,没有一个真正的个体在其中有自己的身份,但它又在构造着意义与存在。

这样,惠能就指出一条"自性起念""无住时中起念"的顿悟之路:"自性起念,虽即见闻觉知,不染万境,而常自在。"(《坛经校释》,32)从"性"中起念,不是"意"中起念,这样虽然在平时的生活中应酬万端,但是不执着于情境中的对象,所以就能常自在。王阳明龙场悟道的"吾性自足"的境界与这里的"自性起念"也是类似的。"吹却迷妄,内外明彻,于自性中,万法皆见。"(《坛经校释》,40)这就是禅宗的"致良知"或"悟自性","不假外修,但于自心,令自本性常起正见,烦恼尘劳众生,当时尽悟,犹如大海,纳于众流,小水大水,合为一体，即是见性”（《坛经校释》，56）。潜显意识打通合体，用王阳明的话说，这样就是致良知，就是知行合一。

惠能说：“迷人口念，智者心行（价值与对象合一），当念时有妄（知行不一），有妄即非真有（所以知而不行）；念念若行（知行不二），是名真有。”（《坛经校释》，51）

可见两者不仅形似，而且神似。也难怪有人指责阳明学为禅学。但他们在点睛处，在最终的地方有实质上的差异，或质料上的差异，尽管在形式上，他们几乎一样（这里的形式–质料是在舍勒意义上的区分）。他们的差异表现在惠能所进入的时机化的心体就是念念相续的“无相为体”，就是非对象化的纯缘起的心体，于一切境上不染，对一切身处情境都不执着，性体清净。其开悟“工夫”，即“于自心顿现真如本性”（《坛经校释》，58），如《维摩诘经》所说：“即时豁然，还得本心。”（《坛经校释》，58）这里面没有价值赋予，特别是情感价值构造的根基地位。“无相”的“相”就包括了所有人间情感，这样情感就被去掉了。与之相对，王阳明讲的良知首先就是价值赋予与对象呈现不分的知行合一之知，不但不避好恶，反而要以**原发的、当机发生的**好恶爱恨为良知呈现。也就是说，王阳明不以这些日常的好恶爱恨为“粗”，但佛家认为任何情感本质上都是执着化的，儒家则认为有些情感是这样，但是还有些情感是至情，并非执着化的，它的根底处表现为时晕化的至情之流、之境、之晕，这就是所谓的“良知呈现”，致良知就是返回这种知行合一之知或“让其行”。所以王阳明说：“人但得好善如好好色，恶恶如恶恶臭，便是圣人。”（《传习录》，第229条；《王阳明全集》，107）这恐怕是佛家不能接受的。

所以禅宗的禅定工夫就是“无相工夫”，“外离相曰禅，内不乱曰定”。而王阳明致良知的本体工夫则是“入相不执而显微”。惠能也有这个意思，他说“无相者，于相而离相”（《坛经校释》，32），也有时机化、情境化的折叠打开之几，但毕竟还是不一样，禅宗没有“显微”，这个“微”是指情感的精微化。王阳明的致良知是不离人生至情至感的诚意境界，这和禅宗看似差之毫厘，最终相距千里。王阳明主张要进入、投入价值赋予的感受之相，从感性、生命价值之相到伦常、精神价值之相，总之是广义的情感之相，但不以欲念执守把捉之。总之，惠能的时机化心体是缘起性空的，王阳明讲的良知本体是空灵而又诚实的——这里所谓“诚实”，是情感至诚之充实。

因此王阳明这么说：“佛氏不著相，其实著了相。吾儒著相，其实不著相。”（《传习录》，第236条；《王阳明全集》，108）弟子追问理由，他解释说：“佛怕父子累，却逃了父子；怕君臣累，却逃了君臣；怕夫妇累，却逃了夫妇：都是为个君臣、父子、夫妇著了相，便须逃避。如吾儒有个父子，还他以仁；有个君臣，还他以义；有个夫妇，还他以别：何曾著父子、君臣、夫妇的相？”（《传习录》，第236条；《王阳明全集》，108）可是“还他以仁、义、别”，为何就是“不著相”了呢？因为这些所谓“天理”并非是教条，而是源自知行合一的孝、悌、“好好色”等原发情感，它们发而中节，不滞不执，表达自身为时机化的尺度和和谐之音。不讲知行合一，不入至情至理，儒家讲的天理就不能不著相。从王阳明的角度看，程朱理学就是著了相，他们的“天理”太僵化了。

第十三讲 “四句教”和阳明学中的弱普遍主义倾向

第一节 王阳明的哲理新贡献

至此我们已经可以大致看出阳明学在古代儒家哲理史乃至中国古代哲理史上的地位，或者说他对于中国古代哲理思想史的贡献。有些在介绍和讨论阳明学时经常被提及的思想，比如“心即理”“心外无物”“心外无理”“心之本体”“格物致知”“万物一体”等等，虽然王阳明可能赋予了它们某些新意，但总的说来并不代表他最独特的贡献。前面已经讲到，王阳明最重要的，也最有他个人特色的创新是“知行合一”说和“致良知”说，而这两者乃是由龙场悟道这同一个根本生出的“孪生兄弟”，只是后者经过了“后宸之悟”的再次淬炼。

回顾儒家学说的发展，“孔孟”（实际上是以孔子、曾子、子思、孟子为主导的一脉）开创了先秦儒学的正宗，而另一些儒者比如荀子就不在这个正宗之中。此正宗以孝悌为根，以“六艺”和尽心、知性、养气为接引的工夫，以仁义和仁政为修身、治国、平天下的境界。至汉代，以董仲舒为代表的春秋公羊学使得政治儒学大行于天下，也颇有新意和精微之处（虽然也有粗糙之处，如“天人感应”讲得太对象化，这就粗了），并且使儒家思想上升为国家的主导思想，儒学成为构建华夏文明的主导学术文化。汉代以后，佛教越来越兴旺，与儒家、道家形成良性竞争，并在多个世纪里占了思想界的上风。从唐代开始，儒家更为自觉地应对这个越来越紧迫的挑战，虽然当时还没有真实的能力，但已经有了自觉的心气。到了宋代，有了理学这个新形态，儒学又重新进入中土哲理前沿，真正形成了儒、释、道三家鼎立的思想局面。到南宋，陆象山的心学出现，虽然大程是儒家心学的发源之一，但陆学的出现标志着儒家心学的正式出场。陆象山在儒学中首倡“心即理”“回复本心”，构造了一个与程朱理学不同的心学脉络。

到王阳明这里，不仅承接了孟子、程颢和陆象山的心学，而且有实质性的新发现。“知行合一”说直接打通了本心和现象界，也就是指认出此本心在人的实际生活中的原发、具体的时机化表达，如恶恶臭、好好色、爱父母，使此本心之义不再悬于“心即理”这样的口号或取证于儒家文献的诠释之中，而是被激活于人生时势本身的自明感受之中。“心即理”实际上有普遍主义的意味，而“取证于儒家文献”又有些倾向于特殊主义或文化相对主义。而“人生时势本身的自明感受”则既非普遍主义也非特殊主义，却近乎海德格尔讲的“实际生活经验本身的形式显示”，那里的“知”作为晕圈中的纯关联正在实行或实现着自己。没有龙场悟道的直觉体验，这个体贴入微的突破是不可能的。因此，虽然王阳明屡次为陆象山辩护，很欣赏他的心学，但王阳明仍然觉得陆象山的学说“粗”：粗疏，不够精一、至微、透发。比如：

> 又问：“陆子之学何如？”先生曰：“濂溪、明道之后，还是象山，只是粗些。”九川曰：“看他论学，篇篇说出骨髓，句句似针膏肓，却不见他粗。”先生曰：“然他心上用过功夫，与揣摹依仿，求之文义，自不同。但细看有粗处，用功久当见之。”（《传习录》，第205条；《王阳明全集》，101）

关于陆象山粗在何处，王阳明自己未明白指出，后世学者各有推测，我个人认为陈荣捷先生的解释比较有道理，即此“粗”与象山还在沿袭“知先行后”说而导致的不够精一有关。他之所以沿袭“知先行后”说，跟他还在沿袭程朱理学的格物致知说也是非常相关的，两者相互映衬。陈荣捷先生在《从〈朱子晚年定论〉看阳明之于朱子》中写道：“山田准（日本学者）谓象山之格物论，先知后行，乃是旧说，故粗。”（《王阳明〈传习录〉详注集评》，268）陆象山讨论格物致知的时候，他用的“知”还是先知后行，“旧说”指北宋程颐到南宋朱子一贯的思路，所以粗。陆象山在《与赵咏道》中写道：

> 为学有讲明，有践履……未尝学问思辨，而曰吾唯笃行之而已，是冥行者也。自《孟子》言之，则事盖未有无始而有终者。讲明之未至，而徒恃其能力行，是犹射者不习于教法之巧，而徒恃其有力，谓吾能至于百步之外，而不计其未尝中也。（《陆九渊集》，160）

“讲明”就是知道怎么回事，这是知；“践履”就是实践，这是行。没有知识引导的行是“冥行”，以射箭为例，“冥行”就好比光有力气射得远，但没有瞄准目标。这还是“知先行后”，所以“粗”。这种“粗”的另外一个表现就是未能给出“发明本心”的切近途径，虽然陆象山教诲学生的时候也有很出色的当机指点，能感动人的血脉，但他不像阳明这么自觉，给出像“如好好色，如恶恶臭”的欛柄，而这种引导是多么自明和富有启发。陆象山没有挑明发明本心的方法，跟他的知先行后说可能有关系。王阳明在给席元山的信中虽然曾说：“象山之学简易直截，孟子之后一人。”（《王阳明全集》，193）但他又指出：“其学问思辩、致知格物之说……亦未免沿袭之累。”（《王阳明全集》，193—194）

因此，王阳明龙场悟道次年，《年谱》记载：

> 始席元山书提督学政，问朱陆同异之辨。先生不语朱陆之学，而告之以其所悟。书怀疑而去。明日复来，举知行本体证之五经诸子，渐有省。往复数四，豁然大悟，谓：“圣人之学复睹于今日；朱陆异同，各有得失，无事辩诘，求之吾性本自明也。”（《王阳明全集》，1235）

席元山问朱陆两者的异同，王阳明不直接回答，而是告诉他刚刚悟到的新发现，实际上就是知行合一之旨。如此反复好几次，他终于被王阳明点悟，感到朱、陆各有长处。这其实也代表了王阳明的看法，只不过朱子这一派当时太盛行，他要矫正一下，所以为陆象山说话。其实他自信自己已超出整个宋儒，“知行合一”说已经超出了朱、陆之间观念之争的层次了，它是现象学式的自明直观呈现。基于这些事实，陈荣捷先生写道：“阳明谓象山沿袭，尚欠精一。在阳明则良知之致，知行并进，故其学说亦精亦一，其修养方法亦精亦一。陆子尚欠一筹，因粗。”（《王阳明〈传习录〉详注集评》，173）王阳明的良知学说实际上和知行合一同时产生，“知行并进”，所以王阳明的学说可以说是“精一”的，这是《尚书》“惟精惟一”的话头。

总之，王阳明超出包括陆象山在内的整个宋儒，并以他独到的新见新境贡献于全部儒家哲理之处，就是他的知行合一说及孪生的致良知说。

第二节 “四句教”的出现

“四句教”引起了阳明后学的激烈争论，导致心学流派纷呈，沿袭了一百多年，直到现在大家仍然津津乐道。《年谱》嘉靖六年（1527年）记载了王阳明的“四句教”：“无善无恶是心之体，有善有恶是意之动，知善知恶是良知，为善去恶是格物。”前面介绍阳明生平的时候我们已经讲到，文献中引出这“四句教”话头的，是王阳明的两名大弟子即钱德洪和王畿关于它的争论，以及他们向即将出征的老师的求证。可以想见，王阳明居越时在师门内部至少已经提过“四句教”，所以他们才会有疑问，才去向王阳明求证。王阳明在天泉桥上做了回答，并再一次强调了此“四句教”的“宗旨”地位，这就是所谓的“天泉证道”。记录这次重要谈话的文献有三个，即《年谱》的嘉靖六年八月条、《传习录》第315条（《王阳明全集》，128—129）和《王畿集》第一卷中的《天泉证道纪》（《王畿集》，2）[①]，主要内容基本一致，但表述上颇有出入。

刘宗周、黄宗羲等曾怀疑“四句教”不是阳明原话。比如刘宗周说：

> 先生（王阳明）每言：“至善是心之本体。”[②]……有时说“无善无恶者理之静”[③]，亦未曾径说“无善无恶是心体”。若心体果是无善无恶，则有善有恶之意又从何处来？[④]

王阳明确实没有在落诸笔端的书信和文章中正式提出、论说此“四句教”，所以刘宗周、黄宗羲等痛惜“四句教”成为攻击阳明学说的把柄，要尽力否认或起码含糊“四句教”的真实性，特别要将之归于王龙溪的杜撰和歪曲。但《传习录》下卷是王阳明逝世后经众弟子共同回忆、记录，最后由钱德洪统稿而成，这一条也是由钱德洪所录（参见《王阳明〈传习录〉详注集评》，4—5）。嘉靖三十五年丙辰年（1556年）《传习录》下卷完稿（《传习录·钱德洪跋》，载《王阳明〈传习录〉详注集评》，230—231），当时阳明众多弟子在世，如此重要的条目如不属实，很难想象它能传世。而且，考虑到王阳明晚年的思想特点及其个性等因素，

① 王畿：《王畿集》，南京：凤凰出版社，2007年。

② 如《传习录》，第2、85、92、101、228、317等条。

③ 《传习录》，第101条。

④ 刘宗周：《阳明传信录》，载刘宗周：《刘宗周全集》第七册，杭州：浙江古籍出版社，2012年，第81页。

此“四句教”，首先是引起争议的第一句的思想，完全可以是王阳明的真传。他之所以没有直接书于文字，可能是还没有得到合适的机缘“讲破此意”（《传习录》，第315条；《王阳明全集》，128），或者是因为他担心公开讲出会引起不必要的争议和误解。

从这几次记述看来，王阳明晚年在弟子内部讲到了此“四句教”，以至于引起王畿的某种怀疑。王畿是很聪明、很有独立思想、很不简单的一个弟子，他认为：“若说心体是无善无恶，意亦是无善无恶的意，知亦是无善无恶的知，物是无善无恶的物矣。”（《传习录》，第315条；《王阳明全集》，128）这就是所谓的“四无说”。钱德洪不同意，他一方面坚持老师“一无三有”的“四句教”，一方面将它引向“四有说”。陈来先生认为钱德洪的“四有说”被记在邹守益的《青原赠处》中（《有无之境》，186—187）：“至善无恶者心，有善有恶者意，知善知恶是良知，为善去恶是格物。”[①] 钱德洪认为心一定是至善无恶的，这也和我们之前引述过的王阳明的多处讲法一致。但是在“四句教”中，王阳明坚持“一无三有”的观点是没有疑问的。

总之，王阳明“一无三有”的“四句教”中包含着一个从无到有的转折；而两位弟子的表述更线性化：要讲无就一无见底，要讲有就一有到头。这种内部差异已经预示了后来的各种派内派外的分歧和激烈争论。解决这一问题的关键之一就是如何理解这“一无”及其“转折”。

《传习录》具体记载王阳明的话是这样的：

> 是夕侍坐天泉桥，各举请正。先生曰：“我今将行，正要你们来讲破此意。二君之见正好相资为用，不可各执一边。我这里接人原有此二种：利根之人，直从本源上悟入。人心本体原是明莹无滞的，原是个未发之中。利根之人一悟本体，即是功夫，人

---

① 邹守益：《邹守益集》，南京：凤凰出版社，2007年，第103页。

己内外，一齐俱透了。其次不免有习心在，本体受蔽，故且教在意念上实落为善去恶。功夫熟后，渣滓去得尽时，本体亦明尽了。汝中之见，是我这里接利根人的；德洪之见，是我这里为其次立法的。二君相取为用，则中人上下皆可引入于道。若各执一边，眼前便有失人，便于道体各有未尽。”（《传习录》，第315条；《王阳明全集》，128—129）

每个人的心性是一样的，但是对心性的自觉程度不一样，“利根之人”就是对它高度自觉者，而“直从本源上悟入”就是之前所说的狭义的致良知之法，这是“现象学的本质直观”在王学中的体现。“心之本体”是晶莹、光明、无滞的，相比于“已发”，它是“未发”，但此未发已经“中”（zhòng）了，它的潜伏中已有“被动综合”的冥构暗熏和蓄势待发，所以从根本上看是发生着的、动态的，不停留在任何东西上。不论是胡塞尔讲的内时间意识，或者海德格尔说的时间性或存在本身，还是舍勒揭示的人格，都是明莹无滞的。不过现象学还强调这发生源头的藏的一面、暗的一面，不只是明。王阳明去世前也讲“此心光明，亦复何言？”开悟的人，往往能感到或看到某种大光明，这时候暗与藏就退为背景了。

《年谱》中记载王阳明语曰：“良知本体原来无有，本体只是太虚。太虚之中，日月星辰，风雨露雷，阴霾饐气，何物不有？而又何一物得为太虚之障？人心本体亦复如是。太虚无形，一过而化，亦何费纤毫气力？”（《王阳明全集》，1317）太虚是阴阳未分时的状态，它是原本地非对象化的、终极的。虽然是太虚，但什么都能有，因为太虚是发生性的，日月风雨皆从中而生。而且，虽然这些东西都在良知的太虚之中，但哪个也阻碍不了太虚本身的穿透性、原发性、连续性。任何现象，不论是世间万物还是万念万虑，都“一过而化”，根本不能真正影响太虚，因为那些都是太虚的产物，太虚本身就只是发生着。所以领会心本体，不用费气力，费了气力反而领会不到。它一定是纯自然、纯机缘、纯时机化的，好比艺术创作中的灵感的产生。而利根人或天才的工夫，实际上是本体化的工夫，不是可操作的工夫，因为悟的是本体，而利根人是要让本体一下子完整呈现。随后王阳明说到的是普通人或追求真理、求学求道的殷殷学子。这样的人，有“习心”，即对象性、观念性的执着还在，本体被遮蔽，所以他们恐怕还达不到“一悟［就到］本体”，需要给他们台阶，一级一级往上走，比如在意念上教他们落实为善去恶，比如通过静坐、省察克治等等，这就是实的工夫了。反复操作，反复实践，把心中的念头、执着都去掉，最后也能够让本体充分呈现。“汝中之见”即“四无说”，“德洪之见”即“四有说”；一个是“接利根人”的，一个是“为其次立法”的。最后他说要“相取为用”，不能“各执一边”。

但王阳明这段话，似乎明显地偏于王畿一边，因为称王畿的“四无”解释是“接利根人的”；而钱德洪的“四有说”（或“一无三有”）则是“为其次（即中人）立法的”。钱德洪之前和王畿争论的时候这么表达：“心体是天命之性，原是无善无恶的。但人有习心，意念上见有善恶在，格、致、诚、正、修，此正是复那性体功夫。若原无善恶，功夫亦不消说矣。”（《传习录》，第315条；《王阳明全集》，128）这里他还是承认老师的“一无三有”，最后一句“若原无善恶，功夫亦不消说矣”中的“原”字应该是“意”字，即：“若意无善恶，功夫亦不消说矣。”他应该是想说，如果意也是无善无恶，功夫就没有意义了。王阳明虽然要求两人“相资为用”“相取为用”，但毕竟从根本上是更欣赏利根人的“直从本源上悟入人心，……一悟本体，即是功夫”。而另一边功夫与本体在开始的时候是分离的，要待“功夫熟后，渣滓去得尽时”，才能显明心之本体。王阳明必有重大理由来主张“一无”及“利根人”独特的地位，才会如此说话。而且只有他曾经以明白的方式申明了这个主张，才会让钱德洪最终记下这些话。王龙溪的《天泉证道录》有些添油加醋的地方，可能不全是阳明的原话了。而且王阳明对自己不得已讲破“一无”和“利根人”的境界，也深怀畏惧，所以在对话的末尾一再往回收，想要约束王龙溪这类的“准利根人”。注意：刚才那段话里他说：“汝中之见，是我这里接利根人的”，并不等于认定“汝中就是利根人”。王阳明说：

> 利根之人，世亦难遇，本体功夫，一悟尽透。此颜子、明道所不敢承当，岂可轻易望人！人有习心，不教他在良知上实用为善去恶功夫，只去悬空想个本体，一切事为俱不着实，不过养成一个虚寂。此个病痛不是小小，不可不早说破。（《传习录》，第 315 条；《王阳明全集》，129）

人几乎都有习心，但他需要凭空在这儿虚悬一个“利根人”的可能。所以王阳明还是主张“一无三有”的“四句教”：

> 已后与朋友讲学，切不可失了我的宗旨：无善无恶是心之体，有善有恶是意之动，知善知恶的是良知，为善去恶是格物，只依我这话头随人指点，自没病痛。此原是彻上彻下功夫。（《传习录》，第 315 条；《王阳明全集》，129）

很明显，王阳明认为自己的“一无三有”的“四句教”，是普遍适应的、没有弊病的中道，接上根人、中根人甚至下根人都没问题，是“四无”与“四有”的“相取为用”，所以堪为“宗旨”。

第三节 王阳明提出“无善无恶心之体”的理由（一）

如陈立胜教授指出的，“四句之中，尤以首句‘无善无恶是心之体’，而致释者聚讼纷纭。由此而起种种学术辩难竟长达数世纪之久。有积极的张扬者如王龙溪（1498—1583），有谨慎的存疑者如泰州传人方学渐（1540—1615）、清儒李绂（1673—1750），有‘曲为回护’者如冯少墟（1556—1627）、刘宗周（1578—1645）、黄宗羲（1610—1695），有激烈的批判者如唐伯元（1535—1592）、王夫之（1619—1692）、吕留良（1629—1683）、张烈（1602—1685）、颜元（1635—1704）、罗泽南（1808—1856）之流”[①]。

孟子性善论早已深入人心，而“心之体”就是“性”（《传习录》，第6条；《王阳明全集》，6），所以心之体就应该是善的。于是主张“无善无恶是心之体”似乎就违背了孟学宗旨而与告子“人性之无分于善不善”（《四书章句集注》，331）或者禅宗六祖惠能讲的“不思善，不思恶”之时明“本来面目”[②]的观点靠近或相符了。所以王夫之指斥其为“阳儒阴释诬圣之邪说”[③]，可以说代表了“激烈的批判者”们的基本看法。此外，在阳明学派内部，在阳明学派与湛甘泉学派之间，在阳明后学和东林派及其他儒门之间，都对“无善无恶”展开了各种争论和辩难。[④]

从本课的基本思路及对广义心学的多层理解中，我们也可以来尝试探索王阳明为何要提出“一无三有”的“四句教”，特别是这“一无”的道理何在。

本节中，我们先说明第一条理由，余下两条在第四节中说明。“一无三有”符合中国古代哲理中的一条重要，甚至是主流的思路。现行王弼本《老子》最鲜明地表述了它：“天下万物生于有，有生于无。”

---

① 陈立胜：《王阳明“四句教”的三次辩难及其诠释学意蕴》，载陈立胜：《“身体”与“诠释”：宋明儒学论集》，台北：台湾大学出版中心，2011年，第229—230页。

② 此句虽不见于《坛经》法海本，但惠昕本、铃木本、契嵩本、宗宝本皆有，就效果史而言，在王阳明的时代，后者显然是更具影响力的。（郭朋校释：《坛经校释》，第23页）

③ 王夫之：《张子正蒙注》，载王夫之：《船山全书》第十二册，长沙：岳麓书社，1988年，第10页。

④ 参见陈立胜：《王阳明“四句教”的三次辩难及其诠释学意蕴》，载陈立胜：《“身体”与“诠释”：宋明儒学论集》，第229—232页。

（《老子》四十章）其实新发现的郭店楚简本《老子》中此句作：“天下之物生于有，生于无。”[1] 按王弼本中的这句话，“无”是更根本的，所以有王弼的“贵无论”。但按更早的郭店本，这句少了一个“有”字，“有”和“无”两者的关系就变成了并列，这在我看来更符合老子原意，因为《老子》中更讲“有无相生”，比如《老子》第二章。但是讲“有生于无”这一条思路的文本自汉魏以来被确立为通行本，经过王弼的阐发以及他与韩康伯、孔颖达对《周易》的老学诠释，对整个中国古代思想，包括宋明理学，产生了深刻影响。王弼对于《老子》四十章这一句的注解是：“天下之物，皆以有为生。有之所始，以无为本。将欲全有，必反于无也。”（《老子道德经注校释》，110）其中的“以无为本”就是王弼学说的要害。天下万物都从“有”生出来，这个“有”可以看作西方人所谓的“存在”，虽然两者不一样，但可以将这个“有”不十分准确地相比于西方的“存在”。而“有”的根本，又是“无”。按照它，天下万物万事甚至可以说万念万理皆生于“有”——有依据，有定域，有对象，有善恶。“定域”这个词也可以用“方所”表示，就是英文的 locality。在量子力学新的解释中，量子原本的状态是 non-local（非定域的），是不符合二值逻辑的。但是当观察者观察它时，它就塌缩成“定域的”了，因而就符合二值逻辑了。世界从根本上是一种不确定的状态，或者是所谓的“叠加态”，也就是我们一再说到的，过去、未来在“时晕”中，从本体论上还没有分开，但又有某种区别的这么一种状态，这和量子力学的新进展确实是遥远地有一定的关系。王弼这里说“天下之物，皆以有为生”，就是说万物都是有定域的。但这些“有”如果要成为“全有”，也就是成为能让所有的有者有其有的大有，就“必反于无”，也就是返回到“还没有却已在场”的“无”。“无”不是在“有”之前（或之后）的一个本体，不是从“无”中以宇

① 荆门市博物馆编：《郭店楚墓竹简》，北京：文物出版社，1998 年，第 113 页。

宙论的方式发生出“有”。“无”使得“有”得以可能，但它又不是一个独立的实体，它就必是所有“有”的“始”和“本”。如果去掉此“始”或“本”的观念性，那么说它是“始”，就是说它是我们前面讲到的“元时”；说它是“本”，就是说它是一种“根本”的原发生性。

以上这个思路可能已经偏离了王弼的本意，我愿意更现象学化地重新理解这个“以无为有之源”的思路。它并不等同于基督教“耶和华从无中创造万有”或西方哲学中“虚无与存在”的关系，因为中国古代的“以无为本”中的“无”和“有”之间是内在时间化的和生殖发生化的“生生”关系，这是《周易》的要害，只有阴阳的结构才能解释什么是生而又生。它不是神创论的也不是宇宙论的。所以“无”并非是硬邦邦的“虚无”，而是“在场了的还没有”，它一直在起作用，但“还没有”。你想把它当成一个本体，但无论从观念上还是对象上，你都抓不住它。它是能生生不已的“种根”或“种性”，或者说是“随时可能有的还没有”或“随时可以变现的潜意识”。

因此儒家经典也包含这个思路，不只是《老子》，孔子与老子、儒家和道家在这种很根本的思路上也很有相似的地方。比如《诗经》中的“上天之载，无声无臭”(《诗经·大雅·文王》)，“天”的根本是“无声无臭”，是“无”，是非对象化的。不像西方人讲终极实在是上帝，这种上帝虽无外在形象，但有观念形象或形式：他是至高的、人格化的，他能创造世界，还能与人签约，还会发脾气。中国人一定说“上天之载，无声无臭”，正因为是“无声无臭”，才真正是“天”。所以《诗经》此句被《中庸》引过来，并且加以“至矣”的称颂，认为这句话讲到了根本。朱熹在此句下注曰：“盖声臭有气无形，在物最为微妙，而犹曰无之，故惟此可以形容不显笃恭之妙。”(《四书章句集注》，41)“声”与“臭”是没有形状的，在这个意义上它已经是非对象化的了，朱熹于是说它们“最为微妙”，但还要说上天是“无声无臭”的，只有这样才能把其中最根本最微妙的发生性表达出来。再如《周易·系辞上》中的“易有太极”之说，被周敦颐诠释为“无极而太极”（《周敦颐集》，3），并因此开创了宋明理学及心学。

至于佛家，在印度已有中观派的“缘起性空”说，使“无”处处时时透入“无自性”的“缘起”之中。到了禅宗，我们前面讲过，惠能以“无念为宗，无相为体，无住为本”，认“无念”为“于念而不念”，“无相”为“于相而离相”，也就是“念念相续，无有断绝……念念时中，于一切法上无住”。（《坛经校释》，31—32）惠能讲的“无住”即“无自性”，这就是佛家的“无”，将“无”解为“于X而离X”，并阐发出其时机化蕴意，赋予“空”以时义，在现象本身中达到对本质的直观甚至是对真活本体的直观。

王阳明多年深浸于儒释道三家之中，对于这以无为本的思路，自然是无比熟悉。而且他晚年似乎特别不甘于只停留在孟子式的“性善”，或陆象山式的“心即理”，或他自己的“心体至善无恶”说，以及他的弟子钱德洪式的“四有说”的层次上，而一定要将良知的源头回溯到“还无善恶可言”的心之体中，也可以理解为潜意识或阿赖耶识那样的完全非定域的（non-local）、非判断的或非观念对象化的原意识中。不然，他就会觉得还没有尽性或尽兴。

第四节　王阳明提出“无善无恶心之体”的理由（二）

一、道论所需的转折：无A无不A是至A

现在我们来看一看第二条理由。如果我们假定王阳明没有（任何重大理由）与他自身正面冲突，那么就会倾向于认为他的“心体无善无恶”（《传习录》，第315条）说与他的“心体至善”（《传习录》，第2、92、101、228、317等条）说并不矛盾。《传习录》上卷甚至将两命题直陈于一处：“无善无恶理之静，有善有恶者气之动。不动于气，即无善无恶，是谓至善。”（《传习录》，第101条；《王阳明全集》，32）这里的“理之静”之

“理”，即“天理”，而王阳明一直主张“心之本体即是天理”（《传习录》，第145条；《王阳明全集》，63），所以此“理”可置换为“心体”。而引文中的“气”，可转述为“意”。[①] 于是此引文可改写为“无善无恶者心体之静，有善有恶者意之动。不动于意，即无善无恶，是谓至善。”这样改写之后的前两句，就几乎等同于“四句教”中的前两句——“无善无恶是心之体，有善有恶是意之动”——了。如果此改写合乎王阳明本意，则心体无善无恶说与心体至善说就无矛盾，而且前者与孟子性善论也就没有矛盾了。因为“无善无恶”中的“善”与“至善”的含义不等同，前者是与“恶”相对而言的，后者不是与“恶”相对而言的，所以心之本体可以是至善的，但又是无善无恶可言的。

可以看出，理解“四句教”及其公案的关键是切当地领会它的第一句以及前两句的关系。而要做到这一点，切当地理解“心之体”或“心之本体”的独特地位是关键。纵观《传习录》等文献，可以发现王阳明阐发这“心之体”的方式与我们前面对它在“善恶”性质上的表现的解释是一致的。例如在《传习录》第41条，王阳明曾说：“定者心之本体，天理也。动静所遇之时也。”（《王阳明全集》，18）所以“定”既包含动又包含静，可静可动，而动静是“定”的时机化方式。学者大多都认为这句话来自程明道的《定性书》，即：“所谓定者，动亦定，静亦定，无将迎，无内外……与其非外而是内，不若内外之两忘也。两忘则澄然无事矣。无事则定，定则明，明则尚何应物之为累哉？”（《二程集》，460—461）对待“物”的时候，不执着于它，不把它对象化，就不会为它所累。《定性书》本来是程颢给张载的一封信，名为《答横渠张子厚先生书》，后来被称为《定性书》，对后世影响很大。所以王阳明在说“定”的时候是接着程颢说的，但他又多次讲“心之本体原自不动”（《传习录》，第81条；《王阳明全集》，26；另参见《传习录》，第72、

① 关于“气”可通为“意”，参见《传习录》，第101条。

143条等），还讲“心之本体，原只是个天理”（《传习录》，第122条；《王阳明全集》，39），而天理是静的（《传习录》，第101条；《王阳明全集》，32）。由此，他又肯定心之本体是静的，这就与程明道的《定性书》和他自己在《传习录》第41条讲的心体本定、超乎动静的意思不同了。

如果将这里讲的“静”看作是“善”，那么“无动无静”是心之体，就与“无善无恶是心之体”处在同一个格局中了。王阳明既主张心体无动无静，又以某种方式主张心体本静无动，两者并不矛盾，因为“本静”不同于“静”，它是“定”（相当于“至善”），非静非动，又因触感而随时可动可静。所以王阳明说：“心之本体即是天理……天理原自寂然不动，原自感而遂通。”（《传习录》，第145条；《王阳明全集》，63）

这么讲动静，许多人是可以接受的，但将“动静”换成了“善恶”，就变得有些触目惊心了，好像就与儒家的基本原理尤其是与孟子相冲突了；其实在王阳明的话语习惯中，这种“无A无不A是心之体”的思路和表述，是一直就有的。把A换成善、静、内，不A就是对着它们的，跟它们相反的恶、动、外。这是一个结构，“A/不A”既可以是“动静”，也可以是“内外”“出入”（参见《传习录》，第48条）和“善恶”。在这个话语结构中，“A”与“不A”或“反A”是相对而言的；但是“本A”或“至A”是非相对的，所以其本身是“无A无不A”的，但又是“A”或“不A”的源头。当然，把“本A”或“至A”中的“A”叫“A”而非“不A”，表明“A/不A”是一个“偏正结构”，即以“A”为底色的结构。在这里就是以善、以静、以内为底色的结构。这一点就将此结构与告子的“无A无不A”的观点区别开来。这就像道家讲“道不可道，又不可不道，所以它才是天道”一样。

就此而言，王龙溪的“四无说”，钱德洪的“四有说”，刘宗周的“变相四有说”和那些全力反对“四句教”的观点，就都不成立了，因为它们没有领会“四句教”的原意，也就都击不中它的要害。比如前引刘宗周言：“若心体果是无善无恶，则有善有恶之意从何处来？”按这个发问模式，我们也可以问：“若心体果是无动无静、无出无入，则有动有静、有出有入之机又从何处来？”这样的辩难肯定难不倒王阳明或钱德洪的，用《易传》的“寂然不动，感而遂通”就可以回答。从无到有——或更准确地说，是有无相生——的“道论转折”，从来就是中华古学的哲理精髓。以上提及的四类不同意见，都没有深切体会到这种转折在“四句教”中的关键地位。

二、防止欺罔

最后，第三条理由在于王阳明“四句教”的首句，还有防止道德事业中的伪善或欺罔的动机和效果，因而与他的知行合一、致良知学说是内在相关的。我们知道，人类的道德追求的宗旨是扬善抑恶，或立善去恶。然而，如果对它的追求脱离了原发的价值感受和真情实意，变成以立善去恶为目的、为崇高目标的一桩被论证、组织、策划、操纵的事业，那么其目的与手段、认知与行为就会分离，在实现这桩以为善去恶为名义的“着意”（参见《传习录》，第101条；《王阳明全集》，32）事业时，就会产生许多不自发、不知行合一的伪善现象，正如王阳明在其论拔本塞源的信中所描述的。因此，为了保证“四句教”中后三句所说的那些意识行为、身体行为的真诚不伪，就需要在它们的心体源头处去掉善恶的分离对待，以免将善恶加以意念化、理论目标化和功利化。王阳明说：“若恶念既去，又要存个善念，即是日光之中添燃一灯。”（《传习录》，第237条；《王阳明全集》，109）把恶念去掉之后，就已经复见本性了，就已经是善的了；还要再存个善念，实际上就是为善之念，这不仅是多余无用，甚至会兴伪作恶。而且，有时这个恶是远超庶民私意小恶的大恶。王阳明在《答顾东桥书》里说：

> 霸者之徒，窃取先王之近似者，假之于外，以内济其私己之欲，天下靡然而宗之，圣人之道遂以芜塞，相仿相效，日求所以

> 富强之说，倾诈之谋，攻伐之计，一切欺天罔人，苟一时之得，以猎取声利之术，若管、商、苏、张之属者，至不可名数。（《传习录》，第143条；《王阳明全集》，60）

王霸之辨中主张霸道的那些人，表面上和王道也有相似之处，但实际上却是在追求私欲。比如齐桓公所谓的“九合诸侯，一匡天下”。儒家对齐桓公评价其实还挺高，但毕竟是不够的，所以孔子对管仲的矛盾心理就明白地表现在《论语》里。一方面，从效果上来看，孔子说：“桓公九合诸侯，不以兵车，管仲之力也。如其仁！如其仁！”（《论语》14.16）又说：“管仲相桓公，霸诸侯，一匡天下，民到于今受其赐。微管仲，吾其被发左衽矣。”（《论语》14.17）但另一方面，孔子又说：“管仲之器小哉！”（《论语》3.22）所以儒家并不能完全认同他，他还是功利的。

所以说“无善无恶心之体”，绝非是要否认终极处的非对象化的道德或天理，而是要刊落一切心机盘算，让“有善有恶意之动”成为源发的或时机化（时中）的，而不是被准备好的，或只是按规则延伸出来、做作出来的。所以他说：

> 圣人无善无恶，只是“无有作好”，“无有作恶”，不动于气（意念）。然（如《尚书·洪范》所说）“遵王之道”，“会有其极”，便自“一循天理”，便有个“裁成辅相”（《周易·泰·象》）。（《传习录》，第101条；《王阳明全集》，32）

“圣人”或“心之体”的无善无恶，只应在“无有作好”“无有作恶”的意思上理解。所谓“作好”“作恶”，就是脱离人的实际生活经验的原发感受，着意做出的善恶，让人丧失良知和知行合一的道德原态。王阳明说：

> 舜常自以为大不孝，所以能孝。瞽瞍常自以为大慈，所以不能慈。瞽瞍只记得舜是我提孩长的，今何不曾豫悦我，不知自心已为后妻所移了，尚谓自家能慈，所以愈不能慈。舜只思父提孩我时如何爱我，今日不爱，只是我不能尽孝，日思所以不能尽孝处，所以愈能孝。(《传习录》，第294条；《王阳明全集》，123)

这里讲的“不”——相当于“无”——恰恰保障了“能”或“真能”——相当于“有”。“不”是心上的，“能”是知行合一的。只有心上不认为自己在行孝或已经行孝，才能真行孝。你觉得自己在为善，就不能真正地为善。这是一个“吊诡”(参见《庄子集释》，99)。

道德的善不应该作为行为指向的对象，你相信你在用你的行为去构造或指向善，这样反而使得它不是真善了。从孔子开始，儒家对这个问题就特别敏感。子贡说孔子“夫子之言性与天道，不可得而闻也”(《论语》5.13)；《子罕》开篇就说孔子“罕言利与命与仁”(《论语》9.1)。天道性命甚至仁这样的大问题，弟子们很关注，但是孔子都不愿意直接去说，不愿意凭借[苏格拉底、柏拉图追求的那种]“定义”的方式，从观念上用精确的语言将其把捉住。孔子认为这样把捉住的“仁”就不是仁了。但是孔子不谈仁吗？《论语》里“仁”字出现了一〇五次，但都不是定义，孔子全都是根据当时的语境或学生的发问来说，每次谈论都使你对仁加深了理解，而且用现象学的话说，是带有明见性的理解。有些西方学者感到挺困惑，觉得孔子似乎总是这样躲躲闪闪，他们认为孔子的哲学性不够，从黑格尔开始就这么看，觉得孔子只有一些世俗的道德智慧而已，缺乏真正概念化的哲理。其实孔子非常自觉，就是要避免这种概念化。这和我们这里说的避免伪善的问题是息息相关的。在《大学》《中庸》里这个意思是很明显的，特别是《中庸》里说的“诚”。因为儒家要追求善，所以这个问题对儒家来说，在某种意义上甚至可以说是最大的挑战；对道家而言倒不是什么重大的挑战，对他们而言，不能直接说的是道，他们本来就认为善恶只是相对的。但儒家认为善还是有终极意义的，可又不能作为一个终极目标去追求，就是因为可能导致伪善的问题。

美国的阿米什人（Amish people）之所以不信任教会，就有这个原因，因为在信仰这个终极处不应该有形式主宰，不然就可能是伪信仰。他们也信基督教，但被判为“异端”，似乎就是因为教义上一些外人看来无足轻重的争论。他们在欧洲受到迫害，后来跑到美洲，形成了自己的特点。他们不信任教会，而且特别关注家庭。他们做礼拜不在教堂，而是在各家轮流举行，是真正的家庭化的教会。这一点与儒家是类似的，只要是认为家庭是孕育真理的子宫或源头的流派，都不会完全信任充分体制化的、高于家庭的东西，所以阿米什人不信任基督教会。基督教会是很典型的，他们认为他们所追求的真理是终极真理，他们所信仰的上帝是唯一的真上帝。而且他们还要大讲特讲这个上帝，成立教会来垄断对上帝的解释权。两千年的基督教会史当然是一部很辉煌的基督教文明的构造史，也在世界历史中产生了巨大的效应，但是这部基督教会史也是一部血腥的圣战史或迫害史，因为他们认为他们可以以命题的方式说出什么是善、什么是恶；什么是信、什么是不信；什么是上帝、什么是魔鬼……这样他们就完全脱开“知行合一”的那种原发的状态，脱开真正的现象自明性，让自己对真善的解释被体制的、教派的利益所操纵。这正是中国的主流思想——无论儒释道的哪一种——都特别反对的。儒释道的思想中都有一种“防伪剂”，即对终极真理被垄断的警惕。但是比如墨家、法家就认为自己抓住了真理，而且这个真理能被表达得清清楚楚。那些流派虽然曾经也很盛行，甚至成为国家的意识形态（比如法家之于秦朝），但最终还是灰飞烟灭。所以在历史上，我们这个民族就是有这个特点，如果一种思想没有“无”的那一面，它最多只能兴盛一时，终会被历史淘汰。

这些都是我们理解这个问题的背景，非常重要，对后面我们理解阳明后学的分裂也很有帮助。我们再看一段阳明的话：

> 德性岂可以外求哉？……舜之“好问好察”，惟以用中而致其精一于道心耳。道心者，良知之谓也。君子之学，何尝离去事为而废论说？但其从事于事为论说者，要皆知行合一之功，正所以致其本心之良知；而非若世之徒事口耳谈说以为知者，分知行为两事，而果有节目先后之可言也。（《传习录》，第140条；《王阳明全集》，56—57）

舜的“好问好察”不是为了前面所说的“作好”，当然更不是为了“作恶”，但也不是有意去构造善、实现善，而只是用时机化的中道来“致其精一于道心”，让善被知行合一的行为“带”出来。所以知行合一的良知中就有“防伪剂”，因为其中总有不虑而知、不学而能的“无为而为”的向度，将善在情境中顺带出来，而非有意地直接把捉、操纵、构造出来。我觉得中西文化的一个很重要的不同就体现在这方面。

就此而言，“四句教”有一个内在互补的理路整体性。首句之“无”正是为了保证后三句之“有”的真态性，所以它既要指示本体——心之体，又行使着屏蔽对象化的算计之心、之意的工夫论作用，因而参与构造着道德的真善。善不可被指称，只可在时间情境中被当机构成。因此，不能说心之体与道德的善恶构成无关。其实，这所谓“无善无恶”的心之本体就是王阳明讲的“良知”。（参见《传习录》，第155、159条等）“四句教”中说良知“知善知恶”；但同时王阳明也说良知“不思善不思恶”，与惠能所说的“本来面目”一样：“‘本来面目’即吾圣门所谓‘良知’……良知，而善恶自辨，更有何善何恶可思？”（《传习录》，第162条；《王阳明全集》，73）可见心之本体也好，良知也好，都是不思善恶（不作善恶）而自行善恶的发动源，总包含一个前反思、前意向的“冥构”维度，也就是我们一再讲到的潜意识或时间之流的权能化参与其中的维度。真实的本心发动和良知呈现，一定是潜显意识的沟通共作而时中，一旦分离，则有伪生。

由此可见，王阳明讲的心体与禅宗惠能讲的“自性”虽然都有“无善无恶”或“不思善恶”的一面，但两者毕竟不同，因为心体的无善无恶是为了彰显自身的至善无伪之诚，或知行合一之善。或者用王阳明在“天泉证道”时的说法来讲，所谓“太虚无形，一过而化”之“虚”，是揭示心体至善至诚的“实”的前提；而惠能讲的自性本身则一虚到底，无善可言。王阳明可能受过禅宗影响，但在要害处，他确实有自家的血脉。

如此看来，陈来先生以下的论断似可商榷：“所谓‘无善无恶心之体’所讨论的问题与伦理的善恶无关，根本上是强调心所本来具有的无滞性。”（《有无之境》，190）如果按之前讲的，“至善无伪而诚”与“伦理的善恶”毕竟有关，那么心体的无滞性就不是没有伦理善恶之朝向的了。而且，将王阳明讲的心体只说成是“一种本然情感——心理状态”（《有无之境》，195），也是不够的。能够指出王阳明的心体是“本然情感”，可谓灼见，惠能绝不会承认他说的自性是情感，不管其本然与否，但将这本然情感仅归为“心理状态”就不那么到位了。心理状态毕竟还是主观性的，而本然情感，不管是“喜怒哀乐之未发”还是“不动气之静”，都不止于主观一面，而是统合主客的至情通感。

第五节　王阳明学说中的普遍主义向度

所谓“普遍主义”（universalism），就是认为世界上有这样一种真理或真实可以被人得到，它可以不考虑历史情境、文化独特性等因素，因而是超越的；此外，得到这种真理之后，还可以用语言明确无误地将其表达出来；最后，不但能够将它表达出来，还有义务向全世界推行这种真理。缺了以上三条中任何一条，都不是强的普遍主义。比如儒家也认为自己得到了最终的真理，但儒家不认为这个真理能够被充分地表达出来。所以孔子对很多问题都“罕言”“不语”，使它们“不可得而闻”，其原因就在于如果你用语言表达明确了，它们就变质了。在这一点上，道家也有相同的见地，佛家也有这个意思，不过佛家内部也不尽相同。如果认为我得到的这个真理不能被明确地表达出来，事实上就意味着也没有完全接受第一条，对它打了折扣。也就是说，我得到的这个真理不是完全超情境、超历史、超文化、超个别、超特殊性的，所以我才不能把它作为某种对象充分地表达清楚。另外还有一种可能，即认为能够得到这个真理，也能表达出来，但没必要向全世界推行。我觉得宋明理学差不多就是这样，所以我把宋明理学在整体上看作是一种弱普遍主义。比如理学这边，他们认为他们领会了最终极的实在——天理，而且能把它说出来，他们也不觉得把它说出来的过程中有什么根本性的困难。老子和孔子都认为这个东西是不能充分说出来的，但程朱就没有这种顾忌。（参见《拒秦兴汉和应对佛教的儒家哲学》，418—419）在这一点上，他们不如佛家。先秦儒家、先秦道家还有佛家在这方面都是比较谦逊的，都存有畏惧，知道有些东西是说不出来的；说也只能通过吊诡的方式说，“一心开二门”，真如心一定要通过生灭心才能成为真正的真如心，真理是不能被赤裸裸地拿出来的。但是宋明理学也没要求去传道，理学被传到了朝鲜、日本、越南，都是完全自发的，人家来求而学之，我们这边当然是倾囊相授。比如朝鲜的宋明理学就非常发达，诞生了一位朱子学的大师李退溪，非常了不起。如果当时宋明理学有这种冲动，组织起儒家传教团，那整个东亚的历史，乃至整个世界历史都会改变。朝鲜这么近，也没人派传教团去传教，这帮儒士就这么恋家乡。

我曾撰文论证，儒家无论作为一种哲理还是一种文化（文明），都是“非普遍主义”的[①]，因为她的命根儿就扎在人的实际生活经验中，首先就是家庭的亲亲（慈孝、悌友）经验中。所以她不可能将哪怕是最高的德行和政治、文化理想当作独立的普遍有效的原则，认定它们可以并应该向全世界无条件地推行。王阳明的学说，也有其强劲的非普遍主义素质，表现为家庭、孝道在王阳明的生命和得道经验乃至“知行合一”说中的重要地位。但是，如我们之前说到的，宋明儒学作为整体，包括心学和理学，相比于先秦儒学，有比较明显的普遍主义倾向，起码可以看作较弱形式的普遍主义倾向，即认为自己不但可以掌握终极的真理或实在，而且可以将它［们］明确地表述出来，直接传递给他人，只是没有传教主义的强烈冲动而已。

王阳明批评陆象山“粗”，不同意陆象山的“知先行后”说，而用非普遍主义的知行合一去改造心学，强调本心的每次呈现都有使其不得不然的时机发动和价值实现，实际上就是反对脱离情境时机的“同心同理”说。因为“知行合一”说一定要从人的原发的情境和意识的结合中，潜意识和显意识的沟通中，被当场实现，所以它一定是非普遍主义的。但很可惜，王阳明的这一灼见未能贯彻始终，他还是给予良知本体或心体以某种脱开时境几微的独立身份。比如下面这一段：

> 文蔚谓“致知之说，求之事亲从兄之间，便觉有所持循”者，此段最见近来真切笃实之功。但以此自为不妨，自有得力处；以此遂为定说教人，却未免又有因药发病之患，亦不可不一讲也。盖良知只是一个天理，自然明觉发见处，只是一个真诚恻怛，便是他本体。故致此良知之真诚恻怛以事亲便是孝，致此良知之真诚恻怛以从兄便是弟，致此良知之真诚恻怛以事君便是忠。只是

① 参见张祥龙：《儒家哲理特征与文化间对话——普遍主义还是非普遍主义？》，载张祥龙：《复见天地心：儒家再临的意蕴与道路》，北京：东方出版社，2014 年，第 30—43 页。

一个良知，一个真诚恻怛……不是事君的良知不能致，却须又从事亲的良知上去扩充将来，如此又是脱却本原，著在支节上求了。良知只是一个，随他发见流行处，当下具足，更无去求，不须假借。(《传习录》，第189条；《王阳明全集》，92)

弟子聂文蔚说他在“事亲从兄”的亲亲情境中实行致良知，就感觉有踪可循，比在其他情境中要真切笃实得多。王阳明回答说，你自己觉得这么致知得力，当然很好，行之无妨；但若以为致良知都要从亲亲经验开始，却是以特殊经验来代替普遍本体了，即所谓“因药发病”。“病”可以指良知被蒙蔽，“药”则指各种去除蒙蔽之方法或路径。“亲亲而致知”只是众药方中一种，不可执之为对治此病的定法。王阳明再三强调“良知只是一个”，可随机流行而被发见，无须总以亲亲为源头“扩充”而来，比如事君的良知（忠）便可当机被呈现，“当下具足”，无须“假借”事亲的良知。总之，良知是超越了具体的致知情境和良知呈现形态的真诚恻怛的本体，随机而发，当下现成完备，无须任何特定的假借。这样讲“良知”确实非常活泼，但这差不多就是禅宗或华严宗而非儒家的心体了。

正是根据这一思路，王阳明才要赞同程伊川之说：“行仁自孝弟始。盖孝弟是仁之一事，谓之行仁之本则可，谓之是仁之本则不可。”(《二程集》，183)《论语·学而》有“孝弟也者，其为仁之本与”一语，历代不少注家将“为”训作现代汉语中的“是”，但程颐和朱熹则训之为“行”。程颐认为孝悌只是一种情、一种爱，这种情、爱不能是理这样的本体，所以孝悌不能是“仁”的本。其实“行仁之本”和“是仁之本”，在知行合一的视野中，没有本质区别，但程朱恰恰要从根本上区分两者，使“孝悌”这种亲亲之情无资格进入“性”“理”这样的本体界中。所以程颐还有这样的话：“性中只有仁义礼智四者，几曾有孝弟来？”(《二程集》，183)这却不符合孔孟儒家的基本宗旨，孔子说：

“仁者人也，亲亲为大”（《中庸》二十章）；孟子说：“亲亲而仁民，仁民而爱物”（《孟子·尽心上》），又说：“亲亲，仁也”（《孟子·告子上》《孟子·尽心上》）。所以程颐的那句话，受到明清以来许多儒者的反驳。[①] 近人钱穆、杨树达、杨伯峻等人注解《论语·学而》的这句话时也都不取程朱的视角。但《传习录》里王阳明引用并赞同程颐“行仁”说的那句话，不过他认为这是程颢的话。（《传习录》，第190条；《王阳明全集》，93）因为王阳明几乎不会引用小程的话，而这一句偏偏就是小程说的。

所以悟出了知行合一的王阳明在这里居然完全站在程朱割裂孝悌与仁德的一边，其主要原因就只能是他要为自己的弱普遍主义的良知本体观论证。就此而言，他与陆象山的“同心同理”说并无根本的差异。但王阳明的普遍主义是弱的，因为他实际上是在程朱相对较强的普遍主义（程朱也不是强普遍主义，与西方的强普遍主义很不一样）与他本人的“知行合一”说的非普遍主义之间徘徊。比如在《传习录》中他认同程朱“行仁”说的那一条中，他还发表了似乎与之相反或起码是不同的看法：

> 孟氏“尧、舜之道，孝弟而已”者，是就人之良知发见得最真切笃厚、不容蔽昧处提省人，使人于事君处友仁民爱物，与凡动静语默间，皆只是致他那一念事亲从兄真诚恻怛的良知……事亲从兄一念良知之外更无有良知可致得者，故曰：“尧、舜之道，孝弟而已矣。”（《传习录》，第190条；《王阳明全集》，92—93）

他这里引孟子的“尧舜之道，孝弟而已矣”（《孟子·告子下》），说“孝悌”是“人之良知发见得**最**真切笃厚、不容蔽昧处”，从这个“最”

① 参见程树德：《论语集释》第一册，程俊英、蒋见元点校，北京：中华书局，1990年，第15页。

字，可见他又在所有的经验中赋予孝悌以某种特权地位。又说“事亲从兄一念良知之外更无有良知可致得者”，这样孝悌好像又占有一种本原地位了。所以这同一条之内，就有一种张力或冲突。他的悟道体验、他的“知行合一”说是非普遍主义的，但是他又有精神上理想主义的一面，使得他向陆象山的“同心同理”说靠近。

他的另一种普遍主义倾向的表现，就是对于良知的“不可道”或“不可言”乃至“不可尽知”的那一面缺少足够深透的认识。前面讲到，“四句教”第一句点出了“心之体”的“无”的一面，涉及心体的不可被直接断定（比如不可被以“善”“恶”来判断）的那个维度，但是当王阳明直接说“良知”或“致良知”时，又往往毫不顾及这源头中的“无”，或由“无”到“有”的必要转折中的委曲，而径直断言“知善知恶是良知”，由此而将这“知”完全暴露在当下的构造之中，没有与“无”或“潜意识”的回旋沟通。

比如这一段：

> 尔那一点良知，是尔自家底准则。尔意念着处，他是便知是，非便知非，更瞒他一些不得。尔只不要欺他，实实落落依着他做去，善便存，恶便去。他这里何等稳当快乐。此便是格物的真诀，致知的实功。若不靠着这些真机，如何去格物？我亦近年体贴出来如此分明，初犹疑只依他恐有不足，精细看无些小欠阙。（《传习录》，第206条；《王阳明全集》，102）

这段话有非常精彩的一面，但是也有问题。将良知看作格物的真机源头，其“真诀”地位不能被程朱式的“今日格一物，明日格一物”代替，很有道理；但又没有看到良知要在生活情境中兴发——比如孟子讲的“见孺子将入井而恻隐”，需要有这种情境引发恻隐，因而良知的出现并不受我控制，良知也不能被我当作一种工具来运用，并不是一般意义上的“准则”。我们前面引述过，“天泉证道”的时候王阳明自己也说“良知本体原来无有，本体只是太虚”。良知只能在孟子说的“勿忘勿助”中“构势”而时发，需要“集义”和“养气”的工夫。这也就是《中庸》所谓的“溥博渊泉，而时出之”（《中庸》三十一章）。你有这个“渊泉”，时机适当的时候，它就会涌出来。不然的话，就会导致良知的现成化、准则化。问题在于，王阳明讲的都是已出现的真良知，没有顾及良知能不能出现，或者自己认定的良知是不是真良知这样的发生学问题。良知总能出现，总是“无些小欠阙”的，那是理想化的已悟道者的境界，就像程子讲的“百理具在，平铺放著”（《二程集》，34）是理学的理想化一样。而王阳明之所以能“信得‘致良知’三字，真圣门正法眼藏”，也是因为他经历后宸濠之构陷，即所谓“今自多事以来”，才确信“只此良知无不具足”，这都是我们之前引用过的《年谱》中记载的他五十岁那年讲的话。

因此，良知虽是天赋于我，不可泯灭，但并非总是可及可用的，或在现代汉语的语义上是现成化或准则化的。王阳明自己在某些时刻对此也深有感受，所以他才会说：“某于此良知之说，从百死千难中得来，不得已与人一口说尽，只恐学者得之容易，把作一种光景玩弄”（《王阳明全集》，1287—1288）。仔细体会他这番话，可晓得“百死千难”代表的人生曲折经验和人生情境晕圈，所谓“剥尽而复”的时机，对于良知出现和自觉化是非常关键的。所以，将良知“一口说尽”实非王阳明本愿，只是“不得已”；他也清楚“说尽良知”的表达方式会导致学者将良知“把作一种光景玩弄”的负面后果，但又情不自禁地非要去一口说尽。这就是王阳明的**“说良知悖论”**：不该一口说尽，却偏要或只能一口说尽。我们在第十一讲第二节中介绍的他对良知的那么多说法，良知是天理、是心体、是未发之中等等，都是一口说尽的方式。他居越的那段时间，讲学很多，很多弊端还没有显露出来，弟子们受到的启发、教益很多，那时候正是王门这个学术团体蓬勃发展、欣欣向荣的时期。所以那时候王阳明正意气风发，可能“一口说尽”就比较多了。但他有时候又有“忏悔”式的“不说”，比如《年谱》记载他五十岁那年，在我们上面引的他的那些话之后，他又说：

近欲发挥此（良知说），只觉有一言发不出，津津然如含诸口，莫能相度……连这些子亦无放处。（《王阳明全集》，1288）

这就有点像《论语》里非常著名的那段：

子曰：“予欲无言。”子贡曰：“子如不言，则小子何述焉？”子曰：“天何言哉？四时行焉，百物生焉，天何言哉？”（《论语》17.19）

王阳明也有点孔子“予欲无言”的意思，但他又有“一口说尽”的一面，所以他是两面都有。问题在于，他自己可以这样，但是他的弟子们，可能就不是两面都有了，偏执于一面，这就麻烦了。

第十四讲　阳明后学的分流

王阳明的“说（知）良知悖论”直接藏身于“四句教”之中，经过王龙溪等弟子的开展而显身于阳明后学之中。我们曾以同情的方式去尽量理解此“四句教”的本意，强调其中的“转折”及其深意，即心体之潜伏、酝酿，心体发为良知、意或物的情境与时机，等等。但是，就此“四句教”的表达方式而言，却是四句判断：“S 是 P”。所以第一句与后三句之间的关系，好像不是“转折”，特别不是我们讲的那种隐显交织、缘构时发的柔性转折，而是近乎正面冲突的矛盾关系。为了应对这种硬性的转折或矛盾关系，众弟子采取了不同策略。

第一节　“四无”与“四有”：钱德洪致良知的工夫论

如前所述，王畿采取了“四无”说，将第一句的“无”——“无善无恶”——通贯到后三句，即将“时入无滞心体”之悟，也就是对良知本体的悟解，直贯到平日的意念、知行之中，不顾善恶的外在规范、道德意识的克省复原，乃至体会“未发之中”的静坐工夫。这也就是王阳明说的“一悟本体，即是功夫，人己内外，一齐俱透了”。通过悟本体得到工夫，而不是靠工夫达到本体。这是一条一通百通的路子。

钱德洪则在坚守老师“一无三有”说的前提下，实践自己的“四有”说。如我们前面所论，他将“无善无恶心之体”转写为“至善无恶者心”，他这样理解也有王阳明的思想和言说做根据。而且钱德洪对于我们在十三讲第三节中为理解“四句教”深意时阐及的第一条理由，即“由无才可得全有、活有”，也有清楚意识，比如他说：

> ［阳明］又为无善无恶之说者，何也？至善之体，恶固非其所有，善亦不得而有也。至善之体，虚灵也，犹目之明，耳之聪也。虚灵之体不可先有乎善，犹明之不可先有乎色，聪之不可先有乎声也。目无一色，故能尽万物之色；耳无一声，故能尽万物之声；心无一善，故能尽天下万物之善。（《明儒学案》，234）

这段话把“无善无恶是心之体”与“至善无恶是心之体”有机地串合起来了，正是“无善无恶”保证了“至善无恶”。由此可见他毕竟是王阳明弟子，与王畿也有相交之处，他不但紧跟老师，他的悟性也确实勉强跟得上王阳明，基本上算是说清楚了。钱德洪并不笨，但确实不如王畿伶俐跳达。王龙溪对“四句教”的解释则有创新，超出了老师，不过问题是：他的超出是令人喝彩的，还是令人反感的？这一点我们下面会再看。但钱德洪和王畿其实都承认“四句教”第一句“无善无恶是心之体”是必要的。这一点保证了他们这两位王门大弟子能够一同代表所谓的“浙中学派”。钱德洪在《与张浮峰》的信中也说到，他以前觉得和王畿不能“浑接一体”，但后来慢慢觉得他们彼此都能理解对方，似乎也能达到老师“天泉证道”时期许的“相取为益”了。（《明儒学案》，235）

但是钱德洪体悟良知的路数毕竟与王畿很不同，因两人的性格造就的思想倾向差异甚大。我们在十二讲第二节介绍致良知之法的时候曾提到，钱绪山入门时修习静坐颇有所得；他也能在入狱危难时“豁然若省，乃知上天为我设此法象，示我以本来真性”（《明儒学案》，233）。可见他起码也曾有“时入良知本体”，即狭义的致良知之法的努力。在这种朝向死亡的情境中，他对良知忽然当下呈现的那一面也有所体会，所以他对王龙溪的学说也有同情甚至是认同的一面。

但是钱德洪最得力的修证方法还是克治省察，他说：“戒惧即是良知，觉得多此戒惧，只是工夫生；久则本体工夫自能相忘，不思而得，不勉而中，亦只一熟耳。”（《明儒学案》，226）“戒惧”也是省察克治的一种方式。《中庸》说：“是故君子戒慎乎其所不睹，恐惧乎其所不闻。莫见乎隐，莫显乎微，故君子慎其独也。”（《中庸》一章）所以在独处的时候，坏念头还没作为对象出现的时候，也需要戒慎恐惧，要时刻警惕，即宋明儒者所谓的“提撕”。这后来直接影响到江右王门所谓的“修正派”，比如邹守益、欧阳德，通过戒惧来回复良知本体，久而久之，戒惧就融进心体中了，本体、工夫互相穿透，两者打通，也就达到了知行合一的表现了。所谓“熟”就是进入了潜意识、进入了权能域，就像孔子“七十而从心所欲，不逾矩”（《论语》2.4）的境界，或者是黄宗羲所描述的王阳明晚年达到的那种化境。

钱德洪对王龙溪的路子既有认可也有怀疑。他最担心的就是如果按王龙溪的路子走，是不是会“认意见作本体”（《明儒学案》，228），这句话后来成为很多人批评与王龙溪类似的那些倾向的一个话头。就是怕那些不是上根人的人去按上根人的路子去致良知：“习累既深之人，不指诚意实功，而一切禁其起意，是又使人以意见承也。”（《明儒学案》，228）当场悟入心体的时候不能起意，而是完全让本体自己发作。但问题在于，禁人起意也包括禁止或看不起克治省察，觉得做克治省察的工夫也用了意念，比如其中就要区分善念、恶念才能来克治省察。但没有经过克治省察的工夫的淬炼，如何能保证你当下悟入的是本体还是意见？表面上说得很漂亮的人，好像达到了孔子七十的境界或者王阳明晚年的境界，但是不是真的呢？钱德洪并没有指责王畿就是“认意见作本体”，但他的这种说法就留下了这种可能。就算王畿本人是上根人，但王阳明也说了不许用这种说法去“接人”，可王龙溪还到处这样"挤人"，而且他活得还特别长，四处讲学。不过这些批评，王龙溪都觉得不重要。

钱绪山对王龙溪和聂双江的一些评论，我们下面需要时再征引。他可以作为一把很好的尺子，用来衡量别人离王阳明或离儒家有多远，所以我们后面会引用他的评论，因为这个人很诚实。总之，钱绪山比较忠实地追随王阳明的学说（当然，王龙溪虽然对王阳明有所超出，但似乎也很难说他的这种"超出"是"不忠实"于王阳明）。虽然钱绪山"时入良知本体"的灵气比不了王阳明和王龙溪，甚至比不了王心斋（王艮），但他理解的路子、体悟的方向是对的。所以黄梨洲曰："龙溪悬崖撒手，非师门宗旨所可系缚，先生则把缆放船，虽无大得亦无大失耳。"（《明儒学案》，225）黄宗羲对钱绪山是基本认同的，但是不喜欢王畿这种风格，所以他在《明儒学案》中对王龙溪的评价，用语非常狠，但也承认王龙溪和钱绪山都是接王阳明晚年的衣钵。黄宗羲认为王阳明晚年说了一些过头的话，主要就是"四句教"的头一句。这样的话只有像王阳明这样已经悟了道的人才能真正理解，其他人是消化不了的，所以后来才会导致那么多弊端。但是在这两个弟子中，钱德洪是尽量把老师的学说容纳在儒家的范围之内，而王畿就不是了。本来"四句教"就够悬的了，已经到了儒家的悬崖边上，王畿再来一个撒手往下跳，就不知道跳到哪儿去了。所谓"修正派"，像邹守益、欧阳德，基本上是沿钱德洪的这个方向前进的。

第二节　王龙溪的"良知见在"说

王龙溪将王阳明狭义的致良知即"时入良知本体"的方法，发挥得淋漓尽致、生动活泼。《明儒学案》引他的话：

> 良知原是无中生有。即是未发之中，此知之前，更无未发；

即是中节之和，此知之后，更无已发。自能收敛，不须更主于收敛，自能发散，不须更期于发散，**当下现成**，不假工夫修整而后得。致良知原为未悟者设，信得良知过时，独往独来，如珠之走盘，不待拘管而自不过其则也。（《明儒学案》，238，标点有调整）

头一句乍听之下就有点骇人听闻："良知原是无中生有"，但其实紧扣"一无三有"的"四句教"，良知之中已经有"几"或"未发"了。所以那些要凭借静坐等工夫来体会未发之中，从而致良知的路子，是在绕路而行。比如我们以前说到的杨龟山、李侗、陈白沙，还有后面会提到的江右王门中的几位，都特别强调在静坐中体验未发之中。但王龙溪就说良知中就有未发，所以良知之前，"更无未发"。同时，良知又是"中节之和"，所以良知之后，也"更无已发"。王龙溪所理解的无中生有的良知既是未发，又是已发，所以王龙溪是彻底地简易，某种意义上比他老师说得还要简易。"自能收敛"是在暗批收摄保聚派，而且还"自能发散""当下现成"，这一点他不同于王阳明。王阳明也为平常人的"工夫修整"或"由工夫致本体"的路子留下合法性，而且还很强调这一点，但王龙溪就径直说"不假工夫修整而后得"，他强调你只要信得过良知就行了，任其自行，如珠之走盘，就像孔子从心所欲不逾矩的境界。

王龙溪说良知"当下现成"，就是说良知**可以**当下向我自发地、真实地呈现，现身证成。不一定需要"当下"情境时机之外的修习工夫，比如闭关静坐、持敬省察等。当然，他也不会完全反对这些修习工夫，毕竟王阳明也提倡过它们，但他在此比王阳明更激进，他更多地看到以固定方式体会未发之中的弊端。所以对于静坐收敛，他认为人可以不通过它，而且最好不通过它来致良知。他说：

古者教人，只言藏修游息，未尝专说闭关静坐。若日日应感，

> 时时收摄精神，和畅充周，不动于欲，便与静坐一般。若以见在感应不得力，必待闭关静坐，养成无欲之体，始为了手，不惟蹉却见在工夫，未免喜静厌动，与世间已无交涉，如何复经得世？（《明儒学案》，240；《王畿集》，11）

“应感”就是良知见在，即良知总能够当下出现（关于良知现成与良知见在的关系问题，稍后会提到）。这与静坐息心止念的效果是一样的。宋以前的儒家没有讲闭关静坐的，后来之所以有这种修行法，主要是受佛教禅定或坐禅修证的影响。尽管《庄子》也讲到“坐忘心斋”，但儒家以前一直没有采用。所以王龙溪说良知当场出现，我们就持守这个见在的良知，所谓“时时收摄精神，和畅充周”就是这个意思。而且要“不动于欲”，一旦有欲望，见在良知马上就会退却。如果能做到这一点，那就跟静坐一样。但是，如果认为“见在感应不得力”，需要“闭关静坐”来“养成无欲之体”才是高明，“始为了手”（“了手”就是高手的意思），那么就会“蹉却见在工夫”。所谓“见在工夫”，就是说良知当场出现了，你通过某种工夫保持住，让它不消失。所以静坐的弊端就是喜静厌动，和世间的道德伦理没有相交的地方。等你出关、不静坐的时候，就会面临你的静坐的体会如何与世间的道德、人际关系接榫的问题。

这么说来，体认良知当下呈现的“见在工夫”是唯一不二的，因为它既直认良知呈现，又可与静坐一样地收摄精神，所以本体与工夫浑然一体。而专注于闭关静坐者，比如罗念庵（名洪先），则是分叉绕道而修行。闭关时与世间无交涉，出关后能否再绕回到良知见在也不一定。最后能回到良知见在，这个闭关才是儒家的。所以良知见在是最终总要走的要道，绕不回来，就是异端。

另外，王龙溪认为任何省察克治式的修身复心的工夫都属于“后天动意”，也就是意向性、意念性突出的收拾残局之举，是已经出现了意向性、意念性的杂念，然后才把它克治下去。虽然这个方法对许多人是有用的，也是必要的，因为好多人看不到心体，但毕竟还有“上根人”的直入本心、让良知现成或见在的可能，而那种时入良知的见在方式——狭义的致良知方式——更直截原真，也是所有工夫最终必须经过、到达的要道。因此最佳的致良知策略是绕过所有的后天动意而直入“先天心体”，达到前意向或原意向的原意识，由此而掌握全部意向，直入要津。王龙溪说：

> 吾人一切世情嗜欲皆从意生。心本至善，动于意，始有不善。若能在先天心体上立根，则意所动自无不善，世情嗜欲自无所容，致知工夫自然易简省力。若在后天动意上立根，未免有世情嗜欲之杂，致知工夫转觉烦难。颜子，先天之学也；原宪，后天之学也。（《明儒学案》，240；《王畿集》，10）

这些妨碍我们致良知的情感和欲望“皆从意生”，这里可以把“意”解释成意念，或者是对象化的意向。他这里也说“心本至善”，动意之后才有不善。关键是要“在先天心体上立根”，把你的显意识的根真正扎到先天的心体里，这种先天心体与潜意识肯定有关，不只是显意识，这样就“意所动自无不善”。但是如果在“后天动意上立根”，“致知工夫”反而繁杂、困难。然后他举例说颜子是先天之学，原宪是后天之学。《论语》里孔子对颜回的评价，比如：

> 吾与回言终日，不违如愚。退而省其私，亦足以发。回也不愚。（《论语》2.9）
>
> 有颜回者好学……今也则亡，未闻好学者也。（《论语》6.3）
>
> 回也，其心三月不违仁，其余则日月至焉而已矣。（《论语》6.7）

以上都可以看出，孔子对颜回的评价是特别突出的。孔子跟他说了一天，他从来都说对、没错，好像挺傻的。但他回去琢磨，就有些新东西生出来了，说明他真懂了，他可能没有子贡、子夏那么快的脑筋，但他回去慢慢就能透悟，抓住根本。按王龙溪的话说，就是透悟了心体。孔子还说他好学，而且弟子三千，只许颜回好学，颜回死了再也没听过谁是好学的了。又说颜回“其心三月不违仁”，其他弟子都远远达不到。王龙溪就把颜回的这些特点解释为先天之学——是抓住了根本。

原宪在《论语》中出现比较少，《宪问》记载：

> 宪问耻。子曰：“邦有道，谷；邦无道，谷，耻也。”
>
> “克、伐、怨、欲不行焉，可以为仁矣？”子曰：“可以为难矣，仁则吾不知也。”（《论语》14.1）

他问孔子如果能克治“克、伐、怨、欲”，是不是就算达到仁了？“克”就是好胜，“伐”就是自夸，“怨”就是怨恨，“欲”就是贪欲。孔子回答说能克治这四者，的确很不容易，但是就算做到了，是不是达到了仁，我也不知道。言下之意，很可能还达不到仁。按王龙溪的理解这就是没抓到根本。克治省察半天，能不能找到仁？还不一定。这就是所谓“后天之学”。

“在先天心体上立根”就是类似我们讲的“时入良知本体”，就是直入意念的根源，也就是进入或起码触及潜意识、内时间意识或阿赖耶识中的净识。阿赖耶识中也有杂的一面，当然一般认为良知本体已经是净的，心体一般也认为是净的，但是说到潜意识、内时间意识和阿赖耶识就不一定了，它是源头，但它是杂染、纯净共存的意识源头。由此进去以后，趁良知当下呈现或见在之机，建立能够比较自觉进入良知本体的通道，这就避开了世情嗜欲的意念，而使所有的意动都纯善不杂。这样的致良知工夫就被王龙溪称为“见在工夫”，认为它易简省力，且彻根彻底。而如果只知克治世情嗜欲，那么就是在后天动意中寻找先天之根本，找不找得到就不一定了，而且工夫繁杂，费事耗力。两者的区别就如同用兵的两种策略，先天之学或在“先天心体上立根”，就像直捣敌军司令部，生擒敌首而立刻决定全局胜负；而后天之学或克治省察式的这种修身，就像攻城略地，与敌人反复拉锯，胜败难说，且损耗甚大，原本活泼的心体、仁体是不是还在或很充足，就不一定了。

要更贴切地理解王龙溪讲的“见在工夫”，就需知晓他使用“见在良知”或“见在”的确切含义。首先须知，王龙溪很少使用“现成良知”这样的完整短语，“见在良知”作为一个整体出现的情况也不多[①]，而且往往是顺着批评他的人如罗念庵、聂双江等人的用语而使用之。但他较多地、主动地使用“见在”，其意义往往与“见在良知”或“良知见在”一致。而他使用“现成”的次数则远远少于“见在”。可见，“现成良知”“现成”这样的词涉及王龙溪与他人关于良知呈现方式和相应的体悟工夫的争论，王龙溪用来表现双方的区别。在这个意义上，一些学者用“现成良知”“良知现成”或“现成派”[②]来定义王龙溪的学说，是不够准确的。

“见在良知”与“现成良知”的含义接近但不等同。[③]虽然“现成”可以有我们以上讲的“当下现身证成”的意思，但“成”字不太适合王龙溪，因为它具有“已经完成”“现成在场”的意味，似乎意味着良知本体具有经验的圆成性，可以在当下完整地现成在场，所以王龙溪

---

① 两者在《王畿集》中一共只出现过几次，如第 42—43 页（现成良知、现在良知）、81 页（见在良知）、236 页（见在良知）、238 页（见在良知）、392 页（现成良知），其中两处出现“现成良知”皆为回应罗念庵的批评，详见后文。

② 参见冈田武彦：《王阳明与明末儒学》，吴光、钱明、屠承先译，上海：上海古籍出版社，2000 年，第三章第二节、第四章。

③ 关于二者的详细辨析可参见彭国翔：《良知学的开展：王龙溪与中晚明的阳明学》，北京：生活·读书·新知三联书店，2015 年，第二章第四节、第六章第四节。

有时会有意无意地避开它。比如在《松原晤语》中，王龙溪引用了罗念庵指责他的话“世间无有现成良知”之后，陈述自己的见解时，就将这个词改为“现在良知”（《王畿集》，42）。再考虑到他多用“见在”而很少用“现成”的情况，我们要定位王龙溪的良知说时，最好用“见在良知说”或“见在论”，而不用别人强加给他的“现成良知说”或“现成论”。

王阳明已在《传习录》中使用过一次“良知见在”的表达：

> 先生曰：“我辈致知，只是各随分限所及。今日**良知见在**如此，只随今日所知扩充到底；明日良知又有开悟，便从明日所知扩充到底。如此方是精一功夫。”（《传习录》，第225条；《王阳明全集》，106）

比如今日你见孺子入井，对恻隐之心有所开悟，那就随这良知当场见在，将其扩充到底；明日你与父母相处，对孝亲之心有所开悟，那就随着这良知当场见在，将其扩充到底。王龙溪将此说法和路数加以突出和深化，形成自己学说的核心——**见在论**或**良知见在论**。

古文“见”“现”相通。“见在”之“见”，在绝大多数情况下，可视为“现”或“当下”，极少处是“看见”的意思（如“知天机者，见在物先”[《王畿集》，764]）。“在”则指“存在”“在场”“呈现”，颇有些海德格尔所谓“在场性”（Wesenheit）或“**本质呈现／本现**”（*Wesung*）的味道。海德格尔写道：

> 本现（Wesung）意味着存有（Seyn）本身的存在方式，亦即存有。存有“之”道说。[①]

① 马丁·海德格尔：《哲学论稿（从本有而来）》，孙周兴译，北京：商务印书馆，2016年，第573页。

Wesung 从名词 Wesen 来，而 Wesen 又来自于“存在”（Sein，Seyn）的过去分词 gewesen。Wesen 有存在者、在场和本质的意思，Wesenheit 就是在场性。海德格尔再把 Wesen 动词化，变成 Wesung，所以被译为“本质呈现”或“本现”。所谓“存有”，可以理解为存在，只是海德格尔在这儿还觉得不过瘾，没有用 Sein，而用了 Seyn，显得更古朴些。“本现”是说存有本身就要呈现，就要“道说”。在这里，用海德格尔的“本现”来理解王龙溪的“见在”，相当贴切。

所以，“见在”就是“现场存在”“当下在场”“现下呈现”或“**当下本现**”（**当下本质呈现**）。因为良知是本体，它的当场呈现当然是本质呈现。而“见在良知”，就意味着“当下本现出的良知”“当下在场的良知”“当场呈现出的良知”。“良知见在”则意味着“良知［可］当下本现”“良知当场自身呈现”等。在许多语境中，“见在”就意味着“良知见在”或“见在良知”，“见在心”（《王畿集》，501），乃至“见在工夫”，也就是把见在良知扩充、保持的努力和具体方式。

这就更准确地表达了王龙溪乃至王阳明的良知观。王龙溪说：“先师（王阳明）提出良知二字，正指见在而言。”（《王畿集》，81）既然良知可以当下本现，那么时入良知或心体就是可能的。换句话说，心之本体、良知本身或良知本体虽是人性或人类原意识的本体，潜藏在潜意识中或潜显意识的交接处，但却可以在某些时刻、场合中（比如见孺子入井、父母危难、他人受伤、呼蹴之食等等）当下呈现或本现，进入被我们显意识所直接体验的现象界。所以“见在”不同于一般意义上的经验“知觉”，因为按王龙溪或王阳明的本意，“见在”是潜意识与显意识、本体与现象打通的“本现”（本质呈现）。虽然见在或呈现的良知是或深或浅、或多或少的，但王阳明、王龙溪都坚持认定它是真良知，货真价实，童叟无欺。人由此就可知何为良知，再择机扩展之、致极之，是为“见在工夫”。（《王畿集》，79、81、111）王龙溪说：

到此种种见在，化臭腐为神奇，皆此一点灵明随缘变见，而精神气魄，自然百倍于前。(《王畿集》，92)

见在知得的，要须行著习察，还他知之，当下分晓，一些不可含糊将就过去。若见在知不得的，要须涤玄去智，还他不知，当下斩截，一些不可寻讨兜揽过来。(《王畿集》，92)

见在是随缘变现的，它一出现，立刻化腐朽为神奇，你的整个精神气魄就不一样了。如果是见在“知得的”，比如该去救那个将入于井的孩子，你就应该跟着它，去实践，不让它一闪而灭。如果是见在“知不得的”，比如碰到一件事，别人都说特别好，你自己也觉得从道理上这件事就应该去这么做，但是见在良知没出现，那就要像《老子》说的“涤除玄览”(《老子》十章)或《庄子》说的“离形去知”(《庄子·大宗师》)，把你觉得应该去做这件事的那些道理去掉，跟随你的见在良知回复到“不知”的状态。所以，一切扩展变现或截断去除的工夫，都要以此见在良知为源头、为依据。

第三节　对王龙溪良知见在说的批评

一、对王龙溪见在良知的两种批评

王门后学的其他流派怀疑王畿讲的见在良知或现成良知，乃至认为它不是纯粹良知，其中掺杂了“意见”或经验性的“知觉”，只靠它来“独往独来，如珠之走盘”，不知会走到什么歪道邪见上去了。仔细辨察，可以发现两类主要怀疑：一类是很激烈的批评，认为现成良知或见在良知根本就不同于纯良知，它是包含真金(良知)的矿石，非得以涵养克省或收摄保聚(静坐)等工夫来汰沙去滓，炼出良知真金不可。所谓“收摄”就是要把意识通过静坐收到原意识中，即有利于良知本体出现和保存的状态中。又叫“归寂”，即通过静坐复归到心灵寂静的状态，从而把良知“保聚”或“保任”住。比如刘师泉（名邦采）就是这一类严厉批评的代表。另一类怀疑者如罗念庵乃至钱德洪等，承认见在良知是真良知，但怀疑它一旦被当作源头或准则，就会被掺入意见，所谓“几微倏忽之际，便落见解”（《明儒学案》，394）。良知出现本身是真良知，但是意见瞬间就可能掺入其中。所以他们认为必须用工夫来保证致良知的至真至纯。换言之，在罗念庵、聂双江的归寂保任派看来，见在良知是显示出来的“已发”良知，时刻处在经验化（知觉化）和意见化的侵蚀环境中，很不可靠，所以必须到“未发”良知的“寂”“静”形态中找到它的真正源头和保鲜剂。以下这段由罗念庵记述的对话清楚地表现出这三种倾向：

> 龙溪问：“见在良知与圣人同异？”师泉曰：“不同。赤子之心，孩提之知，愚夫妇之知能，如顽矿未经煅炼，不可名金。其视无声无臭，自然之明觉，何啻千里！是何也？为其纯阴无真阳也。复真阳者，更须开天辟地，鼎立乾坤，乃能得之。以见在良知为主，决无入道之期矣。”龙溪曰：“谓见在良知便是圣人体段，诚不可。然指一隙之光，以为决非照临四表之光，亦所不可。譬之今日之日，非本不光，却为云气掩蔽，以愚夫愚妇为纯阴者，何以异此。”予（罗念庵）曰：“圣贤只是要人从见在寻源头，不曾别将一心，换却此心。师泉欲创业，不享见在，岂是悬空做得？只时时收摄保聚，使精神归一便是，但不可直任见在以为止足耳。”（《明儒学案》，416—417）

王龙溪问的“圣人”就代表纯粹良知或良知本体。见在良知和良知本体是同是异？这是很有挑战性的一个问题。刘师泉就直接说：不同！但他后面实际上避开了直接说“见在良知”与圣人或良知本体不同，而是以“赤子之心”“孩提之知”“愚夫妇之知能”为例，他说这些都是“顽矿”，没有经过锻炼，不能叫“金”，“金”就比喻良知本体，这些离良知本体还差得很远。因为这些只是纯阴，里面没有真阳。他这句话太重了，不知道是不是记录错了。说“赤子之心”无真阳，这完全是反孟子、反王阳明的说法。是不是由于他特别厌恶王龙溪的学说，所以才会把话说得这么重？他接着说如果要“复真阳”，那还得一番开天辟地的大工夫，恨不得要重新做人。他在这里也有些自相矛盾之处，如果他说的那些真的是完全“纯阴无真阳”，那又如何能“复真阳”呢？可能刘师泉本意是嫌“孩提之知”等属经验知觉之知，于是要将其往先天上靠拢。但他“开天辟地”之类的空话，只是徒令人起厌而已。这么看，刘师泉似乎根本不能算王阳明门下，但黄宗羲仍将他列入“江右王门”。

下面王龙溪来回应，他首先承认了“见在良知”并不能直接等同于“圣人体段”。但他认为见在良知就好比从孔隙中照进来的光，而“圣人体段”或良知本体就是真正的太阳照临世界的光。两者程度不一样，但从孔隙中照进来的光从性质上也是太阳照临整个世界的光。这里所谓的“一隙之光”和“照临四表之光”，在别的地方，他常常用的是“昭昭之天”和“广大之天”，这也是王阳明用过的比喻，王阳明曾说：

> 比如面前见天，是昭昭之天……只为许多房子墙壁遮蔽，便不见天之全体……不可道眼前天是昭昭之天，外面又不是昭昭之天也，于此便见一节之知即全体之知。全体之知，即一节之知：总是一个本体。(《传习录》，第220条；《王阳明全集》，105)

你抬眼见到的天就是“昭昭之天”，可能由于房屋墙壁的遮蔽，你只能看到一部分天；但如果你站在山顶或是一个空旷的地方，你看到的就是“广大之天”。王阳明说的“一节之知即全体之知”，如果要王龙溪来说，想必就会是“见在良知即全体之知”。我们从这里也可以看到，王阳明这段话大致的倾向是以“全体之知”统摄、消融“一节之知”，因而也可见出王阳明的弱普遍主义倾向。所以王龙溪这里强调，见在良知与良知本体的关系，就好像“一隙之光”与“照临四表之光”、“昭昭之天”与“广大之天”的关系。他最后直接回应刘师泉：你说愚夫愚妇之知中纯阴无真阳，就好比云彩把太阳遮蔽了，你就说里面没有真太阳一样，是不合理的。

罗念庵的立场居中。他不承认见在就是源头，但又承认见在是寻找源头或良知本体的必要线索。他说不是“别将一心，换却此心”，就是说不是另外找一个良知本体之心，来换却上面说的“赤子之心”等等。不从见在出发，你想要建立良知本体的事业，就是悬空去做，肯定做不成。所以他认为见在还是真良知，但是又跟王龙溪不一样，他强调要通过静坐工夫将此见在良知收摄保聚到寂然不动的心体上来，一定不能“直任见在以为止足”。其实王龙溪也没有“止足”于见在，但他确实承认可以“直任”（径直信任）见在，以此为源头和准则。

通过对这段引文的分析可以看出，王龙溪与刘师泉、罗念庵的区别就在于如何看待见在良知的含金程度，也就是它与良知本体、心之本体的差距有多远，以及这个差距是什么性质的。刘师泉认为见在良知（表现为赤子之心、孩提之知、愚夫妇之知能）与良知本体之间虽有某种关联，但毕竟有质上的区别，即含金矿与纯金的区别。前者非要经历一番脱胎换骨的冶炼变化，才能成为真金（良知本体）。而罗念庵则意识到这么讲不仅否认了王龙溪、王阳明，甚至连孟子的恻隐是仁之端也一并否认了。所以他说“圣贤……不曾别将一心，换却此心”。因此，见在与心体不是矿与金这么遥远的关系，而是流与源的关系。所以他承认见在良知是良知本体涌流出的真良知，不然所有的修行工夫就是在无依凭地“悬空”找良知了。但是，他坚持认定这“流”不是“源”，而且一旦离开了“源”就会干涸、变质。所以决不可“直任见在”，而只能将它当作指示源头的路标，然后以收摄保聚的工夫来使

“精神归一”，也就是返本归源到良知本体的“寂然不动”而又随时可以“感而遂通”的那么一种“保鲜”状态。因此，罗念庵否认有“见成良知”或“现成良知”（《明儒学案》，242；《王畿集》，42），也就是否认有已经是源头的见在良知。见在良知不是源头，而是源头流出的水，从这儿出发，还得靠收摄保聚、归寂静坐来找源头。

王龙溪与刘师泉和罗念庵代表的倾向都不同。他认为见在良知和良知本体没有质上的不同，就像“一隙之光”与“照临四表之光”，或“昭昭之天”与“广大之天”没有性质的不同一样。而且，这种同质性是如此彻底，以至于罗念庵认为的“流”和“源”的区别实际上也不存在。“一隙之光”也是真光，所以可以当作致良知工夫的源头，一旦真正体会其中三昧，真的信托于它，它就可以成为本体源头，直通到良知本体。这就是上根人的工夫本体的不二论。就此而言，王龙溪确实是在追随王阳明的下述说法和学说：“良知只是一个，随他发见流行处，当下具足，更无去求，不须假借。”（《传习录》，第189条；《王阳明全集》，92）所以王龙溪才有那么大的擒龙勇气，如我们上面引用的：“此知之前，更无未发……此知之后，更无已发，自能收敛……自能发散……当下现成，不假工夫修整而后得。”“此知”既是本体良知，又是见在良知。“此知之前，更无未发”，所以用不着罗念庵讲的收摄保聚而归寂；“此知之后，更无已发”，所以见在良知无须追随克治省察。当然，王龙溪承认见在良知还不是“圣人体段”，也就是说它还没有从量上扩充到人的显现出来的心灵至极处，没有充分打通潜在的良知心体和呈现出来的良知心体，但这个区别不足以将两边从质上隔开，不管是矿和金的区别，还是源和流的区别。

二、王龙溪学说的究竟缺陷：失时

王龙溪继承了王阳明晚年的狭义致良知学说，且更有形式上的极端化，比如将王阳明“四句教”的“一有三无”改为“四无”。而关于王龙溪学说核心的见在良知说，经过以上的辨析以及对王阳明相关论述的回顾，可以看出，这个学说的要点是：良知可以当下呈现，此见在良知与良知本体没有质的差别，所以是致良知工夫的不二指引乃至源头；在这里，流即是源，源必呈现为流。而且我们也看到，这个要点是符合王阳明的良知说或致良知说的。在《传习录》中可以读到不少“良知当下具足”“良知只是一个”的说法，到后来已经感受不到它的突破性、思想革命性和难题构造性了。但是，经过王龙溪的见在良知说这么一鼓捣，尤其是看到它受到众人——不少还是师门中人——的批评甚至痛斥的境况，才忽然又意识到王阳明的致良知说距离传统的儒学讲法（我所说的“传统的儒学讲法”不一定等同于孔孟的说法），以及一般的儒学实践，尤其是宋明儒学的理学正宗，已经那么遥远了。不少评议者如钱穆、陈来等，都强调王阳明与朱子没有多少实质性差别，王阳明的新异往往只是表达上的标新立异。从见在良知引出的争执波澜就可以感到，王阳明的致良知说如果确实得到了工夫论上的切实展现，其中确有不被传统容忍的新东西；再考虑到致良知说与知行合一说的内在关联，可以说王阳明心学的主干与程朱理学及不少传统的儒学套路之间，确实存在着真实的思想和工夫的差异。如果说名义上属“江右王门”的刘师泉的批评代表的几乎是心学之外的意见（这是我个人的判断，与流行意见不同），那么罗念庵乃至钱绪山代表的则是真正心学内部的批评。

因此，我们以上对王阳明学说的批评——弱普遍主义倾向——就完全适用于王龙溪，因为他在这方面有过之而无不及。

从表面上看，见在良知说打通本体与现象（起码从王龙溪本人的意愿上来说是这样，而且至少部分成功了），良知本体可以当下见在、当下呈现，因而他的学说似乎是非普遍主义的，但由于王龙溪对于终极实在——这里是良知本体、心体——的不可［对象化地］道、不可言的先秦道论智慧的完全漠视，以至于他将此“见在”当作可以脱开生活具体情境的致知对象、标准、原则来依傍、追随和扩展。他其实也想避免这个问题，但似乎并没有很好地做到。比如他说：

> 见在一念，无将迎、无住著，天机常活，便是了当千百年事业，更无剩欠。
>
> ……当下保此一念灵明便是学，以此触发感通便是教。随事不昧此一念灵明，谓之格物……（《明儒学案》，251）

王龙溪希望每当我们有事时，见在良知总能出现，然后我们依着它去做就好了。而收摄保任派认为这根本不可能，只有经过多年的修养工夫才能达到“随事不昧此一念灵明”。王龙溪主张，见在良知就是这“一念灵明”，致此良知的关键就是“保”住它，在各种事态情境中“不昧”，即不失去、不遮盖它，以它为根来触发感通万事万物，这就是“无将迎（不去迎合外在的要求），无住著（不执着其他任何东西），天机常活”的意思，也就是以此见在一念灵明为头领、为原则、为依据，来应对一切变化。所以，王龙溪讲见在良知的表现时总是活泼得如盘走珠，“拟议即乖，趋向转背，神机妙应”（《明儒学案》，245）。只要一想对它发表什么议论，立刻就偏离它了；只要一想把它当作对象去抓住，它反而就离得越远了。他说得很好，但是其根本处却可能是被观念对象化和执着化的“见在良知”，是被“保”、被“不昧”的“见在良知”，受当事人的意愿操控，而不再是当场活现的见在良知了。王龙溪说上根人无欲无念，所以不会去操控见在，只有有执念的中根人或下根人才会发生这种蜕变。但“见在”本身就带有强烈的、含糊不了的当场发生的时间性，是从结构上就不可被超情境、非时机化地“保住”或“总放光明”的。没错，良知见在可以真实发生，能给我们极关键的启发、指点，但它的再次发光或连续发光，绝非现成可及，绝非受自我意念掌控，而必须有让它再现乃至持续呈现的机缘或时机构成。换言之，**保住见在本身就只能是见在着的、发生出来的**，它绝不能被现成保住。

所以钱绪山尽管承认王龙溪讲的这套思路有阳明师的根据，但总觉得王龙溪的具体表达中有过多的“以我为主”的倾向，还是把意见掺杂了进去。他写道：

> 龙溪之见，伶俐直截，泥工夫于生灭者，闻其言自当省发。但渠于见上觉有著处，开口论说，千转百折，不出己意，便觉于人言尚有漏落耳。（《明儒学案》，233）

“伶俐”是赞语，赞龙溪颖悟[①]，善于当下应机。那些中根人、下根人，只知在“生灭”现象中做工夫，这样，王龙溪的那些说法对他们肯定很有帮助，因为他教其直入见在。但钱绪山接着说，龙溪还是有一些执着的地方，他善“走珠”，说得活，“千转百折”，但还是以我为主地、“不出己意”地去牢笼见在。说得太多太泛，言过其实，所以“有漏落”。

细读《王畿集》，我感到钱德洪指出的这个“不出己意，言有漏落”的问题，的确存在。因为王龙溪对见在的时间性、从隐到显的原发生性、不可断言性以及在任何意义上的非现成性，缺乏深刻认识。但我也相信王龙溪对于见在良知是有自身的亲切体认的，所以他说的许多东西，确有实际经验支持，所以王阳明才会认他为传道大弟子之一。只是他将老师的弱普遍主义、缺少对言说终极的敬畏感的缺点，进一步加强，所以不能完全取信于人。

王阳明对良知包括见在良知的体会，比王龙溪要深透得多。首先，

---

① 如著名的“严滩问答”，钱绪山自谓他用功数年，才领悟龙溪当时的看法。（参见《传习录》，第 337 条；《王阳明全集》，136）

王阳明的人生、求道经历中的边缘情境和边缘体验之丰富真实，是王龙溪无法与之比拟的。“见在”在王阳明那里是从“百死千难”中见在的，因此不仅对它的真实性，而且对它的非现成性，王阳明都有更多的体会。所以他在这个要点上说的话，虽有过处，但常留有余地，也就是为原发情境和出现时机（即孟子所谓“必有事焉”的时机）留有余地。也因此，王阳明至死也没有否认其他致良知方法如静坐和克治省察的地位，而王龙溪在这方面却有相当的收拢，虽然也没有一棍子把其他方法打死。因此我们可以说，由于王阳明的龙场大悟以及“百死千难”的体认，他的显意识中有能养活见在良知的时间之流，也就是他的潜、显意识在这一点上打通之后，从潜意识涌入显意识中的时间之流可以让见在良知这条“鱼”存活。这样，见在良知在不同情景中的再现乃至持续涌现，就是可能的，尽管仍不能保证每一次见在激活都是成功的。所以他才会有黄宗羲所描述的那样一种“晚年化境”，而王龙溪还没有达到这个境界，所以在那能养活见在良知的时间之流的枯竭处，只能以伶俐、机敏和想象来填充了。

王阳明和王龙溪乃至绝大部分心学家，都没有充分看到孔子传授之“艺”对于扩充见在良知的重要意义。为什么孔子一定要用“六艺”教学生？后世逐渐丧失了这种“艺”的工夫论——实际上，“艺”既是工夫，又是本体，是本体工夫合一之艺。从孟子开始已经变弱，再到荀子、董仲舒，不能说没有，但总之是弱一些了。到宋明理学就更弱了，虽然“六艺”中的《易》得到了极大的突出，但是对“艺”“收摄保任”，甚至激发“良知见在”的功能的体会越来越少。当然也不是完全没有，朱子还有一些，比如他的“读书法”，但他也的确存在陆象山所批评的“支离”的问题，远没有达到孔子当年的境界。宋明儒者受到了佛学的影响，包括佛学的修炼工夫——坐禅以及禅宗式的时机化的禅——的影响，“艺”在他们那儿反而就不是某种工夫了，而只是提供某种理论上的支持，比如以《周易》来说明一些理论上的问题，而“六艺”本身似乎已经不再具有工夫的功能了。在这方面，小程、朱子的“持敬”倒是还有些“艺”的味道，但是也丧失了不少，显得太过呆板。在王阳明晚年以及王龙溪的狭义的致良知之法或见在良知说里，“艺”的工夫论含义就更弱了。

见在良知要在各种实际生活情景中成活——生成、活生生地维持，不仅要靠当场体会的深入，私心杂念的铲除（“克己”）或对礼制、道德律的遵循（“复礼”），还要靠道德（包括真正的“礼”）与时机化艺术的打通。如果孔子也要致良知，我想他就会以这么一种方式来进行。

比如礼，既可看作是习俗、规矩或体制，通过《周礼》《仪礼》《礼记》表现出来，但又绝不止于此。尤其是《礼记》，把礼的技艺性、艺术性和时机性阐发得很出色，比如《大学》《中庸》等篇，尤其是《中庸》。《礼记·礼器》篇曰：“礼，时为大，顺次之。”“顺”就是顺序、次序，这种外在的规范是第二等的，时间、时机才是最要害的。

而礼的艺术化灵魂，还要在诗、乐、易等更有时机化特征的艺术中才能被激活。所以孔子在《泰伯》篇说：“兴于诗，立于礼，成于乐。”（《论语》8.8）“立于礼”前面一定要“兴于诗”，没有对诗兴发的领会，是得不到礼的真谛的。最后礼还要“成于乐”，在音乐的感人的节奏和意境中才能够真正地完成礼义。“关关雎鸠，在河之洲”是起兴，“窈窕淑女，君子好逑”则是被兴。前面的兴赋予了后面的被兴以灵魂性的东西。兴也是当场被构成出现的，它当然可以不是道德化的而是美感的，但其中也隐藏着道德。“关关雎鸠，在河之洲”里就完全没道德吗？也不一定，否则孔子怎么会说“《关雎》，乐而不淫，哀而不伤”（《论语》3.20）？这种中道的境界正是靠兴发取得的，而不能只靠学说或道德来规定。墨家就全是学说，这就不是孔门的味道。老、庄确实有很多非对象化的、当场发生的思想，但是又缺少了道德的、人伦的，甚至诗歌的、音乐的体现。当然也不是完全没有，《庄子》里就说到所谓“天籁”（《庄子·齐物论》）。所以儒道之间是有些共通之处的，尤其是庄子。钟泰先生甚至认为“庄子之学，盖实渊源自孔子，而尤于孔子之门颜子之学为独契”[①]，因而庄子可以说就是儒家，是颜子后学了。要按王龙溪的分类，庄子继承的可说是“先天之学”。

孔子特别鼓励弟子将《诗》中的动人意境时机化地转移到对礼的理解上，因为这样才能向“好德如好色”靠拢。我们前面多次说到，王阳明对此其实是深有体会的，所以见在良知这样的“原礼体验”“道德原发体验”，在这种活泼、感人的艺境中其实更有希望被长久地维持其活性。孔子说颜回“其心三月不违仁，其余则日月至焉而已矣”（《论语》6.7），可以看作颜回的见在良知在活性状态中持续了三个月之久，其他弟子的见在良知则多少天或多少个月才偶一呈露，而且维持不了多久就被思虑、意念掺杂而塌缩了。所以孔子有意识地不以对象化、定域性的方式去言说性、天道、仁等问题，而只让学生在艺术中浸润，希望他们能像颜回一样，保持见在良知不被因果化，还是那种忽然涌现、潜显打通、不计功利、纯然呈现、真切动人式的，并能长久地维持其活性。这才是孔门崇尚“好学”“乐学”的真正目的所在。所谓“孔颜之乐”“曾点气象”，不只是个人的惬意满足，不然和道家的区别何在？也不是摆弄光景而已，而恰恰是要靠它来引发、扩充、维持良知。

正是看到了王龙溪等人陷入的这种“见在良知失其见在性”的问题，聂双江、罗念庵他们才坚决地提倡和实践“守静归寂，收摄保任”，说到底，就是不相信王龙溪讲的见在良知可以如其所言地得到跨情境的意识活性，而主张在静坐归寂打开的潜显意识交融出的“权能性”或“前反思（未发）的意识待发场”中，使见在良知得以保鲜和再生。如我们以前讲到的宋明时代以静坐归寂来入“未发之中”的先行者们，如南剑三先生、陈白沙，以及像罗念庵这样的比较成功的归

① 钟泰：《庄子发微》，上海：上海古籍出版社，2002年，“序”第2页。

寂实行者所表明的，这种见在良知的保鲜法，在付出了许多年的修行工夫后，有可能产生效果。在那些成功者身上，最终达到“寂然不动，感而遂通”的良知成活的效应，即良知出入潜显意识，在潜意识中休眠，在情境中“发而中节”，在显意识中开花结果。王阳明自己也尝试过、提倡过这种方法，只是他本人最终没通过这条道路获得真正的成功，表面上他失败了，但如前文一再分析过的，这对他最终的开悟也是很有帮助的。但是，王阳明、钱绪山特别是王龙溪对这种方法的局限性、支离性的批评，就如同惠能对佛教中的静坐禅定派的批评一样，也有中肯之处。最主要的问题就是**寂感意识**与**良知的见在意识**在绝大多数人那里只是两种意识，所以守静归寂也不一定或多半无法打通两者，以至于在绝大多数人那儿它们总是“支离”的。即便归寂可以让人“先知”世事，但也无关于道或良知本身。这也是儒者与其他宗教高人常见的区别所在：宗教高人往往具有一些异能，但儒者要在此之外找到真正能启发人生、调整心灵状态、使得我的生活充满意义尤其是道德意义的源头，最终形成一种非常美好的人际关系，并进而形成一个美好的社会、国家和天下。这是儒家的关怀，那些异能如果能帮助实现这种关怀，那自然好；如果不行，那就只是异能而已，说不定还有反作用，比如五斗米道、黄巾军之类。即使有极少数人能有幸打通两者，也属天幸偶然，不足以成为众人致良知的常法。

由此可知，阳明心学及其后学尝试了几乎所有当时他们可以接触到的修心净识以开显良知本体的方法，它们各有效力但也各有局限，没有一种方法可以广泛推行而无弊端。黄宗羲的《明儒学案》肯定钱绪山的“修证”路子和江右聂双江、罗念庵等人的归寂以致良知的路子，批评王龙溪“玩弄光景”（《明儒学案》，9），“悬崖撒手，非师门宗旨所可系缚”。黄梨洲这样的评价，反映的也只是他及其师刘蕺山的偏好。可以说，在儒家对仁圣真理的追求中，唯有孔子的“亲亲艺化而仁”的道术才是最中正、最有时机感和持久耐磨的，其中不仅有良知见在的开悟，而且有此悟见的生生不已和“欲罢不能”[①]。孔子对所谓“良知见在”的非现成性有极其敏感的自觉，所以只有“艺”才是最重要的工夫。实际上，可以不止于孔子的“六艺”，像道家的技艺，甚至克治省察也都可以看作一种“艺”，而“克己复礼”其实就是克治省察的源头。

① 颜回语：“仰之弥高，钻之弥坚；瞻之在前，忽焉在后。夫子循循然善诱人，博我以文，约我以礼。**欲罢不能**，既竭吾才，如有所立卓尔。虽欲从之，末由也已。”（《论语》9.11）

第十五讲　罗近溪以赤子之心致良知：宋明心学的又一高峰

以上两讲，我们围绕"四句教"和"见在良知"阐述了阳明后学的分歧和各自主张。限于时间，只能这样点到为止了，希望所及处的确是他们争论的要害，也是促发心学进一步发展的动力。这一讲是最后一讲，将以罗近溪的学说为主题，但为了说清这个学说的来历和特点，必须简要介绍王心斋的"安身立本"的学说。

罗近溪一般被学界归入王艮开创的泰州（今江苏省中部，淮河以南、长江以北）学派，但在我看来，仅仅像牟宗三先生那样将罗近溪视为"泰州派中唯一特出者"（《从陆象山到刘蕺山》，237）——尽管比前人的一般评价要高出不少——是不够的。所以，这一讲副标题将罗近溪的学说定位为宋明心学的又一高峰，可以与陆、王相比肩，因而我也愿意称罗近溪为"罗子"，像程子、朱子一样。

第一节　王心斋的安身立本、日用是道学说

王艮（1483—1541年），原名王银，王阳明替他改为艮，字汝止，号心斋，泰州安丰场人。他是王阳明后期的入门弟子，颇有个性，特立独行，曾遭王阳明训斥，但不忘师恩。王阳明去世后，"迎哭至桐庐，经纪其家而后返"（《明儒学案》，710）。当时王阳明的遗孀——就是他

后来续娶的那位夫人——和他的亲生儿子可谓孤儿寡母，无依无靠，王艮帮助他们处理王阳明的后事和一些家族里的事务。

他继承了王阳明与王龙溪的以见在致良知的路子，但他很有创新，在核心处加入了“身”或“安身”这一新维度，为整个心学带入一股新鲜空气，开创了泰州学派。“泰州”在这里主要不是地理概念，此派中后来有较大影响的颜山农（名钧）、罗近溪、何心隐、徐樾、耿定向、周汝登都不是泰州人。这个词主要意味着接受王心斋的基本学说，即致良知学说中的“身维度”和“日用维度”，还指师承关联，如王心斋到颜山农，再到罗近溪的传承。

理解王艮的安身说，可以甚至必须从他对“格物”的新解入手。他的新解被称为“淮南格物”，因为泰州在淮河以南。王艮说：“格，絜度也，絜度于本末之间……物格，知本也，知本，知之至也……”（《明儒学案》，712）格物之“格”指“絜度”，即量度。量度什么呢？量度出儒家学说（“大学”）的本与末，特别是要找出全部儒学的根本所在。这是格物的要害。所以格物的结果（“物格”）就是“知本”。那么“本”在哪里呢？就在“身”：“修身立本也，立本安身也。”（《明儒学案》，712）因此，“吾身是个矩，天下国家是个方，絜矩则知方之不正，由矩之不正也”（《明儒学案》，712）。如果国家“不正”，根本原因还是在“身”，因为国家由大家去建立并维持，国家出了问题恰恰说明“身”出了问题，首先是统治者，但也包括老百姓。那如何让吾身得其正呢？靠安身，而安身的要义就在于让身的天性得以抒发，止于身的至善之处；而身之天性原是身心一体，心斋所谓：“知几先见……变通趋时。”（《明儒学案》，713）“知几”源自《周易》，如我们前面所讲，就是在事物还没有被对象化、还没有具体的形象的时候，把握事物变化的征兆。这样就能达到：爱自己的身，同时也能爱别人的身，别人也能爱你的身；敬自己的身，同时也能敬别人的身，别人也就敬你的身。“身”既是身心合一的，也是主体间的、人和人相互沟通的。总之，“格物，知本也，立本，安身也，安身以安家而家齐，安身以安国而国治，安身以安天下而天下平也。……不知安身，便去干天下国家事，是之为失本”(《明儒学案》，712)。

在这个立本靠安身的视野中，“明哲保身”就是良知良能：“明哲者，良知也。明哲保身者，良知良能也。”(《明儒学案》，715)他这里所谓的“良知良能”似乎已经和孟子的原意不太一样了，但也有某种根据。特别需要注意，他的“保身”包括但不止于保护一己个体之身。不然就成了杨朱，而不是儒家了。因为这个“身”中已经有心、有情、有义、有仁，也就是说，这个“身”中已经有先天的价值赋义的能力，所以它有延展开去乃至再返回来的趋势。这个“身”之所以是主体间的，就在于它根本上不是一个个体之身，而是天然就能延展之身，延展到他人，甚至能延展到国家、天下。心斋说：

> 知保身者，则必爱身；能爱身，则不敢不爱人；能爱人，则人必爱我；人爱我，则吾身保矣。能爱身者，则必敬身；能敬身，则不敢不敬人；能敬人，则人必敬我；人敬我，则吾身保矣。(《明儒学案》，715)

心斋的“身”所具有的这种“延展”性，不仅如传统儒家所说的会从个体延展到国家天下，而且还会再从天下国家回返到“我”的“身”。所以，利己主义的“适己自便，利己害人”和利他主义的“能知爱人，而不知爱身”，以至于“烹身割股，饿死结缨”(《明儒学案，712》)，舍生杀身，都不是保身或安身，因为它们都丧失了原本的“身”，即那个善于延展、转向和生成的身，而将它孤立和单质化为“此身”或“彼身”了。原本的“身”虽然表面上从“此身”出发，但是它具有内在的构造力，所以从根本上是不分此身、彼身的。

那么“身”与“心”、个人生命与道德价值孰轻孰重呢？孟子和许多心学家会选择后者，但王心斋认为它们"一样重"，因为它们本来就应该是合一的，实在不得已才二择一，这时才能承认后者更重要，也就是道德价值更重要。所以他说："安其身而安其心者，上也；不安其身而安其心者次之；不安其身又不安其心，斯为下矣。"（《明儒学案》，713）但他就是没说到"安其身而不安其心"和"不安其身而安其心"高下如何，心斋不愿意这么比较，因为这个"身"对他而言太重要了，他会认为"安其身"一定会"安其心"，而"不能安其身"就会"不安其心"。

在这样一个身心不分、延展回旋的新视野中，百姓为安身立命而一心从事的日常生活，就获得了一种更高的地位，甚至可以说获得了本体含义。这的确又是一大创新。于是王心斋讲出这般震古烁今的话："圣人之道，无异于百姓日用，凡有异者，皆谓之异端。"（《明儒学案》，714）凡是和"百姓日用"不同的，就都是异端。这似乎一下子把儒家思想中精英的那一面的可能性全都去掉了，但如果我们深入地理解所谓"百姓日用"，可能会化解一些疑问。这"百姓日用"，如胡塞尔讲的"生活世界"，海德格尔讲的"人的实际生活经验"，乃是由内时间之流或生存时间流涌现汇积而成的意义发生场，其中潜意识与显意识、俗与圣、个人与他人的生命意场交汇共融，"日月之行，若出其中，星汉灿烂，若出其里"，所以良知与心体，皆融于身，也就必源于"百姓日用"，因为"身"就体现为"百姓日用"，而"百姓日用"就是"身"的表现。在这个现象学开启的"涅槃世间无二"的解说境域里，"圣人之道，无异于百姓日用"就可以理解，而不会觉得太过突兀了。

由王艮开创的泰州学派，后来出现了很多很有影响的人。我个人认为，泰州学派是阳明后学中最富有创造性的一派，虽然遭受了很多批评。黄宗羲对王艮，比起王畿，倒还"笔下留情"，颇有一些夸奖的地方。但是王心斋的后学就有一些超出儒家常轨的人物，比如何心隐，居然被当时的首辅（相当于宰相）杀掉了。可见他的思想中的确有一些在当时难以被接受的因素。何心隐较之王艮，又更往前发展了。还有李贽，我们不敢断言他就属于泰州学派，但至少是很有关系的。他的"童心说"与我们下面将讲到的罗近溪的"赤子之心"有一定关系，但还是不太一样。他最后在狱中自杀。

第二节　罗近溪的生平和悟道

罗汝芳，字惟德，家居江西建昌府南城县一个叫"泗石溪"的地方，所以号"近溪"，死后门人私谥为"明德"。[①]罗近溪生于明代正德十年（1515年）五月二日，逝于万历十六年（1588年）九月二日。其父罗锦（1490—1565年），号前峰学儒又好佛，师从王阳明弟子饶行斋（名瑄）。其母亲宁氏是虔诚的佛教徒。

罗近溪早年聪慧，十五岁拜张洵水（名玑）为师，习举子业。罗近溪特别好学，什么事都要弄到根基处、极致处。他对儒家有了某种内在感受后，就自己奉行各种道学工夫，他孙子罗怀智为他作了一篇《罗明德公本传》，其中记载他曾"置水镜几上，对坐澄心，久成重病"（《罗汝芳集》，829）。之后他的父亲给他《传习录》，他读后就病愈了。罗近溪的几种经历都与王阳明相似，此便是其一。

二十六岁时罗近溪乡试落第，遇到了王心斋的弟子颜山农，这个人对罗近溪很重要。罗近溪去拜见他，"先生（颜钧）一见即斥曰：'子死矣，子有一物，据子心，为大病，除之益甚。'"（《颜钧集》，82）颜山农跟罗近溪说：你要死了！你心里有个东西，生出大病，越想除去就越严重。罗近溪对颜山农说自己已经不为落第动心，"于死生得失[亦]不复动念矣"（《颜钧集》，82），但颜山农却指出："是乃子之所以

① 参见罗怀智：《罗明德公本传》，载罗汝芳：《罗汝芳集》，方祖猷、梁一群、李庆龙等编校整理，南京：凤凰出版社，2007年，第829页。

大病也，子所为者，乃制欲，非体仁也。”（《颜钧集》，82）这让罗近溪“大梦忽醒，乃知古今天下，道有真脉，学有真传，遂师事之”（《罗汝芳集》，232）。颜山农这句话很重要，后人也反复引用，因为罗近溪年轻时就是静坐、克治省察，这和王阳明年轻时很相似。但是颜山农呵斥他，说这不是“体仁”，只是“制欲”即克治欲望而已。由此也可见颜山农属于王龙溪、王心斋这一大系列，他不满于克治省察和静坐归寂方法，而要于“见在”处或“起火涌泉”处得良知，所以主张“放心体仁”“开心遂乐”。（参见《罗汝芳评传》，42—48）[①] 后来颜山农遇祸入狱，罗近溪变卖家产救之。

二十九岁那年（1543年），罗近溪中举，三十岁会试通过。这两年，他在科举上特别顺利，但是他没有参加廷试，因为他觉得自己还没得道，不愿去做官。于是归学十年，摸索学问，最终悟得要害，开始讲学。

罗近溪一生多次向别人请教，受到重大启发。但特别重要的有两次，一次在他三十四岁（1548年）那年，他在《易》学上的体会有一次重大突破；另一次，我认为也是最重要的一次，在他三十八岁（1552年）时，又有了一次开悟。

罗近溪三十四岁时“学《易》于胡宗正，息心三月，始悟未画前矣”（《罗汝芳集》，829）[②]。原先胡宗正拜罗近溪为师，习举业，但是罗近溪觉得他对《易经》的理解很独到，反去请教他，最后反拜他为师。（《罗汝芳集》，53）所谓“未画前”，即伏羲“灵光爆破，粉碎虚空”（《罗汝芳集》，81），感悟天道，贯通天地人物，而画乾道（一，太极）之前。

---

① 吴震：《罗汝芳评传》，南京：南京大学出版社，2011年。

② 此处“未画前矣”原文为“未盡（尽）前矣”，但罗汝芳在另一处曾说：“盖伏羲当年……仰以观天，俯以察地，远求诸物，近取诸身。其初也，同吾侪之见，谓天自为天，地自为地，人自为人，物自为物，争奈他志力精专，以致天不爱道。忽然灵光爆破，粉碎虚空，天也无天，地也无地，人也无人，物也无物，浑作个圆团团、光灿灿的东西，描不成，写不就，不觉信手秃点一点，元也无名，也无字，后来却只得叫他做乾画（畫）……”（《罗汝芳集》，80—81）。据此，前文所引“未盡（尽）前矣”当为“未畫（画）前矣”。

“未画前”，伏羲原先看到的世界，天地都是作为对象而分开的，人只是天地中的一个存在者，而当伏羲体悟到天地人的终极依据时，就把这些分别给击碎了，即所谓“粉碎虚空”，并重新凝合成《易》的阴阳发生的结构，由此而画出乾道。罗近溪说他跟胡宗正学习《周易》，“闭户三月，亦几亡生，方蒙见许。反而求之，又不外前时孝弟之良，究极本源而已”（《罗汝芳集》，53）。所以他所悟伏羲“未画前”的先天《易》理，就不外乎是“孝悌之良”的本原而已。周敦颐与二程都以《周易》为先天维度的根本依据。而罗汝芳则把《易》又引到“孝悌之良”，这是他的特色。

罗近溪最重要的一次思想体验来自他自己的沉思开悟，或曰“格物之悟”（参见《罗汝芳评传》，第二章第七节），大约发生于他三十八岁（1552年）之时。上次是关于《周易》，这次是关于《大学》，宋明理学中的大思想家无一不要对“格物”发表自己的看法，必须要有自己的新见，才能有所突破。无论是程朱、阳明，还是心斋的“淮南格物”，都是如此。《罗明德公本传》记载：

> 己酉（1549年），请证格物于父，父不为然。三年后忽悟，直趋父榻前陈之，父跃然起曰：“得之矣！”（《罗汝芳集》，829—830，标点有调整）

罗近溪和他父亲都信仰儒家，也都对佛家很感兴趣，所以父子之间是有亲密的思想交流的。罗近溪的背景与王阳明类似，家庭对他们的思想都有很密切的影响，而父子之间如此内在的思想交流，却是王阳明没有的。罗近溪三十五岁的时候跟他父亲说他对格物的理解，请他父亲评价，他父亲觉得这还不行，还不到家。三年后，他忽然大悟，然后立刻跑到父亲床前告之，父亲一下子从床上跳起来说：你得道了！王阳明悟道时是自己跳起来；罗近溪悟道时则是他父亲跳起来。

事实上，他这次悟道所得者，乃是他全部学说之核心，即格物知本的要害就在亲子之间血脉相连的孝悌慈。表面上看，儒家从孔孟开始就常讲亲亲，但是将亲亲之爱直接联系到格物上，以前还真没有。程朱说格物是格世间万物，王阳明说格物就是正物，心正了就能正万物。所以这“格物之本在亲亲”的确是罗近溪的创新之处。

至于罗近溪的孙子罗怀智所说的他的其他求道经历，如“四十有六[①]而授道于泰山丈人，七十而问心于武夷先生”（《罗汝芳集》，832），似乎只限于他的身心调适或对心的领悟的一端之言，我认为不如以上两次重要，并且时间也不允许我们多讲，所以就略过了。

罗近溪一生做了十七年的官，在他悟道以后，他去朝廷参加了廷试，被授官太湖县令——一个小官。他为官时待民如子，身体力行自己的学说。一次一对父子去打官司，说到家中贫穷，罗子被打动了，为之痛哭，这父子俩看到县官大人都这样了，一下子就想开了，也不打官司了。后来他看到当地百姓太穷困，就打开了官府库房，发放物资给百姓。他也特别好讲学，这一点和王龙溪、王心斋是一样的。他讲学十分生动切身，常常在当场就引发“忻然”“哗然”等热烈反应。所以黄宗羲说他“舌胜笔”（《明儒学案》，762）。

一些人指责罗近溪的“晚年遗行”（参见《罗汝芳评传》，第二章第十节），不外乎说他于儒家信仰之外，还对佛老有吸收，与僧道有往来。这本不应该成为问题，宋明理学的大家，自周敦颐以降，几乎没有不出入佛老的。但他当时讲学实在太成功了，影响很大，可能就是因为这个缘故，引起一些人生出别的想法，才会用这一点来批评他。其他一些对他学问境界不满的评议，或失于含混笼统，或失于偏见，我至今未见真有分量者。

---

① 吴震等人认为“授道于泰山丈人”当在近溪三十九岁（1553年）时。（《罗汝芳评传》，124—125）

罗近溪七十四岁逝世。他自知死期将至，从容与亲友、弟子们告别而去。弟子们哭着挽留，他就答应再“盘桓一日”，之后就去世了。（《罗汝芳集》，823、851）可见他有“先知”之能，这也与王阳明类似。他的领悟与他的人生、他的身体的感应都有关系，达到了某种内在的境界。

第三节　罗近溪学说宗旨（一）：孝悌慈的人生依据与《周易》解证

让我们从罗近溪三十八岁的“格物之悟”讲起。他接过了王心斋“淮南格物”的话头和基本思路。王心斋认为《大学》所谓的“格物”之“格”就是“絜矩”，关键就是要通过格物告诉我们什么是根本，而这个根本就是“身”，这是“淮南格物”的要害。但是罗子对它有实质性的深化和扩展。《大学》三纲领——明明德，亲民，止于至善——必以格物来发起，所以八条目真正起头的地方是格物，罗汝芳说：“是有物必有则，有事必有式，一定之格，而为明德亲民之善之至者也。”（《罗汝芳集》，2）这“格”“式”的要害在于知道求真理或求儒家仁道的先后、本末：“知格本末者之为至善。”（《罗汝芳集》，3）所谓“格”，就是格出本末，这就是至善。至此，可以说还在王心斋格物新说的笼罩下，但下面就属罗子本人之悟了。罗子认为这“本”或“至善”，就是亲子兄弟之间的“孝弟慈”，体现于“一人之身”。王心斋讲“身”，但是没有讲“身”就是孝悌慈。

罗子曾多次追忆他这次格物之悟，他写道：

> 三年之后，一夕忽悟今说，觉心甚痛快，中宵直趋卧内，闻于先君，先君亦跃然起舞曰：“得之矣！得之矣！”迄今追想一段光景，诚为平生大幸大幸也。后遂从《大学》至善，推演到孝弟

> 慈，为天生明德，本自一人之身而末及国家天下。乃凝顿自己精神，沉思数月……（《罗汝芳集》，232）

他说这段话时，他父亲已经去世了，他回想起那段经历，认为是一生中最幸运也最幸福的时刻了。“本”就是我的此身，此身原初地带有孝悌慈，这就是天生明德。以它为本，就能够推及家国天下。家国天下是末，孝悌慈之身是本。王心斋的格物说要通过格物来知本末，而这就是罗子悟到的本末。

罗子这次“沉思”，回忆自己的人生，细察世间万象人情，反省求学求道的甘苦，最后落到亲亲之爱、孝悌慈之为格物之本。他本人求道曾尝试静坐、克省，但“饼样虽画完全，饥饱了无干涉，徒尔劳苦身心，几至丧亡莫救”（《罗汝芳集》，232）。而他之所以后来能“脱此等苦趣”（《罗汝芳集》，232），就是因为找到了真正的自然自发的意义源头、家国天下的源头。他说：

> 遐思童稚之初……嬉嬉于骨肉之间，怡怡于日用之际，闲来闲往，相怜相爱……至于十岁以后，先人指点行藏，启迪经传，其意趣每每契合无违，每每躬亲有得，较之后来着力去处，难易大相径庭，则孟子孩提爱敬之良、不虑不学之妙，征之幼稚，以至少长，果是自己曾经受用，而非虚话也。（《罗汝芳集》，232）

他感到小时候懵懵懂懂，但学起儒家的道理很容易；年岁大了，用力去做，反而觉得困难。所以儒家的全部学问，必要返回孔孟“亲亲而仁”的原生态，返回“幼”“少”之时知行合一的赤诚，才能够简易原发。罗近溪学说的特点，就是从这“自己曾经受用”而来，从他自己最亲切、最有感受的地方得到学说的要害，获得“格式”。

罗近溪沉思很长时间，最终醒悟而提出这样的问题：为什么幼时少时学儒求道那么顺适自然，契合无违，而后来的苦心孤诣却常常画饼充饥、徒劳无功呢？这是因为，那时的他理解儒家学说依据的是父母对孩子之爱（慈）的感受，以及孩子对父母兄姐的回爱（孝悌），所以是顺良知良能之天势（“格式”）而知而学，就有“不虑不学”而尽得学、虑要害之妙。后来心思欲望多了（哪怕是很好的心思欲望），跟从他人学习理论化、礼数化、原则化的儒家学说，反而费力辛苦而无真切的收获和快乐了。因此这种原发的孝悌慈就是仁义礼智信的不二源头，或者说是家国天下的美好至善的源头。于是罗子说道：

> 由一身之孝弟慈而观之一家，一家之中未尝有一人而不孝弟慈者；由一家之孝弟慈而观之一国，一国之中未尝有一人而不孝弟慈者；由一国之孝弟慈而观之天下，天下之大，亦未尝有一人而不孝弟慈者……（《罗汝芳集》，232）

“观之天下，天下之大，亦未尝有一人而不孝弟慈者”，所以阳明、心斋“见满街人都是圣人”（《传习录》，第313条；《王阳明全集》，127），并非虚言。这才是真正打通了个别与一般、特殊与普遍的现象学之“观”，而且又不会有王阳明、王龙溪那里以普遍化良知统摄特殊的见在良知说的弊端。这是由于这贯通身心和家国天下的孝悌慈本身，尽管可普遍推广，却不可能被普遍主义化，因其根脉就在“骨肉之间”和“日用之际”。

于是就有这一段精彩的表述：

> 乃叹孔门《学》、《庸》，全从《周易》生生一语化将出来。盖天命不已，方是生而又生；生而又生，方是父母而己身，己身而子，子而又孙……故父母兄弟子孙，是替天命生生不已显现个肤皮；天命生生不已，是替孝父母、弟兄长、慈子孙，通透个骨

> 髓。直竖起来，便成上下今古，横亘将去，便作家国天下。孔子谓：仁者人也，亲亲之为大焉，其将《中庸》、《大学》已是一句道尽。《孟子》谓：人性皆善，尧舜之道，孝弟而已矣，其将《中庸》、《大学》，亦是一句道尽。（《罗汝芳集》，233）

他开头就把《大学》《中庸》跟《周易》结合在一起，这是他的一个特点，他的三月学《易》之悟与后来的格物之悟，于此打通。他用《易》理来为“孝弟慈是格物之本”做论证。儒家讲的伦理和天道是充分打通的，孝悌慈不仅是经验的、道德伦理的，也是先天的、天道化的。《周易》讲的“生生”，源于阴阳、乾坤之交，而乾坤之交，如我们以前讲到的，首生长子震（☳）[①]，从六爻卦象上看，即复（䷗）。所以《易传》和两汉三国解《易》者，特别重视复卦及“复初”（复卦之初阳爻，一元来复处）。《彖》给予了复卦极高的评价：“复其见天地之心乎！”（《周易·上经》）这里出现了“心”，这在《周易》中是很少见的。《周易》特别强调阴阳的相交、发生，而复卦的初九正是阴阳的初次相交，是头生的儿子，所以阴阳相交的道理，首先体现在复卦，而且首先体现在“复初”上。两汉三国儒者因而视“复初”为“几”[②]，为“万物所始”，为“乾元”。“几”是最微妙的地方，《周易》中多次论述“几微”的重要性，《周易》的灵魂就在于你能进入“几微”中，找到阴阳相交刚发生、还没有成型，但是已经构造了一个时间的趋势、一个事情的趋势的状态。真正领会《周易》要害的人就能领会“几微”，这样就能预言未来。中国真正的“道”是充满时间性的，不是静态的规律，而是动态的“道”。“乾元”是整个《周易》起头的地方，我们前面讲王阳明的《五经臆说》时曾提到，这里就不再展开了。罗子又说：

---

① 《周易·说卦》：“乾，天也，故称乎父。坤，地也，故称乎母。震一索而得男，故谓之长男……”

② 《周易·系辞下》：“知几，其神乎！”

> 宇宙之间，总是乾阳统运。吾之此身，无异于天地万物，而天地万物，亦无异于吾之此身。其为心也，只一个心，而其为复也，亦只一个“复”。经云：“复见天地之心”，则此个心，即天心也……善言心者，不如把个“生”字来替了他，则在天之日月星辰，在地之山川民物，在吾身之视听言动，浑然是此生生为机，则同然是此天心为复。故言下著一“生”字，便心与复即时混合，而天与地、我与物，亦即时贯通联属，而更不容二也已。（《罗汝芳集》220—221）

“乾阳”就是复卦初爻，是阳爻，其实“乾阳”中也预设了阴，不可能是孤阳，因为宇宙之间都是乾坤阴阳造就的，所以我的身与心也是阴阳造就的，在这个意义上，我的身心和天地万物是贯通的。“天地之心”同时也就是吾心，“只一个心”。天地阴阳之“复”，同时也就是吾身心之“复”，“只一个复”。“心”说到根基处，其实就是《周易》所谓“生生”之“生”。“一元来复”就是“生生”，只有“复”才能“生而又生”。通过“生”字，罗子就把心和宇宙阴阳的“一元来复”打通了，这样天与地、我与物也都被打通。

罗子这里打通了《周易》与心学，或复卦所言的天地之心与良知之心，因为他看出阴阳乾坤可以贯通物我，其中一个关键的联属点就是“身”。身与天地万物一样皆是阴阳乾坤所生，而有此身就必有统贯视听言动的心和其良知心体。而最能中通天地之心与良知之心的身就是复卦，而复卦的含义首先就是时间，复［卦］乃乾［卦］、坤［卦］父母所生的长子，或剥［卦］尽而复［卦］所生的赤子。从卦气图可以看到，从剥卦到坤卦已经全是阴爻了，然后复卦终于“一阳来复”，所以这是很形象的“赤子”，它刚刚获得了自己的“身”。所以在天地之心与良知之心的交合处，就是赤子体现出的生生、亲亲以及其中必有的孝悌慈。也就是说，天地之心与良知之心贯通联属的体现就是赤子之心。

第四节　罗近溪学说宗旨（二）：赤子之心

“赤子之心”说源于《孟子·离娄下》：“孟子曰：‘大人者，不失其赤子之心者也。’”但孟子也只此一句，未说其详。所谓“大人”，与“小人”相对，指有道德的君子，也指仁者。孟子又在《告子上》说：“养其小者为小人，养其大者为大人……从其大体为大人，从其小体为小人。”结合两者，可以见得，人之“大体”在于其赤子之心，此心才是思虑之心的源头。但后人常以孟子讲的“心之官则思”意义上的心为大体，所以赤子之心的深意和原本地位未得揭示，直至罗子才其旨大明。

一、赤子下胎之时

“赤子”指刚出生的婴儿，在罗子这里，赤子与距其不远的婴孩、少儿乃至少年可同属一类，呼之曰：“赤子孩提”。《汉书·贾谊传》颜师古注：“赤子，言其新生未有眉发，其色赤。”[①]所以赤子首先是指刚出生的人类婴儿，身心未分，主客未分，浑沦一体，这正是“身”之本义，“人”之本义。所以罗子说：“人即赤子，而心之最先初生者，即是亲爱，故曰‘亲亲为大’。”（《明儒学案》，798）为何“人即赤子”？因为人的“大”处或根本处就在此赤子之身心上：“大道只在此身，此身浑是赤子……赤子原解知能，知能本非虑学……”（《罗汝芳集》，37）所以此赤子之心就是天地之心、良知之体。

评论者常用“浑沦顺适”形容罗子的旨趣方法。“浑沦”是赤子之

① 班固：《汉书》，北京：中华书局，1962年，第2249页。

心的特点，即主客不分，一多不分，身心打通，内外、潜显、去来浑然一体，但其中有良知良能，不是糊涂一片。“顺适”就是要顺此赤子原初的浑沦之心，或者用罗子的话来说，就是要顺着“天生灵妙浑沦的心”（《明儒学案》，768）而知、而行。

罗子说：

> 道之为道，不从天降，亦不从地出，切近易见，则赤子下胎之初，哑啼一声是也（正是复初，此“哑啼”堪称儒家的 aum）。听着此一声啼，何等迫切！想着此一声啼，多少意味！其时母子骨肉之情，依依恋恋，毫发也似分离不开，顷刻也似安歇不过，真是继之者善、成之者性，而直见乎天地之心，亦真是推之四海皆准（可普遍化，但不是普遍主义的），垂之万世无朝夕。（《罗汝芳集》，73）

当年我读到这段话，特别有共鸣。从中可略见罗近溪的表达风格，即使讲通天彻地、四海万世的道理，也要从“赤子下胎，哑啼一声”这样的实际切身的人生经验和直观纯象（reines Bild；pure image）起头，从中得天理天心之意魂。赤子婴孩的啼哭里，有多少“一元来复”的本体意味！首先就是亲子的“骨肉之情”，超出个体，互补对生，真是人们“继之者善、成之者性”而见天地之心的发动本源。《周易·系辞上》曰：“一阴一阳之谓道，继之者善也，成之者性也。”罗子却读出《易》理中的人-仁意，将一阴一阳之道的原型就看作由复卦指示的母亲婴孩的世代生成结构，可谓既贴切又出新。他说：“天之心以时而显，人之心以时而用。”（《明儒学案》，768）罗子也自觉地点出“时”的要害。此“时”首先就是“赤子下胎之初”的那个生生之时，必生出人间至情和天地之心。

不少评论者只看到罗近溪所讲“赤子”的直观经验（比如赤子之肉身、亲子关爱之特殊）的一面，而看不到它的先天构意或价值赋值的一面，比如“原解知能”“见天地之心”的那一面，所以从明代至今，有学者对罗近溪发了一些很不中肯的讥评。比如许敬庵（名孚远）说罗近溪学说“大而无统，博而未纯”（《明儒学案》，762），还得到黄宗羲的赞同。《明儒学案》是很了不起的一部书，我也一再引用，但是黄宗羲为罗子写的介绍和评议，多有不准确处。比如对“格物之悟”的记述，对“浑沦顺适”的解说，皆失准评歪，影响了不知多少后来的评论家。但是最后“语录”的部分，黄宗羲却选录得非常好，很多出彩的段落都被选进去了。回到那个批评，罗子之学怎么能说是“无统”呢？浸于孝悌慈中的赤子之心就是统，就是宗旨，只是那些囿于身与心二分、见在与本体二分、情感与良知二分的人，看不到这个宗旨及其纯粹处罢了。（参见《明儒学案》，763—764，罗子“语录”第一条）王龙溪批评罗近溪“未离见在……与吾儒尽精微、时时缉熙，工夫尚隔一尘”（《明儒学案》，245—246）。大讲良知见在的王龙溪，居然批评罗近溪“未离见在”。这正反映出“二溪”（即王龙溪与罗近溪）对“见在”的理解在深层次上的分歧。我们前边已讨论王龙溪的“见在良知不见在”的普遍主义倾向，而罗近溪对见在的赤子之心的解说，正可以纠正将见在良知去情境化、任意化和自我观念化的弊病，同时又将宋明心学的“心即理”、“知行合一”、“致良知”（含“见在良知”）、“安身立本”等学说的要义吸收进来，以自己的独特方式，也就是身心不分、后天先天不分、过去未来不分、圣人赤子不分、情理不分、自然伦理不分的方式，将这赤子之心的先天《易》理和良知本体的维度，极其生动时中地开显出来。接着看罗子的阐述：

> 赤子出胎最初啼叫一声，想其叫时只是爱恋母亲怀抱，却指着这个爱根而名为仁，推充这个爱根以来做人，合而言之曰：“仁者人也，亲亲为大。”若做人的常是亲亲，则爱深而其气自和，气和而其容自婉，一些不忍恶人，一些不敢慢人，所以时时中庸而位天

> 育物，其气象出之自然，其功化成之浑然也。(《罗汝芳集》，74—75)

孩子出生时最初的一声啼哭，是因为他爱恋母亲的怀抱，因为他要吃奶。这是非常经验化的现象，似乎只是经验之见在，但是“仁”的根本就在这一声啼哭里，就在这一声啼哭中蕴含的对母亲的爱恋里。这个“爱根”即舍勒讲的“伦常先天价值”之根、“人格”之根。如果你长大以后仍然“不失其赤子之心”，“常是亲亲”，你能保持住它，就自然爱深、气和、容婉——列维纳斯讲的“面容”，在这里以儒家的方式出现了。所以这种人天然地从内心关爱人，这就是所谓“亲亲而仁民”。赤子之心的爱不是单纯浑头浑脑的爱，其中有道德先天的维度，所以才能“时时中庸”，与天地参，这就是“浑沦顺适”之功。

罗子描述的人生世代亲情现象何其自然，而从亲爱之见在深化推广至他人或仁爱，也是循天理情势而为，真是浑沦顺适。从见在到本体，或以本体呈现为见在，这样的历程就并无阳明后学其他学派面临的某种断裂。其要害还是因为罗子吃透了孔孟“仁者人也，亲亲为大”的深意，以亲子复初之心活生生地体现之、时象之。他在另一处说：

> 只目下思父母生我千万辛苦，而未能报得分毫……自然心中悲怆，情难自已，便自然知疼痛。心上疼痛的人，便会满腔皆恻隐，遇物遇人，决肯方便慈惠，周恤溥济，又安有残忍戕贼之私耶？(《明儒学案》，798)

你想着父母生育你的“千万辛苦”，你心上自然就知道疼痛，就自然会恻隐，所谓的“私意”自然就没有了。我们引用过王阳明的类似的话：“持志如心痛。一心在痛上，岂有工夫说闲话、管闲事。”(《传习录》，第24、95条；《王阳明全集》，14、29)王阳明和罗子都是以身心痛感来言良知，因为不到身心不分、知行不分的痛切处，哪有良知的发见？！只是王阳明讲的痛似乎限于个人，而罗子讲的痛，就其动因和后果而言，则是亲子之间和人人之间的了。王阳明和阳明后学都要面对的这个克服私意、与他人及世界感通的大问题，在罗近溪这里，就这么浑沦顺适地解决了。

再看下面这一段：

> 原日天初生我，只是个赤子，而**赤子之心却说浑然天理**。细看其知不必虑能，不必学，果然与“莫之为而为”、“莫之致而至”的体段，浑然打得对同过也。然则圣人之为圣人，只是把自己不虑不学的**现在，对同**莫为莫致的**源头**。我常敬顺乎天，天常生化乎我，久久便自然成个不思不勉而从容中道的圣人也。圣如孔子，又对同得更加亲切……（《罗汝芳集》，74，标点有调整）

“原日”即原初、原来。“赤子之心却说浑然天理”的意思就是我们上面一再讲的见在与本体贯通。“莫为莫致”语出《孟子》，就是天命之性、天命之理的意思。① 赤子之心的良知良能和天命之性、天命之理“浑然打得对同”，“对同”即“对得上”“接得通”。圣人之所以能将其“现在”或见在“对同”于良知、性理的天命源头，或者说，我之所以可能“常敬顺乎天”，不让思虑欲望败坏见在良知，从而使其潜渊戾天而致其本体，就是因为“天初生我，只是个赤子”，而此赤子之心，浑然就是天理，不分内外、潜显、主客。所以，如果顺延、对准这个赤子之身、之心的天然人性的趋向，“指著这个爱根”来求仁，就是工夫，而且是本体工夫，就能充分地致良知而成圣人。上一讲我们提到刘师泉贬赤子之心为“未经锻炼的顽矿”，绝非心体或良知本

① 《孟子·万章上》：“莫之为而为者，天也；莫之致而至者，命也。”

体。[1] 但罗近溪却认赤子之心为浑然天理，乃心体、良知本体的现象活现！换言之，**"人初生"这个生存时间态**就使得本体与现象、心与身直接贯通。

更具体地说：

> 人初生，则视、听、言、动、思，浑而为一；人而既长，则视、听、言、动、思，分而为二。故要存今日既长时的心，须先知原日初生时的心。子观人之初生，目虽能视，而所视只在爹娘哥哥；耳虽能听，而所听只在爹娘哥哥；口虽能啼，手足虽能摸索，而所啼所摸，也只在爹娘哥哥……**于此看心，方见浑然无二之真体，方识纯然至善之天机。**（《罗汝芳集》，43）

孩子刚出生的时候，他的视听言动就"只在爹娘哥哥"，这是先天自然的"非礼勿视，非礼勿听，非礼勿言，非礼勿动"（《论语》，12.1），每个赤子都是天然的颜回。所以这是天然顺适的克己复礼，天然顺适的收摄归寂。

有人会质疑：人长大以后，尤其是在文明出现后的异化社会中长大以后，浑沦为一的原心就已经被"分而为二"了；而要真的不忘初心、复返初心，是何其困难！要见真体、识天机，这已经消失了的赤子之心又有何用？罗子的回复是：赤子生命及其心体心态，并没有离开我们；而且，因为它是身心不分的，与我们长大以后的身心，仍有血脉的或生命时间的内在联系。所以，比起王阳明讲的良知、王龙溪讲的见在、王心斋讲的安身，这赤子之心与我们的联系要更近，对我们而言更加亲切。所以他接着说道：

---

① 参见本卷十四讲第三节第一部分。

> 吾子敢说汝今身体，不是原日初生的身体？既是初生身体，敢说汝今身中，即无浑纯合一之良心？渐渐凑泊将来，可见，知得人真，便知得心真，知得心真，便存得心真。虽汝初学，不免要著力点检、操持，然较之**窍路不明**而粗蛮执滞者，自是天渊不类矣。（《罗汝芳集》，43）

你今日的身体，如眼、耳、鼻、舌、身，就是由原初的赤子之身生长而来的，从生命时间、空间的整体观看来，今日之身即是原初之身。那时赤子之身所具有的"浑纯合一之良心"，就肯定还在今日之身之中！知晓今人即初人、成人不离赤子，就会明了真心就是源头的心、赤子之心。因此真心良知，就是赤子及今身的原知良心，会发为牛山上复生出的原生态森林。你知道你的身没丢，你的心也就不会丢。罗子说：虽然你也要做那些点检、操持的工夫，但是你明白了我说的这个道理（这就是捷径，而且不会引人迷路），跟"粗蛮执滞者"相比，简直有天壤之别。"粗蛮执滞者"就是"窍路不明"者，他们不知道赤子之心、孝悌慈就是良知本体这个窍路。

罗子的赤子之心工夫论中有强烈的生存时间意识，这一点与王龙溪的见在良知说很不同。[①] 所以他看重今身与初身（甚至还有母胎中的身）的连续性，实际上还包含与父母之身、祖先之身、天地之身的连续，因此，今身之心与初身或赤子之心也是连续的，所以今日表面上的二分之心可以凭借人的身心本能良知而收摄回自身的浑纯合一的原态。由此，他用赤子之心打通了显意识与潜意识。所谓"潜意识"，在这里可以体现为初身、父母之身以及天地之身中所蕴含的、所冥构暗汇的意识流，或者用胡塞尔的话来说，我这里说的"潜意识"，就体现为初身、父母之身、天地之身所做的"被动综合"或"自发综合"的潜

---

① 参见本卷十四讲第三节第二部分。

流。由此，他也克服了王龙溪乃至王阳明学说奔潜失时之弊。有了对此“窍路”的直观意识，各种工夫就都有了“点睛”之明，其致良知的境界和进路自是另一番境界了。所谓“解缆放船，顺风张棹”（《明儒学案》，766）之类的讲法，不过是顺适此窍路的放心体仁的激励罢了，并非无儒家之根的张狂不羁。

二、当机指点心体的工夫

与此生存时间化的赤子之心相配的修心证本的工夫，也必然是时机化、生存形势化的。在这方面，罗子是当机指点心体的大师，所谓“近溪舌胜笔”，其实就是这个特点的一次次当场表现的写照，绝不限于“捧茶童子”（《明儒学案》，773、774—775。此例王艮也曾用过）一类的示象。比如：

> 问：“某用工致知力行，不见有个长进处。”［罗近溪］曰：“子之致知，知个甚的？力行，行个甚的？”曰：“是要此理亲切。”曰：“如何是理？”曰：“某平日说理，只事物之所当然便是。”曰：“汝要求此理亲切，却舍了此时而言平日，便不亲切；舍了此时问答，而言事物，当然又不亲切。”曰：“此时问答，如何是理之亲切处？”曰：“汝把问答与理看作两件，却求理于问答之外，故不亲切。不晓我在言说之时，汝耳凝然听着，汝心炯然想着，则汝之耳，汝之心，何等条理明白也。言未透彻，则默然不答，言才透彻，便随众欣然，如是则汝之心，汝之口，又何等条理明白也。”曰：“果是亲切。”曰：“岂止道理为亲切哉！如此明辩到底，如此请教不怠，又是致知力行而亲切处矣。”（《明儒学案》，772—773）

发问者以为事物之理本身是独立于当下问答的，问答至多是将这客观化之理——“事物之所当然”——作为意识对象表达出来，所以这是遮盖了赤子之心的主客、理心二分法。此看法很受程朱理学的影响，程朱就认为理是“所以然”。但罗子说，要使此理亲切，就必须让理于当下问答之中出现，作为问答相互联属共生的“亲亲”关系。这段问答一句接着一句，其实其中就有一种“亲亲”的联系。“我在言说之时，汝耳凝然听着，汝心炯然想着，则汝之耳，汝之心，何等条理明白也。言未透彻，则默然不答，言才透彻，便随众欣然，如是则汝之心，汝之口，又何等条理明白也。”可见“亲亲”也可以用来形容这样的问答及理（见在良知）的呈现，还可以凭借胡塞尔所说的与意识活动伴生的自身意识，从中慢慢摸索出见在良知跟潜意识的关联。这种问答之理就很直观，具有现象学所说的明见性，或者是《中庸》所说的“执柯以伐柯”（《中庸》十三章）的粘连、连属、当场呈现的特点。所以“求理于问答之外，便不亲切”，理与问答不可分，海德格尔说“发问乃思之虔诚”，正与此相通。

但如何再现赤子“所视只在爹娘哥哥……”的心与理不二的状态呢？罗子这里撇开问答所及的内容，而只就问答本身与问者的心知关系来提示。这问者的心随问答的明暗塞通而明暗塞通，就如赤子之心随爹娘哥姐而行、而动静上下，所以这颗心的本然明了处，就不外于问答，或者说不外于生存时晕的关联。这样领会的道理才亲切，才是知行合一的良知呈现处。透入并深化这种粘连发生式的问答逻辑，则有望返回不分主客、彼此的赤子之心的状态。

另一问答乃华夏版的笛卡尔式“以疑破疑”：

问：“《会语》中有谓：不虑而知，不学而能，可同于圣人（《会语》中记录有您所说的话：要做到“不思虑而知晓，不学习而能行”，才可以达到圣人境界）。今我辈此体已失，须学且虑，不然则圣不可望矣（但是我们这些人已经丧失了这样的心体，因此必须既学习又思虑，不然就摸不到圣人境界的边儿)。”

罗子曰：“子若只学且虑，则圣终不可望矣。”(你如果只知如此学习和思虑，那么最终还是摸不到圣人境界的边儿的。)

曰：“某辈泥于时说久矣，其心诚不能不疑，公其何以解之？”(但我们陷溺于流行的学说[即要想成圣，必须“学且虑”]很久了，所以听到您的以“不虑而知，不学而能”来同于圣人的主张，心中实在不能不怀疑。您如何来解除我们的这种怀疑呢？)

予良久谓曰：“子闻予言，乃遽生疑耶？”(你听了我的那些话，就马上产生了怀疑吗？)

曰：“然。”(当然。)

予曰：“此果吾子欲使之疑耶？”(这怀疑是你想要去产生出来的吗？)

曰：“非欲之，但不能不疑也。”(不是我想要产生这怀疑，而是我实在不能不怀疑呀。)

予叹曰：“是即为不学而能矣。”(我[罗子]就叹道：“这‘实在不能不怀疑’就正是那‘不学而能’了！”)

其友亦欣然曰：“诚然诚然。”(我的这个朋友也兴奋地说：“太对了！太对了！——我的那个怀疑不是学来的，而是一听您的高论就自发产生的。”)

予复呼之曰：“吾子心中，此时觉炯炯否？”

曰：“其是炯炯。”

罗子曰：“即欲不炯炯得乎？”

曰：“不能已。”

予曰：“是非不虑而知也耶！子何谓赤子之心不在，而与圣人不同体乎？”(我说：“[你这不得不心中明了——心中炯炯——的状态，]不就是‘不虑而知’吗！你怎么说你的赤子之心不存在了，而你的心与圣人之心没有相同的心体呢？”)

其友再拜以谢。

(《罗汝芳集》，211—212)

这一场酣畅宛转的对话，以问者“非欲之，不能不疑”（并非我要怀疑、我想怀疑，而是实在不能不怀疑您所讲的“不学而能，不虑而知”的返心入圣之路）为反转支点，由此而在问答当场乘机显明发问者不学而能的本心犹在，破除他对本心不在的怀疑，而且立即得到他的良知呼应——“诚然诚然”；然后乘势而下，表明见在心可以不虑而知，由此而证明即便浸于时说而有疑心的成人，其赤子之心也未失，所以成圣还有望。此对话也可以比之于《庄子·秋水》末庄子与惠施壕上观鱼的对话。

此外又利用生死关头之情势点化人：

> 罗子令太湖（罗近溪做安徽太湖县令）时，日进诸生以性命之学，本府推府（罗近溪的同事，掌管刑名的官，七品）素迂之。一日代巡（巡察到此的京官）录囚，推府及罗子侍侧，推府因间调罗子于代巡，曰：“罗尹乃道学先生。”
>
> 代巡遂顾之曰：“目今看此临刑之人，这道学作如何讲？”
>
> 罗子敬对曰：“他们平素不识学问，所以致有今日，但吾辈平素讲学，又正好不及他今日。”
>
> 推府方掩口而笑，代巡复诘之曰：“如何不及？”
>
> 罗子曰：“吾辈平时讲学，多为性命之谈，然亦虚虚谈过，何曾真切为着性命？（说得真切！）试看他们临刑，往日种种所为，到此都用不着，就是有大名位、有大爵禄在前，也都没干（此乃生命边缘情境实行的先验还原）。他们如今都不在念，只一心要求保全性命（“性命”在此情此境中就是良知的承载者、开显者），这等说来，他们真为性命之心苦切不过。吾辈平日所讲的性命道理，却是泛论，那能及他们如此真切……（圣人即能“真切”者，也即能代人受刑者）”
>
> 代巡不觉嘉叹不已，推府亦敛容。
>
> （《罗汝芳集》，293，标点有调整）

经过生死边缘情境的人，当然能深解此段对话，就是普通人也能领会，因为我们的意识根基处就有此边缘情境。从孔、孟到象山、阳明、心斋等，都要利用这种情境来构意解悟。罗子此处认死刑犯之心为近道之心，可谓辨别出人人皆有的“无善无恶心之体”；但此心所朝向的、显露的正是赤子之心，所以可知此本心又的确是至善无恶。虽然那些死刑犯只是一心想着求生，但这其中就隐藏着善。

第五节　对罗近溪学说的总评

从以上的阐述和分析，已经可以看出罗近溪学说的一些特点：

首先，他继承了孟子和宋明心学的“心即理”和“致良知”的主流路子，要通过原发本心来进入终极真实和道德至理。同时，泰州学派特别是王心斋的“淮南格物”“安身立本”和“百姓日用是道”也［通过颜山农］深刻影响了他，以至于“身”与“心”在他那里是不分的，“时”或“时机”是关键性的。

其次，所有这些线索都被罗近溪极其生动、自然、自发地编织进了赤子之心［及其孝悌慈］之中，被以相当现象学的方式从多个角度开显出来。赤子既是身又是心，以不思不虑的方式直观明见地感受父母慈爱、兄姐友爱，同时构成和表达自身的孝爱和悌爱；并凭借此爱的人格和秩序之本体格式来认知世界和万物。因此，这颗赤子之心就是天理所在之本心或良知本体，它既是那么直观明见，在父母怀中柔弱地啼哭和欢笑；又是那么“先天而天弗违”（《周易·乾文言》），实为良知本体之时机化的原初见在，也就可以被看作天地之心的一元来复。因此可以说，结合了丰富心学资源和《易》学资源，但又特立独行地时机化、孝悌慈化的“赤子之心说”，是罗近溪全部学说中最富于新意的创造，也使宋明心学之“心”得到了真活明见的血脉情感之身，造成了哲理世界的“板块大挪移”，将阳明心学，特别是王龙溪、王心斋发挥的心学中对原本儒家义理的某种偏离，如“四无说”“现成自在说”，自然地校正了回来。因此，罗近溪的心学成为整个宋明心学的又一高峰。

陈来教授说罗子“把儒家伦理从精英自律伦理向**世俗家族伦理**扩展、转化。……对儒家伦理在伦理学意义上的**纯粹道德性**也都**具有减蚀作用**”①，是不成立的。因为赤子之心之孝悌慈本性正是儒家伦理的原根基，而孝悌慈的返本归源（即罗子讲的返归于亲亲源头，返归于赤子之心之良知源头）正是其纯粹道德性或道德的纯粹心性的表达，所以不能将其看作简单的“世俗家族伦理”。

最后，罗近溪阐发和当场实践的回复赤子之心的工夫论，达到了充分见在化、当场构意化和时中化的高妙境界，将“问答”或“对话”的本体原发生功能发挥得淋漓尽致，在这方面达到了宋明儒学的极致。虽然陆象山、王阳明、王龙溪、王心斋都是这方面的高手，但在我看来，只有罗近溪把“对话”与天理贯穿，达到了水乳交融的程度。这并非只是出自罗近溪的巧舌和急智，而是他“时化赤子之心说”本有的机变入微的趋向的工夫呈现，真正进入了“工夫即本体”的上乘境界。

罗近溪取得的这些充满原发思想活力的成就是很了不起的，展示了心学的内在生机。但由于它的思路表面上明白浅显，而实际上却深邃新奇，以至于他的同时代人和后来相当多的评论家跟不上它的浑沦精微，于是做出了许多不得要领的评议，导致罗子之学长期被埋没在“泰州学派的代表之一”的牌位后边。

现代学者中，牟宗三先生（参见《陆象山与刘蕺山》，第三章）和唐君毅先生（参见《中国哲学原论·原教篇》，第十四章第九节、第十五章）对罗近溪有较高的评价，可谓独具慧眼。但以“拆穿良知本身底光景”（《从陆象山到刘蕺山》，237）和“重当机指点仁体”（《中国哲学原论·原教篇》，285）

① 陈来：《宋明理学》，北京：生活·读书·新知三联书店，2011 年，第 410 页。

来表达罗近溪的独特贡献，还是太笼统含糊，未能清楚直见赤子之心及其孝悌慈之浑沦精微之处。

以上揭示的罗近溪学说特点使他获得了这样一个崇高的历史地位，即他一方面以身心不分、经验与先天打通的赤子之心赋予心学以新的生命和境界，并且产生了重大影响（比如深刻影响了像汤显祖这样的文学家）；另一方面，则将已经偏离了孔孟原本儒家的心学，通过赤子之心的孝悌慈感应和良知良能带回到“亲亲而仁民”“仁者人也，亲亲为大”的儒家正路上来，同时又不丧失心学取得的那些重要成果。他甚至能以“六艺”之一的《周易》作为亲亲和仁民或见在和良知本体的桥梁，所以他部分地恢复了孔子的艺化工夫论。所以我认为，罗近溪是可以比肩于周、程、朱、陆、王的伟大儒门思想家，他丰富生动的学说和文献还有待我们认真地研究和汲取。这一讲也只是我的一得之见，我相信罗近溪是一座富矿，未来儒家一定可以从他那里得到某些至关重要的东西。

结 语

这门课以探讨宋明心学，特别是王阳明及其后学的明代心学为重心。但为了从哲理和意识本身的角度透彻地、有根据地理解心学，就必须厘清使得这种心学得以产生的历史和人类意识结构。所谓“历史”，在此指包含了主要心学流派的学说、实践乃至人物的广义心学史。所以，我们的课从人类远古的心灵追求如萨满巫师的通灵经验讲起，而第一个重点是古印度的《吠陀》传统，特别是其中的《奥义书》、数论及瑜伽术，看它们如何理解人类心灵的终极性、源头性（比如阿特曼、神我），并检视古印度人如何通过瑜伽修行而将心灵的终极性和源头性开发出来。然后，我们考察了佛教关于心灵和主体意识的缘起说，从释迦牟尼、一切有论，到中观、如来藏、唯识学、禅宗，清楚地展示了为什么意识学说绝对需要母识、本识、阿赖耶识或根本意识的存在及其时间性，以及佛教化的瑜伽——禅定术——传到中国后，在唐代禅宗那里经历的中国化或时机化。由此，为我们理解阳明心学及其后学准备了心源论的思想资源和［坐禅与时机禅的］多样化的工夫论资源。

当然，本课没有忽视中国自己的心学源头。我们阐述了《周易》提供的心学土壤，特别是它的“简易”中的“至变”“通变”而“见天地之心”的时中化特点，也就是那些被后来的心学广泛引用的术语所包含的时机化的哲理。比如“《易》无思也，无为也，寂然不动”，却随时可以“感而遂通”；“圣人以《易》洗心”；“《易》极深而研几”；“复以见天地之心”；“易简而天下之理得”；等等。

我们也没有忘记《孟子》对后世心学而言的源头地位，只是因为此系列课程中已详细讨论过《孟子》，这里才仅限于指出它对心学工夫论的影响，如“勿忘勿助”等等。另外，对于老子、庄子的心学潜质也有所论及。

在讨论这些心学的重要背景时，我们适时地加入了对有关人类意识结构乃至意识本质的重要学说的阐发。其中有詹姆士的意识流的学说，它很有助于我们理解禅宗对本心的看法；但最重要的还是詹姆士在解释宗教的皈依经验时提出的潜–显意识的二重意识心灵结构，以及对它的特点和运作方式的描述。这对于我们领会人类的本心或完整的心性意识，非常关键。所以我们还诉诸当代认知科学的新研究和实验，来进一步确认这潜意识乃至意识流的存在。发生现象学的出现与詹姆士的发现也有内在关联，而且我们还看到，胡塞尔的意向性现象学，特别是舍勒的价值现象学对于理解王阳明的知行合一说是极有帮助的。

当我们进入宋明心学时，已经对于“心学如何可能”有了相当的历史的和意识结构的了解或准备，所以，我们能比较顺畅地从周敦颐经大程子讲到谢良佐、南剑三先生和陈白沙。[①] 明代心学后起思潮的一些特点，在这段探索中已经有了某种或清楚或含糊的呈现。进入王阳明的人生、思想和心学实践的阐述后，我们对原始文本的阐发变得更加细致，当然也是有选择的。因为我们希望有根据地展示一个更加真实和独特的阳明心学。在你们倾听并以提问等方式参与了这段阐释之后，应该可以感到，在本课中呈现的王阳明，无论是他的人格、重

① 《拒秦兴汉和应对佛教的儒家哲学》中已经讨论过陆象山，因而在本卷中只是简单提及而已。

大的人生经历还是他的学说，都呈现出某些以前论著中看不到的东西。而我们对阳明后学的论述，也是有个性和有新见的——且不论这种新见有多少道理，至少它是与前人不尽相同并有文献支持的。这种新见在展示、评论和估价罗近溪的学说时，表现得最为明显。

为了节省时间，我这里只将王阳明及其后学所涉入的三种主要的回复本心或致良知的方法，与我们以上花了大量精力呈现的广义心学的历史和意识结构的研究，以蜻蜓点水的方式结合起来，再做一简要阐发。由此不仅可以加深对它们的领会，而且可以将整门课的各个部分贯通起来，以显示它们是一个有机的整体。

我们一再讲到，王阳明在追求心学的过程中，运用过多种方法，其中最突出的有三种，即静坐法、克治省察法和时入良知本体法。它们各有深远的背景和心理结构依据。

静坐法的最远源头是《吠陀》经典传统，比如《歌者奥义书》中所讲的"静定止观"和《瑜伽经》阐发的"八支"（修炼瑜伽的八种要求、阶段和境界）。其次是佛家的禅定修行法（如"四禅八定"）。而中国的先秦道家经典文献如《庄子》中说到的"坐忘""心斋"等，可以看作华夏人对静坐法的早期实践。到宋明心学，静坐的功能被看作是"于喜怒哀乐未发之际，以心体之"（杨龟山语）、"见吾此心体，隐然呈现"（陈白沙语）、"静中养出端倪（源自陈白沙），冷灰中迸出火焰"（聂双江语）、"收摄翕聚，如婴儿保护，自能孩笑，自能饮食，自能行走"（罗念庵语）。其心理学依据在于，静坐将人的显意识拉向潜意识，削薄两者间之壁垒，最终甚至可以发现沟通两者的缝隙或密道，此即陈白沙所谓的"静中养出端倪""心体隐然呈现"，或罗念庵所谓的"如婴儿保护，自能孩笑，自能饮食，自能行走"的意思。

克治省察法与程朱主张的持敬法有相通之处，其古老源头可在瑜伽术的"外五支"中瞥见，如"禁制，遵行、制感"。其实，《吠陀》传统认为人的对象化欲望导致"无明"，克治这些欲望，甚至苦行，是通向本心的必要手段。孔子讲的“克己复礼为仁”，大致也是这个意思。佛教“戒、定、慧”三学中“戒”也属于此类。它的心理心学功能就是减少（最好灭绝）显意识的对象化活力或倾向，不管是朝外的物质欲念，还是朝内的意愿欲念。如果不能减少甚至灭除欲念，那么一切心学工夫都免谈，潜、显意识的沟通也就不可能。当然，克治省察也只是去除欲念的一种方式，尽管是最直接的、硬碰硬的方式。

“时入良知本体法”，除大乘佛教之外，在古印度的经典中似乎没有多少记载，但在大乘佛教典籍中，有“方便”（upaya）或“方便法门”之说，即依具体情境而点悟人的启慧法。它与王阳明、王龙溪的“取认见在良知而扩极之”的方法，还有一些差距，但都有“时机”这个意思。“时入良知本体法”的最靠近的先导者，应该是禅宗惠能的“一行三昧法”，或叫“即时豁然而见本心法”。比如惠能引述《维摩诘经》（《净名经》）中的“即时豁然，还得本心”（《坛经校释》，37—38），反映出大乘般若中观里，也有少许时入本心的思路。惠能自己则说道：“一行三昧者，于一切时中，行、住、坐、卧，常行直心。”（《坛经校释》，27）此“直心”可视为“良知”的禅宗替身，而“一切时中，常行直心”就可看作“时中（zhòng）良知且扩持之”。

“良知”又可对同于“本心”，二王的“见在良知”则可相比于惠能的“自识本心，自见本性”（《坛经校释》，30）、“不识本心，学法无益”（《坛经校释》，15）、“见自性清净自修自作自性法身”（《坛经校释》，38）。

从人的心理结构上看，时入良知本体法也是有根据的，因为潜显意识之间，本来就是有缝隙或有密道相通的，并非完全阻隔。因此我们会做梦，有对于想不出的名字的负面认知，有并非完全偶然的口误和错误，催眠术也确实可施行，而“自动作用”和“继续暗示”也是有依据的现象。这样，良知本体——如果它的确存在于潜意识或未发的深层意识之中的话——就可能趁功利、因果意识无防备时，或利用某种突发的契机，顺着这些缝隙涌入显意识，形成见在良知。而如果当事人的潜显意识之间本来就有较多缝隙甚至密道（所谓“上根人”），而且良知见在也正发生在它们的附近，那么在多次贯通之后，就有较大的概率在意识中建立较稳定的良知见在的途径，达到像王阳明那样“开口即得本心，更无假借凑泊，如赤日当空而万象毕照”的致良知境界，就是可能的。即便达不到如此高明稳定的通感贯穿，只要当事人有较敏锐的自省能力，以及对良知见在的心理状况、结构的直觉能力，在多年的尝试或直觉的反思之后，也可能有重大的进步，让良知见在得以较频繁地出现并维持较长的时间，比如处于颜子“三月不违仁”和众弟子“日月至焉”的中间状态里。罗近溪的赤子之心说上接孔子、曾子、子思、孟子的学脉，下承陆王（王阳明、王心斋）心学的新突破，就以潜显意识的壁垒或隔板还未生成的人生时段为良知见在的源头，以身心不分的生命时间的连续性为工夫依据，让人以活体返本的方式去致那个赤子良知之心体，别开生面且活泼直感。所以他的“对谈致知法”，虽有禅宗的机锋对谈为先导，但它终究源自亲亲而仁的亲切血脉，所以此法被运用得更加出神入化，对于打通潜、显意识而致良知，也有更加时机化和当场见在化及信念化、长久化的效果。

总之，经过漫长的、多方位的、多进路的探讨，我们这门课表明，宋明心学特别是王阳明及其后学的心学思想和工夫，绝不是无根的一时思潮，而是具有深远的精神脉络和人类意识结构依据的。心学的出现、兴盛，以及它遇到的困难和它存在的多种形态、多种方向，都与这些脉络和结构的多维度和内在可塑相关。希望这门课有助于加深在这方面的理解，为一个意识、智能（包括人工智能）将扮演更重要角色的新时代做好准备。

主要引用文献

1. 班固：《汉书》，北京：中华书局，1962 年。

2. 布卢姆：《善恶之源》，青涂译，杭州：浙江人民出版社，2015 年。

3. 曹操：《曹操集》，中华书局编辑部编，北京：中华书局，2018 年。

4. 陈来：《宋明理学》，北京：生活 · 读书 · 新知三联书店，2011 年。

5. 陈来：《有无之境：王阳明哲学的精神》，北京：北京大学出版社，2013 年。

6. 陈立胜：《“身体”与“诠释”：宋明儒学论集》，台北：台湾大学出版中心，2011 年。

7. 陈立胜：《王阳明龙场悟道新诠》，《中山大学学报》（社会科学版）2014 年第 4 期。

8. 陈荣捷：《王阳明〈传习录〉详注集评》，上海：华东师范大学出版社，2009 年。

9. 陈献章：《陈献章集》，孙通海点校，北京：中华书局，1987 年。

10. 程颢、程颐：《二程集》，王孝鱼点校，北京：中华书局，2004 年。

11. 程树德：《论语集释》，程俊英、蒋见元点校，北京：中华书局，1990 年。

12. 戴志勇：《王阳明“龙场悟道”疏解》，未刊稿。

13. 冈田武彦：《王阳明与明末儒学》，吴光、钱明、屠承先译，上海：上海古籍出版社，2000 年。

14. 耿宁：《心的现象——耿宁心性现象学研究文集》，倪梁康编，倪梁康、张庆熊、王庆节等译，北京：商务印书馆，2012 年。

15. 耿宁：《人生第一等事——王阳明及其后学论“致良知”》，倪梁康译，北京：商务印书馆，2014 年。

16. 郭朋：《〈坛经〉对勘》，济南：齐鲁书社，1981 年。

17. 郭庆藩：《庄子集释》，王孝鱼点校，北京：中华书局，2013 年。

18. 海德格尔：《哲学论稿（从本有而来）》，孙周兴译，北京：商务印书馆，2016 年。

19. 贺麟：《近代唯心论简释》，上海：上海人民出版社，2009 年。

20. 胡绳：《理性与自由》，上海：上海书店，1989 年。

21. 胡煦：《周易函书》第二册卷六，程林点校，北京：中华书局，2013 年。

22. 黄明同：《陈献章评传》，南京：南京大学出版社，1998 年。

23. 黄宗羲、全祖望：《宋元学案》，陈金生、梁运华点校，北京：中华书局，1986 年。

24. 黄宗羲：《明儒学案》，北京：中华书局，2008 年。

25. 黄宗羲：《黄宗羲全集》，沈善洪主编，吴光执行主编，吴光点校，杭州：浙江古籍出版社，2012 年。

26. 慧能：《坛经校释》，郭朋校释，北京：中华书局，1983 年。

27. 荆门市博物馆编：《郭店楚墓竹简》，北京：文物出版社，1998 年。

28. 净慧编：《禅宗名著选编》，北京：书目文献出版社，1994 年。

29. 孔安国传：《尚书正义》，孔颖达疏，廖名春、陈明整理，吕绍纲审定，北京：北京大学出版社，2000 年。

30. 李道平：《周易集解纂疏》，潘雨廷点校，北京：中华书局，1994 年。

31. 列维纳斯：《总体与无限：论外在性》，朱刚译，北京：北京大学出版社，2016 年。

32. 林太：《〈梨俱吠陀〉精读》，上海：复旦大学出版社，2008 年。

33. 刘小枫选编：《舍勒选集》，上海：上海三联书店，1999 年。

34. 刘宗周：《刘宗周全集》，杭州：浙江古籍出版社，2012 年。

35. 陆九渊：《陆九渊集》，钟哲点校，北京：中华书局，1980 年。

36. 罗汝芳：《罗汝芳集》，方祖猷、梁一群、李庆龙等编校整理，南京：凤凰出版社，2007 年。

37. 蒙万夫、阎琦主编：《千家诗鉴赏辞典》，西安：陕西人民教育出版社，1991 年。

38. 牟宗三：《从陆象山到刘蕺山》，台北：联经出版社，2003 年。

39. 倪梁康：《胡塞尔现象学概念通释》，北京：商务印书馆，2016 年。

40. 彭国翔：《良知学的开展：王龙溪与中晚明的阳明学》，北京：生活·读书·新知三联书店，2015 年。

41. 钱穆：《朱子学提纲》，北京：生活·读书·新知三联书店，2005 年。

42. 秦家懿：《王阳明》，北京：生活·读书·新知三联书店，2017 年。

43. 任继愈主编：《佛教大辞典》，南京：江苏古籍出版社，2002 年。

44. 舍勒：《伦理学中的形式主义与质料的价值伦理学：为一门伦理学人格主义奠基的新尝试》，倪梁康译，北京：生活·读书·新知三联书店，2004 年。

45. 释印顺：《唯识学探源》，北京：中华书局，2009 年。

46. 释印顺：《印顺法师佛学著作全集》第四卷，北京：中华书局，2009 年。

47. 释印顺：《摄大乘论讲记》，北京：中华书局，2011 年。

48. 释印顺：《印度佛教思想史》，贵阳：贵州大学出版社，2013 年。

49. 苏舆：《春秋繁露义证》，北京：中华书局，1992 年。

50. 孙武：《十一家注孙子校理》，曹操等注，杨丙安校理，北京：中华书局，1999 年。

51. 孙希旦：《礼记集解》，沈啸寰、王星贤点校，北京：中华书局，1989 年。

52. Solso, R., *Cognitive Psychology*, Boston: Allyn And Bacon, 2008.

53. 索尔索等：《认知心理学》，北京：机械工业出版社，2010 年。

54. 唐君毅：《中国哲学原论·原教篇》，北京：中国社会科学出版社，2006 年。

55. 汪沛：《列维纳斯前期哲学中的爱欲与个体化问题研究》（博士论文），清华大学，2016 年。

56. 王弼注：《周易正义》，孔颖达疏，李申、卢光明整理，吕绍纲审定，北京：北京大学出版社，2000 年。

57. 王弼注：《老子道德经注校释》，楼宇烈校释，北京：中华书局，2008 年。

58. 王夫之：《船山全书》，长沙：岳麓书社，1988 年。

59. 王畿：《王畿集》，南京：凤凰出版社，2007 年。

60. 王阳明：《王阳明全集》（新编本），吴光、钱明、董平、姚延福编校，杭州：浙江古籍出版社，2010 年。

61. 吴震：《罗汝芳评传》，南京：南京大学出版社，2011 年。

62. 许慎：《说文解字注》，段玉裁注，上海：上海古籍出版社，1981 年。

63. 颜钧：《颜钧集》，北京：中国社会科学出版社，1996 年。

64. 姚卫群编著：《印度哲学》，北京：北京大学出版社，1992 年。

65. 姚卫群编译：《古印度六派哲学经典》，北京：商务印书馆，2003 年。

66. 叶采：《近思录集解》，北京：中华书局，2017 年。

67. 永瑢等：《四库全书总目提要》十八，《子部·儒家类三·宋四子抄释》，万有文库版，上海：商务印书馆，1933 年。

68. 翟奎凤、向辉主编：《阳明文献汇刊》第五十册，成都：四川大学出版社，2015 年。

69. 詹姆士：《心理学原理（选译）》，唐钺译，北京：商务印书馆，1963 年。

70. 詹姆士：《宗教经验之种种——人性之研究》，唐钺译，北京：商务印书馆，2002 年。

71. 张任之：《质料先天与人格生成——对舍勒现象学的质料价值伦理学的重构》，北京：商务印书馆，2014 年。

72. 张祥龙：《象、数与文字——〈周易·经〉、毕达哥拉斯学派及莱布尼兹对中西哲理思维方式的影响》，《哲学门》第三卷（2002）第一期 2003 年 2 月。

73. 张祥龙：《"节日"现象学刍议》，《现象学在中国——胡塞尔〈逻辑研究〉发表一百周年国际会议》，上海：上海译文出版社，2003 年。

74. 张祥龙：《海德格尔传》，北京：商务印书馆，2007 年。

75. 张祥龙：《先秦儒家哲学九讲——从〈春秋〉到荀子》，桂林：广西师范大学出版社，2010 年。《儒家哲学史讲演录 . 第二卷，从〈春秋〉到荀子》，北京：商务印书馆，2019 年。

76. 张祥龙：《拒秦兴汉和应对佛教的儒家哲学——从董仲舒到陆象山》，桂林：广西师范大学出版社，2012 年。《儒家哲学史讲演录 . 第三卷，拒秦兴汉和应对佛教的儒家哲学》，北京：商务印书馆，2019 年。

77. 张祥龙：《复见天地心：儒家再临的意蕴与道路》，北京：东方出版社，2014 年。

78. 张祥龙：《唯识宗的记忆观与时间观——耿宁先生文章引出的进一步现象学探讨》，《现代哲学》2015 年第 2 期。

79. 张祥龙：《良知与孝悌——王阳明悟道中的亲情经验》，《广西大学学报》(哲学社会科学版), 2015 年第 2 期。

80. 张祥龙:《时晕与几微——现象学时间与〈周易〉象数时间的原结构比较》, 载《中国现象学与哲学评论》第二十一辑, 上海: 上海译文出版社, 2017 年。

81. 张祥龙:《舍勒伦理学与儒家的关系——价值感受、爱的秩序和共同体》,《世界哲学》2018 年第 3 期。

82. 张祥龙:《人工智能与广义心学——深度学习和本心的时间含义刍议》,《哲学动态》2018 年第 4 期。

83. 张学智:《明代哲学史》, 北京: 北京大学出版社, 2003 年。

84. 钟泰:《庄子发微》, 上海: 上海古籍出版社, 2002 年。

85. 周敦颐:《周敦颐集》, 陈克明点校, 北京: 中华书局, 1990 年。

86. 朱谦之:《老子校释》, 北京: 中华书局, 1984 年。

87. 朱熹:《朱子语类》, 北京: 中华书局, 1986 年。

88. 朱熹:《周易本义》, 廖名春点校, 北京: 中华书局, 2009 年。

89. 朱熹:《朱子全书》(修订本), 朱杰人、严佐之、刘永翔主编, 上海: 上海古籍出版社、合肥: 安徽教育出版社, 2010 年。

90. 朱熹:《四书章句集注》, 北京: 中华书局, 2012 年。

91. 邹守益:《邹守益集》, 南京: 凤凰出版社, 2007 年。

92. 左丘明传:《春秋左传正义》, 杜预注, 孔颖达正义, 浦卫忠、龚抗云等整理, 北京: 北京大学出版社, 2000 年。

93.《奥义书》, 黄宝生译, 北京: 商务印书馆, 2012 年。

94.《成唯识论校释》, 玄奘译, 韩廷杰校译, 北京: 中华书局, 1998 年。

95.《五十奥义书》, 徐梵澄译, 北京: 中国社会科学出版社, 1984 年。

后　记

这一卷《儒家心学及其意识依据》的讲稿，来自我于2018年春季学期在中山大学哲学系（珠海）为研究生开设的课程。几位中青年学人根据我手写的讲稿和录音整理出初稿，由朱刚教授统稿，高源厚博士润色，再由我最后浏览校订。因受到个人条件局限，我的这一部分工作只能简单完成，幸亏交到我手上的稿子已经很像样子了，以至于我的粗疏也没有太影响最终的质量。

参加整理者有：朱刚教授（第一讲，并负责全书统校）、刘思言同学（第二、三讲）、蔡祥元教授（第四、五、六讲）、冯潇屹同学（第七—十五讲）、高源厚博士（全书校读）。我要对他 / 她们出色的整理和编校工作，表示由衷的感谢！

张祥龙　己亥年初春写于畅春园